地产管理与实践

现代商业地产管理与创新

吴枝锋　梢雨洋　编著

西安电子科技大学出版社

内 容 简 介

本书分为上下两篇。上篇以现代商业地产管理的理论体系构架为核心，从中国商业地产发展变化趋势入手，系统阐述了商业地产环境、价值链与战略定位以及指导商业地产策划、融资、招商、运营及风险管理等全过程中涉及的基本观念与技术。下篇以案例分析为主线，探寻现代商业地产管理全过程的模式创新问题。

本书可供高等院校经济管理相关专业本科生、研究生选修使用，也适合相关部门管理人员及商业地产从业人员参考。

图书在版编目(CIP)数据

现代商业地产管理与创新/吴枝锋，梢雨洋编著. —西安：西安电子科技大学出版社，2015.1

ISBN 978-7-5606-3564-4

Ⅰ. ① 现… Ⅱ. ① 吴… ② 梢… Ⅲ. ① 城市商业—房地产—经济管理

Ⅳ. ① F293.3

中国版本图书馆 CIP 数据核字(2015)第 001057 号

策　　划　李惠萍

责任编辑　高维岳　师　彬

出版发行　西安电子科技大学出版社(西安市太白南路 2 号)

电　　话　(029)88242885　88201467　　邮　　编　710071

网　　址　www.xduph.com　　电子邮箱　xdupfxb001@163.com

经　　销　新华书店

印刷单位　陕西华沐印刷科技有限责任公司

版　　次　2015 年 1 月第 1 版　2015 年 1 月第 1 次印刷

开　　本　787 毫米×960 毫米　1/16　印　张　22.5

字　　数　394 千字

印　　数　1～3000 册

定　　价　40.00 元

ISBN 978-7-5606-3564-4/F

XDUP 3856001-1

如有印装问题可调换

作者简介

吴枝锋　又名吴杰。中国MBA西北联盟副主席，陕西MBA联合会副主席，西安电子科技大学MBA联合会主席，陕西伯乐集团创始人、董事长。吴枝锋先生领导的陕西伯乐集团公司是一家多元化企业集团公司，其业务范围涉及房地产开发、商业运营、物业管理、酒店管理、影视传媒等多个领域。伯乐集团在商业地产领域处于领先地位，并长期保持强劲的增长势头。

作为中国商业地产推广总监和经理人，吴枝锋先生长期从事商业地产管理的研究与实践，经验丰富，思想敏锐。在商业地产项目的前期论证、主题定位、招商管理、商业运营等方面有独到的见解和观点。

梢雨洋　陕西大唐御筵实业有限公司董事长，陕西省甘肃商会副会长，注册国际商务谈判专家。梢雨洋先生25岁即创立了德御行收藏，随后依托其迅速积累的高端客群，与顶级房地产企业合作，独创了一套包含高端房地产销售策划、客户群定位、品牌营销等的新型房地产宣传与策划模式，在商业地产管理领域也具有丰富的实践经验。

前言

商业地产即作为商业用途的地产，是区别于以居住功能为主的住宅房地产和以工业生产功能为主的工业地产等的地产类别。不论是从经营模式，还是从功能和用途上，商业地产都区别于普通住宅、公寓、别墅等房地产形式。

我国商业地产萌芽于20世纪80年代初期。相对于一般地产形式，无论是从理论，还是从实践角度来看，商业地产对于中国房地产开发企业还是一个新事物，大多数商业地产开发商在做商业地产开发时，并没有对商业地产的定位与经营进行必要的探究，而多是套用以往住宅开发的模式进行实践运作，关于项目的前景预测和项目定位等停留在对住宅地产开发的经验上，缺少必要的理论指导，特别是在商业地产的辐射范围、后续经营等方面，更缺乏基于业态分布与商圈特征的长效经营的系统规划。

事实上，纵观国内外商业地产及其业态的动态变化，任一商业地产项目的成功，都首先取决于是否基于市场环境进行了准确的项目定位，更应基于其价值链特征选择适宜的开发与运作模式，进而形成合作共赢的长效机制。为此，本书从商业地产环境分析入手，系统地回顾了商业地产发展的历程，进而以商业地产价值链分析为基础，探讨了从商业地产项目的战略定位、融资与招商，直到商业地产项目销售推广的全过程所面临的基本问题，系统总结了商业地产项目管理与运作的基本方法，并提出各个环节可能的创新思路。

作为商业地产管理系列图书的第一部，本书既注重理论体系的完整性，又通过大量的经典案例分析，解析当前商业地产管理领域的主要创新实践与创新思路。研究内容虽然涉及商业地产开发与管理的全过程，但不局限于具体的理论与方法细节，重在帮助读者构建一个崭新的系统构架或理论体系，并有助于引起相关部门和商业地产企业中中高层管理人员等商业地产实际从业人员的兴趣。

本书注重理论与实践相结合，在写作过程中作者充分发挥了从事商业地产研究与实践的优势，书中并不只是简单地进行相关理论的阐述与方法的介绍，而是通过理论体系的反思性描述，以案例解析入手，归纳和探索了现代商业地产管理的创新模式。

本书共分为20章。其中，第1～12章由吴枝锋编写，第13～20章由梢雨洋编写。西安电子科技大学经济与管理学院的研究生刘丽娜、冯乐奎等协助进行了大量的案例资料整理和编撰工作。在本书的写作过程中，作者还参考了国内外新近出版的相关资料、案例数据等，并已尽可能详尽地在参考文献中列示，在此，对这些专家学者和实践工作者表示诚挚的谢意！

西安电子科技大学出版社的李惠萍老师为本书的顺利完成提供了大力的支持，西安电子科技大学MBA教育中心为本书的案例调研与数据分析等提供了良好的平台和条件，在此一并感谢！

由于水平有限，书中难免有不当之处，恳请读者批评指正！

作　者
2014年9月

目　录

上　篇　商业地产管理理论

下篇　商业地产管理创新实务与案例分析

上　篇

商业地产管理理论

第1章　导　论

商业地产(Commercial Real Estate)，即作为商业用途的地产，是区别于以居住功能为主的住宅房地产和以工业生产功能为主的工业地产等的地产类别。商业地产广义上通常指用于各种零售、批发、餐饮、娱乐、健身、休闲等经营用途的房地产形式，规模有大有小。规模大的商业房地产如Shopping Mall项目，可以达到几十万、上百万平方米；规模小的商业房地产项目仅几百平方米，甚至更小。

不论是从经营模式，还是从功能和用途上，商业地产都区别于普通住宅、公寓、别墅等房地产形式。另外，以办公为主要用途的地产亦可归属于商业地产的范畴，但也可以单列出去。国外使用较多的词汇是零售地产的概念，泛指用于零售业的地产形式，是一种较为狭义的商业地产形式。

1.1　商业地产的基本内涵

1.1.1　商业地产的概念

什么是商业地产？这个概念众说纷纭，没有一个严格意义上的修辞来规范它。关于商业地产，国内尚没有很明确的定义，不同的学者和专家对其有不同的看法，其中有四种概念比较有代表性。

(1) 众所周知，房地产可以划分为住宅地产、商业地产、写字楼地产和工业地产四大类。“其中提到的商业地产主要是指用作商业用途的房地产，包括用作超市、购物广场、购物中心、商业步行街、批发市场、住宅小区商业配套店面、酒店、临街商铺等用途的房地产”。中国房地产估价师协会所定义的商业地产是指供出售商品使用的房地产，包括商业店铺、百货商场、购物中心、超级市场、批发市场、酒店等。建设部、国家统计局所使用的“商业营业用房”的概念基本如此。显然，此类概念主要涉及商业地产所服务的传统商业活动。

(2) 商业地产是指用于各种经营用途的房地产形式，如零售、餐饮、娱乐、休闲设施等。从功能、用途和经营方式上有别于住宅、写字楼等房地产形式。从商业地产价值构成角度来说，商业地产 = 商业 + 地产。“地产”是指各种零售、餐饮、娱乐、休闲等经营用途的房地产的持有形式，而“商业”就是指这些地产所承载的各种商业零售业态。这一定义突出了商业地产的盈利性质，不过跟前者定义一样，这一定义把商业活动和商务活动在一定程度上区分开了，所以并没有把写字楼这一项重要的盈利性物业包括在里面。

(3) 还有一些比较笼统的关于商业地产的定义。例如，有人认为，“商业地产开发的目的是对商业物业进行建设和经营”。但是当前国内大多数开发商是通过销售物业获得收益的，他们既不参与商业物业的经营，也不以持有物业、以获得租金为收益手段。

从世界上一些商业地产发展较早的国家的实践来看，他们都是通过与商户共同经营来获取巨大的增值额，而不是采取出售或出租的方式来获取增值额的。其实这一关于国内商业地产的认识指的仅仅是中国商业地产发展的初期阶段，如今，已经有越来越多的开发商认识到持有自己开发的商业物业对于项目长期成功经营的重要性。

(4) 国内有些从事国内商业房地产开发的早期开拓者也根据自己的实践提出了关于商业房地产的认识。例如，万达集团的董事长王健林就认为，“商业地产不单单是商业，也不单单是地产，同样也不是简单的商业加地产。商业地产是一种通过获取零售物业的租金作为收益的长期的房地产投资。它的目的明确，是以获取商业物业的租金收入为目的。如果开发以后就销售出去，那么就称不上是商业地产”。

以上概念虽然都从不同的角度给出了商业地产的定义，但是不全面。有的定义没有抓住商业地产的本质，有的则仅仅从传统意义上的商业活动来理解商业房地产，等等。

“商业地产就是用于从事有经济效益产生的商业活动的地产或者房产。现实中人们从事的商业活动主要表现为生产活动和交换活动，在从事这些活动中所使用的房地产不外乎商铺、商场、写字楼、工业厂房、仓库等，亦即在商业活动中使这些物业的价值得以体现，从而在使用中产生经济效益并获得收益。因此从广义上来说，商业地产就是指用于商业经营活动并通过经营产生收益的物业，主要包括商场、购物中心、商业街、写字楼、酒店、仓库、工业厂房、会展中心等，是生产要素。”(董金杜：《商业地产策划与投资运营》，商务出版社，2006：24-27)

该定义从广义上指出了商业地产包括服务于商业活动和商务活动的一切

地产，并指出商业地产的本质在于收益性或盈利性，还指出国内的商业地产活动主要局限于商铺和商场类物业。所以，其进一步对狭义的商业地产进行了定义，即主要包括商场、百货店、购物中心、商业步行街、批发市场等物业。

总的来说，可以从六个方面来理解商业地产：第一，商业地产以地产为载体，具备地产开发的很多特性，如拿地、规划、设计、开发等；第二，商业地产目的在于满足商业经营用途，多方面下功夫才能为后续招商、营运、管理奠定良好基础；第三，商业地产按不同经营用途涵盖各种零售、餐饮、娱乐、健身、休闲、商务、办公等经营业态；第四，商业地产主要是通过商业运营环节收取租金，而不是靠卖商铺来实现收入，租金可以是固定的，也可以是租户销售额的百分比；第五，商业地产作为一项长期经营活动，商业地产管理要具备战略目标；第六，商业地产说到底还是一项投资，而且是长期的投资，必须从投资回报率和投资回收期这两个终极指标来指导商业地产的一切经营活动，同时，要有长期资金来源，这就需要将商业地产和资本运作挂钩。因此，商业地产是一个具有地产开发、商业运营、资本运作三重特性的复合型行业，它着眼于长期发展战略。

1.1.2　商业地产与住宅地产比较

商业地产与住宅地产相比较，存在着许多相同点，也存在着不同点。

首先，商业地产定位与住宅定位的相似点表现在其都是以市场为出发点，定位方法类似。不管是商业地产还是住宅地产，其出发点都是市场。住房购买者是市场的一部分，商家、商业地产购买者、最终消费者同样也是市场的一部分。因此，商业地产、住宅地产在作定位研究时，都需要研究市场，对市场进行细分。选择细分市场，区别在于细分工具不同而已。

其次，商业地产与住宅地产的相似点还表现在项目定位用的方法与理论相似。我们都知道定位理论不仅仅应用于房地产业，而且刚开始是从研究快速消费品的市场规律逐步发展而成的理论，后来定位理论已经不再局限于快速消费品，也研究房地产这样的大宗商品，并获得了成功。从定位理论的角度来看，商业地产与普通房地产存在共性。

毋庸置疑，商业地产与住宅地产存在着许多区别，可以从规划、开发流程、利益等层面来描述商业地产的开发特点。

第一，在规划方面，商业地产的项目规划非常重要，决定着商业项目的存亡。商业地产的复杂程度远高于住宅地产，它涉及各个方面，是一个复合型的产业，不仅是房地产行业，还是商业行业。多数商业地产的开发商在开发之初，根本就没有考虑过“做什么”的问题，他们多数先把项目盖起来，最后到了商业定位的时候问题就出现了，要么是结构不合理，要么就是布局不规范，从而导致招商异常困难，往往出现“理想的商家不愿进，进驻的商家不理想”的结果。商业地产由于各种业态对商铺的要求具有特殊性，而大型商业地产项目业态和功能均比住宅地产复杂，人流、物流、垂直交通、消防疏散、停车等诸多方面相当繁琐，在满足功能要求的前提下，如何满足未来大量商家的需求、消费者的需求，这是关系到一个商业项目能否成功销售、招商和做旺的关键。

第二，从开发流程来看，商业地产与住宅地产也存在着一定的区别。住宅建设的最终目的是为了满足人们的居住需求，开发商一般是全部销售，实现利润。而商业地产的最终目的是招商与运营的成功，开发商一般是长期持有商业地产，靠稳定的租金赢得现金流。因此，商业地产的选址过程更严谨。通常情况下，无论是住宅开发还是商业地产开发，均要在投标拿地前进行初步的市场调研。但在商业地产开发中，发展商不仅要考虑商铺投资者的利益，还要考虑经营者、消费者的利益，所需平衡的地方很多，所以商业地产项目的选址过程比住宅开发选址更为严谨。

第三，站在地产定位的角度，商业地产的定位相比于住宅地产更为复杂和系统化。住宅地产一般面对两类客户，一类是投资客户，另一类是自住客户。不管是自住还是投资，最终是满足人们的住房需求。而商业地产却不一样，它是以商业管理和运营为目的，满足的是三个层次的客户。一是购买商铺的投资客户或是自营客户；二是最后的经营商家；三是带来商气和人气的消费者，甚至还有专门负责后期商业经营管理的团队或公司。商业地产开发商的目标客户是专业零售商家与专业管理团队，因此商业地产在考虑客户需求时，必须要多方面兼顾。

由于涉及的对象、建设目的等不同，住宅地产在定位时，更多从现有市场出发，挖掘未来潜在的居住客户，为其打造符合其身份与偏好的居住环境。而商业地产在定位之初就应该和商家联系沟通，取得商家的订单后再进行建造是国际上比较成功的定位模式。因此，商业地产定位要依据招商在前、建设在后的原则，或者说先租后建。商业地产的定位来自广泛而细致的调研，包括城市商业发展规划及政策、区域商业结构、未来供应量、消费力的需求、租售目标客户细分、商铺升值潜力等方面的分析。

第四，从地产的推广来看，商业地产的推广更具针对性。商铺作为非生活必需品，与住宅推广相比，其推广的核心是投资价值和投资潜力，侧重于商铺的回报率和回报周期，以及未来的经营管理，确保市场能够持续经营。与住宅地产相比，商业地产还额外增加了“售后服务”的三个环节，即开业、运营和管理。如果发展商抱着当“甩手掌柜”的心理走下去，就是“苦海无边”的一条“死胡同”，必须要抓好运营、管理环节，这样才能减少纠纷，获取最大的利润。

最后，在地产的开发过程中，住宅地产与商业地产涉及的利益参与者也不同。住宅地产的参与方一般包括开发商、代理或顾问公司(可不参与)、建筑施工单位、设计公司和住户六个方面。而商业地产的参与方相对就较多，包括开发商、商业地产顾问公司、投资机构(包括银行、海外投资者等)、商铺购买者、经营者、消费者等。相比较住宅地产而言，在商业地产前期定位等问题上，顾问公司的作用发挥得更大，而且一般顾问公司在招商方面有比较多的经验和资源。

住宅地产仅仅通过发展商和购买者两个环节就可以构成单一价值链，而商业地产的价值链上除了开发商，还包括消费者、经营者和投资者，因此，商业地产开发要权衡“四角恋爱”的利益关系。每个参与者都有自己的利益出发点，不可避免地存在着许多矛盾，像发展商要求铺位划分要好卖而经营者要求好用，投资者要求高回报而经营者要求先培育市场，以及商铺租与售的矛盾等。

商铺的现代营销链是“发展商—投资客—经营商家—消费者”这样一个完整的结合体。而现实中商业地产的开发者只看到了这个营销链中的“发展商—投资者”这两个元素，把商业地产开发当成了简单的商铺销售工作，从而为商业地产的后期经营埋下了深重的隐患。

商业地产与住宅地产的区别如表 1.1 所示。

表 1.1　商业地产与住宅地产的区别

住宅地产	商业地产
发展商大多数采取开发销售的模式，其资金回收模式相对简单	商业地产项目是只租不售或只销售部分的面积，主要靠企业长期持有
大多数住宅类商品的购买者在购买住宅类产品时，主要是买来自住	大多数购买者购买商业地产类产品是将其作为一种稳定性、投资回报率较高的投资，即买来作为投资用的
发展商只要将房子卖出去，将社区的物业管理做好，就基本算是大功告成	发展商考虑的不仅仅是如何将商铺卖出去，而且还要将后期的经营、推广作为头等大事来对待

1.2　商业地产发展的基本特征及其发展动因

1.2.1　商业地产发展的基本特征

早期的商业地产探索和实践主要集中在美国、英国和澳大利亚，特别是美国，乃是商业地产发展的先驱。早在 19 世纪，美国购物中心建设已经拉开序幕，同时美国的商业地产也开始发展起来。但是在20世纪以前发展相当缓慢，直到20世纪20～30年代，随着汽车及交通条件的改善，美国的商业地产在设计、开发以及运营等方面才取得了较为明显的进步。由于具体条件的差异，北美洲、欧洲、澳洲和亚洲国家的商业地产有着各自不同的发展模式，具体来说分为两类，即以美国为代表的郊区发展模式和以英国为代表的城市市区发展模式。

我国商业地产兴起于20世纪80年代末，20世纪90年代上半段曾出现过短期繁荣，后受到亚洲经济危机的影响跌入低谷，一直处于停滞状态，直至近几年才开始出现快速发展。自2003年起，我国房地产市场最大的变化莫过于商业地产的异军突起。由于商业地产投资回报率、社会反响度均高于住宅项目，故我国掀起了一股狂热的商业地产投资潮流。

总的来说，我国商业地产是经济体制改革和市场经济的产物。我国商业地产发展壮大是在我国宏观经济管理的大背景下逐渐完成的，并在不同阶段表现出其独特的产业特征。在计划经济体制下，商业设施与网点的建设完全依赖于政府的商业发展计划，进入壁垒多，房地产发展受到严格的投资规模限制，商业用房的开发也属严控范围。从此种意义上说，我国真正具有市场意义的商业地产发展是在改革开放后出现的，虽然随着时间的推移而具有不同的侧重点，但我国商业地产发展的基本态势均或多或少地包含四个方面的基本特征。

首先，我国商业地产是以满足居民需求为主导的配套商业建设。满足居民需求为主导的配套商业建设是我国商业地产发展的基本要求。这一基本态势突出地反映在20世纪80年代以前的商业地产开发过程中。全国各大城市由于商业投资不足，商业网点跟不上日益变化的城市发展和居民生活需要的增长，网点严重不足，商品供应短缺。政府为解决城市商品物质短缺、商业服务业落后、居民生活极不方便等问题，对临路临街的民居、围墙、企事业单位门面房或是具有商业经营价值的街道地段进行了小规模改造，使其成为商用物业或临街批零市场，以满足居民日常生活的需求。同时，各大城市还集中对当时较大型的商业设施进行了改造，形成了一批具有市级商业辐射力的商业物业设施。

这一时期的商业建设还没有商业地产开发的概念。无论是开发运作还是经营管理，规范化程度都比较低，商业多为沿街店铺和餐馆，一些主要街道由于店铺的聚集而形成商业街，少量大型商业设施主要集中在市级商圈(一级商圈)和区级商圈(二级商圈)。

在这一时期的房地产开发中，各地政府要求新建居民住宅区必须按照总建筑面积的一定比例规划建设商业面积，住宅建成后，规划的商业面积以行政划拨形式交由相应的国有商业部门进行经营，这种开发住宅共建配套商业网点的政策是政府行为性质的商业设施开发。但是由于规划的商业面积只能满足居民柴米油盐等日常生活需要，功能不配套，商业经营收益不高，而开发商也因配套建设商业面积影响了收益，因此事实上，很多开发商都采取变通的方法规避住宅开发中的商业设施建设。

其次，我国商业地产转变为向以政府为主导的城市商业发展。政府主导曾经是我国商业地产发展的主要模式，计划经济的色彩还相当浓厚，但总的趋势是逐渐向商业经营者为主导的商业规模扩展转变。20 世纪 80 年代末和 90 年代初，随着经济发展、城市规模扩大、流动人口成倍增长、城市化进程不断加快，城市近郊发展催生了新商业区的需求。同时，旧城区商业设施落后、购物环境差、交通不便的矛盾日趋突出，显现了商业现状与城市发展的不协调。为适应城市发展的需要，在政府主导下，全国掀起了新城区商业建设以及旧城区商业改造的高潮。各地政府全面规划了商业区的发展蓝图，在战略实施策略上，将旧城改造、道路拓宽、房地产开发与商业重建相结合，以商业建设为龙头，带动其他工程建设，大大推动了城市商业建设的发展。20 世纪 80 年代后期，开始在北京、上海等大中城市出现的“购物中心”，严格来讲还只是属于规模较大的百货商店。这一时期虽然还没有形成商业地产开发概念，在政府部门文件中也以商业网点指称，主要是以旧城改建和新城区建设来推动商业的建设，但是商业地产中的择位、选址以及物业升值观念已被业界深刻认识。

然后，我国商业地产出现商业经营者为主导的商业规模扩张。商业经营者为主导的商业规模扩张可以代表 20 世纪 90 年代初期到 90 年代中期我国商业地产发展的基本态势和特征。从理论上说，商业经营者为主导的商业规模扩张也应当成为未来我国商业地产发展的基本模式。这一阶段是我国传统百货业的“黄金时代”。根据有关资料，当时北京市 21%的商场利润增长达到了 64%。基于商业自身发展的需要，1990 年，北京以建筑面积 1 万多平方米的长安商场开业为标志，赛特商场、燕莎商城、西单购物中心等大型百货商场相继开业，并获得空前的成功，彻底打破了京城百货业“四大家族”(王府井百货大楼、东安市场、西单商场和隆福大厦)垄断的商业格局。京城商业的成功在全国产生巨大的震动力，各地纷纷派人来京考察大型商业设施的建设与经营，并在全国掀起了投资开发大型商业物业的热潮。到 2000 年，北京拥有万平方米以上的大型商场 160 余座，总建筑面积达 560 万平方米。同时，一些商业企业突破传统商业设施行政地域划分的格局，开始尝试异地投资建设商业物业，典型代表是北京王府井百货集团，其率先在成都、广州选址投资开设分店。

1996 年以后，商业领域内的新业态不断出现，大型超市、卖场、新型商业街的建设此起彼伏，商业企业出于规模扩张的需求，摒弃传统单体经营模式，发展连锁经营。可以说，商业经营者的扩张驱动极大地刺激了商业地产的发展。

最后，我国商业地产转为地产开发商为主导的商业地产开发。地产开发商为主导的商业地产开发是由我国土地经济的宏观环境决定的。20世纪90年代中后期，一些大型的Shopping Mall开始以崭新的姿态登陆上海、北京等大城市。2002年以来，郊区Shopping Mall的开发热潮在我国兴起，Shopping Mall业进入规模发展阶段。大型购物中心及商业设施的开发建设逐步走向了市场化。尤其近几年来，房地产开发商利用其拥有土地资源和资金实力的优势，成为各类商业地产的投资建设主体。同时，商业地产逐渐成为房地产市场的热点话题，受到业界的普遍关注，而且国际、国内投资者投在商业地产上的资金近年来也在持续增加。

进入21世纪，随着中国加入世贸组织和零售业的逐步开放，国内外零售企业加快了开店速度，“圈地运动”使得国内的商业地产项目需求数量呈现出快速增长的势头。但是，其投资的自发性和盲目性问题突出，开发商普遍热衷于底层商铺、大型购物中心和商业街，造成商业网点布局、结构、地域性的不合理。规模大型化问题越来越突出。

1.2.2 商业地产产生与发展的动因

总的来说，商业地产的产生与发展得益于其赖以生存的社会和经济环境。一般认为，自1870年到1973年间，西方及美国房地产大致经历了六次周期性波动循环。进入21世纪以后，美国房地产周期性波动循环的态势更为明显，与之相伴的是商业地产兴衰繁荣的不断循环过程。从此，地产周期性波动的历史中，人们不难看出商业地产产生及其社会经济基础，也不难发现商业地产与其他相关产业的关联关系。事实上，抛开时间因素来看，世界各国的商业地产产生的原因基本相同，其演进与发展也具有基本相同的历史轨迹。

改革开放以来，我国经济保持持续快速发展的态势，带动各产业的增长，其中商业地产是近几年来增长最快的行业之一。具体来说，我国商业地产产生并迅速发展的主要因素可以从城市化进程的推动、消费者对商业功能需求的变化等方面来分析。

首先，城市化进程的推动是我国商业地产发展的首要原因。按照国际标准，城市人口比重达70%以上、第三产业占50%以上、第二产业稳定在30%左右，为城市化进入平稳状态的高级阶段。北京2002年的城镇人口比重和第三产业比重就已分别达到71%和62%；上海2002年城镇人口比重占76.4%，第三产业 2000 年已超过 50%。可见，京沪等大城市进入了城市化高级阶段。根据有关统计，城市化率每提高 1 个百分点，相当于新增 1500 万城市人口，能拉动最终消费增长 1.6 个百分点。根据国家统计局资料，我国社会消费品零售总额 1990 年只有 8300 亿元，到 2012 年已达到 210 307 亿元，22 年增长 25 倍，年均增长 115.2%。

2003—2012 年我国社会消费品零售总额变化趋势如图 1.1 所示。

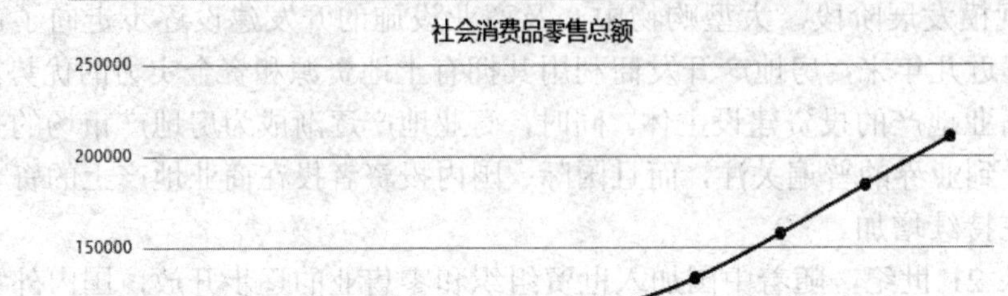

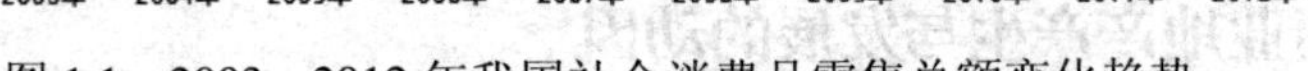

图 1.1　2003—2012 年我国社会消费品零售总额变化趋势

这些消费力是要通过各种商业设施来实现的。城市化进程推动了城市商业设施在数量、质量、结构、环境和区位布局上的大发展，形成新型商圈。北京传统的以三条大街为基础形成的三大市级商业中心(王府井、西单和前门大栅栏)被区域化、多元化的商圈所替代，如朝外商圈、公主坟商圈、国贸商圈、建国门商圈、中关村商圈等；新兴社区的开发突起了社区商圈，如亚运村商圈、望京商圈等；上海也在城市发展和建设的基础上出现浦东商圈、淮海路商圈、新天地娱乐商圈等。新商圈的建成及对老商圈的整合提升带动了城市商业地产的发展，这是我国商业地产发展的重要动因。

其次，消费者对商业功能需求的变化是我国商业地产快速发展的另一个原因。20 世纪 90 年代是消费需求的重要转变期，人们的消费需要从追求数量扩张向追求质量和品牌转变——消费档次明显提高，消费结构多元化、多样化，消费方式追求品质化、个性化和舒适化。消费者的购买方式也由传统单一的购物发展到一站式购物和一站式消费，商品经济—服务经济—体验经济引发的消费变化带动了商业业态的多元化和商业地产的升级与革新。商业设施规模越来越大，功能越来越综合，特别是近年来休闲消费和假日消费行为方式的变化，使得人们闲暇时间的消费方式从家庭走向了户外和大型商业设施。以家庭为单位的休闲消费代替了之前以个体为单位的消费方式，这种消费结构、消费方式和消费者出行组织的变化客观上增加了人流、客流规模，其云集效应促成了商业地产的升级和商业设施功能的多元化与多样化。

第三，商业企业的市场化扩张战略也是促进我国商业地产迅速发展的主要原因。1999 年，外资零售业开始进入中国市场，这大大增加了国内商业企业的危机感——“与狼共舞”首先必须把自己做强大。由于对未来市场的预期，国内一些具有经营优势、品牌优势的商业企业通过存量和增量的发展方式扩大规模、跨区域发展，由单体店迅速扩张为商业连锁集团，店铺数量增加成为市场份额扩大的关键路径。特别是一些借助于资本市场成功上市的企业，运用直接募集的巨额资金快速进入“圈地”运动，以获得企业规模增长的基础设施和物质条件。据中国连锁经营协会统计，2001—2004 年，全国连锁百强店铺数量增幅分别为 16%、25%、36%和 50%。这种门店数量的快速扩张，对商业地产产生了强烈需求。

第四，地产开发商的运营策略变化也对我国商业地产的发展产生了一定的作用。随着国家土地管理政策的变化，住宅类地产的土地出让日渐严格。住宅项目竞争激烈，而商业地产开发的高收益性、长期性和稳定性造成开发商向相对竞争较弱的领域——商业地产转型。据业内人士分析，商业地产开发成本比住宅地产开发成本高出 60%～80%，但销售价格却是住宅的 2～3 倍。这一巨大的利差促使房地产开发商改变运作模式，凡在市区或大型社区的建设项目必涉足商业地产。同时，商业地产长期持有的保值、升值空间，使一些有实力的地产商纷纷从单一的住宅地产开发转做商业地产开发或住宅、商业地产综合开发。

最后，外资对商业零售业市场的大举进入也在一定程度上刺激了我国商业地产的发展。加入世贸组织、2008 年北京奥运会及对人民币的升值预期在近两年极大地促进了外资对我国商业地产的进入。2005 年，商务部共批准设立外商投资商业企业 1027 家，其中 10 月、11 月、12 月当月批准设立的外商投资商业企业都超过了 100 家，全球零售业巨头家乐福、麦德龙、欧倍德及万客隆等也争相希望进入。与此同时，一些实力雄厚的外资机构以及 REITs(房地产信托投资基金 Real Estate Investment Trusts 的缩写)也开始了在中国商业地产的直接投资。REITs 的进入为一些国内地产开发商缓解了资金有限、融资渠道单一的问题，也使开发商直接接触和学习到国外地产基金的运作经验，规避了国内资本市场商业物业融资的制度缺失，打通了商业地产与国际接轨和国际化运作的渠道，用新的方式推动了商业地产的发展。

1.3　商业地产分类与特点

1.3.1　商业地产的分类

商业地产形式多样，如前面所提及的购物中心、百货、超市、商业街、主题商场、专业市场、写字楼、酒店等，是最为常见的商业地产形式。人们看到很多地产形式，大多是融合了住宅地产、商业地产、工业地产、旅游地产等的复合地产，因此，实际上商业地产的界限和分类不一定划分得很明确。如酒店可以划为商业地产，也可以划为旅游地产。但为了研究和管理，可以按照行业、功能、地域以及服务对象等，对商业地产进行不同的分类。也可按照商业地产的开发形式、商业业态、购买内容、市场覆盖范围等更为具体的标志进行商业地产分类。

需要说明的是，国内商业地产的研究才刚刚起步，还缺乏广泛接受的科学分类方法，通常都是按照开发形式、商业业态等标准来进行类别划分的。

根据开发形式的不同，商业地产可分为商业街类、市场类、社区类、百货商场或购物中心类、商务楼或写字楼类和交通设施类等商铺。

商业街是指以平面形式、按照街的形式布置的单层或多层商业房地产形式。步行街的形态有 H 型、口字型等多种，其沿街两侧的铺面及商业楼里面的店铺都属于商业街商铺。商业街在过去的十年已在国内取得了良好的发展，如建材街、汽车配件街、服装精品街、酒吧街、美容美发用品街等。

以多样性为特征的建材街如图 1.2 所示。

图 1.2　以多样性为特征的建材街

市场类商铺是指各种用于某类商品或综合类商品的批发、零售、经营的商业楼宇，有些是单层建筑，但大多是多层建筑。这类市场里面的铺位即本文所谈的市场类商铺。市场类商铺在零售业中所占比重比较高，在全国各地都有大量从事某种商品经营的专业批发和零售市场，如图书交易市场、电子市场、家用电器市场、家具城、建材城等。

社区商铺是指位于住宅社区内的商用铺位，其经营对象主要是住宅社区的居民。社区商铺的表现形式主要是1～3层商业楼或建筑底层商铺。

百货商场、购物中心类商铺是指百货商场、各种类型购物中心里面的铺位。百货商场及各种类型购物中心的运营好坏，对这类商铺的经营状况具有决定性的影响。

以综合性为特征的王府井百货商场如图1.3所示。

图1.3　以综合性为特征的王府井百货商场

商务楼、写字楼商铺是指诸如酒店、商住公寓、俱乐部、会所、展览中心、写字楼等里面用于商业用途的商业空间。这类商铺的规模相对较小，但商业价值很值得关注。商务楼、写字楼底商商铺的经营业态主要包括服装专卖店、超市、便利店、咖啡店、特色餐饮、银行、美容美发店、旅行社、机票代理、干洗店、彩扩店、国际诊所、娱乐项目等，其客户定位通常为中高档消费者。

交通设施商铺是指位于诸如地铁站、火车站、飞机场等交通设施罩面及周围的商铺，以及道路两侧各类中小型商铺。

根据商业业态的不同，商业地产可分为百货店、小型超级市场、大型综合超市、便利店、专业市场(主题商城)、专卖店、购物中心和仓储式商场等。

百货店是指在一个大建筑物内，根据不同商品部门设置销售区，开展进货管理、运营业务，满足顾客对时尚商品多样化选择需求的零售业态。其特征是：选址在城市繁华区、交通要道；商店规模大，营业面积在5000平方米以上；商品结构以经营男装、女装、儿童服装、服饰、衣料和家庭用品为主，种类齐全，少批量，高毛利；商店设施豪华，店堂典雅、明亮；采取柜台销售与自选(开架)销售相结合的方式；采取定价销售，可以退货，服务功能齐全。

小型超级市场指采取自选销售方式，以销售食品、生鲜食品、副食品和生活用品为主，满足顾客每日生活需求的零售业态。其特征是：选址在居民区、交通要道、商业区；以居民为主要销售对象，10 分钟左右的路程可到达；商店营业面积在 1000 平方米以下；商品结构以购买频率高的商品为主；采取自选销售方式，出入口分设，结算由设在出口处的收银机统一进行；营业时间每天不低于 11 小时；有一定面积的停车场地。

大型综合超市是指采取自选销售方式，以销售大众化实用品为主，满足顾客一次性购足需求的零售业态。其特征是：选址在城乡结合部、住宅区、交通要道；商店营业面积在 2500 平方米以上；商品结构为衣、食、用品等，重视本企业的品牌开发；采取自选销售方式；一般设立与商店营业面积相适应的停车场。

便利店是以满足顾客便利性需求为主要目的的零售业态。其特征是：选址在居民住宅区、主干线公路边，以及车站、医院、娱乐场所、机关、团体、企业事业所在地；商店营业面积在 100 平方米左右，营业面积利用率高；居民徒步购物 5～7 分钟可到达，80%的顾客为有目的性的购买；商品结构以速成食品、饮料、小百货为主，具有即时消费性、小容量、应急性等特点；营业时间长，一般在 10 小时以上，甚至 24 小时。

Mall 称为摩尔，该词来自于伦敦白金汉宫前的一条街名，现在通常指与购物中心两侧专卖店平行的、展现购物中心独特魅力的通道，也叫大型购物中心。大型购物中心指企业有计划地开发、拥有、管理运营的各类零售业态与服务设施的集合体。其特征是：由发起者有计划地开设、布局统一规划，店铺独立经营；选址在中心商业区或城乡结合部的交通要道；内部结构由百货店或超级市场作为核心店，与各类专业店、专卖店、快餐店等组合构成；设施豪华，店堂典雅、宽敞明亮，实行卖场租赁制；核心店的面积一般不超过购物中心面积的 80%；服务功能齐全，集零售、餐饮、娱乐为一体；根据销售面积，设立相应规模的停车场。

仓储式商场指以经营生活资料为主、储销一体、低价销售、提供有限服务的零售业态(其中有的采取会员制形式，只为会员服务)。其特征是：位置处在城乡结合部、交通要道旁边；商店营业面积大，一般为 10 000 平方米左右；目标顾客以中小零售商、餐饮店、集团购买和拥有交通工具的消费者为主。

实际上，除了上述两种比较常见的分类方式外，生活中人们还常常按照商业地产坐落的位置、规模以及投资价值等对商业地产进行分类管理。

按照坐落位置划分，商业地产可分为市中心区商业、居住区附近及其他市区商业、交通枢纽附近商业以及市郊商业等。

按照规模划分，商业地产可分为大型商业、中型商业及小型商业。

按照投资价值划分，商业地产又可分为“都市型”商铺——“绩优股”，“社区型”商铺——“潜力股”，“便利型”商铺——冷门“小盘股”，专业街市商铺——“高科技股”，其他商铺——“一般股票”等。

按各种标准对商业地产的分类如表1.2所示。

表1.2　按各种标准对商业地产的分类

分类标准	类　型	具体形式
按功能类型	零售功能	购物中心、百货商场、超市等
	娱乐功能	电影城、娱乐城、KTV、娱乐城
	餐饮功能	大中型酒店、中小型快餐
	健身、休闲服务	运动会所、健康中心、美容中心
按购买消费内容	物品交易场所	购物中心、百货商场、商业街
	服务交易场所	餐饮、酒店
	体验业态	娱乐、健身、美容
按客户广度	大众客户类	超市、餐饮店等
	小众客户类	面向少数人群，如娱乐迪吧
按建筑形式	单体商业建筑	单一建筑体，独立于其他建筑
	底层商业建筑	建筑物底商商铺，如住宅底层商铺、写字楼底商商铺
	地下商业建筑	地下商业街
	综合商业建筑	各种商业形式的混合体
按市场覆盖范围	紧邻型	小卖部、便利店等
	社区型	菜市场、超市等
	区域型	购物中心
	超大区域型	中心商业街
按商店销售产品	综合商店	提供货品或服务的综合性场所
	服装和饰品店	服装城、服装批发市场、女装店、鞋店
	家居和家居用品店	家具店、装饰材料店
	便利店	超市、食品店、药房

1.3.2　商业地产的特点

较之住宅等其他房地产项目，商业地产具有高投资回报率、回收期长、风险高等特点。

首先，商业地产具有较高的投资回报率。住宅等房地产项目主要通过项目建成之后的销售收入来体现其投资回报，而商业地产除了销售外，更大部分的投资回报是通过项目的租金收入来体现的。商业地产的投资回报率受到很多因素的影响，如商业业态的选择和建成后的经营管理等。此外，除了销售收入和租金收入外，项目物业的升值也是体现商业地产投资回报的一种形式。简言之，住宅的投资回报是单一的，而商业地产投资回报是多样的、连续的、不确定的。

其次，商业地产具有多样性的商业物业经营方式。商业地产项目的经营方式主要有只租不售、租售结合、只售不租、与商家联营以及不租不售而自主经营等。其中主要的经营方式是通过将物业租赁给商业经营者来获取收益。商业地产的培育期采用只租不售的方式可以方便开发商进行整体的业态业种配置，并根据实际情况及时进行调整，从而帮助项目顺利度过培育过渡期。

第三，商业地产具有投资回收期长、风险高的特点。住宅等房地产项目在项目建成销售后就可以通过销售收入获得收益。而商业地产由于主要是依靠租金收益，其投资回收期较住宅等其他房地产项目长得多，甚至会延续到整个商业地产项目的存续期。同时，影响商业地产收益的因素也更为复杂，除了受到与住宅房地产相同的地段、建筑面积和结构等因素影响外，还会受到诸如周边经济环境、交通状况、人流状况、居住人群以及政府的政策等因素的影响。除此之外，商业地产的经营状况也会对收益有很大影响。一般来说，商业地产项目建成投入运营后还需要经过两至三年的培育过渡期才能逐渐趋于成熟，在此期间可能随时面临着业态的调整和亏损，存在着比较大的风险。

第四，商业地产因其投资规模较大，要求开发商具有雄厚的资金实力。大型商业地产项目如购物中心、商业步行街等在其建设期一般都需要投入较多的资金。同时，在建成经营后的培育过渡期内同样需要有非常充足的资金储备来应对调整和亏损。此外，商业地产项目较长的投资回收期也需要占用较多的资金。

最后，商业地产对后期运营管理的要求也较高。商业地产开发商不仅需要雄厚的资金实力，更需要具备较强的商业规划能力以及商业经营能力。商业地产项目的成败最终取决于商业地产运营的成败。若商业地产运营成功，则开发商能获得预期的租金收益和物业增值收益。而且由于商业地产市场的竞争非常激烈，需要面临很大的风险，因此对商业地产后期的运营管理的要求也比较高。

1.4　研究商业地产的意义

当前，中国经济正处于高速发展的阶段，城镇化建设的步伐也在紧锣密鼓地进行中。在这种经济形势大背景下，商业地产也得到了迅猛发展，并已成为我国国民经济的重要组成部分和GDP的主要增长点。从2011年1月6日我国政府推出国八条之后，一系列对楼市进行的调控、限购以及限贷政策相继出台，这无疑使住宅市场受到了遏制。当住宅市场进入寒冬状态时，我国商业地产的发展却步入了一个前所未有的阶段。目前国内商业地产如雨后春笋一样，不断地涌现出来。

一方面，商业地产对于中国房地产开发商来讲，还是一个比较新的事物。由于最初进入商业地产的开发商大多是搞住宅开发的，他们在做商业地产的时候并没有对商业地产的定位与经营予以深入的探讨研究，只是套用以往住宅的开发销售模式来运作商业地产，对开发前景的预测也还只停留在对住宅地产开发的经验上，缺少理论支持，因而在商业地产的定位以及经营管理上存在着很多问题。一个商业地产项目要想取得成功，必须准确地对商业地产进行定位，即确定谁是项目的投资者、使用者、运营者和地产经营产品的消费者，确定怎样的经营模式才能使项目取得长久的收益等，只有这样，才能确保商业地产后续经营的效益。所以，商业地产如何定位、如何进行战略规划、如何进行融资、如何招商、如何销售推广等都是商业地产成功运作的基础，对商业地产的成功运作具有特别的重要意义。然而，现在很多商业地产开发商过于依赖主观经验，忽视在市场调查研究的基础上对商业地产进行准确的定位，许多项目没有按不同业态的用途和要求对商圈的辐射范围、消费能力等进行调查分析，尤其忽视对商业地产的后续经营，抱着卖完房子就走的态度，不能做到对项目进行准确的市场定位、设计建造和长期有效的经营。

另一方面，中国经济尚存在发展不均衡，如地区发展不均衡、产业发展不均衡、资源利用与产值不均衡以及城乡发展不均衡，等等。与此同时，我国的商业地产也存在区域化不均衡发展的迹象，以及呈现出一种跳跃式非理性发展的态势。国内一些大型商业地产虽有国际化水平的硬件设施以及奢华的外部装修，但商业地产最后能够稳步经营、取得一定成效的却屈指而数。中国投资者看中了商业地产是大餐，都想给自己加一筷子尝尝鲜味，于是投资者纷纷从住宅地产转战商业地产。商业地产所取得的成就我们不容否定，但生于忧患死于安乐。商业地产整体开发风险比较大，于是很多问题便会凸显出来，如总量过剩、经营管理不到位等问题。所以在看到收益的同时，必须认清其隐形的弊端，这样才能使商业地产走出一条可持续发展的地产道路！

第 2 章 商业地产环境与商业地产发展历程

自 19 世纪 70 年代国外出现了最早的商业地产的业态之后，商业地产业态伴随着全球经济的高速增长经历了 8 次革命纵观商业地产及其业态的动态变化，商业地产环境是引导和触发商业地产兴衰交替与模式演进的主要方面。通过商业地产经济环境、社会环境、自然环境等宏观环境以及商业地产城市环境、行业环境等微观环境不断地交替往复，集中、便利、时尚和人性化成为了现今多数业态的特征，销售模式也由最初的杂货店发展到了现在的诸如多媒体销售等带有现代特征的多种形式。

2.1　商业地产环境及其构成要素

所谓商业地产环境，是指对商业地产和商业地产管理产生影响的内外各种条件的统称，是指影响和制约商业地产及其业态变化的所有因素的集合。商业地产管理是在一定的环境下进行的，必然受到环境的影响；环境构成了商业地产管理的客观条件。资金的取得与运用、商业地产的配置和利用效率等均会受到环境的影响。因此，研究商业地产管理必须深刻认识和认真研究商业地产所处的各种环境。

商业地产环境主要包括微观环境和宏观环境两个方面，具体可以从经济环境、地理环境、法律环境和金融环境等角度来认识，并且其具有各自的构成要素。

2.1.1　商业地产宏观环境

商业地产宏观环境是指对商业地产企业生产经营活动造成市场机会和环境威胁的主要社会力量。宏观环境能够帮助企业更好地认识环境，然后通过企业的努力来适应社会环境及变化，最终达到企业的目标。宏观环境常用的调研方法为 PEST 分析，其中 P 是政治(Political System)，E 是经济(Economic)，S

是社会(Social)，T 是技术(Technological)，即宏观环境包括政策法律环境、经济环境、社会文化和自然环境、技术环境四个方面。商业地产项目要想做出准确的开发和运营决策，就必须学会掌握正确的市场信息，而正确的市场信息的来源依赖于及时、准确和有效的市场调研。

1. 经济环境

经济环境是指构成企业生存和发展的社会经济状况。社会经济状况包括经济要素的性质、水平、结构、变动趋势等多方面的内容，涉及国家、社会、市场及自然等多个领域。构成经济环境的关键战略因素包括 GDP 的发展趋势、利率水平的高低、财政货币政策的松紧、通货膨胀程度及其趋势、失业率水平、居民可支配收入水平、汇率升降情况、能源供给成本、市场机制的完善程度、市场需求情况等。这些因素往往直接影响着企业的经营，如利率上升很可能会使企业使用资金的成本上升；市场机制的完善对企业而言意味着更为正确的价格信号、更多的行业进入机会等。企业的经济环境分析就是要对以上因素进行分析，运用各种指标，准确地分析宏观经济环境对企业的影响，从而使其战略与经济环境的变化相匹配。

国家的经济运行趋势、国家商业地产的发展态势、商业地产业态的发展情况以及相关政策等都会对商业地产项目定位决策产生直接的影响，尤其是商业地产的开发一般都需要较长的时间，整体的宏观经济的发展对项目的影响是非常重要的。在进行商业地产项目定位决策时，要充分考虑到该项目定位方案是否符合国家的相关政策。

开发任何一个项目都涉及经济环境的研究，尤其是商业房地产项目，由于其开发周期长、投资大，受经济发展和政策的影响大，并且其开发的最终目的是通过出租经营来实现开发利润的，因此其风险也很大。所以，在开发商业房地产项目时，对经济环境进行研究是不可或缺的一项重要工作。经济环境的研究主要是重点研究人均 GDP、社会消费品零售总额等指标。

首先，人均 GDP 是宏观经济中最受关注的经济统计数字，因为它被认为是衡量国民经济发展情况最重要的一个指标。一个国家或地区的人均 GDP 大幅增长，反映出该国或地区经济蓬勃发展的势头。如国民收人增加，则消费能力也随之增强。反过来说，如果一国的人均 GDP 出现负增长，则显示该国经济处于衰退状态，消费能力减低。

商业地产项目的开发必须与项目所在区域内的人均 GDP 水平相适应。西方国家购物中心起步阶段的人均 GDP 为 250～600 美元，而我国在 20 世纪 90 年代初，全国人均 GDP 达到 360 美元，基本满足了购物中心发展的起步条件。所以，在此阶段出现购物中心性质的商业地产项目都不是偶然现象。

按照国际商业地产发展的历程与经验来看，购物中心的发展和演变可分为两个阶段。国际上第一代购物中心称为 Shopping Mall，起步于人均 GDP 1000～2000 美元，主要是利用较大空间摆放较多的商品，完成“一站式购物”；而第二代购物中心则称为 Living Mall，起步于人均 GDP 3000～4000 美元，除保留第一代摩尔的优势外，还增加了购物之外的餐饮、娱乐、旅游、会议、会展等其他非购物功能，以完成“一站式消费”。第二代摩尔因功能更多，空间需求也更大，所以多为大型和超大型摩尔。我国 2002 年底人均 GDP 达到 1000 美元，已具备发展第一代摩尔的条件；至于第二代摩尔，目前我国城镇人均 GDP 刚达到 2000 美元左右，则全国水平就更低，因此目前国内很多中小城市并不具备发展大型购物中心的成熟条件，只在发达地区才具备开发第二代摩尔的客观条件。

可见，商业地产的经济环境调研必须要包括对项目区域内人均 GDP 情况的把握，了解区域内消费群体的消费能力。否则，容易造成脱离区域内的实际需求而进行的盲目开发，导致项目的最终失败。

其次，社会消费品零售总额也是调研商业地产宏观经济环境的一个指标。社会消费品零售总额是指各种经济类型的批发零售贸易业、餐饮业、制造业与其他行业对城乡居民和社会集团的消费品零售额以及农民对非农业居民零售额的总和。其包括售给城乡居民用于生活消费的商品(不包括住房)和售给机关、团体、部队、学校、企业、事业单位和城市街道居民委员会、农村村民委员会用公款购买的用作非生产、非经营使用的消费品。这个指标反映通过各种商品流通渠道向居民和社会集团供应生活消费品来满足他们生活需要的情况，是研究人民生活、社会消费品购买力等问题的重要指标。

一个城市的社会消费品购买力决定了这个城市的商业容量。商业地产投资，尤其是对大型商业项目的投资，如超大型购物中心，在投资前必须慎重考虑当地的消费能力是否足以支撑项目的生存和发展。

然后，城乡居民的人均收入和人均可支配收入也是商业地产宏观经济的衡量指标。人均收入能反映出一个城市的经济实力和经济活力，是研究消费潜力和市场容量的基础。人均可支配收入指被调查的城市居民家庭可用于最终消费支出和其他非义务性支出以及储蓄的总和，是反映当地居民购买能力的重要指标。根据市场化水平较发达城市的经验，在市场经济的进程中，这两个指标与商业的发展和更新是相匹配的。根据国际零售经验数值，当可支配收入与个人总收入之比达到 60%以上时，消费潜力和消费欲望就非常可观。

最后，城乡居民储蓄存款余额和恩格尔系数也是商业地产宏观经济不可忽略的衡量指标。城乡居民储蓄存款余额是指在某一时点城乡居民存入银行及农村信用社的储蓄金额，反映了当地居民的购买潜力。恩格尔系数是指食品支出占总支出的比重，当该系数达到 0.3 以下时，说明消费力逐步趋向旺盛。

2. 社会文化及自然环境

社会文化环境包括一个国家或地区的社会性质、人们共享的价值观，人口状况、教育程度、风俗习惯，宗教信仰等多个方面。自然环境包括地区或市场的地理、气候、资源、生态等因素。从影响商业地产企业战略制订的角度来看，社会文化环境可分为人口因素、文化环境和自然环境三个方面。

人口因素对商业地产企业战略的制订有着重大影响。例如，人口总数直接影响着社会生产总规模；人口的地理分布影响着企业的厂址选择；人口的性别比例和年龄结构在一定程度上决定了社会需求结构，进而影响社会供给结构和企业生产；人口的教育文化水平直接影响着企业的人力资源状况；家庭户数及其结构的变化与耐用消费品的需求和变化趋势密切相关，因而也就影响到耐用消费品的生产规模等。对人口因素的分析可以使用以下一些变量：离婚率、出生率和死亡率，人口的平均寿命，人口的年龄和地区分布，人口在民族和性别上的比例变化，人口和地区在教育水平和生活方式上的差异等。

文化环境对商业地产企业的影响是间接的、潜在的和持久的，它的基本要素包括哲学、宗教、语言文字、文学艺术、价值观念、消费习俗等，它们共同构筑成文化系统，对企业文化有着重大的影响。

哲学是文化的核心部分，在整个文化中起着主导作用。我国的传统哲学基本上由宇宙论、本体论、知识论、历史哲学及人生论(道德哲学)五个方面构成，它们以各种微妙的方式渗透到文化的各个方面，发挥着强大的作用。

宗教作为文化的一个侧面，在长期发展过程中与传统文化有着密切的联系。在我国文化中，宗教所占的地位并不像西方那样显著，宗教情绪也不象西方那样强烈，但其作用仍不可忽视。

语言文字和文学艺术是文化的具体表现，是社会现实生活的反映，它对企业职工的心理、人生观、价值观、性格、道德及审美观点的影响及导向是不容忽视的。

价值观念是指人们对社会生活中各种事物的态度和看法。不同文化背景下，人们的价值观念往往有着很大的差异，如消费者对商品的色彩、标识、式样以及促销方式都有自己褒贬不同的意见和态度。企业营销必须根据消费者不同的价值观念设计产品，提供服务。

消费习俗是指人们在长期经济与社会活动中所形成的一种消费方式与习惯。不同的消费习俗具有不同的商品要求。研究消费习俗，不但有利于组织好消费品的生产与销售，而且有利于正确、主动地引导健康的消费。了解目标市场消费者的禁忌、习惯、避讳等是企业进行市场营销的重要前提。

企业对文化环境的分析过程是企业文化建设的一个重要步骤，企业对文化环境分析的目的是要把社会文化内化为企业的内部文化，使企业的一切生产经营活动都符合环境文化的价值检验。另外，企业对文化的分析与关注最终要落实到对人的关注上，从而有效地激励员工，有效地为顾客服务。

自然环境是商业地产企业赖以生存的基本环境。自然环境的优劣不仅影响到企业的生产经营活动，而且影响一个国家的经济结构和发展水平，使经济环境和人口环境等均受到连动影响。

3. 政策法律环境

政策法律环境是指一个国家或地区的政治制度、体制、方针政策、法律法规等方面。这些因素常常制约、影响商业地产企业的经营行为，尤其是影响企业较长期的投资行为。任何经济活动的开展都不可避免地要受到政策环境的影响，商业地产也不例外。商业地产是一个与国家的政策联系相当紧密的产业，每一次政策的出台都会或多或少地带来整个商业地产的调整。这些调整不仅影响着还没有开始建设的商业地产项目，对于建设中和已经建设完毕的项目同样也会产生影响。因此，对于任何商业地产商来说，国家政策都是需要密切关注的对象。

经济政策、发展规划等政治环境因素对投资大、开发周期长的商业地产项目之成败具有很大的决定性作用。所以在开发商业地产项目时，对政治环境进行调研就显得特别的重要。在调查和研究过程中，商业地产企业应重点对经济政策、法律环境等指标进行调查和分析。

首先，经济政策是指国家或政党为实现一定的政治和经济任务，或为指导和调节经济活动所规定的在经济生活上的行动准则和措施，主要包括财政与税收政策、货币政策、金融政策、利率政策和贸易政策等。经济政策本来属于上层建筑，但是由于它既是一定的经济基础和社会生产力的反映，又会对经济基础和社会生产力产生强大的反作用，因此能促进或阻碍社会经济的发展。

一般来说，国家所采取的货币政策和财税政策都会对商业地产行业产生重要影响。金融政策主要是政府通过调整信贷利率、提供贷款担保等途径来支持或限制商业地产开发和消费的融资，从而达到干预商业地产市场的目的。商业地产业是一个资金密集型行业，融资具有十分重要的地位，故而金融政策容易见效，为大多数国家所采用。影响商业地产的金融政策主要有央行的各种金融政策和商业银行的信贷政策。

央行的货币供应量政策从两个方面影响着商业地产。在供给方面，它影响着商业地产开发投资；在需求方面，它影响着商业地产的消费购买能力。当央行实行增加货币供应量的政策时，就会导致商业地产投资大幅增加，需求旺盛，交易活跃。从货币因素的角度看，资金供给不可能源源不绝，当央行实行降低货币供应量的政策时，在资金瓶颈的制约下，未完工工程有的不得不半途而废，已投入的资本有一部分也可能将会消失，繁荣将走向崩溃。

在二级银行体制下，中央银行通过运用公开市场操作、再贴现、再贷款和法定存款准备金等货币政策工具来改变货币供应量，这会改变商业银行的存款准备金和存款，进而影响其货币供给能力。银行贷款能力的变化会影响商业地产开发贷款的可获得性，从而增减商业地产市场的供求，导致商业地产市场状况发生变化。因此，货币调控量政策影响商业地产政策的途径可以表述为：如果央行采取扩张性货币政策，如买入有价证券、增加贷款、降低再贴现率和法定存款准备金率等来增加货币供应量，则商业银行的准备金和存款就会增加，其发放贷款的能力就会提高，商业地产开发贷款也会增加，从而导致商业地产投资大幅增加，需求旺盛，交易活跃。反之，如果央行采取紧缩性货币政策，繁荣将走向萧条。据有关部门统计，存款准备金率提高 0.5 个百分点后，金融机构一次性减少可用资金 1100 亿元左右，从而减少银行可供资金的数量，进而限制商业地产开发企业获取项目开发所需的大规模资金，降低商业地产开发投入的速度。

利率政策主要包括调整基准利率、存贷款利率的上下限以及对商业地产开发利率的特殊规定等。通过考察利率政策变化和商业地产的关系可以看出，二者大致呈相反的变化趋势。银行实行下调利率的政策时，银行贷款可供量增加，投资和消费支出也增加，于是商业地产开发商增加开发贷款需求，商铺供应增加了，购房者购房活跃起来，从而商业地产市场景气上升；当银行实行上调利率的政策时，则商业地产市场萧条。

商业银行的信贷政策也属于政策环境的一部分。作为资本密集型产业，商业地产业的资金主要来源于商业银行。因此，商业地产市场的变化与商业银行的信贷政策有着密切的关系。同货币供应量政策一样，商业银行的信贷政策从供给和需求两个方面影响着商业地产开发。但商业银行的信贷政策具有更大的灵活性，可以对商业地产市场的投资开发进行调节。如在商业地产价格急剧上涨时期，商业银行可以实行宽松的商业地产开发贷款政策，增加供给；而实行紧缩的抵押贷款政策，减少需求，则可达到抑制商业地产开发的目的。

政府所采取的或松或紧的经济政策，将对经济运行产生重大影响，自然也会涉及商业地产投资领域。商业地产投资是在整体经济大环境中进行的，当商业地产出现过热局面、总需求大于总供给时，政府必然会采取各种紧缩性政策抑制过度需求，如增加税收、紧缩银根、提高利率等，这对商业地产投资者来说势必增大其筹措投资资金的难度，降低其投资收益水平，因此投资行为受到抑制。反之，景气不旺、总需求小于总供给时，政府的扩张性政策措施，如增加政府支出、降低税率与利率等都将刺激有效需求，此时商业地产投资者投资不仅易于筹措资本，还可降低投资成本，所以投资需求将会增大。如果投资者能够及时预测政府针对不同经济运行态势所采取的政策措施，那么势必先发制人，提前做好各项准备工作，等到政策公布之后，即可稳收厚利。

其次，法律环境包括国家的法律规范、国家司法执法机关等。

法律规范，特别是和企业经营密切相关的经济法律法规，如《公司法》、《中外合资经营企业法》、《合同法》、《专利法》、《商标法》、《税法》、《企业破产法》等。

在我国主要有法院、检察院、公安机关以及各种行政执法机关。与企业关系较为密切的行政执法机关有工商行政管理机关、税务机关、物价机关、计量管理机关、技术质量管理机关、专利机关、环境保护管理机关和政府审计机关。此外，还有一些临时性的行政执法机关，如各级政府的财政、税收、物价检查组织等。

企业的法律意识是法律观、法律感和法律思想的总称，是企业对法律制度的认识和评价。企业的法律意识，最终都会物化为一定性质的法律行为，并造成一定的行为后果，从而构成每个企业不得不面对的法律环境。

政策法律环境对企业的影响存在着直接性、难以预测性、不同逆转性以及强制性等。

直接性是指国家政策法律环境直接影响着企业的经营状况。难以预测性是指对于企业来说，很难预测国家政策法律环境的变化趋势。不可逆转性表现在政策法律环境因素一旦影响到企业，就会使企业发生十分迅速和明显的变化，而这一变化企业是驾驭不了的。强制性表现在政策法律环境要素对企业来说带有强制性的约束力，只有适应这些环境的需要，使自己的行为符合国家的政治路线、政策、法令、法规的要求，企业才能生存和发展。

4. 技术环境

技术环境指的是商业地产公司所处的社会环境中的技术要素及与该要素直接相关的各种社会现象的集合，技术不仅是指那些引起时代革命性变化的发明，而且还指与商业地产公司生产有关的新技术、新工艺、新材料的出现和发展趋势以及应用前景等。技术环境包括社会科技水平、社会科技力量、国家科技体制、国家的科技政策与科技立法等。

社会科技水平是构成技术环境的首要因素，它包括科技研究的领域、科技研究成果门类分布及先进程度和科技成果的推广与应用三个方面。

社会科技力量是指一个国家或地区的科技研究与开发的实力。

国家科技体制是指一个国家社会科技系统的结构、运行方式及其与国民经济其他部门关系状态的总称，主要包括科技事业与科技人员的社会地位、科技机构的设置原则与运行方式、科技管理制度、科技推广渠道等。

国家的科技政策与科技立法指的是国家凭借行政权力与立法权力，对科技事业履行管理、指导职能的途径。

现今，变革性的技术正对商业地产的经营活动发生着巨大的影响，这些技术包括网络、基因、纳米、通信、智能计算机、超导、电子等方面。技术进步创造新的市场，改变企业在商业地产行业中的相对成本及竞争位置，为企业带来更为强大的竞争优势。商业地产企业要密切关注与本企业产品有关的科学技术的现有水平、发展趋势及发展速度，对于相关的新技术，如新材料、新工艺、新设备或现代管理思想、管理方法、管理技术等，企业必须随时跟踪，识别和评价关键的技术机会与威胁是宏观环境分析中最为重要的部分。

2.1.2　商业地产微观环境

根据市场研究的具体情况不同，商业地产微观环境主要涉及区域市场的历史发展背景，商业发展现状和城市发展规划前景，区域市场的商圈发展起源特色和问题点，区域市场的人群消费习惯和消费取向，区域商业个案的发展背景、现状和远期发展计划以及商业业态的经营特点等。通过这些情况的分析可充分了解商业地产区域市场环境。商业地产微观环境如表 2.1 所示。

表 2.1　商业地产微观环境

主要内容	说　明
商圈范围	业态业种构成、大致比例关系、商户总量、商品种类、品质、品牌、重点商户经营概貌
竞争趋势	同质或互补、同档或错位、过量或缺少
硬件设施	路街条数、长度、宽度、建筑层数、风格、新旧度、代表性商铺门面宽度、主要节点的功能构成、空间间距、安全度
通达情况	交通干道及出入口、消费者基本交通工具、公交线及快速交通线对外连接区域、停车场数量、机动车辆秩序及对行人的干扰性
周边状况	商圈内写字楼、酒店、娱乐、医院、重点住宅楼群等相关机构数量、档次、服务对象、经营状况及购物消费场所的关联度
经营情况	商圈商用物业供求及租售概况(单价水平及走势、租售比例、付款方式、空置率等)
区域规划	在建、拟建大型商业地产个案，城建规划重点，政府管理水平，街区改造和重点扶持对象等

1. 商业地产城市环境

商业地产企业要在一个城市开展商业活动必须要对该城市的情况作详细的研究，可以根据四个指标来进行判断。第一个指标是城市 GDP 总量，衡量城市经济的发展状况；第二个指标是人均 GDP，帮助衡量该城市人民生活水平；第三个指标是城市的商业密度，即在这个城区一平方公里的城区面积上能够拥有多少 GDP，能够产生出多少 GDP；第四个指标是第三产业——服务业占 GDP 的比重。

城市环境研究主要是对某一区域内市民生活的空间进行研究，具体要研究中心地带及周围区域城市的结构机能，以了解该地域内设施、交通、活动空间等方面的情况，并了解将来的城市发展规划，以便选取最具商业价值的地域开展商业地产活动。

城市结构研究的内容如图 2.1 所示。

城市地势情况研究主要是对地域内地形概况进行研究，尤其要了解平地的广阔度及腹地的纵深度等情况，因为地势情况直接制约着商业地产的规模选择。

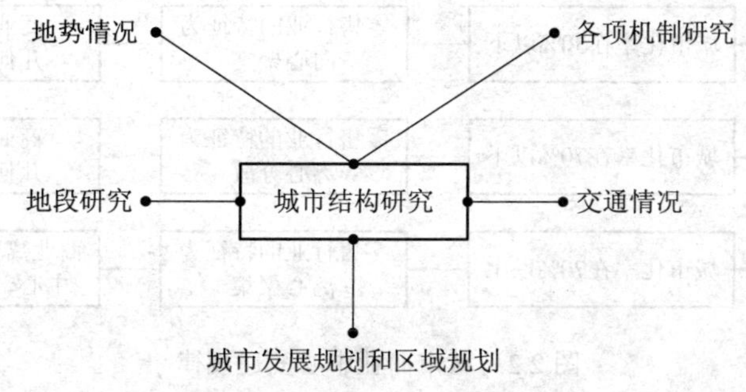

图 2.1　城市结构研究的内容

城市交通情况也是城市结构研究的一部分。一般而言，购物中心的位置应位于交通要道两侧。因为交通网密布的地方，往往人口容易集中或流量特别大，自然是设店的理想地点，所以调查时对于交通路线及车辆往来的班次、载送量等均可作为考虑的重点，有时对于停车空间也有调查的必要。

城市商业地段研究同样重要。在繁华的地段，往往是商店容易集中之处，所以百货商店选择在热闹地段是理所当然的，但其地价及租金较高，因此在投资成本提高的情况下，如何进行有利的运作以及将来可能变动的趋势均成为在繁华地段设店的考虑要素。

城市机制研究也有助于了解城市环境。一般设店位置若为行政、经济、文化活动等密集的地方，则整个都市机能易于发挥出来。诸如行政管理、经济流通、娱乐服务、商品销售等机能，自然成为人口流动集中的焦点。因此，对于流动的人口究竟是以行政职员为主体或是以购物、社交、娱乐的游客为主体，均为调查上应予以明了的事项。

是否与城市的发展规划和区域规划相协调是商业地产项目能否成功的必要因素之一。与地块的地理位置、空间位置以及周边建筑物之间的匹配度，商业地产项目主体在所在区域环境中的和谐度以及周边经济发展态势和城市的经济发展规划，都直接影响商业地产项目的定位决策。城市商业中心将根据城市化的进程而发生变化。从这个规律性来看，依据城市化发展水平来发展大型商业地产是很好的选择。

世界城市化过程中，城市商业中心的变迁有其规律性。具体来说，城市变化可以分为三个阶段：第一阶段是城市化初级阶段，城市化率在 30%以下；第二阶段是城市化中级阶段，城市化率在 70%以下；第三阶段是城市化高级阶段，城市化率在 70%以上。

城市商业中心变迁规律如图 2.2 所示。

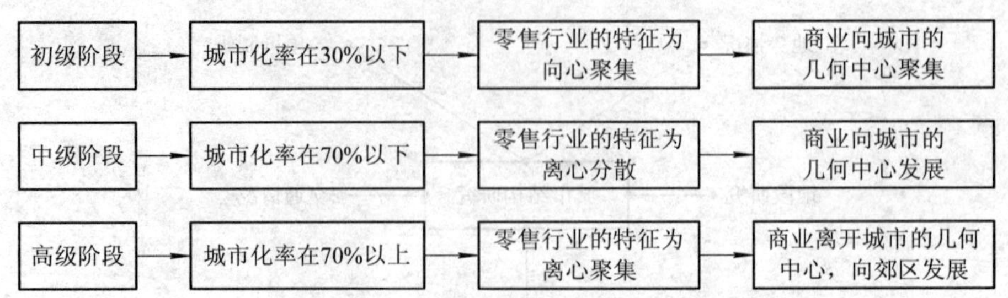

图 2.2　城市商业中心变迁规律

2. 商业地产行业环境

商业地产行业环境主要涉及五力模型中的五个节点或要素，也就是说竞争者、潜在进入者、替代品、供应商以及购买者这五个方面，它们事实上界定了商业地产的基本行业环境，如图 2.3 所示。

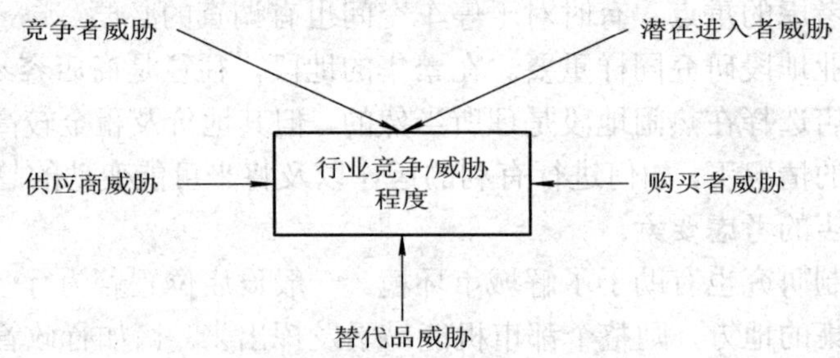

图 2.3　商业地产行业环境

其中，竞争者要素的特征主要包括商业地产项目所在商圈内竞争者的构成及特征 、竞争者商品构成、竞争者人流量等。而潜在的进入者能否进入，主要取决于行业进入的壁垒，如规模经济、产品差别化、资金的需求、转换成本、分销渠道、技术优势和政策因素。商业地产企业的供应商主要是出让土地使用权的政府部门、金融机构、建材供应商以及提供人力资源的个人和组织等。政府(供应商)由于土地资源的稀缺性，加上调控房地产市场的需要，与房地产企业的关系是一种近乎不对称的关系，处于主动的地位。最后，关于替代者与消费者的要素分析，则主要涉及商业地产产品或服务功能特征、消费者的经济收入状况、消费者的心理预期等。

3. 商业地产商圈环境

商业地产项目开发的基础条件是项目所面对核心商圈的消费总量，因为它体现了核心商务圈的人口基数，也体现了核心商圈的能力，还包括了 GDP 的水准。商圈环境直接影响着商业地产产品的价格，这是商业地产商品特有的属性。优良的商圈环境，对发挥商业地产商品的效能以及提高其使用价值和经济效益具有重要作用。

所谓商圈，是指以商店所在地为中心，沿着一定的方向和距离扩展，并能吸引顾客的范围。简单地说，就是来店顾客所居住的地理范围。如某店能吸引多远距离的顾客来店购物，这位顾客到商店的距离范围就称为该企业的商圈。日本商圈研究权威石井铁卫认为，“所谓商圈，就是现代市场中企业市场活动的空间范围，并且是一种直接或间接地与消费者空间范围相重叠的空间范围”。商圈具有层次性、重叠性、不规则性和流动性四个特征。

进行商圈研究的目的有三个：一是明确该项目的商圈范围；二是了解商圈的人口分布状况及生活结构；三是在上面两个基础上进行有效的经济效益的预测。比如要计划开超市，根据周边人口规模、收入水平和竞争对手情况等指标就可以基本计算出该店可能达到的营业额。

根据商圈在一定经济区域中的地位，商圈可以划分为中心商业圈(核心商圈)、周围商业圈和边缘商业圈三个部分。它们之间的差异主要表现在车程、占总销售额的比例、吸引到目标零售设施的消费者比例等方面。

中心商业圈是指综合性零售商圈，是城市中的核心商圈，主要是以购物中心、百货商厦、各类专业专卖店以及餐饮娱乐设施的高度集聚为特征，面对的是以综合性购物、休闲、娱乐为目的的顾客群体。中心商业圈是离商店最近，顾客密度最高的地方，约占商店顾客的 50%～80%。“特色商业圈”以及“居民消费圈”都属于中心商业圈。“特色商业圈”主要是指适应某一区域的功能特征而形成与之相配套的商业业态相对集聚的零售商圈。“居民消费圈”则是指主要以满足居民的消费需要为目的的零售商圈，一般依托社区居住中心需求而形成。

周围商业圈是指位于核心商圈外围的商圈，辐射半径范围一般在 3～5 公里左右。周围商业圈内 15%～25%的消费将在商业区内实现，即商业物业将能吸引次级商圈全部日常生活消费总量的 15%～25%。周围商业圈内顾客较为分散。边缘商业圈是指处于商圈的最外缘，辐射商圈内会有 5%～10%的消费在商业区内实现。边缘商业圈内拥有的顾客最少，而且最为分散。

商圈对商业地产的开发有着重要的影响，能够帮助商业地产进行合理的布局，能够提高商业地产开发类型的市场适应性等。

首先，商圈有助于合理地布局商业地产。一般认为，城市商业布局初始格局一旦形成，它就界定了城市商业布局演进的一般方向。但由于一个城市不同地区人口规模、购买力、交通条件等影响商圈形成因素的差别很大，因此有必要对这些有差异的地区进行明确的商圈划分，从而协调各地区商业的均衡发展。而作为与商圈关联度极高的商业地产开发，跟着商圈走是商业地产资本逐利性的根本体现，所以商圈划分可指导商业地产的合理布局，有效避免了因商业地产过度集中而产生空置浪费等不均衡发展的现象。

其次，商圈提高了商业地产开发类型的市场适应性。城市商圈划分体现了城市商业的总体布局，明确了不同区域应承担不同的商业职能。相应地，商业地产的开发类型也将会在不同的商圈表现出不同的类型。如在核心商圈内，商业地产的开发一般是以大型的购物中心、Shopping Mall 各类高档写字楼为主，而在次级商圈及周围商圈内则以大型超市、货仓式商场、便利店等中小型的商业地产类型为主。不同商圈为不同商业地产类型提供了发展条件，这些商业物业既满足了商圈内商业经营的要求，又满足了消费者对于购物设施与环境的需求。

最后，商圈能够有效地引导消费客流，从而提高商业地产定位的准确性。在影响商圈的诸因素中，消费者的特征是一个很重要的因素，不同商圈所面向的消费群体是不一样的，城市各商圈以其独特的商业特色吸引了特定的消费群体。如城市所在的商圈，由于此区域聚集了大量的白领阶层，他们的收入水平较高，购买力强，并且追求新潮时尚。因此，在这样的商圈内经营的商品就以中高档为主。面对这样的消费群体与商品经营档次，商业地产的开发也应定位在中高档次，这样才能在建筑规划设计、招商、业态组合、物业管理等相关工作中具有较强的针对性。

商业地产项目所处的商圈等级决定了商业地产项目的规模以及业态定位。根据对项目所处的微观环境，如人口、交通、商业特征与结构等商圈特征分析，基本包括三个不同的尺度或维度。

首先是市场容量以及商圈饱和度。要想清楚地把握供需情况，就要了解市场的容量，市场的容量主要从两个方面来进行分析。第一，要了解传统业态的现状。传统业态不仅包括行业业态、网点布局、档次、特点，还包括各个行业业态的具体情况，即零售、批发、餐饮、服务等。第二，由于项目存在建设周期，特别是大型的商业项目建设周期较长，而在这一阶段里，很多事情都会发生变化，有可能现在很受欢迎的商业业态到开业时已经落伍。所以，要充分了解国外、国内、当地最新的业态，多考虑引进有潜力的新业态。在进行商业地产项目定位决策时，要充分考虑市场容量对项目定位方案的影响。

在对市场容量进行分析的基础上，针对商业地产市场还要进行饱和度分析。市场饱和度表现在商业地产市场的供需情况上，若商业地产市场的供给小于需求，则该市场还处于低饱和阶段，商业地产项目在该市场获得成功的几率也相对会高一些；反之，商业地产项目将会面临激烈的竞争，风险也会加大。

在商业地产项目的开发中，商圈的饱和意味着这个商圈内竞争达到了白热化，顾客被严重分流，资源的利用效能相对下降，经营环境欠佳，商业地产的收益也欠佳，从而使商业地产的价格也相应下降。测量商圈饱和度，使用比较广泛的是饱和度指数，其公式为

$$IRS = (C \times RE) \div RF$$

其中：IRS 为饱和度指数；C 为顾客总数；RE 为每一位顾客的平均购买额；RF 为商圈内商场的营业面积。

其次是城市基本情况及城市发展规划尺度与维度。商业地产所在城市的基本情况，如社会经济发展情况、城市特色、总体功能和产业布局、区位优劣势、优势资源、核心竞争力等，都会对商业地产的开发定位、后期成功产生影响。以购物中心为例，对于购物中心交通规划中最重要的是考虑停车条件，从国外的一些成功的大型商业来看，足够数量的停车场是至关重要的。一些世界 500 强的大型商业巨头甚至说，“停车场是我们的生命线，它关系到我们的生存”。

同时，一个城市的人文特点和历史文化对项目前期的定位、后期的招商影响重大。

城市规划主要解决城市中各种物质要素在空间布局与时间序列上的各种矛盾，使其各得其所，有机联系，以取得良好的经济、社会和环境效益。城市规划的主要任务是综合研究和确定城市性质、规模和空间发展状态，统筹安排城市各项建设用地，合理配置城市各项基础设施，处理好远期发展与近期建设的关系，指导城市合理发展。它具体包括：确定各项用地的使用性质、功能分区、数量比例、开发强度，以实现合理用地和节约用地；确定城市各项建设的空间结构和组合，包括地上空间的合理利用、地下空间开发利用等；根据城市发展目标，从城市功能的角度进行生活区、商业区、居住区的空间安排，进行供水、供电、道路交通等公共设施的规划。

商业地产一方面要引导和适应综合消费发展，充分考虑市场环境和消费增长的因素；另一方面也要努力拓展新兴经营空间，避免盲目扎堆、恶性竞争。作为一个长线投资的大型项目，开发商需要对未来的不确定性风险因素有较为充分的评估，而影响项目主要的不确定性因素是城市规划。因此，充分了解城市规划是预防未来不确定性风险因素的有效途径。了解城市规划，包括市政府对整个城市未来发展规划的整体思路，对商业区、住宅区、文教区、工业区等功能的划分，以及该区点的交通、市政、绿化、公共设施、住宅建设或改造项目的近期和远期规划。如街道开发计划，道路拓宽计划，高速、高架公路建设

计划等，这些都会对未来商业环境产生巨大的影响，应该及时捕捉，准确把握发展动态。城市规划可能对一个地段带来好的发展前景，也可能暗含不利。开发商在了解城市规划的基础上制定一个合理的、科学的商业规划，可以规避很多风险。比如，使项目选址与城市拓展延伸的轨迹相吻合，这样由于城市的发展会给购物中心带来大量客流，可以降低投资风险。

最后是商业地产市场环境维度。其主要涉及商业地产产品特征、商业地产价格特征、商业地产促销特征和商业地产营销渠道特征等。

商业地产产品特征主要是指：商业地产市场现有产品的数量、质量、结构、性能以及所处的市场生命周期阶段；现有商业地产租售商户和业主对商业地产的环境、功能、格局、售后服务的意见及对某种商业地产产品的接受程度；新技术、新产品、新工艺、新材料的出现及其在房地产产品上的应用情况；商业地产产品的销售潜力及市场占有率。

商业地产价格特征主要是指：影响商业地产价格变化的因素；商业地产市场供求情况的变化及趋势；商业地产商品价格需求弹性和供给弹性的大小；开发商各种不同的价格策略和定价方法对商业地产租售量的影响；开发个案所在城市及各区商业地产市场价格。

商业地产促销特征主要是指：商业地产广告的时空分布及广告效果测定；商业地产广告媒体使用情况的调查；商业地产广告预算与代理公司调查；人员促销的配备状况；各种公关活动对租售绩效的影响；各种营业推广活动的租售绩效。

商业地产营销渠道特征包括：商业地产营销渠道的选择、控制与调整情况；商业地产市场营销方式的采用情况、发展趋势及其原因；租售代理商的数量、素质及其租售代理的情况；房地产租售客户对租售代理商的评价。

2.2　国外商业地产发展历程

根据国外的经验，按照人均 GDP 数值以及城市化的速度，把商业地产的发展划分为初始阶段、百货阶段、购物中心阶段以及超级购物中心四个阶段，如表 2.2 所示。

表 2.2　国外商业地产发展的四个基本阶段

初始阶段	百货阶段	购物中心	超级购物中心
人均 GDP 在 1100 美元以下，城市化率在 5%以下	人均 GDP 在 1100～2000 美元，城市化率在 15%以下	人均 GDP 在 2000～4400 美元，城市化率在 70%以下	人均 GDP 在 4400 美元以上，城市化率大于 70%

第一阶段为商业地产发展的初始阶段。这个阶段开始于 20 世纪 80 年代中后期，表现为这个国家和地区的人均 GDP 在 1100 美元以下，城市化水平在 25%以下，商业处于与农业经济相匹配的原始状态。

第二阶段为商业地产发展的百货阶段。这一阶段是从 20 世纪 90 年代初期到 20 世纪 90 年代中期，表现为这个国家和地区的人均 GDP 在 1100～2000 美元，城市化水平在 45%以下，这是商业形态的第一次升级。百货商场、商业街、批发市场等传统商业取代了农业时代的庙会、地摊、集贸市场，为工业化下的城市生活提供了基本保障。

第三阶段是商业地产发展的购物中心阶段。这一阶段开始于 20 世纪末期，表现为国家和地区的人均 GDP 达到 2000～4400 美元，这是商业形态为适应城市的发展而出现的质的飞跃。规模化的现代商业应运而生，如大型购物中心、超市、专卖店和精品店等。

从 21 世纪开始进入了商业地产的第四个阶段，即超级购物中心阶段。这一阶段国家和地区的人均 GDP 达到 4400 美元以上，城市化水平在 70%以上，超越传统商业范畴的商业形态。如 Shopping Mall、旅游地产、商务地产等综合商业开始涌现，这一代商业地产成为推动城市发展和区域进步的新动力。

以美国和日本为代表的国外商业地产市场经历了几百年的发展历史，基本上形成了一套完整的秩序和社会规则。美国的商业地产业在 20 世纪 80 年代以后一直是世界上理性和规范发展的成熟市场典范；而日本是亚洲先进入发达国家行列的国度，经过二次世界大战结束至今的半个多世纪的潮起潮落，商业地产企业的发展和商业地产市场的培育已日趋理性和规范。

2.2.1　美国商业地产发展历程

美国房地产发展历史大致可以分为三个阶段：第一阶段是殖民地时期到 19 世纪末，这是美国房地产的起始阶段；第二阶段是 19 世纪后期到第二次世界大战，这是美国房地产的发展阶段；第三阶段是二战结束至今，此阶段是美国房地产的成熟阶段，也是商业地产的发展阶段。

殖民地时期到 19 世纪末是美国房地产的孕育时期，也是美国房地产的起步阶段。在美国组建前，移民者基本上从美洲土著人手里购买或盗用土地；美国组建后，美国政府通过战争或与殖民国缔结条约的形式，使自己拥有了大量的公共土地。在以后的发展历程中，美国政府又通过各种形式将土地进行了私有化。美国的城市建设也在这一时期蓬勃兴起。最初的小城镇是在湖泊、河流或铁路的周围兴起，随着城镇的发展，居住地越来越集中，因此城市在主要的商业港口和工业基地发展起来，同时产生了大量的工作机会和不断创造的财富，这又更加促进了城市的迅速发展。在这段时期，鲜明的历史特征主要有土地私有化、房地产市场的产生等。

土地私有化是美国房地产起步阶段中较为明显的特点。在美国独立之前，大多数土地被英国政府当局和其他具有统治权利的统治者掌握。各殖民地获得独立并组成美国后，全国土地的绝大部分由联邦政府和州政府拥有，私有化的程度非常低。在目前美国拥有的 23 亿英亩土地当中，当时只有 20%为私人拥有。因此在随后的日子里，政府花了很多的时间和精力开展土地私有化，使政府土地通过协议、拍卖或国会固定价等大宗出售方式进入私人投资者手中，并使这些土地成为私人所有。

紧接着完全所有权制度的建立使个人完全拥有了财产权，个人可通过出售、出租、交易等进行权力的转移，于是房地产市场开始产生并兴旺起来。随着移民的不断涌入，土地需求猛增，土地价格快速上涨，从而导致了疯狂的土地投机活动。由于当时的现金流非常不稳定，交易数量和价格产生大范围波动，于是投机的兴盛和衰败周期不断地循环重复。

另外，19 世纪中期铁路的出现给美国人的生活带来了深远影响，铁路迅速成为旅客和货物在全国范围内通行的主要交通工具。因此，很多地区依靠铁路获得了发展。铁路在城市发展中起到了至关重要的作用。这一时期土地分区的发展受到大规模运输能力的约束，因此很多时候私人运输公司同样也是土地运营者。联邦政府不仅授予铁路公司修路的权利，还将规划铁路沿线的上百万英亩土地划拨给他们。直到今天，铁路公司依然是最大的私人土地业主。

工业园区的出现也是美国房地产初级阶段的显著特征。由于铁路在输入原料以及输出成品方面有非常大的作用，到 19 世纪后半叶，一些开发商开始在铁路沿线开发建设大型工厂以及工厂和工人住宅的综合体。于是，在大城市的外缘或者附近的郊区开始出现了工业园区。到 20 世纪早期，芝加哥的房地产开发商已经建立了中央制造业园区和清洁工业园区。这些园区远离市中心，提供大面积的单层楼层，租金较低，装卸货物便捷，且工人上班的交通也很方便；园区有专业的管理，维护着干净良好的场地与吸引人的景色。此种模式在当时看来是很有超前意识的，但当时这种开发模式只是少数，到 20 世纪 50 年代这种工业开发才成为主流。

19 世纪中期，美国的房地产进入了快速发展的阶段。19 世纪后半叶，工业化浪潮席卷美国。都市地区吸引着来自国内外及农村地区的大量移民，他们在城市中寻找自己的商业机会，或者在工厂、商店和办公楼中工作。这场城市化运动使城市人口剧增，城市的边缘也迅速扩大，城市开始变得拥挤。面对这样的形式，公共部门和私营部门在交通、公共事业、基础设施和城市服务方面做了很多技术和组织上的改进，并鼓励工业和居民居住离开拥挤的市区。这个时期房地产的重要特征包括出现了中央商务区和商用房地产开发、房地产金融开始发展等。

首先，在美国房地产快速发展过程中出现了中央商务区和商用房地产开发。人们远离城市中心后，为中央商务区的发展提供了广阔空间。随着经济发展，大量高价值的、顾客导向型的活动产生，从而催生了中央商务区的需求。银行、保险公司、公司总部、出版商、政府、专业部门、普通或专业零售商和批发商、旅馆、文化活动等集聚在中央商务区，主要的铁路和有轨电车也在中央商务区集散。另一方面，由于城市内中央核心区地价的上涨，许多工业和居住用途的土地被迫改变用途。在这两方面因素的作用下，城市形成了如此的分布格局——华贵的公寓和工人阶级的廉租房位于距离市中心最近的社区，中产阶级的连体住宅则位于较远的地区。

19 世纪 80 年代，可投入运营的电梯的出现使得建筑突破以前的高度。各大公司为了提高其知名度纷纷建造高的办公楼，以便将其名字放在摩天大楼顶上，达到广告宣传的目的(这些公司拥有总部办公大楼，但并不占有所有的面积，很大一部分面积被出租给各商业和专业用户)，办公楼需求十分旺盛。在办公楼兴旺的同时，多层的大型旅馆也日益成为城市中心的特征，吸引了大量以会议和社交为目的的商业客户以及旅游休闲者。另外，配套服务设施齐全的公寓、大量供零售贸易使用的多层物业(刚开始称为干货或者普通商店，19 世纪称为百货商店)等创新也相继出现。

19 世纪末 20 世纪初，城市变得越来越大也越来越复杂，公共场所和居民区日益分离，通勤、交通堵塞和运输技术都成为人们日益关注的问题。为解决这些问题，政府开始提供市政服务，以促进公共基础设施的发展，并开始规范私人房地产开发。此时，出现了国家干预私人市场的新形式以及城市规划管理，如兴建公共建筑物、颁布住宅规范、制定土地用途规划等方式。对于严格的政府管理，私人部门虽有不少抗议和争论，但总的来看他们是支持的。因为规划限制稳定了房地产市场，增加了物业价值，从而鼓励了私人投资，使开发商在更低的风险情况下建造和购买房地产，同时使开发建设房地产更加有效率。

整个 19 世纪到 20 世纪 20 年代，家庭住房贷款主要是通过土地所有者、房屋所有者、土地细分者以及投机营造商提供，或是由当地投资者(朋友、亲戚以及有钱的个人的直接融资)提供。

20 世纪 20 年代，各种专业的房地产金融公司陆续出现。储蓄和贷款协会成为住宅贷款中的领导者，尤其在独立式住宅方面，专门促进中等收入者建造和拥有自己的房屋；人寿保险公司和商业银行在商业和工业物业贷款业务方面占统治地位；商业银行是参与建设贷款以及抵押贷款历史最悠久的，经常在经济或金融危机时达到破产的程度。

随着房地产业的快速增长，对专业化的呼声越来越强烈。房地产业的众多参与者组织了各种行业协会来提升行业实践的水平，孤立、排斥并革除不规范的行为，更好地与公共部门、商业活动的其他部门以及普通公众协调沟通，并保护房地产业者的利益。于是，众多机构及协会诞生了，包括美国房地产经纪人协会(成立于1908年)、建筑业主和管理者委员会、联邦住宅抵押贷款协会(成立于1938年)、全国住宅产业协会(成立于1943年)等。

二战结束后，美国商业地产进入了成熟阶段。二战期间由于直接受到战争的影响，除了少量工业建筑和住宅开发外，大多数新建私人建设都被搁置了。到1945年为止，美国大部分房地产市场一直是建设量不足，使住房需求受到抑制。战争结束后退伍军人回到家乡，但极少有闲置房能供其使用；而此时，刚刚取消了限制的房价也狂涨起来。经历了一个坎坷的开端后，住宅建筑业还是迅速地发展起来，并产生了许多新的开发形式。

1950年之后，三分之二的新建房屋在迅速扩张的郊区中落成，很多中心城市的人口开始减少。在全美，原先的农业用地有很多被分区规划确定为城市郊区用地。郊区化进程冲击着整个国家。

1930年的经济大萧条使大多数中心城市的发展停滞，到20世纪50年代中期，美国的很多城市都已经快30年没有建一幢写字楼了。由于新的居住需求很少，铁路、工厂、大商店都纷纷关闭。因此很多市区商业、房地产和市民团体提议补救措施——“城市更新”，其主要思路是对位于城市中心的贫民窟和落后地区进行重组改造，清理那些破旧的和未被充分利用的商业和工业建筑物，让贫苦居民和少数民族居民搬迁，拆除其房屋，并以崭新的办公大楼、会议中心、饭店、大型购物中心和豪华住宅代替。

穿越市区的洲际高速公路使城市的交通堵塞现象减少，通行速度和可达性得以改善，市内的社区被大量搬迁，城市的土地使用也出现了很多新的模式。在很多郊区重要运输动脉的交汇处，许多市区的标志——写字楼、百货公司、饭店搬迁或扩张到这里并迅速发展起来。郊区购物中心、郊区工业园区、饭店和汽车旅馆都得到了极大的发展。美国购物中心数量呈指数增长，从20世纪60年代初的7000家发展到1998年超过43 000家。工业和商业同住宅和商业零售中心一样，也搬迁到邻近主要交通干道的郊区；一连串的假日饭店充分利用新州际高速公路系统的地段，开创性地沿着高速公路建设起来。

房地产投资信托(REIT)起源于 19 世纪。1960 年通过的《房地产投资税收法案》使组建房地产投资信托基金成为可能，当时大部分的房地产投资基金是抵押信托而不是权益信托。20 世纪 90 年代房地产投资信托得到了突破性的重生，因为可以从公共资本市场获得大量的资金用于房地产投资，此时大部分投资信托由权益信托组成。

商业抵押贷款证券化(CMBS)的迅猛发展，成为了房地产开发债务资本的一个重要来源。1990 年 CMBS 的发行量还不到 50 亿美元，但到 1997 和 1998 年发行量就接近了 450 亿美元，CMBS 的总市值达到了近 1800 亿美元。证券化和二级抵押市场将全球资本引入商业房地产。

为了适应可持续发展及适度增长的要求，新城市化出现——将邻里看成相互交融的单元，人们能够步行到商店、公共设施、学校、公园、娱乐中心，甚至步行到自己的工作地和商业洽谈地。城市中心成为社区活动的焦点。新城市化的目标在于创造宜静友好的环境，促进积极的社区精神，提高邻里安全保障。并且这个社区中的住宅能适应各种不同规模、年龄、文化程度以及收入的家庭。

随着新城市化的加剧，出现了新地方主义，旨在加强地区间都市经济的协作和协调。由于大都市地区覆盖的范围已经远远超过了其中心城市的边界，地区间都市经济的协作和协调战略变得越来越重要和紧迫。“新地方主义”的出现是基于知识和信息、技术密集、沟通量增加，而且是全球导向的，尤其是在提升都市地区竞争力、获得投资、增加就业以及促进繁荣等方面非常有效。

2.2.2　日本商业地产发展历程

以年代而言，日本大型购物中心的起源可以追溯到 1945 年，当时有许多在车站附近聚集、以满足进出火车站人潮消费需求的各种类型摊贩。这些摊贩未经过整体的规划管理，离所谓的“现代大型购物中心”仍有一段距离，但是其集中的模式及所聚集的地点，可算是为日本大型购物中心奠定了雏形。1950 年到 1960 年，以这些车站附近的摊贩为基础，各类型消费物种及商家逐渐大量投入，并开始沿着重要的铁路及交通系统向外做线状幅射发展。店家模式由 50 年代初期的商店街道，到 50 年代中期的地方型百货店，再到 60 年代车站附近的超级商店，至 60 年代中期则在铁路沿线产生了许多集中而大型的超级商店。

有了这些消费业种的繁荣，再加上日本经济在战后的飞快成长，大型购物中心的建设就呼之欲出了。日本大型购物中心的启建作品中，以 1969 年的“玉川高岛屋”为其代表，不过此时的设计中心理念仍然没有跳开“百货公司”的格局，所提供的服务仍较为有限且集中。1970 年开始，汽车逐渐在日本各地普遍使用，随之而来的问题是停车空间不足，因此当时日本的消费业者几乎都开始体会到“没有停车位，就没有生意”(No Parking，No Business)所代表的意义。

从 70 年代初期到中期，经过整体专业规划、景观设计以及经营管理的大型购物中心开始成为主流。其中尤以位于日本西部，以大阪为中心商业区的几个购物中心最具代表性，如千里新城的“谢尔西”购物中心、“巴恩”购物中心等。它们特殊的建筑景观，如挑空(Deck)广场、庭园、喷泉(Fountain)等，都成为了都市外围消费人潮的集中地。

1970 年中期到 80 年代初期，日本开始产生了集文化、娱乐、休闲、运动等消费行为于一体的新型购物中心。例如，1978 年于东京原宿区开业的“拉佛雷·原宿”便是一个具有整合功能的中型规模的购物中心。同时，这个时期也产生了许多远离都市、构筑于大都会外围的购物中心。如“下关 Seamall”以及“青森的三路德”购物中心等提供了日本大型购物中心在郊区发展构建的经验基础。在这段时期，为了顺应“消费服务多样化”以及“设施内容复合化”的趋势，许多超过 10 万平方米的大规模购物中心也在这个期间开始构筑。例如，位于东京的“阳光城市阿而巴”以及位于大阪的“难波城”等都是名噪一时的经典之作。

由 80 年代初期到中期，日本地区大型购物中心的发展开始全面跨出以满足“消费层面”为主的单一目标，进入了满足其他社交生活需要的多功能目标时代。这段时间大型购物中心的设立，已不再是以“购物中心(Shopping Center)”的机能为第一需求，而是涵盖了诸如办公大楼、旅馆饭店、会议及活动场所，甚至包含了公共设施在内；其所提供的服务，可说是朝着“全方位”的理念设计。例如，1981 年开设的船桥“Lala Port”购物中心，就被称为是全日本最具代表性的复合功能大型购物中心，其在最初构建时仍是属于街廊型的发展，随后因应各种新产生的服务需求而逐渐扩建，总面积达到 20 万平方米，而设施组合也以服务社会各方面需求为主。

1985 年，位于尼崎的“家新”购物中心成立，它的设计理念是以“小都市”的观念为中心，结合了建筑物、公共设施、道路交通，成为一个大型的复合建筑体，这种新类型的整体观将日本大型购物中心的发展推向另一个全新的里程碑。新大型购物中心的基地面积达 5 万平方米，楼地板总面积达 13 万平方米，同时整体景观上也呈现出都市型建设的特色。如前面提到，位于日本关西的船桥“Lala Port”大型购物中心，原来属于街廊型的购物中心，但在陆续扩建之后，目前已成为全日本最大的大型购物中心之一，其总面积连同前阶段的建设已达到 20 万平方米左右。这种大型化、功能设施复合化及“小都市”化的趋势延伸至 90 年代以后。

日本大型购物中心自 1969 年的“玉川高岛屋”至今，也已 40 多个年头。从 90 年代开始，日本的大型购物中心开始以平均每年 100 家的速度增长，至 1994 年开设的大型购物中心已达到 2225 家，若再加上已在申请中或构建中的 1100 家大型购物中心，则其总量达 3325 家。以此数字换算成人口总数，则日本购物中心所占人口比率只有美国的 16%，显见其发展空间仍然相当大。

以销售额而言，也是呈现每年增长的趋势，至 1994 年底达到 2220 亿美元，这个数字占全日本零售业总金额的 15.5%(在 1991 年仅占 11.5%)，足见大型购物中心在日本零售业，甚至整体经济面所扮演的角色势必更为重要。

日本各类型购物中心参数比较如表 2.3 所示。

表 2.3　日本各类型购物中心参数比较

	邻里型	社区型	区域型	超区域型
商圈半径(公里)	1～2	3～5	10～20	30～40
时间距离(分)	3～5	5～8	10～15	20～30
商圈人口(万人)	1～2	5～10	50～100	200以上
停车场容量(辆)	50～100	300～500	2000～5000	5000～10 000
商店组成	超级市场	综合超市1家	百货店2家	百货店2～6家
	专业商店	专业商店	综合超市2家	综合超市2～3家
	综合店	饮食服务	服装店	服装店
	药店	其他	饮食服务	饮食服务
	洗衣店		杂货店	杂货店
	其他		其他	其他
	10～20家	20～40家	100～200家	180～250家

2.3　国内商业地产发展历程及现状

商业地产主要功能在于满足人们多样化的商业活动的需要。随着人们经济活动领域的扩大，商业活动也越来越频繁，从而产生了对商业活动场所——商业地产的巨大需求。我国商业地产萌芽于 20 世纪 80 年代初期，它的兴起与发展受市场因素的影响，同时反映着宏观政策的变化。总体上，我国商业地产可以分为五个阶段，分别为萌芽阶段、兴起阶段、发展阶段、相对过剩阶段和走向理性阶段。1980—1995 年是我国商业地产萌芽阶段；从 1995 年开始，我国商业地产进入了兴起阶段；我国商业地产的快速发展是从 1998 年开始的；然而，在 2002—2005 年间，我国商业地产进入了相对过剩阶段；从 2006 年开始又逐步步入理性阶段。我国商业地产发展历程如表 2.4 所示。

表 2.4 我国商业地产发展历程

阶 段	时 间	特 征
萌芽阶段	1980—1995	港澳地产商在五星级酒店和高档写字楼的建设投资
兴起阶段	1995—1998	住房制度改革和旧城商业区改造带来的发展契机
发展阶段	1998—2002	房地产开发商以高姿态进入商业地产市场，商业地产转变为一个独立、高利润的产业
相对过剩阶段	2002—2005	商业地产出现局部过剩，空置率居高不下，大量商业地产开发企业出现销售危机
走向理性阶段	2006—至今	商业地产市场逐渐走向有序和成熟，商业中心服务目标转型

20 世纪 80 年代以前，商业地产概念还没有在中国形成，各类商业网点和设施的产权属于国家或集体所有，网点布局和经营投入没有严格的经济关系，商业网点数量少且设施环境非常落后，远远不能满足提高居民生活质量的需要。商业业态主要为各种类型的供销社和百货大楼等。20 世纪 80 年代中后期，在国内的一些大城市出现了具有一定规模的百货店。

20 世纪 90 年代初、中期，国内的一些有规模的百货店开始引进一些新的经营思维，除了保留原有的购物功能以外，还提供餐饮、娱乐等服务，形成消费一体化的"购物中心"，但大多数规模还较小。同时，很多香港地产商抓住我国改革开放、招商引资的机会，纷纷在北京、上海、广州等大城市开发具有香港特色的购物中心，其带来的新的经营模式获得了很大的成功。尤其是超市的出现，一度引领市场潮流，显著地推动了整个零售业的发展。在此阶段，我国的市场上开始出现了各类商业街和专业商品市场，主要商品类型集中在电子、服装、建筑材料等。到了 20 世纪末期，随着居民消费水平和理念的提升，一些真正意义上的购物中心开始进入北京、上海、广州等大城市。

21 世纪初，随着我国加入世贸组织和零售业的逐步开放，我国商业地产进入了快速发展阶段。自 2001 年以来，我国商业地产投资增长迅猛，大大高于房地产类型投资的平均水平。据国家统计局统计数据显示分析，我国商业地产投资年均增幅连续超过 30%，2004 年全年商业地产投资总额达 1723 亿元，约占全部房地产投资总额的 31%。但是，同时商业地产项目投资的盲目性问题突出，开发商普遍缺乏对项目进行充足合理的市场定位分析，热衷于建设大型购物中心和商业街，造成商业网点布局重叠、规模大型化问题越来越突出。

总的来说，我国商业地产的发展经历了从无序到有序、从无策略到讲究策略的过程。重视策略本身又可以分为三个层面：一是重视开发层面，目前大多数国内开发商还只停留在这一层面；二是重视运营层面，通过成功的运营带动商业地产价值的全面提升；三是重视金融层面，把商业地产理解为金融产品。我国商业地产发展阶段解析如表 2.5 所示。

表 2.5　我国商业地产发展阶段解析

阶段 1	阶段 2	阶段 3	阶段 4
21 世纪 90 年代开始 以百货业的建设和城市老商业区改造为主 市场以“主宅+商铺”为主，商住混合一体，商铺是住宅的副产品，从属于住宅项目，纯商业项目少之又少	20 世纪 90 年代中期开始 大型超市和卖场兴起 商业性质物业以商厦形式在城市中心区域诞生 商铺经营以房产销售为主	进入 2000 年以后开始 城市 CBD 和商业步行街是建设热点 市场竞争除了依靠开发商的实力和物业所处的地理位置等优势外，营销策划开始显示出强大威力	Shopping mall 和城市综合体是商业地产发展趋势 国内开发商对商业地产的操作模式已经有了较成熟的把握

第3章 我国商业地产发展现状与基本态势

从产业功能上说，商业地产在城市经济发展中起着承载城市新引擎的作用。随着我国经济发展与产业结构的不断调整，商业地产在城市经济发展中的地位越来越重要。近几年，虽然商业地产投资额占房地产投资总额的比重稍有下降，但商业地产的投资额绝对数量增长较快，并在带动第三产业发展、提升人们生活品质、吸纳社会就业，以及承载城市景观功能等方面，影响着城市经济的发展。

3.1 我国商业地产发展基本形势及问题

一般认为，商业地产的投资价值是在宏观经济结构转型、城市化进程推进、居民可支配收入持续增长、消费结构优化升级的多重效应下逐渐显现出来的。反过来，人口结构变化、居民消费水平、城镇居民消费水平也反映了一个地区商业地产产业功能与产业发展的基本态势。

3.1.1 我国商业地产发展面临的基本形势

应当说自 2000 年以来，我国商业地产已经进入到产业发展的快车道。特别是自 2000—2009 年这一阶段，我国商业地产投资持续保持快速增长的势头。办公楼与商业营业用房的投资额逐年增加，增长率虽有波动，但大致维持在25%左右，即使在金融危机期间，增长率仍然保持正数。根据国家统计局数据显示，2009 年全年办公楼投资达 1378.04 亿元，同比增长 18.1%；商业营业性用房投资达 4171.58 亿元，同比增长达 24.4%。我国商业地产发展的这种显著特征是与我国经济社会环境密切相关的。

首先，经济社会发展趋势决定了我国商业地产具有广阔的发展空间。从人口结构方面说，一方面，人口结构老龄化趋势使得购房需求逐渐下降。在全球面临着人口老龄化的大背景下，我国严格的计划生育政策将加快人口老龄化步伐，这对我国房地产的影响比其他国家都要深刻。25～45 岁的购房适龄人口在 2008 年已经达到高峰，随后将持续下降，购房总需求也将呈现出类似的趋势。另一方面，人口流动又促进了对核心城市商业地产的需求，推动和提升了核心城市地区商业地产的升值空间。

从经济发展与经济结构转型角度说，国内经济已进入转型发展时期，经济增长驱动因素的转移和产业结构的升级将催生巨大的商业地产需求。在消费总量不断扩大的同时，居民消费结构逐渐从以生存为主的温饱型转向小康型的消费模式，城镇居民的享受性消费模式日益显现。由此，为消费提供场所的商业地产将获得广阔的发展空间。

其次，城市化进程助推了我国商业地产进入快速发展时期。随着高速城市化进程的不断推进，对大型商场、超市、写字楼的需求将加大，从而住宅类地产的发展速度变慢，而商业地产将迎来较快的发展空间。目前，上海、北京、深圳、广州等一线城市已经进入高度城镇化的阶段，而长三角地区、珠三角的部分城市正步入快速的城镇化道路。此外，商业地产的成熟需要培育期，客户的累计也需要培育期，因此房地产企业在城市化率 50%～60%时就应该持有商业地产。从房地产商业模式与收益水平看，目前我国城市化率为 50%左右，传统房地产开发已经进入成熟阶段，商业地产作为一种新的商业模式必将加快发展，从而引领、带动整个房地产行业的发展。

最后，我国商业地产已经具备快速发展的基本条件。第一，我国的宏观调控政策推动了行业资金向商业地产领域转移。自 2010 年以来，国家加强对房地产的宏观调控，通过制定信贷、税收、金融等政策措施抑制房价的过快上涨，调控方向指向住宅。在住宅被抑制的情况下，资金将转向商业地产领域。第二，“住商倒挂”意味着商业地产价值被低估。一般而言，商业地产价格普遍高于住宅价格，而目前各城市商住倒挂现象仍然存在。以上海为例，在上海浦东金桥板块在售的写字楼联创国际的售价为 1.3 万元～1.7 万元/平方米，而同区域的住宅网上参考价则为 2.8 万元/平方米。北京、广州以及很多二线城市如成都、济南等地，都普遍存在着商住倒挂现象。种种迹象表明，相对于价格日益高涨的住宅，商业地产的价值还没有被充分发掘，仍处于估值洼地，发展优势较为明显。第三，在需求方面，2009 年之前，我国商品住宅的销售增长率一直高于办公楼和商业营业用房销售面积的增长率。2011 年以来，商品住宅销售面积增长率出现下滑，且低于办公楼和商业营业用房销售面积增长率，而办公楼和商业营业用房销售面积增长率仍有上升的趋势。随着经济的快速发展和产业结构调整，对商业地产的需求增加，预计未来商业地产发展步伐将逐渐加快。

总之，在我国商品住宅逐渐饱和、逐渐受到政策密集调控的大趋势下，商业地产逆市利好，曾经专注于商品住宅开发的地产企业已开始转战商业地产。

3.1.2　我国商业地产目前存在的基本问题

根据国家统计局统计数据显示，2003 年全国商业地产投资总额 1277 亿元，比上年增长了 36.83%，商业地产投资总额在全部房地产中占 12.6%。2004 年商业地产投资 1723 亿元，比 2003 年增长了 31.4%，在全部房地产当中投资比重比 2003 年提高了 0.3 个百分点，在全部房地产投资中比重超过了 13%，商业用房竣工面积高达 28.2%。2005 年 1～4 月份，商业营业用房面积达 1.21 亿平方米，同比增长 21.9%，而同期住宅面积增长 11.3%，比商业用房低 2.6%。由此可见，商业地产一直保持着增长的趋势。2004 年上半年开始，国家对房地产发展进行了新一轮宏观调控，商业地产作为房地产的一个分支，其发展也受到了一定影响。

截至 2012 年底，全国约有 3100 多家购物中心，累计商业建筑面积已经达到 2 亿平方米，预计 2015 年有望达到 4500 家，商业建筑面积达到 3 亿平方米。2012 年底，全国商业营业用房完成投资 9312 亿元，增长 25.43%，增长速度比住宅投资增速要高 14 个百分点。投资方面，2010 年之后，商业地产的年均投资额快速增长，其投资额增速已经开始超过住宅，在未来房产调控常态化的背景下，住宅投资将明显放缓，商业地产会因此而持续受益。从需求方面来讲，2010 年之后，商业地产的销售面积增速快于整体地产面积增速，但是在电商的冲击下，商业地产也会受到一定的影响。总的来说，我国商业地产还有一个很大的发展空间。但是，在发展过程当中，也确实存在一些问题。

首先，缺乏规划，盲目建设。不少商业网点缺乏规划，过度集中在城市和老城区，大型商场、超市扎堆开业，恶性竞争不断加剧。目前，一些城市已经开始进行商业网点规划，但是因为缺少一个统一的法律法规，很难贯彻落实，不少地方政府和企业都盼望城市商业网点管理条例尽快出台，以规范商业网点建设，限制和防止盲目扩张，促进企业公平竞争、协调发展。

其次，局部投资过热，结构不甚合理。从我国目前商业设施来看，一方面，市中心、大型购物中心、商业街存在着相对落差；另一方面，却在居住社区、新建居住区，以及城乡结合部建设上存在着不足，数量少，布局分散，设施落后，现代化水平差。2004 年，我国社会消费品总额达到 5.4 万亿元，到 2010 年，我国社会消费品总额达到 8 万亿元，这对商业设施有着巨大的需求。从全国商业网点建设来看，农村商业网点建设，尤其是县以下农村正规商业网点建设基本上还是空白。这与以人为本、服务人民生活的要求，还有相当的差距。另外，2005 年一季度商业地产空置率比 2004 年同期上升了 20.3%。但是，商业地产单价却没有下跌，反而上升了 5.2%。这也从某种程度上说明了商业地产结构不合理，风险依然存在。

然后，缺乏可借鉴的运作模式。一些商业地产商只重于前期开发，不重视后期经营的现象比较严重。开发商圈地以后，就可以从银行拿钱开工，建成后能租就租，能卖就卖，商业地产长期缺乏经营规划，导致有场无市，有商无业。

最后，商业地产发展风险隐患犹存。自 2005 年以来，接连不断的宏观调控政策的出台，特别是土地、金融、税收等一系列措施的实施，在一定程度上规范了商业地产并产生一定成效，但风险隐患也随之增加。主要表现在：① 由于商业地产融资渠道单一，全国商业地产对银行信贷依赖总体水平大致在 70%～80%，商业地产自筹资金比例仍然很低，部分大型城市开发商对银行信贷的依赖程度已经超过了 90%，大大超过 50%的风险贴现。② 空置率较高。房地产营业税在一定程度上促使地产商从住宅开发转向商业地产开发，从而造成了一方面在扩建，另一方面又在积压，空置率高居不下的问题。目前全国新增房地产面积占到商业房地产新增量的 10%～15%，但是积压面积占到整个房地产面积积压量的 25%以上，商业地产空置量估计达到 3000 万平方米。③ 近年来，连锁商业，特别是大型连锁商业持续快速扩张，根据中国连锁经营协会统计，2001－2004 年，全国连锁百强店铺数量增幅为 16%、25%、36%和 50%，企业平均店铺数量由 2001 年的 131 家增长到 2004 年的 304 家。但实际上零售业扩张较多的是在抢占市场、抢占商业资源。有些连锁企业因拖欠供货商货款已陷入困境，这种快速扩张导致了商业地产的盲目扩张。

3.2　我国商业地产的行业带动效用

3.2.1　城镇化程度

根据统计局的统计数据，我国 2003—2012 年的年末总人口呈上升趋势，其中城镇人口由 2003 年的 52 376 万人上升到 2012 年的 71 182 万人。2003—2012 年我国城镇人口与年末总人口变化如表 3.1 所示(单位：万人)。

表 3.1　2003—2012 年我国城镇人口与年末总人口变化

指标	2012年	2011年	2010年	2009年	2008年	2007年	2006年	2005年	2004年	2003年
年末总人口	135 404	134 735	134 091	133 450	132 802	132 129	131 448	130 756	129 988	129 227
城镇人口	71 182	69 079	66 978	64 512	62 403	60 633	58 288	56 212	54 283	52 376

城镇化程度的计算公式：$U = (P_c/N) \times 100\%$。其中，P_c 表示城镇人口；N 表示区域总人口，即城镇人口与农村人口之和。根据这个算法，可以得出 2003—2012 年我国城镇化程度。2003 年我国城镇化程度为 0.405 302，2012 年我国城镇化程度为 0.525 701。2003—2012 年我国城镇化程度变化如表 3.2 所示；我国城镇化程度变化趋势如图 3.1 所示。

表 3.2　2003—2012 年我国城镇化程度变化

指标	2012年	2011年	2010年	2009年	2008年	2007年	2006年	2005年	2004年	2003年
城镇化程度	0.525 701	0.512 703	0.499 497	0.483 417	0.469 895	0.458 892	0.443 43	0.4299	0.4176	0.405 302

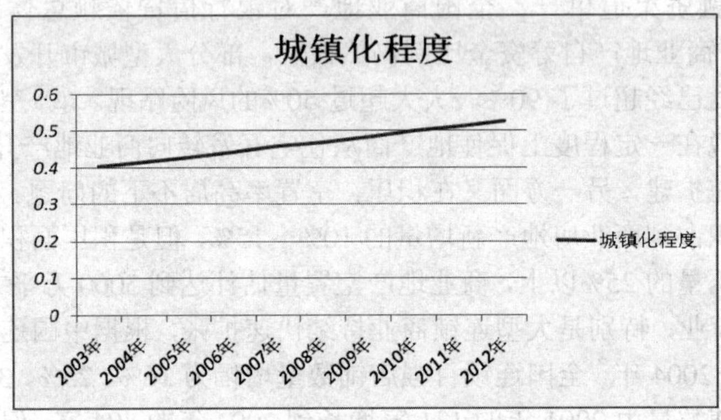

图 3.1　2003—2012 年我国城镇化程度变化趋势

从图 3.1 可以看出，我国的城镇化程度呈现增长趋势。根据国外经验，当城市化发展到一定规模后，特别是当城镇化发展到 65%之后，人口对于新房的需求趋于停滞，住宅需求增速放缓，而对大型商场、超市、写字楼的需求将加大，从而商业地产迎来快的发展空间。城镇化的东风将给商业地产带来发展机遇。我国目前城市化率在 53%左右，这意味着城镇人口超过了农村人口，我国城市化进入快速发展阶段，同时每年以 2%～3%的速度发展，预计到 2020 年，我国城市化率将达 55%，其间 1.5 亿人将完成从农民到市民的空间、身份转换。城市的空间布局、产业结构将面临同步变革。所以，未来数年中商业地产仍然处于发展的好时机。

3.2.2　城镇居民生活消费状况

城镇居民消费水平指城镇居民在一定时期平均享用的生活消费的产品(与劳务)数量与质量，或全体城镇消费者按人均达到的物质与文化需要获得满足的程度。

在2003—2012年的十年间，居民消费水平由最初的4475元上升到140 98元，城镇居民消费水平则由8060元增长到21 120元。居民消费水平以及城镇居民消费水平变化如表3.3所示(单位：元)。

表3.3　2003—2012年居民消费水平以及城镇居民消费水平变化

指标	2012年	2011年	2010年	2009年	2008年	2007年	2006年	2005年	2004年	2003年
居民消费水平	14 098	12 570	10 522	9283	8430	7310	6299	5596	5032	4475
城镇居民消费水平	21 120	19 108	16 546	14 904	13 653	12 130	10 618	9593	8912	8060

2003—2012年居民消费水平以及城镇居民消费水平变化趋势如图3.2所示。

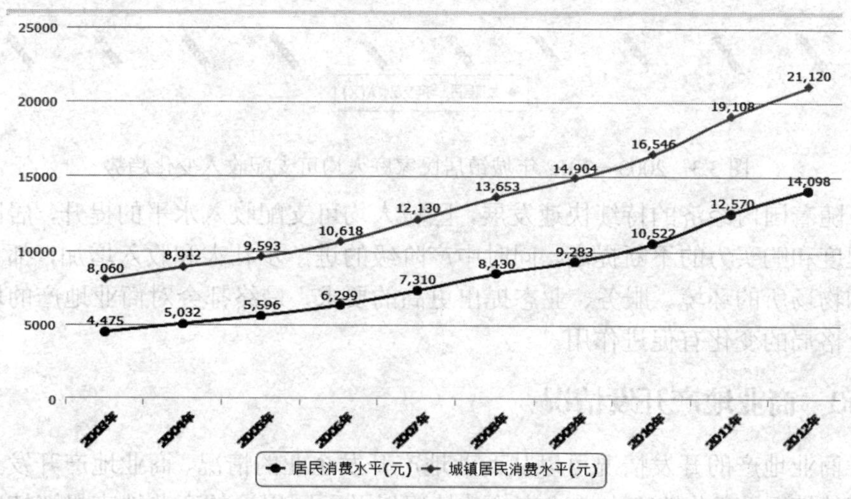

图3.2　2003—2012年居民消费水平以及城镇居民消费水平变化趋势

城镇居民可支配收入是指城镇居民的实际收入中能用于安排日常生活的收入。它是用以衡量城市居民收入水平和生活水平的最重要、最常用的指标。

2003—2012年城镇居民家庭人均可支配收入变化如表3.4所示(单位：元)。

表3.4　2003—2012年城镇居民家庭人均可支配收入变化

指标	2012年	2011年	2010年	2009年	2008年	2007年	2006年	2005年	2004年	2003年
城镇居民家庭人均可支配收入	24 564.7	21 809.8	19 109.4	17 174.7	15 780.8	13 785.8	11 759.5	10 493.0	9421.6	8472.2

2003—2012年城镇居民家庭人均可支配收入变化趋势如图3.3所示。

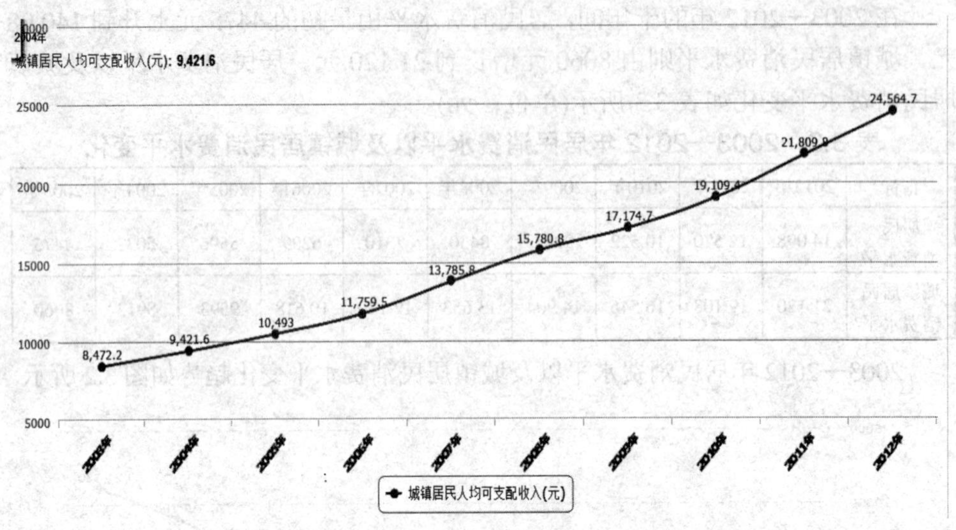

图 3.3　2003—2012 年城镇居民家庭人均可支配收入变化趋势

随着国内经济的持续快速发展，区域人均可支配收入水平的提升，居民富裕程度和购买力的不断提高，同时中产阶级的进一步壮大和收入增加，都将会对购物场所的环境、服务、业态提出更高的要求，最终都会对商业地产的增长以及格局的变化有促进作用。

3.2.3　商业地产开发情况

商业地产的开发情况可以从商业地产开发企业的情况、商业地产开发土地面积的情况、商业地产土地成交价款情况以及不同用途的商业地产投资情况等方面进行反映。

在 2003—2012 年的十年间，房地产开发企业的个数逐年上升，从 2003 年的 37 123 个增长到 2012 年的 89 859 个。房地产开发企业个数变化如表 3.5 所示(单位：个)。

表 3.5　2003—2012 年房地产开发企业个数变化

指标	2012年	2011年	2010年	2009年	2008年	2007年	2006年	2005年	2004年	2003年
房地产开发企业个数	89 859	88 419	85 218	80 407	87 562	62 518	58 710	56 290	59 242	37 123

2003—2012 年房地产开发企业待开发土地面积以及房地产开发企业购置土地面积变化如表 3.6 所示(单位：万平方米)。

表 3.6　2003—2012 年房地产开发企业待开发土地面积以及房地产开发企业购置土地面积变化

指标	2012年	2011年	2010年	2009年	2008年	2007年	2006年	2005年	2004年	2003年
房地产开发企业待开发土地面积	40 195.99	40 220.76	31 457.95	32 816.54	48 161.07	41 483.97	37 523.65	27 522.00	39 635.30	21 782.58
房地产开发企业购置土地面积	35 666.80	44 327.44	39 953.10	31 909.45	39 353.43	40 245.85	36 573.57	38 253.73	39 784.66	35 696.48

2003—2012 年房地产开发企业待开发土地面积变化趋势如图 3.4 所示。

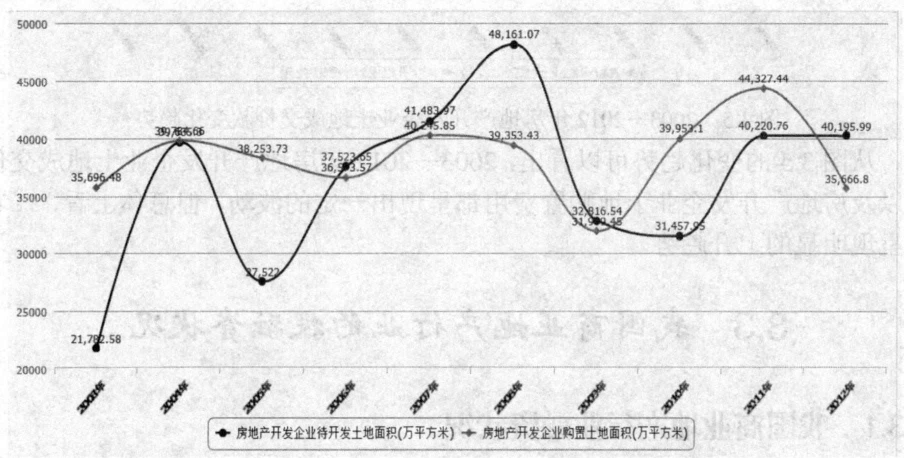

图 3.4　2003—2012 年房地产开发企业待开发土地面积变化趋势

从图 3.4 的变化趋势可以看出，2003—2012 年房地产开发企业待开发土地面积虽然呈现一定的波动，但总体来看呈上升趋势，这表明越来越多的土地被用来进行商业地产的开发。

2003—2012 年房地产开发企业土地成交价款以及房地产开发企业土地购置费用变化如表 3.7 所示(单位：亿元)。

表 3.7　2003—2012 年房地产开发企业土地成交价款以及房地产开发企业土地购置费用变化

指标	2012年	2011年	2010年	2009年	2008年	2007年	2006年	2005年	2004年	2003年
房地产开发企业土地成交价款	7409.64	8894.03	8206.71	5150.14	4831.68	4573.18	3318.04	3269.32	2888.57	4888.95
房地产开发企业土地购置费用	12 100.15	11 527.25	9999.92	6023.71	5995.62	4873.25	3814.49	2904.37	2574.47	2055.17

2003—2012 年房地产开发企业土地成交价款变化趋势如图 3.5 所示。

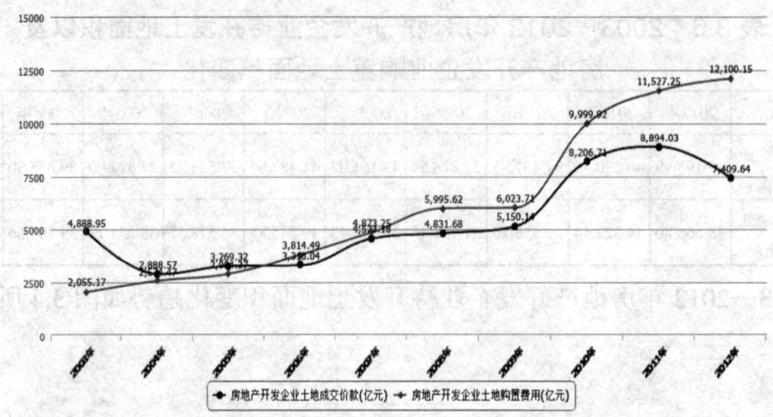

图 3.5　2003—2012 年房地产开发企业土地成交价款变化趋势

从图 3.5 的变化趋势可以看出，2003—2012 年房地产开发企业土地成交价款以及房地产开发企业土地购置费用都呈现出一定的波动，但总体上看，二者都呈现明显的上升趋势。

3.3　我国商业地产行业的投融资状况

3.3.1　我国商业地产行业融资状况

我国房地产开发企业的资金来源包括国内贷款、筹集外资、外商投资、房地产开发企业自筹资金以及其他资金来源。在近 10 年的发展过程中，商业地产开发企业的融资方式也发生了很大的变化，表现在通过各种融资方式筹集到资金额度的变化。2003—2012 年我国房地产开发企业资金来源情况如表 3.8 所示(单位：亿元)。

表 3.8　2003—2012 年我国房地产开发企业资金来源情况

指标	2012年	2011年	2010年	2009年	2008年	2007年	2006年	2005年	2004年	2003年
房地产开发企业资金来源小计	96 536.81	85 688.73	72 944.04	57 799.04	39 619.36	37 477.96	27 135.55	21 397.84	17 168.77	13 196.92
房地产开发企业国内贷款	14 778.39	13 056.80	12 563.70	11 364.51	7605.69	7015.64	5356.98	3918.08	3158.41	3138.27
房地产开发企业利用外资	402.09	785.15	790.68	479.39	728.22	641.04	400.15	257.81	228.20	170.00
房地产开发企业外商直接投资	358.52	689.54	673.45	403.32	634.99	485.39	303.05	171.41	142.56	116.27
房地产开发企业自筹资金	39 081.96	35 004.57	26 637.21	17 949.12	15 312.10	11 772.53	8597.09	7000.39	5207.56	3770.69
房地产开发企业其他资金来源	42 274.38	36 842.22	32 952.45	28 006.01	15 973.35	18 048.75	12 781.33	10 221.56	8562.59	6106.05

2003—2012 年房地产开发企业资金来源变化趋势如图 3.6 所示。

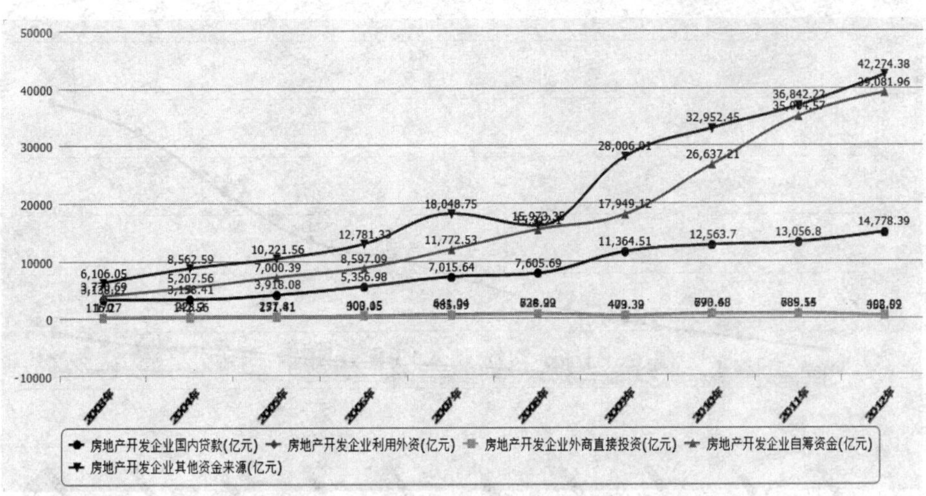

图 3.6　2003—2012 年房地产开发企业资金来源变化趋势

从图 3.6 中可以看出，近几年商业地产开发企业的融资方式主要是国内贷款、企业自筹资金以及其他资金来源。在这三个主要的资金来源中，其他资金来源占据最多的份额，并且上升趋势最为明显；房地产开发企业自筹资金也扮演着越来越重要的地位，呈现出较大的变动趋势。

3.3.2　我国商业地产行业投资状况

根据房地产开发的用途，房地产开发可以分为住宅、别墅/高档公寓、办公楼、商业营业用房以及其他投资等。2003—2012 年不同用途的商业地产投资情况如表 3.9 所示(单位：亿元)。

表 3.9　2003—2012 年不同用途的商业地产投资情况

指标	2012年	2011年	2010年	2009年	2008年	2007年	2006年	2005年	2004年	2003年
房地产开发投资额	71 803.79	61 796.89	48 259.40	36 241.81	31 203.19	25 288.84	19 422.92	15 909.25	13 158.25	10 153.80
房地产开发住宅投资额	49 374.21	44 319.50	34 026.23	25 613.69	22 440.87	18 005.42	13 638.41	10 860.93	8836.95	6776.69
房地产开发别墅、高档公寓投资额	3448.37	3424.16	2829.81	2073.34	2032.31	1807.12	1445.00	1049.41	1073.65	632.99
房地产开发办公楼投资额	3366.61	2558.79	1807.38	1377.21	1167.17	1035.04	928.06	763.07	652.20	508.34
房地产开发商业营业用房投资额	9312.00	7424.05	5648.40	4180.66	3354.48	2785.65	2353.88	2039.53	1723.72	1302.35
房地产开发其他投资额	9750.96	7494.55	6777.39	5070.25	4240.67	3462.73	2502.57	2245.72	1945.38	1566.43

2003—2012 年不同用途的商业地产投资变化趋势如图 3.7 所示。

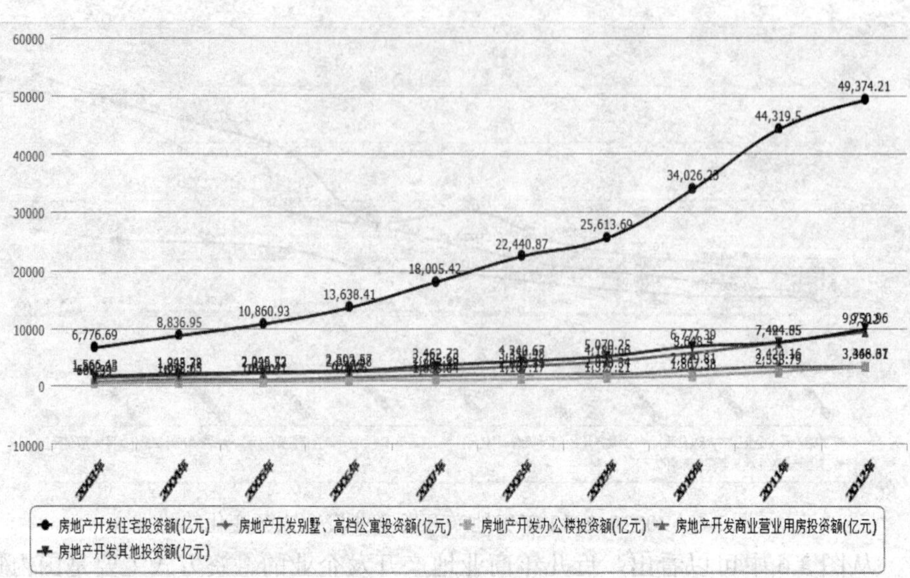

图 3.7 2003—2012 年不同用途的商业地产投资变化趋势

从图 3.7 的变化趋势可以看出，2003—2012 年不同用途的商业地产投资都呈现上升趋势。其中，用于住宅的投资增速最快。

2003—2012 年不同用途的商业地产销售面积情况如表 3.10 所示(单位：万平方米)。

表 3.10 2003—2012 年不同用途的商业地产销售面积情况

指标	2012年	2011年	2010年	2009年	2008年	2007年	2006年	2005年	2004年	2003年
商品房销售面积	111 303.65	109 366.75	104 764.65	94 755.00	65 969.83	77 354.72	61 857.07	55 486.22	38 231.64	33 717.63
住宅商品房销售面积	98 467.51	96 528.41	93 376.60	86 184.89	59 280.35	70 135.88	55 422.95	49 587.83	33 819.89	29 778.85
别墅、高档公寓销售面积	3476.00	3729.93	4219.10	4626.05	2865.25	4581.31	3672.44	2818.44	2323.05	1449.87
办公楼商品房销售面积	2253.65	2004.97	1889.97	1544.43	1157.05	1465.23	1231.04	1096.23	692.84	630.49
商业营业用房销售面积	7759.28	7868.65	6994.84	5328.03	4206.06	4644.61	4337.79	4081.38	3100.29	2833.10
其他商品房销售面积	2823.21	2964.71	2503.24	1697.65	1326.37	1109.01	865.29	720.78	618.62	475.19

2003—2012 年不同用途的商业地产销售额情况如表 3.11 所示(单位：亿元)。

表 3.11　2003—2012 年不同用途的商业地产销售额情况

指标	2012年	2011年	2010年	2009年	2008年	2007年	2006年	2005年	2004年	2003年
商品房销售额	64 455.79	58 588.86	52 721.24	44 355.17	25 068.18	29 889.12	20 825.96	17 576.13	10 375.71	7955.66
住宅商品房销售额	53 467.18	48 198.32	44 120.65	38 432.90	21 196.00	25 565.81	17 287.81	14 563.76	8619.37	6543.45
别墅、高档公寓销售额	3983.56	4100.66	4613.11	4469.76	2235.07	3422.81	2418.28	1644.27	882.34	600.90
办公楼销售额	2773.43	2471.58	2155.71	1638.41	969.36	1269.91	991.33	758.87	383.32	264.53
商业营业用房销售额	6999.57	6679.08	5418.82	3660.67	2475.85	2681.72	2275.87	2049.57	1229.54	1041.20
其他商品房销售额	1215.60	1239.88	1026.07	623.20	426.97	371.68	270.95	203.94	143.48	106.48

2003—2012 年不同用途的商业地产销售额变化趋势如图 3.8 所示。

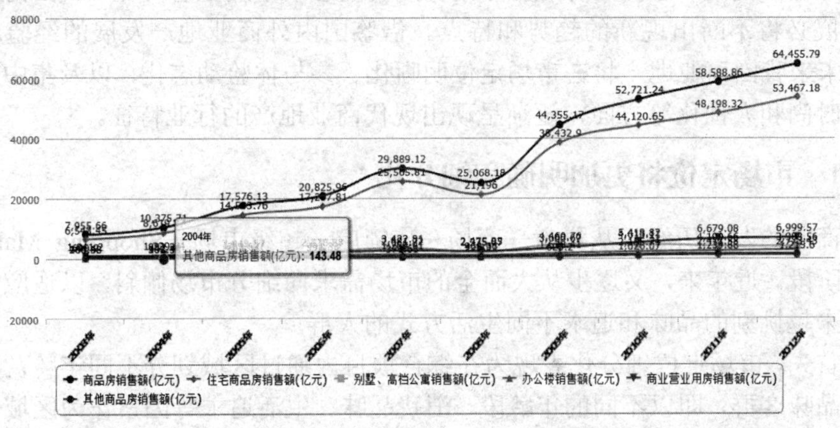

图 3.8　2003-2012 年不同用途的商业地产销售额变化趋势

2003—2012 年不同用途的商业地产平均销售价格情况如表 3.12 所示(单位：元/平方米)。

表 3.12　2003—2012 年不同用途的商业地产销售额情况

指标	2012年	2011年	2010年	2009年	2008年	2007年	2006年	2005年	2004年	2003年
商品房平均销售价格	5790.99	5357.10	5032.00	4681.00	3800.00	3863.90	3366.79	3167.66	2778.00	2359.00
住宅商品房平均销售价格	5429.93	4993.17	4725.00	4459.00	3576.00	3645.18	3119.25	2936.96	2608.00	2197.00
别墅、高档公寓平均销售价格	11 460.19	10 993.92	10 934.00	9662.00	7801.00	7471.25	6584.93	5833.95	5576.00	4145.00
办公楼商品房平均销售价格	12 306.41	12 327.28	11 406.00	10 608.00	8378.00	8667.02	8052.78	6922.52	5744.00	4196.00
商业营业用房平均销售价格	9020.91	8488.21	7747.00	6871.00	5886.00	5773.83	5246.62	5021.75	3884.00	3675.14
其他商品房平均销售价格	4305.73	4182.11	4099.00	3671.00	3219.00	3351.44	3131.31	2829.35	2235.00	2240.74

商业地产投资回报率比较高，收益性较强。根据投资效益分析，住宅房地产投资回报率约为 6%～8%，商业地产的投资回报率则为 8%～12%，有的甚至达到15%以上。在开发商开发居住物业利润受阻的情况下，商业地产开发为开发商增加了新的利润来源。

3.4 我国商业地产行业的未来发展趋势

近年来，商业地产的发展如火如荼。展望未来，随着经济的发展，人民生活水平逐步提高，老百姓的消费方式和消费观念不断发生着变化，我国商业地产发展必将不断出现新的趋势和特点。借鉴国内外商业地产发展的经验和教训，未来我国商业地产将在市场定位明晰化、参与体验动态化，以及集中、便利、时尚和人性化等方面，逐渐呈现出现代商业地产的行业特征。

3.4.1 市场定位将更加明确和细分化

商业的发展历经了从集市—商场—连锁店—超级市场—Shopping Mall 等多个阶段。近年来，又逐步从大而全的市场需求向细分市场倾斜，以适应消费者越来越挑剔的品味和追求不同生活方式的人群。

首先，市场定位细分化表现为在综合项目内通过区域划分不同年龄及不同生活品味客群，即以不同的年龄段、消费品味、生活追求等因素作为区域划分的基础。如在儿童消费区域，就包含了青少年购物、娱乐、培训教育等多主题；在景观优美和较为清净的区域，则划分专门的休闲餐饮区，适合需要清静和品味的人群停留休息，这样既不用夹杂在购物区中寻求安宁，也避开了传统餐饮的嘈杂。

其次，针对某一特定年龄群而逐渐兴起的项目也是市场定位细分化的表现。以明确的年龄层来定位客群，通过对这一年龄层的消费模式、生活方式、品味追求进行深入分析，将客群所需的购物、餐饮、娱乐及社交等全部需求融合进项目，成为这一年龄层的生活消费平台。

最后，市场定位的细分化还表现在以顾客的特殊喜好和品牌认知度为基础进行的市场划分上。

3.4.2 更加注重体验以增强吸引力

最早期的商场仅仅是为购物而开发的，后期的 Mall 开始让消费者适应了涵盖娱乐、餐饮、休闲的一站式购物中心。为了消除消费者对商业项目的纯消费认知度和距离感，在新项目中融入了体验性、参与性的元素，吸引更广的客群和锁定部分特定客群。如充分考虑表演和活动空间，通过某一科技、特色题材吸引眼球，用一些极具冲击力的物象挑起观众的好奇，成为其鹤立鸡群的重要砝码。

电子商务领域的快速发展对购物中心、综合体类商业地产形成巨大的冲击，迫使商业地产的商业业态进行了调整，餐饮、娱乐、休闲、亲子教育等体验型商业物业成为主体业态。

据某机构的调研数据显示，一些大城市商业场所的客流有65%以上是为了娱乐旅游和休闲，如在茶座、冷饮店、酒吧、快餐店的消费，在网吧、影院、游乐园甚至主题公园的消费，参与抽奖、表演、杂耍、街头画像、蹦极的消费，仅有30%左右的人是为购物而来。

体验式消费的特点重在体验，重在情感消费，所带来的人气是购物消费的重要支撑。商业地产要想赢得市场与客户，需要在商业购物环境的设计中增加体验式消费的深度，也更需要根据项目所处的地段环境、自身特点以及客户的偏好等做个性化的设计。目前，已有商业项目在此方面进行了结合。比如，大型的挑空中庭结合促销及展示活动成为空间组织的新亮点，甚至有些商业广场把城市的文化活动与集会功能纳入进来，此外娱乐与运动设施也开始以最刺激的方式吸引新新人类的另类消费需求。因此，特色性、文化性、舒适性、互动性及业态的丰富性为体验式消费购物环境的特点，具备集购物、娱乐、休闲、餐饮、运动于一体的业态组合科学、特色鲜明的购物场所将会有更大的吸引力。

显而易见，体验与消费客流量的比例仍在不断提高，体验式的消费购物将成为未来消费模式的新宠。因此，在客流量充足的一级城市开发商发展针对这种商业模式的地产将有很大的利润空间。

3.4.3 各类零售品牌的布局与发展呈现新态势

新态势强调零售品牌的布局出现了新的苗头，具体表现在三个方面。首先，一二线城市的零售品牌迅速互通。从一线到二线各大城市，商业项目中的品牌差异化逐渐缩小。其次，部分国际品牌甚至从二线城市启程，选择“曲线夺市场”的策略。最后，电商的兴起快速改变了人们的消费习惯和观念，实体店与网络、邮政等店铺整合。商对商(Business to Business，B2B)、客对客(Customer to Consumer，C2C)持续火热，分流了实体店的部分客源，而部分商家则开始考虑将这两部分的营销模式相结合，相互弥补在实体和网络中流失的客群。

3.4.4　建筑空间个性化与多元化

随着商业地产的发展以及科技技术的飞速猛进，我国商业地产的建筑空间愈加呈现出多元化、个性化，表现在开放式的商业建设、商业地产建筑空间层次的多元化、多变的建筑外立面等。

商业地产逐步进入了开放式的商业建筑时代。新兴的商业大多数进入了生活方式体验中心的新时代，因此在整体氛围和购物环境的营造上更加多元化，将各商业街区或主题板块联通，配合适当的主题和景观，使整个项目自成一体，带给消费者一个不一样的宽松、闲适的购物环境。

新型的商业地产强调空间层次的多元化。原有多层建筑的单层平面布局形式开始被打破，而更多地采取了下沉广场、空中连廊、空中花园等设计手法，让建筑间的联系更紧密，同时打破了单调乏味的平层布局，消除消费者的视觉疲劳感，融入了一个更加层次结构丰富的商业空间。

新型的商业地产具有多变的建筑外立面。突破了方盒子的常规设计，表达手法更融入了各种立体图形、不规则型、带强烈艺术设计感等多种组合，给予了城市更加丰富的建筑表达。

新型的商业地产着力塑造景观和小品。景观塑造最能体现一个项目的情调和档次，而小品的丰富则更充分表现了项目的精致与品味。对于环境的营造，在固有的良好自然景观区域内开发为最佳，通过植被、流水、主题景观、应景小品等共同作用，合力营造其要表达的氛围。

3.4.5　专业市场和综合市场的商业地产特点

商业市场按专业市场和综合市场区分，特点明显。专业市场往往集中经营某一类(种)商品，如建材市场、电子市场等；综合市场经营的商品虽然有范围，但基本上覆盖的是某一大类商品，如北京万通新世界商品交易市场等。

专业市场类的商业经营的商品具有统一性特点，整个市场的运营成本比较低。只要该市场的开发商对整个市场的定位准确，那么所有的商铺就可以享受开发商统一市场宣传所带来的市场效果。综合市场因为经营商品没有统一性，所以开发商对项目的市场宣传所能带给经营者的利益相对较少。

专业市场规模大小和经营商品的类型没有关系，往往和市场所处地域的市场支撑能力、投资商的实力以及市场经营的方式等因素密不可分。投资者在选择专业市场商铺的时候，需要对商铺的投资形式进行深入了解，而且专业市场的规模越大，项目的管理对商铺价值的影响力越大。综合市场规模大小受所经营商品的类型影响比较大。在同等运作条件下，综合市场的竞争力比专业市场的竞争力要差；商铺的形式主要是铺位，铺面商铺数量较少；投资回收形式大多数采取出租商铺的方式。

就消费者投资而言，专业市场商铺比较适合个人投资者投资的品种，尽管投资收益水平未必最高，但投资风险较低；综合市场外部的市场条件是商铺投资的核心因素，商铺价值更多来自该综合市场的价值，具体商铺的个性化因素对商铺投资价值的影响不是很大。与专业市场商铺相比，综合市场商铺的投资风险相对较大。

3.5　我国商业地产发展的未来模式选择

根据中国目前的生产水平和居民消费习惯、消费能力，较具开发潜质的单项商业地产业态一般包括中等规模的购物中心、社区商业、旅游地产以及休闲商业地产等；而高端商业地产开发的主流模式则将主要为商业综合体。此外，主题和特色商业地产也因较具有开发潜质而倍受青睐。

3.5.1　较具潜质的单项商业地产

较具潜质的单项商业地产主要是指购物中心、社区商业、旅游地产以及休闲商业地产等。虽然中国人口基数较大，但人均消费能力还处于较低的水平，因此在欧美等发达国家常见的商业业态未必完全适合中国国情。比如，典型的美国郊区大型购物中心就是建立在人均高消费能力和汽车文化普及的基础之上。近几年在国内各地纷纷展开的造 Mall 运动，成功者寥寥无几，就是忽视了国内消费能力相对较低的结果。而且中国消费者还没有形成在集中时间、集中地点进行集中消费的消费文化，只是根据实际需求，分别选择相应的购物消费场所，使本来就不高的消费能力更加分散化。

目前大型 Mall 得以生存的经济基础还不成熟(少数城市除外)，而粗放型的商业网点、底商等供应量已经趋于饱和。因此，中等规模的购物中心无论在档次还是消费容量方面都适应于现阶段的国情。

社区商业是近几年刚刚起步的商业地产形式。社区商业空间与社区住宅唇齿相依，它的消费者群体直指社区住户。不是住宅内的商铺都是社区商业，只有以服务社区住宅为目的、满足住户日常生活的需要、进行统一的规划设计、位置相对集中、具有一定的规模、所辐射的服务面积是社区和周边地区范围内的物业才能称之为社区商业物业。

目前主流的旅游地产包含四类。第一是旅游景点地产，主要指在旅游区内为游客活动建造的各种观光、休闲、娱乐等非住宿性质的房产；第二是旅游商务地产，主要指在旅游区内或旅游区旁边提供旅游服务的商店、餐馆、娱乐城建筑物及关联空间；第三是旅游度假地产，主要是指为游客或度假者提供的、直接用于旅游休闲度假居住的各种类型的地产，如度假村、产权酒店等；第四是旅游住宅地产，主要指与旅游区相连接的各类住宅建筑。以“旅游带销售的模式”是旅游地产发展的主流。随着国民收入的提高，旅游在家庭支出的比重逐渐增大，开始转向以休闲置业、度假置业、运动置业为代表的舒适住宅运动。旅游地产正是基于消费者的这种消费变化开始蓬勃兴起的。

随着生活节奏加快，工作压力也越来越大，远离城市的繁杂，适当放松身心成为必然的生活渴望。休闲商业地产即是满足这一生活需求的商业地产形式。按照地理位置的不同，休闲商业地产可分为在大景区外围的休闲商业地产，在大城市周边的休闲商业地产和在城中新地块的休闲商业地产等三大类。休闲商业地产其本质是旅游地产，旨在放松身心，远离城市繁杂。因此更加强调体验性和参与性，亦即体验式消费。体验式消费已在 3.4.2 中详细阐述，此处不再赘述。

3.5.2　高端商业地产开发的主流模式——商业综合体

随着城市的发展，城市人口日益膨胀，土地资源日益稀缺，个人生活成本加大，经济运行效率降低，在这种情况下，城市综合体逐渐成为高端商业地产开发的主流模式。万达集团、中粮集团等行业领袖提出了“只做城市综合体”的发展战略，引领行业的发展。而杭州、沈阳等为代表性的二线城市提出未来的城市建设，招商和开发主要以城市综合体为主的战略目标，这被认为是拉开了中国城市化进程的序幕，开启了中国城市综合体的发展。

城市综合体(英文为 HOPSCA)是酒店(Hotel)、写字楼(Office)、公园(Park)、购物中心(Shopping Mall)、会议中心(Convention)、公寓(Apartment)首个英文字母的缩写。也就是说，每个城市综合体至少组合了上述功能中的 3 种，在各部分间建立了一种相互依存、相互助益的能动关系，是以一种功能为主、多种功能配套的多功能、高效率综合体。因其规模宏大、功能齐全，城市商业综合体常被称为“城中之城”。

作为未来高端的商业地产模式，城市综合体的基本特点体现为规模大、功能强、整体统一、大空间尺度、现代化的城市景观设计等。其中，规模大是指城市综合体的建筑面积一般都是 30～80 万平方米，在城市规划建设中扮演着重要的角色；功能强则是指城市综合体包括大型商业中心、五星级酒店、写字楼及大型公寓，各类功能之间互相叠加和补充；整体统一性强调城市综合体建筑风格统一，各个单体建筑相互配合、影响和联系，与外部空间整体环境统一、协调；大空间尺度表现在室内外空间较大，一方面与城市规模相匹配，另一方面则与建筑功能的多样相匹配，成为多功能的聚集焦点；现代化的城市景观设计表现为通过标志物、小品、街道家具、植栽、铺装、照明等手段形成丰富的景观与宜人的环境。此外，城市综合体还具有高科技集成设施，具备高科技和高智能的先进设施。

最后值得关注的是主题与特色商业地产。从世界其他国家的成功项目来看，建筑形式及风格特色在很大程度上决定了商业地产对消费者吸引力的大小。但在目前的中国，发展商对商业地产项目的开发仅仅局限在招商上面，还不知“主题特色”才是商业地产项目成功运营的基础。

第 4 章　商业地产价值链及其构成

价值链是战略学家迈克尔·波特在《竞争优势》一书中提出的概念，他把企业内、外价值增加的活动分为基本活动和支持性活动。其中，基本活动涉及企业生产、销售、进料后勤、发货后勤和售后服务；支持性活动涉及人事、财务、计划、研究与开发、采购等。这些互不相同但又相互关联的生产经营活动，构成了一个创造价值的动态过程，即价值链。在经济活动中价值链无处不在，上下游企业与企业之间存在着外部价值链，企业内部各组织单元之间也构成了企业内部的价值链。研究商业地产的价值链，就是通过商业地产价值链分析、界定商业地产运营过程中，每一项创造价值的活动对企业最终能实现价值所造成的影响，从而把各项价值活动有机地整合起来，实现商业地产价值链的全面优化。

4.1　商业地产的价值链

从商业地产价值构成角度来说，商业地产 = 商业 + 地产。其中，“地产”是指各种零售、餐饮、娱乐、休闲等经营用途的房地产持有形式，而“商业”就是这些地产所承载的各种商业零售业态。 商业地产价值链构成如图 4.1 所示。

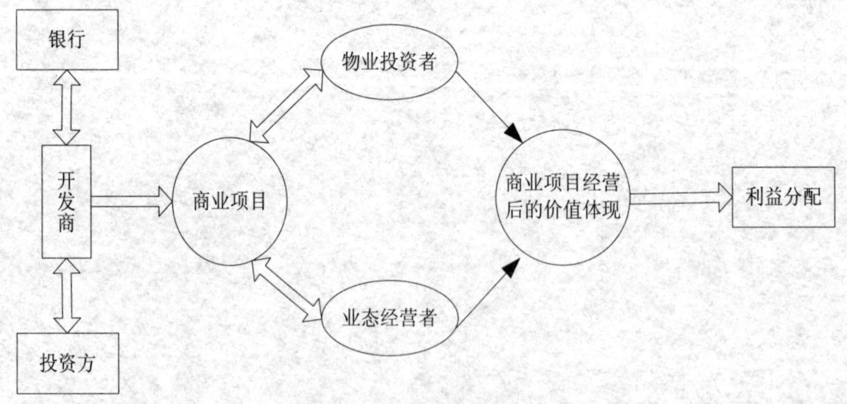

图 4.1　商业地产价值链构成

在商业地产的价值体系中，商业地产的价值活动一般分为项目构建过程、项目产生价值过程、价值分配等三个基本过程。从价值角度说，商业地产的商业属性只是商业地产价值实现的一种手段，本质上是商品交换过程的一种表现形式；而商业地产中的地产属性，则是商业地产之商业交易的一种载体，一个被合理优化的交易场所。

在商业地产的价值创造过程中，商业地产价值属性活动一般分别体现在地产项目构建、地产项目增值、地产项目价值分配等三个基本环节。商业地产本身就是交易的标的，同时也是交易的场所。商业地产交易的动机在于商业地产的市场价值性或增值性。因此，商业地产销售推广的本质是商业地产作为一种特别形式的商品及其市场交换过程，其地产属性决定了商业地产的商业交易实践，同时具有交易载体、价值增值与交易场所、多元主体参与的多维特征。

商业地产价值链是在商业地产的持续、动态交易过程中形成的多主体价值增值链。从价值角度说，商业地产的商业属性只是商业地产价值实现的一种手段，为顾客创造价值是一个永恒的主题。商业地产价值链是具有多个关系人参与的多主体价值增值功能网络。在商业地产价值链运行过程中，关系人的退出或运行环节的停滞均会引致整个商业地产的价值链的断裂或解体。

因为商业地产及所属物业除了承担商业交易载体功能之外几乎没有任何价值。所以，商业地产价值的转换与增值过程取决于商业运营过程策略的成功与否，以及商业体系中的利益相关者的利益平衡。为此，商业地产销售推广管理不得不考虑不同商业地产的价值链特征。

从市场运行的基本规律看，在商业地产价值链运动的三个过程中，商业地产价值链构成各方的利益实现次序是自下而上的，商业地产的商业价值由终端消费者赋予。为此，商业地产营销的策略永远是以消费者的效用最大化为前提的，并在商业地产项目从构建到运行、指导价值分配的不同环节表现为不同的价值约束。

商业地产项目的构建过程要求具体项目的开发商换位思考，也就是说开发商必须站在商业经营者角度来制造商业载体。而在商业地产项目的运作或项目产生价值过程，由于项目产生价值的过程是一个专业的运营过程，因此决定着项目投资者的回报价值要充分考虑作为投资者的所谓消费者特征。

在价值分配过程，不论是开发商剔除项目成本后获取的利润回报、银行规避风险获取的利息回报，还是物业投资及经营者靠租金及营业额得到回报，等等，均有赖于前期项目策划的科学性与可行性。合作伙伴利益分配关系体现在项目经营后的价值体系结构。任何商业地产项目的经营成功，都是商业地产价值链运行的有效性。

4.1.1　商业地产的价值创造过程

商业地产的价值链比较复杂，既包括商业地产企业内部的经济活动，也包括企业与外部的经济活动，涉及的利益主体关系众多，包括政府、开发商、零售商、运营商、投资商、消费者以及各种供应商、施工单位、设计单位等。由于各利益主体所处的位置、角色、利益诉求等各不相同，因而在商业地产开发与运营过程中，以及商业地产的价值创造和价值分配过程中有着各自的价值主张。然而，不管各方的利益诉求怎么变化，终端消费者的商业购买需求始终占据着整条价值链的主导地位。这在激烈的市场竞争中对如何提高商业地产项目的核心竞争力，为价值链上的开发商、投资商、运营商、经营者及消费者创造共同的价值，以实现商业地产的保值增值及利益各方的共赢是极具理论意义和现实意义的。

商业地产价值活动参与者以及价值传递链如图 4.2 所示。

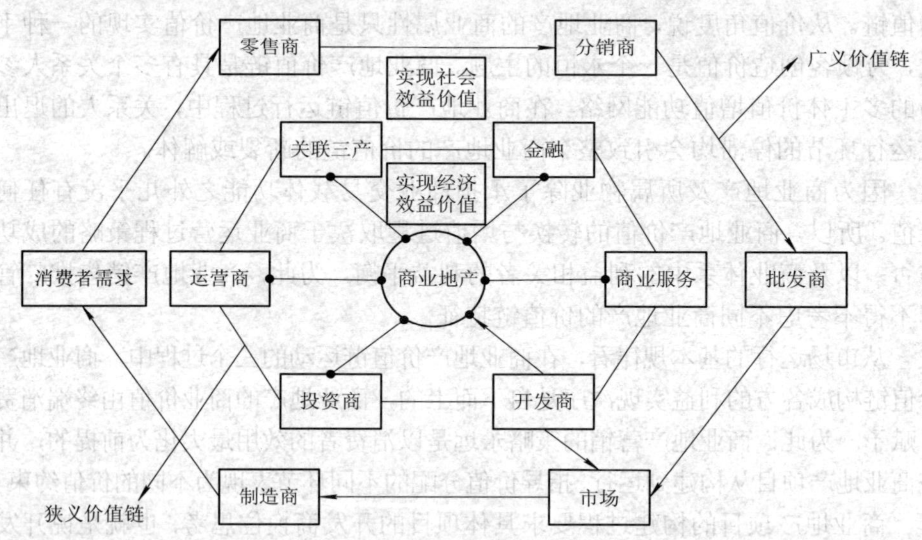

图 4.2　商业地产价值活动参与者以及价值传递链

价值创造的过程是一系列利益相关主体的增值活动过程，商业地产价值增值活动的主体主要有政府—开发商—投资商—运营商—经营者—消费者等，通过协同投入资源，承担着项目开发、资金融通、商业营运与经营、消费等不同职能，在开发和营运过程中逐个环节实现知识、资本和服务的增值，进而形成了商业地产的价值链。在这几个主体中，开发商可能兼为投资商和运营商，经营者可能为多个或一个，如此则简约优化了主体和商业地产价值链。

商业地产利益相关主体如图 4.3 所示。

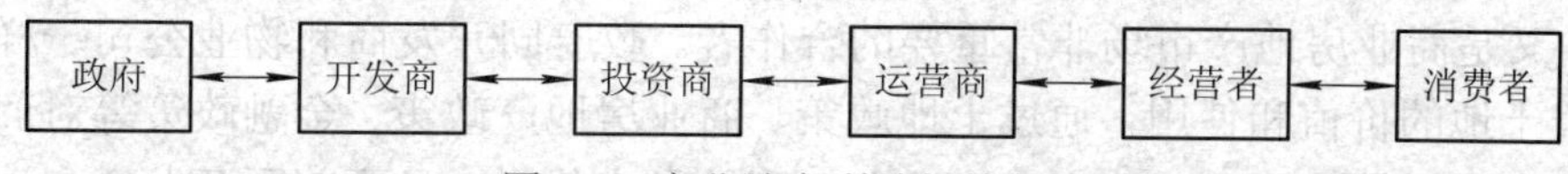

图4.3 商业地产利益相关主体

具体而言，从开发商到投资商，再到经营者与最终消费者，实现了资产和房屋物权的一步步转移。反方向来看，在消费者得到实惠的同时，为经营者创造了价值，经营者有了营业收入则为投资商带来了租金回报，为运营商带来了管理酬金，有价值的商业地产才值得开发投资，投资商又为开发商实现了开发利润，这样在物权转移的过程中，也实现了价值的转移，从而构成了一条完整的商业地产价值链。因此，为实现项目的总体价值，商业地产开发商必须从总体上考虑地产与商业，开发与运营各环节的价值活动，任何一个环节出了问题都会影响价值的流转，进而影响各方利益的实现。

商业地产包含了商业与地产两大要素，"价值链"实指"生物链"各环节对应的价值实现体，即投资价值—开发价值—租赁价值—商业价值—商品价值。其中，商业价值是基础和核心价值，它决定了商业地产的租赁价值，而租赁价值决定了商业地产的投资价值，投资价值又决定了商业地产的开发价值，因此商业地产价值链的逻辑起点是最终消费者。商业运营需要以消费者价值为中心来进行设计，而地产开发则以开发商为主导得以实施，因此商业地产价值链应从消费者价值角度出发，在分析辨别各价值环节利益诉求异同的基础上，在开发商主导下构建能够让参与各方获益的价值创造和分配链。

4.1.2 商业地产价值链的主体行为特征

商业地产价值链是以消费者的价值创造为起点，以开发商价值实现为终点，政府的职责应当是提供良好的市场运行环境，某种程度上是"局外人"，其收益应当是就业、税收、城市竞争力等长期科学的发展。在具体的运作中，各主体应通过各自的价值实现方式来进行价值创造活动，并形成战略伙伴关系和互利多赢的关系，在考虑消费者价值实现、零售商市场保障、投资商投资回报、开发商租售比例和资产增值等同时，承担一定的社会责任，最终形成互为依存、共同受益、多方共赢的和谐局面。

首先是商业地产价值链中政府主体的行为特征。从政府所扮演的角色看，如今的政府已不是斯密所述的"看守人"，而成了"经济人"和城市经营者。政府利用自己的行政和土地资源参与到市场运行之中，追求利益最大化。商业房地产的开发依赖土地，城镇土地为国家所有，而政府是国家权力的代表，因此政府是商业房地产市场最关键的因素，既是商业房地产市场博弈规则的制定者，又是商业房地产市场非常重要的合作者。政府同开发商和物业公司一样影响着土地的价值和使用，通过土地政策、商业房地产政策、金融政策等对商业房地产市场施加影响。政府在追求自身利益最大化时，又要兼顾开发商和消费者的利益，因此更多考虑的是社会福利最大化和城市的可持续发展。

商业房地产具有极强的地域特征，虽然中央政府是政策制定者，但真正的执行者是地方政府，在地方土地市场中，地方政府才是土地的真正供应者、执行者。地方政府在流程中的每个行为都会直接渗透到商业房地产市场中的每一个环节。

其次是商业地产价值链中开发商主体的行为特征。商业地产开发涉及商业项目的规划、设计、招商、销售、建设、运营管理等诸多价值活动。对于开发商而言，会特别关注的是开发初项目地块的价值与项目开发后实现的价值，这主要受项目所在地的自然环境、建筑规划、交通条件与人流基础影响。为了更好地实现开发价值，开发商会重点关注项目的售价与租金水平、租售成交比例，以及宏观经济的发展状况及区域的市场容量等要素。

开发企业的价值行为如表 4.1 所示。

表 4.1 开发企业的价值行为

行 为	内 容
市场调查	商业规模调查、商圈调查、消费能力和习惯调查、商用房供应和需求调查及预测、租金调研、销售、出租方式和渠道销售
营销策划	市场细分和定位、价格定位、投资者和使用者定位、销售方式渠道、推广主题等
建筑设计和策划	空间高度、可分割性、荷载、大小配比、功能组合和布局、设备配套标准
材料设备选购	材料设备品牌、性能、施工方便程度、易改性、环保性
建筑质量管理	建筑队伍、监理、过程管理和控制、质量认证和评比
市场拓展	招商、主力客户、小客户、社会认知度和美誉度、广告和促销
售后服务	经营管理、物业管理、招商管理、市场形象管理和装修改造服务等
企业管理	人力资源管理、财务管理、企业后勤管理

第三是商业地产价值链中投资者主体的行为特征。商业地产的成功离不开投资商以及与之相适应的投资主体和融资渠道，投资商是商业地产价值链中重要的利益主体。中小投资商是开发商的商业地产开发价格实现的重要客户。

投资商在作出投资决策时希望取得的价值包括租金收益、规避风险收益、保值增值收益与降低成本收益等，希望投资能具有低风险、高收益、高增值预期的特点。为了更好地实现投资价值，投资商会重点关注投资地区的商业地产发展情况、项目的市场定位、商业运营模式、商铺的增值潜力等要素，选择有价值的投资目标进行投资。因此，投资商在进行投资时需要从产品模型的三个维度，即项目物业类型组合、项目所处阶段以及租售配比等进行综合考虑。项目的物业类型组合重点考虑项目包含哪些物业类型；项目所处的开发阶段则是考虑项目正处于孵化、新开发阶段还是处于成熟阶段；租售配比则是考虑项目销售了多少、开发商持有了多少。

产品模型的三个维度如图 4.4 所示；投资商的价值行为如图 4.5 所示。

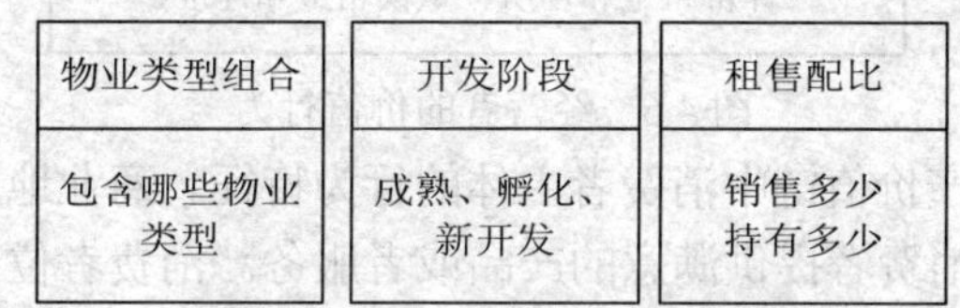

图 4.4　产品模型的三个维度

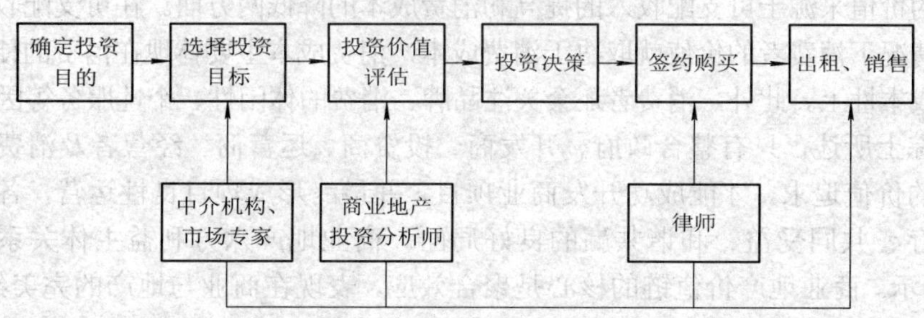

图 4.5　投资商的价值行为

第四是商业地产价值链中运营商主体的行为特征。运营商不是物业管理公司，更不是商业物业销售公司，它应该在商业地产价值链价值创造中发挥着不可替代的作用，不仅要着眼于全局，注重的是整体效益，而且能够协调不同阶层、不同利益相关者之间的关系，并最终达到有效整合资源的目的，甚至可以具有整合地产、商业、金融等资源的能力。

为了更好地对商业物业进行经营管理，开发商通常会委托专业运营管理公司进行专业化运作，专业公司具备运营经验、品牌资本、人才、供应商网络、招商能力等优势。管理公司可通过运营和管理获取租金收入，还可获取市场管理费或广告费，其会重点关注开发商、投资商的经验与实力，项目的商业规划、市场经营环境等要素。

第五是商业地产价值链中经营者主体的行为特征。经营者会参考同类地段的租金水平，并结合自己的盈利预期选择物业所有者或与其委托的运营商签订租赁合同，然后开展经营，经营内容不同决策也会不同。经营者价值取决于自身项目的盈利能力与所在商圈的发展空间，经营者会重点关注开发商的实力、商业模式、营销环境、商铺位置与租金等。经营者的价值行为如图 4.6 所示。

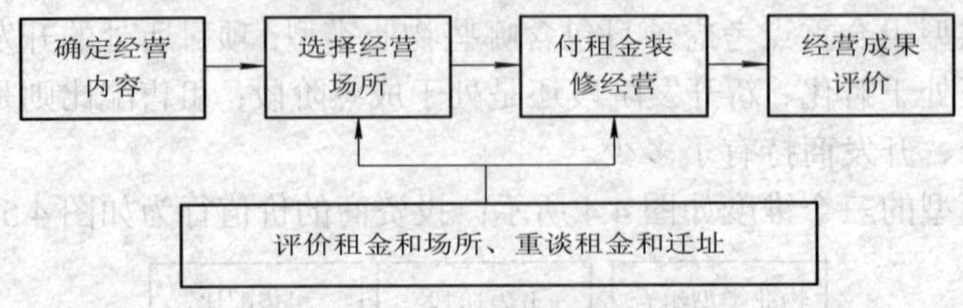

图 4.6　经营者的价值行为

最后是商业地产价值链中消费者主体的行为特征。商业地产的核心在于商业经营，在于为最终消费者提供满意的产品或者服务。消费者位于价值链的末端，是最终的被服务者，他们对商业地产项目的支持与否决定了项目的升值空间。消费者的价值来源于可支配收入的提高和消费成本的降低两方面。在可支配收入不变的情况下消费者的价值就取决于消费成本，消费成本主要体现在消费的便利性和低成本性上。此外，消费者还会关注品牌、消费的休闲性、个性服务等因素。

综上所述，只有整合政府、开发商、投资商、运营商、经营者及消费者六方面的价值追求，才能成功开发商业项目，并最终形成项目良性运营，各方互为依存、共同受益、和谐共赢的良好局面。商业地产六方利益主体关系如表 4.2 所示。商业地产价值链的核心是聚合效应，表现在商业与地产的完美结合、信息与资源的完美联姻、利益与责任的多业权共营三个方面。

表 4.2　商业地产六方利益主体关系

六方主体(生物链)	受益来源(价值链)	影响因素(价值支撑)
投资商	物业投资回报	商业增值能力/物业升值能力(增值能力)
开发商	商业地产开发利润	物业质素/营销推广/售价水平(产品性能/销售执行力)
运营商	租金差价及管理费	商业规划/业态业种/租金水平(招商运营能力)
经营者	商品差价	人流/环境/商品/服务/价格水平(经营能力)
消费者	商品价值/消费体验	消费观念/消费行为/购买水平(消费能力)
政府	财政收入/城市形象提升	区域经济社会发展水平/城市规划和商业规划(宏观指导能力)

4.2　商业地产价值链互动模型

商业地产各个利益主体之间的价值联系表现在两个方面。其一，商业地产的开发商通过提供商业物业来实现投资商的投资价值；而投资商则提供物业经营权给运营商来获取租金回报；运营商的统一运营管理及营销帮助经营者实现其商业价值；消费者的价值则通过经营者提供的商品及服务得以实现；消费者价值则是商业地产开发价值得以实现的基础。其二，商业地产开发商给消费者提供高品质的消费场所，既满足了消费者的需求，又实现了消费价值；消费者的消费行为又帮助经营者创造了经营收益，实现了经营者的商业价值；经营者的商业价值最终以租金的形式回报给了运营商；运营商也以投资回报实现投资商的投资价值；投资商则以现金的形式来回报开发商。

商业地产价值链模型如图 4.7 所示。

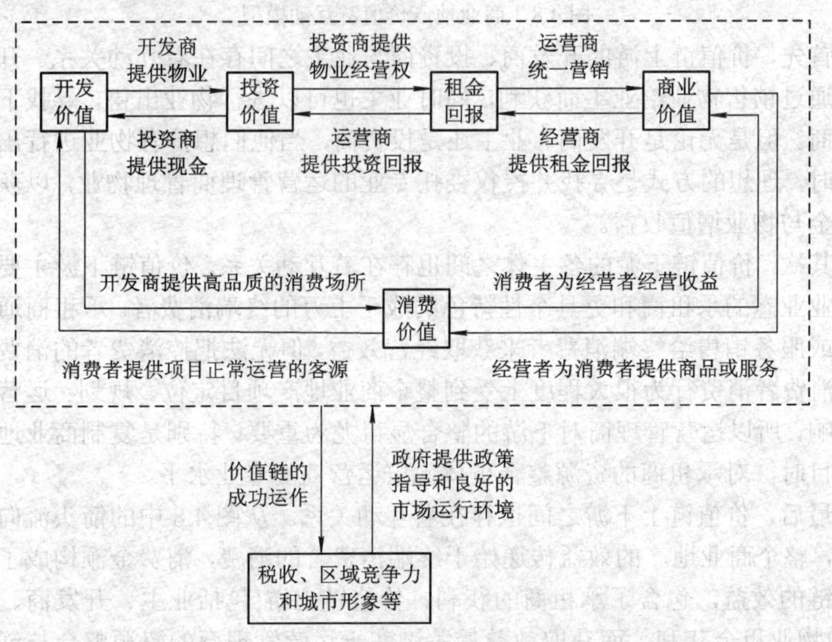

图 4.7　商业地产价值链模型

无论是商业地产各个利益主体之间的正向联系还是逆向联系，都构成了一个闭合回路。这表明在商业地产的运营过程中，各个利益主体都占据着重要的一环，彼此相辅相成，缺一不可。商业地产价值链互动模型如图 4.8 所示。通过商业地产价值链互动模型，可更深入地了解商业地产价值链主体构成中各个角色的功能和它们之间的良性互动关系。

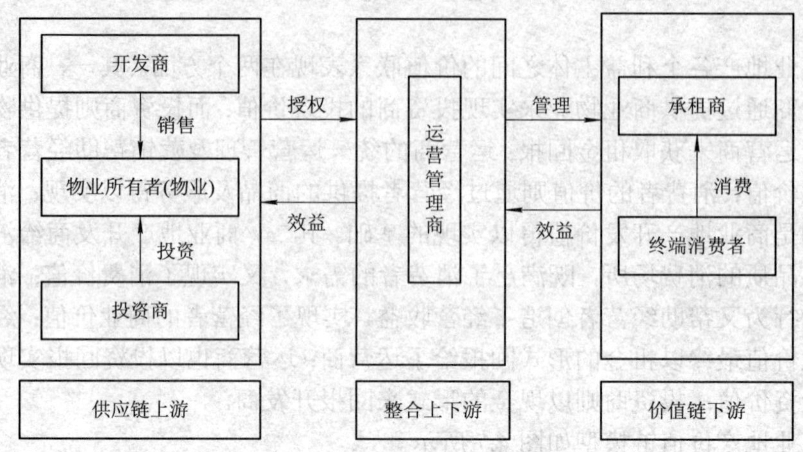

图 4.8　商业地产价值链互动模型

首先，价值链上游的开发商、投资商与业主之间存在着互动关系。开发商可以通过销售物业给业主而获利，同时业主也可以进行物业出售，寻找下一个投资商。但是无论是开发商、业主还是投资商，当他们想持有物业进行出租或自营时，理想的方式是寻找并授权委托专业的运营管理商管理物业，以获得物业租金与物业增值收益。

其次，价值链下游的各主体之间也存在着互动关系。价值链下游主要是各种商业业态的承租商和更具个性特色的成千上万的终端消费者。承租商通过将商品或服务销售给终端消费者来获取经营效益，但无法把控消费者的消费选择权。消费者消费行为很大程度上受到整个商业地产项目定位、规划、运营管理的影响，所以运营管理商对下游的整合显得尤为重要。特别是复制商业地产连锁项目时，对承租商的资源整合更体现出运营商的专业水平。

最后，价值链上下游之间也存在着互动关系。从图 4.8 中的箭头流向可以看出，整个商业地产的效益传递始于终端消费者的消费，消费金额构成了整个价值链的效益，包含了承租商的获利、价值链上游(包括业主、开发商、投资商)的物业租金获利，而获取效益最关键在于运营管理商的资源整合与创造。而且，商业地产只有把整个项目的承租商销售额带动起来，才能旺场，才能聚集人气，物业增值才有可能。

从上述模型可以看出，一个商业地产项目的产业价值链从不同的角度看其实有两个，即狭义产业价值链和广义产业价值链。

广义产业价值链中的市场和狭义产业价值链中的商业服务是两个价值链的关键点，它们通过开发商连接，把一个无形市场转化成有形市场，这是产业价值链开发的基本意义。狭义产业价值链是从经济效益和微观概念讲的，以开发商为龙头，整合了零售商、运营商、金融业和商业服务企业而形成的价值增值过程。也就是说，狭义产业价值链是开发商在开发一个商业地产项目一开始就必须具备的思维模式。为了实现商业地产开发的经济效益，开发商必须寻求投资商、商业运营商、商业服务企业和关联的产业介入，共同玩转这个项目。广义产业价值链是从商业地产的社会效益和宏观讲的，往往是无形的，是从消费者需求开始的逆向营销的过程，是一个商业地产项目通过消费者需求、商业经营、直至制造供应商改进而产生的价值。

4.3　基于价值链的商业地产核心竞争力

核心竞争力概念由美国经济学家哈默和普拉哈拉德首先提出："就短期而言，公司产品的质量和性能决定了公司的竞争力，但长期而言，起决定作用的是公司的核心竞争力"。麦肯锡公司认为，核心竞争力是指某一组织内部一系列互补的知识和技能的结合，它具有使一项或多项业务达到竞争领域一流水平并具有明显优势的能力。事实上，在竞争环境中从根本上制约并决定企业自身生存、持续发展和拥有持久竞争优势的能力就是核心竞争力。

价值链与核心竞争力是两个密切联系的概念，价值链是企业从研发、设计、生产、销售及售后服务活动一系列参与价值分配与创造的全过程，而核心竞争力存在于价值活动的某一个或几个核心环节中，是企业在这些环节优于竞争对手的能力，它可以表现为研发设计能力、资本运作能力、管理能力或营销能力等，还可以表现为适应外部环境的能力。企业可以在价值活动的各环节发挥核心竞争力，为企业赢得竞争优势并带来超额利润。价值链管理的本质就是降低企业组织的经营成本，优化核心业务流程，提升企业的市场竞争力。

根据对商业地产价值创造各个环节的分析，商业地产应以开发企业为主导，以招商能力、项目研发能力、运营能力、资本运作能力和资源整合能力五个方面为重点来打造商业地产的核心竞争力。

首先，以招商能力的提高来打造商业地产的核心竞争力。如何将有竞争力的商家和商品引入开发项目，是商业地产开发需要思考的一个重要问题。招商需要系统策划，统筹运作，一般在项目运作之前，开发商应就需要什么样的合作伙伴、给予对方什么利益、如何才能实现价值最大化等问题系统筹划，形成一整套方案。“主力措架构，专卖成特色，常规获利润”是招商的基本原理，招商的第一序列是主力商家，第二序列是有特色的商家，在上述序列完成之后，其他常规店的招商问题就会迎刃而解。解决了招商问题，就为项目运营打下了基础，也为实现开发商、投资商和经营者的价值奠定了共同的基础。

其次，从项目研发设计能力的改善来打造商业地产的核心竞争力。这项能力主要体现在开发商进行市场调研、项目策划、建筑与商业设计这几个价值环节上，这几个环节决定了项目的发展方向与运营的成败。商业地产开发商在项目开发前就应开展与项目有关的各类商业调研、科学选址、合理定位，然后根据空间和业态组合需要进行建筑设计，打造差异化的地产项目。前瞻性地做好项目研发设计，使项目既能满足当前的市场需求，又符合未来市场的变化趋势。对于消费者而言，商业环境舒适便利，项目具有良好的可接近性，消费者因此而节省的部分费用将会转化为商品的价格和购买量，进而间接转化成投资商和开发商的利润。

第三，需要从运营能力来提高商业地产的核心竞争力。商业运营是商业地产的核心内容，也是资本产生回报的源泉，离开了运营，项目的盈利就无从谈起。商业运营需要融合开发商及开发商委托的专业运营管理者、投资商及经营者各方的力量与智慧，在项目规划、设计及招商的全过程中应以消费者价值为导向，考虑项目后期运营的需要，以持续经营的基本规律为标准，在全过程中对企业内外资源进行有效的整合。具体而言，项目运营包括树立项目品牌，适时调整租户和运营项目，以适应市场需求、现场和物业管理、设施设备维护等内容。正是通过商业运营这个载体，经营者和消费者的价值才得以实现，并形成开发商、投资者、运营商、经营者和消费者共生互动价值链体系。

第四，资本运作能力对商业地产核心竞争力的塑造也是非常重要的。从价值环节上看，不论是开发商还是投资商与经营者，足够的资金实力对其都是至关重要的。由于商业项目投资巨大，投资回收期长，只有当开发商拥有充足的资金实力与资本运作能力时，建设与运营才能保持较高的水准，因而资本运作能力对于商业地产开发商而言具有特别意义。发行股票与债券是资金融通的一种重要方式，但是对于大多数开发商而言，银行融资才是最主要的方式。针对商业地产投资的特点，银行等金融机构应对优质商业地产采取倾斜性政策，设计和推出相应的中长期贷款品种来满足商业项目的需要。只有解决了资金的问题，才能从根本上解决商业地产在整体招商和运营管理等方面的一系列问题，从而保证商业地产资产价值的最大化。

最后，资源的整合能力也是影响商业地产核心竞争力的一个因素。从商业地产价值链构成要素来看，开发企业只是一个各类资源的整合者，消费者最终面对的其实是一个资源整合的结果。开发商作为价值链的主导者，其核心竞争力综合表现在对价值链各环节相关资源的整合能力上，一个商业地产开发商如果缺乏对有关社会关系、资源与活动的重视和整合，即使由于某些因素而获得了暂时的成功，也不能保证其项目可持续发展。

4.4　商业地产产业价值链的理论意义

在商业地产中，商业地产产业价值链具有十分重要的理论意义，具体表现在以下三个方面。

(1) 产业价值链有助于形成正确的商业地产开发理念。房地产是一个资本密集型和知识密集型的行业，具有高风险、高收益的理念，商业地产尤其如此，其成功虽然靠智慧，但更靠开发理念。反思我们失败的商业地产，大部分都是贪心所致，要么是忽视了消费者的研究，要么是很多政策倾向自己而忽视了关联产业的利益。产业价值链告诉我们，商业地产要想成功开发，必须重视整合这些产业，为相关产业提供增值的机会。

(2) 产业价值链有助于产业地产形成成功的思路。这里提出产业价值链这种模式其实是简化这些东西，清晰思路。在商业地产策划中，我们发现很多开发商从来没有接触过商业地产，甚至从来没有做过地产，就想把房子盖起来，在项目动工之后就没有了方向，这种情况太多了。现在简单了，产业价值链为大家解决了一个非常简单的问题，可以把商业地产项目看成一个集成系统，可以涉及方方面面的产业，不仅是开发房子这么简单。相关产业我们在模型上标得非常清楚。

(3) 产业价值链有助于商业地产开发形成有效的模式。商业地产前期调查与住宅开发不同，商业地产前期调查涉及面广得多。一个商业地产项目的市场调查内容至少涉及几个方面：第一个是与住宅楼盘相同的必备内容，即宏观经济环境、消费者调研、密接调研，等等。第二个是厂商、批发商、分销商、零售商等调查。根据项目的大小，都要考虑到本地基本涉及的和外地部分涉及的商家、厂商。第三个是关联产业的调查内容。关联产业包括餐饮业、旅游休闲业、旅游业、培训业、传媒、广告业和咨询策划。第四个是服务运营机构的调研，包括会展、物流、信息和咨询等。对照这个产业价值链模型，商业地产的调研思路就会变得非常清晰。

第 5 章 市场调研与商业地产项目的战略定位

在信息技术时代，信息变得如此重要，已与资金、材料、设备和人力等并列为管理的五大资源。随着商业地产市场由卖方市场向买方市场的转变，商业地产市场竞争由价格向非价格竞争发展，促使对商业地产市场营销信息的需要比过去任何时候都更为强烈。市场调研是商业地产企业营销活动中必不可少的重要组成部分，在复杂、激烈竞争的经营环境中，只有通过认真细致、有效的市场调研，才能真正发现和确认不同商业地产项目与产品的消费或服务对象，这是进行科学的商业地产项目的战略定位的前提，也是进一步制定切实可行的营销战略的基础。

5.1 商业地产市场调研

商业地产市场调研是商业地产战略定位研究的基本内容，也是商业地产企业发展谋划的根本前提。商业地产市场调研的本质是通过调研商业地产市场环境寻找有利于商业地产企业发展机会，同时避免可能受到的威胁。

如前所述，商业地产市场环境分微观和宏观两大环境，微观环境是反映企业经营的具体业务往来过程中的直接影响因素，包括供应者、营销中介、顾客、竞争者和社会公众等因素，这些因素经常直接作用于商业地产企业，对商业地产企业的影响比较具体，商业地产企业较易把握；而宏观环境是指间接影响与制约商业地产企业营销活动的社会力量，包括经济因素、政治因素、人口因素、政策法规与税费因素，这些因素总是先作用于市场，再间接影响企业，商业地产企业较难把握。整个商业地产市场调研工作正是围绕以上两个方面展开的。

5.1.1 商业地产市场调研范围与内容

商业地产市场调研的内容十分广泛，包括消费者需求、生产者供应、销售渠道、商业地产项目发展趋势以及竞争等情况。

首先，商业地产市场调研要从顾客需求情况着手。顾客的需求是商业地产一切活动的中心和出发点，因而调研消费者或用户的需求就成了商业地产市场调研的重点内容。顾客需求调研的内容包括服务对象的人口总数或用户规模、人口结构或用户类型、购买力水平及购买规律、消费结构及变化趋势、购买动机及购买行为、购买习惯及潜在需求、对产品的改进意见及服务要求等。

其次，商业地产市场调研需要对生产者供应情况进行研究。它应侧重调研与商业地产行业有关的社会商品资源及其构成情况，有关企业的生产规模和技术进步情况，产品的质量、数量、品种、规格的发展情况，原料、材料、零备件的供应变化趋势等情况，并且从中推测出对市场需求和商业地产经营的影响。

第三，从销售渠道情况的调研展开商业地产市场调研。销售渠道的调研主要是了解商品销售渠道的过去与现状，包括商品的价值运动和实体运动的各个环节，以及推销机构和人员的基本情况、销售渠道的利用情况、促销手段的运用及其存在的问题等。

第四，还要调研商业地产的发展趋势。商业地产发展趋势的调研主要是为商业地产企业开发新项目和开拓新市场搜集有关情报，包括社会上与商业地产开发相关的新技术、新工艺、新材料的发展情况，商业地产项目的发展动态或上市情况，某些商业地产项目所处的市场生命周期阶段情况，顾客对本企业新老项目的评价以及对其改进的意见等。

最后，商业地产市场调研还要对市场竞争情况进行了解。市场竞争调研主要是为了使商业地产开发企业在市场竞争中处于有利的地位而搜集的有关情报。主要包括的内容有：同行业或相近行业的各企业经济实力、技术和管理方面的进步情况；竞争性项目销售和市场占有情况、竞争者的主要竞争；竞争性项目的品质、性能、价格、交货期限以及其他附加利益等；先进入市场的企业的一些经济技术指标、人员培训法、重要人才进出情况、新项目的开发计划等情报，并加以对比、借鉴或参考。

5.1.2　商业地产市场调研方法与基本流程

商业地产市场调研的方法有多种，既有文案调研法，又有实地调研法。其中，文案调研法主要是通过互联网以及图书馆书籍等渠道来进行二手信息的搜集、整理与分析。实地调研法则分为询问法、观察法以及实验法。询问法就是调研人员通过各种方式向被调研者发问或征求意见来搜集市场信息的一种方法，包括深度访谈、GI 座谈会、问卷调研等方法。观察法是调研人员在调研现场，直接或通过仪器观察、记录被调研者行为和表情，以获取信息的一种调研方法。实验法是通过实际的、小规模的营销活动来调研关于某一产品或某项营销措施执行效果等市场信息的方法。

商业地产市场调研要分步骤进行。首先，进行调研方案的设计。调研方案是指导调研活动的大纲，是以书面形式表达的对调研计划和程序的说明，是对调研过程和调研方法的详细规定。调研方案的设计与选择应考虑调研方案的实用性、调研时间的安排以及相应的调研成本控制等。调研成本的控制决定了需要重点选择与调研主题相关度较高的、有明确意义的项目，这样才有利于费用的控制。调研费用一般包括资料费、文件费、差旅费、调研费、劳务费、交际费、杂费和其他费用。

其次，进行调研资料的搜集。资料搜集的主要任务是收集与商业地产调研主题相关的企业内部资料和外部资料。企业内部资料主要来源于企业职能部门提供的资料、企业经营机构提供的资料以及其他记录。企业外部资料主要包括政府机构及经济管理部门的有关方针、政策、法令、经济公报和统计公报等；行业协会发表和保存的有关行业销售情况、经营特点和发展趋势等资料；各种信息咨询机构，如国家经济信息中心、国家统计信息中心等所提供的各种统计资料；其他各种大众传播媒介，如广播、电视、报刊、杂志所提供的资料；图书馆也是各种文学资料集中的地方。

再次，进行调研资料的整理分析。整理资料就是对商业地产调研资料的分类统计，检查是否有遗漏的地方，还需要补充哪些资料。接下来是对整理的资料进行汇总分析。这一阶段需要调研人员归纳总结，去粗取精，去伪存真，还需要借助先进的统计分析工具，最终达到市场调研的目的。信息处理质量的好坏直接影响到对市场需求的预测和评估，同时也影响到商业地产企业的决策。

最后，编写商业地产市场调研书面报告。撰写调研报告要了解企业希望的报告形式是什么，报告的阅读者是谁，希望阅读报告获得哪些信息，最想得到的结论是什么等。调研报告要有的放矢、言简意赅、图文并茂，力求易读易懂。将市场调研结果以商业地产企业需求的形式提供给商业地产企业，为其决策提供科学依据。这个阶段也是对市场调研的总结和评估，并为今后的市场调研工作提供了经验、方法和教训。

商业地产市场调研流程如图 5.1 所示。

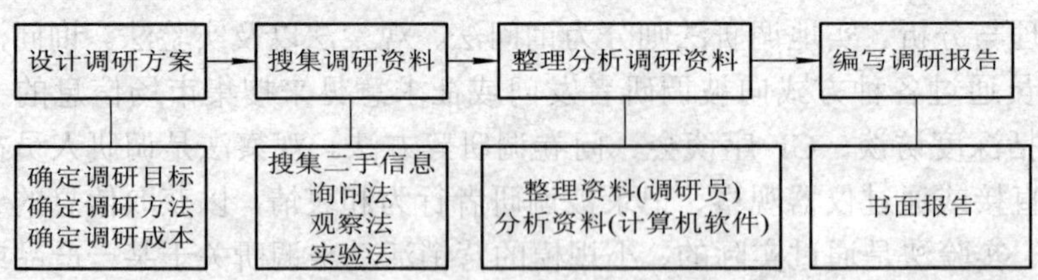

图 5.1 商业地产市场调研流程

5.1.3　商业地产市场调研报告的目的及其构成

商业地产市场调研结束后，相关调研人员需要根据调研情况形成调研报告。商业地产市场调研报告的主要内容包括行业的发展历史、前景和特点，行业的价值链、国际同类行业的发展状况等。

行业的发展历史、前景和特点详细地介绍了商业地产的发展历史、现阶段的发展情况并对未来的发展作出一定的判断，以帮助商业地产开发商了解商业地产行业的走势并作出相应的投资决策。

行业价值链调研是对商业地产行业的价值链进行深入分析，包括商业地产上下游企业的数量、关联程度等，有助于商业地产开发商了解自己的利益相关者以及自身的位置。

国际同类行业的发展状况则清晰地介绍了国内外商业地产开发企业现阶段的活动以及下一阶段的工作任务、盈利情况等信息，确保商业地产开发商更加全面地认识并调研商业地产宏观环境。

监制体制和政策导向则介绍现阶段国家的各种经济政策以及宏观调控政策。国家政策对商业地产有着引导、制约等作用，及时了解国家政策能够确保商业地产项目按着国家的法律法规以及国家政策来进行，避免不必要的问题。

市场容量、市场细分结构以及未来增长趋势都是对商业地产市场情况的详细汇总，提供了商业地产项目开发的新方向。

市场化程度、进入壁垒等则反映了商业地产项目开发建设过程中可能会遇到的问题。要想顺利地实施商业地产项目，必须及时解决这些问题，这些问题也成为了商业地产开发企业关注的重点。

总的来说，商业地产项目调研是对商业地产行业的特性、市场状况、发展前景、竞争环境以及盈利状况等进行深入调研、论证的过程。商业地产项目报告是商业地产企业判断项目是否可行的重要依据。

5.2　商业地产的消费者与服务对象调研

商业地产的消费者与服务对象是指特定商业地产产品的潜在客户和直接客户。了解消费者的消费心理是商业地产运营取得成功的先决条件，这是因为消费者的消费心理将直接影响消费人群的流向。此外，人们在购买和使用不同的商业地产产品时，由于其优先选择的商业圈范围不同，因而造成经营不同商品的商业地产有效的辐射圈有很大的区别。对消费者特征与消费者行为的研究与科学分析有助于商业地产找准定位并成功运营。

5.2.1　消费水平调研

从宏观的角度考察，消费水平就是一定时期内整个社会用于生活消费和服务的规模和水平；从微观的角度考察，消费水平就是单个消费者一定时期消费的商品和服务所达到的规模与水平。可以从人口结构、家庭户数构成、收入水平、购买行为、消费水平以及交通和出行方式等方面对消费者的生活结构展开调研。消费水平研究要素如图 5.2 所示。

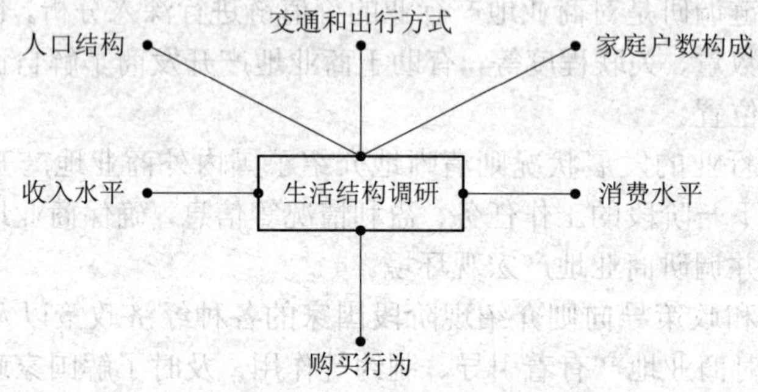

图 5.2　消费水平研究要素

人口结构主要依据年龄、性别、教育程度、职业分布等进行分类整理，以便深入分析。人口结构调研除了要了解目前的人口结构外，还要了解有关过去人口聚集、膨胀的速度等方面的情况，并要对将来人口结构的变迁进行预测，同时将人口结构依行业、职业、年龄教育程度等进行分类整理，以便作进一步的深入分析。

人口结构数据对于商家是十分重要的，因为不同的业态都有不同的消费群体。比如：时尚健身运动主要针对受教育程度较高、年轻的白领女性；电影院的主力消费群体是年龄在 15～35 岁的中青年；药店虽然针对所有人，但根据商圈范围内的群体不同，经营的药品侧重点也会不同。

家庭户数构成是人口结构的基本资料之一，可依据家庭户数变动的情形及家庭人数、成员状况、人员的变化趋势进行了解，进而可以由人员构成比率洞悉城市化的发展与生活形态的变化。如这几年北京通州区许多项目吸纳了大量的城市搬迁户和 CBD 的小白领，在短短时间内扩大了人口规模，而且家庭结构和户数完全不一样。城市的搬迁户以 3～5 人老中少三代同堂的家庭为主，而 CBD 的小白领以两人家庭模式居多。

收入水平调研主要是了解某一地区消费者的生活状况及高中低收入者各

自所占的比例情况，以此来调研消费者消费的可能性。居民的收入状况决定消费档次和消费能力，根据收入水平确定消费的可能性、消费能力以及目前的消费处于什么样的状况。了解家庭收入水平，并将这些资料与其他都市、地域的收入水平进行分析对比，作为是否开设商店的主要依据。

例如，个人年收入在2万元的消费者和5万元的消费者相比，他们在选择服装的购买场所时是完全不同的。前者选择的是小型市场，而后者主要选择的是专卖店和百货商场。因此，承租对象的经营理念和档次水平要与该地区的人口消费习惯、消费能力和趋势相一致。

消费水平调研主要是要了解消费者个人及其家庭的消费情形，并针对消费内容依商品类别进行划分，掌握不同商品类别的消费支出比重，以此掌握商圈内的消费购买力的一般概况，为确定购物中心的店型提供参考。消费水平是地区内消费活动的直接指标，对零售业来说是最重要的衡量指标。据此可以了解每一个家庭的消费情形，并针对消费内容进行商品类别划分，这样可以计算出商圈内消费购买力的概况。

购买行为调研主要是了解消费者购买商品时的活动范围及购入某商品时经常在何种类型商店购买等情况。研究消费者购买行为的目的，一是可以得悉消费者的购物活动区域；二是可以知悉消费者选择商品的标准，以便对该地区的消费意识作深入研讨。这对具体确定百货商店的经营范围及经营规模大有帮助。

交通和出行方式也能帮助了解消费者的消费水平。随着汽车越来越多地进入家庭，人们交通方式多样化，由此导致了消费的购物习惯以及选择的消费内容的变化。在消费的空间和尺度上，消费者对不同的业态、业种的需求在路上花费的时间都有心理尺度。如对家庭日用消费品的需求主要就近完成，在路上的时间要求在几分钟以内；而购买服装、家具电器等商品则选择去大商场和购物中心，花费的时间可以比较长。交通出行方式改变了消费的时间和空间，以前步行或骑自行车需要半小时，如今开车也许只需要二十分钟。所以，对区域内消费者选择何种交通工具的研究非常重要。

5.2.2　消费结构与消费行为调研

消费结构反映了一定社会环境中人们的消费方式，按消费功能可分为吃、穿、用、住、行、文化娱乐等。通过对区域消费文化的深入调研，不仅能够使项目走差异化经营路线寻找市场的空白点，尽可能减少因为产品的雷同而形成的不必要的竞争，还能够形成自身特色的品牌文化定位，使项目自身形成一种文化氛围，通过这种文化氛围形成较强的客户忠诚度。

对项目所在商圈的消费者进行调研，包括他们的人口数量、年龄构成、职业、收入水平、消费习惯等。对商圈的消费者进行细分，确定能够支持商业地产项目的消费者数量以及消费习惯、收入水平等因素，从而判断出针对特定商业地产定位方案的消费群体的消费能力。商业地产项目只有与当地的消费文化相契合，项目的宣传、招商才能更容易被接受，其目标才能达到。一般而言，消费行为可分为顺路性消费行为、选择性消费行为、聚心性消费行为和多元消费行为。

人们在购买日常生活必需品时，如食品、蔬菜、副食品、香烟等，由于对其品种、质量、价格等比较熟悉，一般不愿意花费过多时间去比较、选择，而希望就近购买，需要时能立即买到，因而会顺路购买，这就是顺路性消费行为。家庭就业人口越多、工作越忙，顺路性购买的可能性越大，因为这对于消费者来说，可以节约更多的时间。

除直接购买少数生活必需品外，大多数商品都有一个需要由选择到购买的过程，而且随着商品的价格越高，则选择的过程越长，这就是选择性消费行为。例如，人们在购买服装、皮鞋、床上用品时，由于该类商品使用周期稍长，消费者比较注重其品种、样式、花色，而且往往在购买前都愿意花时间去挑选、比较，直到寻找到自己满意的商品为止。

聚心性消费行为是指人们在消费时，对某些贵重商品的购买或服务的消费将优先选择在大型商业中心或其他合适的商业场所的行为心理。对于某些高档商品，如电脑、彩电、数码相机等，因其价格高和长期使用等原因，消费者在选购时更重视厂家、牌号和维修服务保证等因素。因此，他们更加相信具有良好声誉的名牌店和专营店，即便能在附近的商店购买，但为了选择和比较或者为了获得更好的售后服务，消费者往往不惜花费时间和路程，优先选择到本地区知名的大型商业中心或专营店云集的商业一条街购买，这就是聚心性消费行为，这种消费方式的最终结果是把消费者吸引到商业设施比较密集、内容较全面、档次较高的市中心商业区来；另外一种消费则相反，如娱乐休闲活动，很多消费者更愿意到远一些的商业场所消费。

多元消费是指逛商店的目的可能有多方面，除了要满足物质消费外，还要满足精神消费，有些人戏称这一类消费为“血拼”。例如，在消费的过程中，消费者既要能实现欣赏、评价、游乐、消费等一系列复杂的心理和行为活动，又能享受优美、舒适的空间环境，有时还需要一些体验消费，以获得物质和精神上的双重满足，这就是多元消费的消费行为。

人们的消费心理是不断发展和变化的。在供求矛盾较紧张的情况下,消费者把能买到商品视为最大的满足；而在市场供求矛盾日趋缓和的新形势下，消费者不会仅仅满足于能够买到商品，而是希望买到更为适合个人需要、表现自我的商品。与此同时，消费者还需要获得优良的服务，寻求合适的消费场所和更好的消费环境。即使是购买商品，也不仅是为了追求商品的使用价值，而且也为了在消费过程中充分表现自我意识，满足实用和心理的双重需要，通过购买某种商品而得到精神上的满足，从而使消费活动变成更为多元、复杂的一种社会活动。这就说明了为什么只要有闲暇时间，人们就喜欢到商业中心休闲消费，因为在那里可以最大限度地满足他们的各种行为心理。

5.3　商业地产产品与项目的战略定位

商业地产风险大，收益高，定位是关键。从选址开始，就应该对市场进行研究，充分考虑消费者的需求、消费特征与发展趋势，结合城市发展、商业发展、地块特性等各方面因素，才能得出项目的整体定位。在此基础上，进行项目的建筑设计、招商、运营等才能保证项目战略方向正确，前期招商成功，后期运营顺畅。

根据艾·里斯(A.Rise)和杰克·特劳特(Jack Trouty)在《定位》一书中的诠释，所谓定位即是指明确和显化企业、品牌形象和产品价值，以帮助目标客户正确认识并理解企业区别于竞争对手形象的行为过程。

一个商业地产项目从立项建设到开始经营，涉及建筑规划、项目定位、主题定位、装饰装潢、商品布局、商铺间隔、宣传推广、招商销售以至商场的经营管理等诸多方面。就一个成功的商业地产项目来说，准确合理的项目定位是诸多因素中的重中之重。项目定位是项目前期工作的重点，准确的定位可以赋予项目独特鲜明的个性。相反，项目定位不准或不当，项目就很难适应市场，难以生存。

5.3.1　商业地产战略性总体定位

项目定位是商业地产前期开发的一项重要工作，通过定位开发商可以确定商业地产项目的规模、目标客户、业态组合等，对商业地产的成败具有非常重要的作用。

商业地产项目定位实质上是对所要进入的目标市场进行研究，开发出符合市场需求的产品。因此，商业地产项目定位可以从功能定位、业态业种组合定位、形象及经营档次定位、客户定位、规模定位等五个方面来进行研究。

商业地产战略性总体定位流程的实质是：通过对目标消费者的收入、年龄及职业特征等情况进行研究，确定商业地产的目标消费群体，从而确定商业地产的主题定位，决定项目未来经营业态是以购物为主还是以休闲娱乐为主等，再来确定商业地产的业态组合，设计定位，最后完成项目的特色定位，包括突出项目的文化特色，技术特点等。因此，商业地产的定位实际上是从市场研究出发，研究符合市场需求的产品。商业地产战略性总体定位流程如图 5.3 所示。

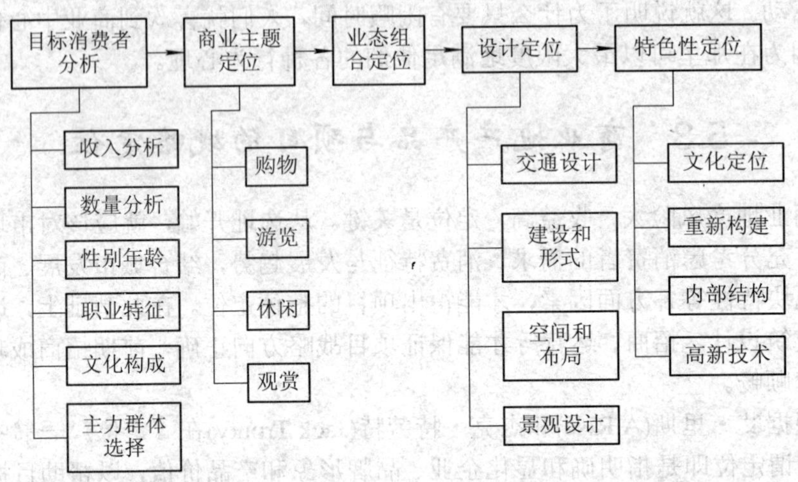

图 5.3　商业地产战略性总体定位流程

5.3.2　商业地产产品的功能定位

对于商业地产项目，引进不同的业态将使项目具有不同的使用功能。通过功能定位商业地产项目可以拥有单一功能，也可以拥有复合功能。

不同的业态有不同的商业功能，现代商业项目通常体现购物、休闲、娱乐以及服务四大功能。购物功能作为商业地产最基本的功能，主要体现于商场品种、档次上；休闲功能则被当作商业地产的附加功能，往往设置在现代大型商场中；娱乐功能体现于各类游玩活动中，如电玩、电影城、儿童游玩区等；服务功能主要体现于商场物管和商场客户经营主体服务两方面对于复合型的大型商业地产项目，其业态组合是丰富的、多元的。

5.3.3　商业地产业态业种定位

商业地产项目的业态业种组合定位就是指开发商通过对项目所在区域现有业态业种组合进行研究，结合自己对未来商业地产项目发展趋势的把握，将自身的各种招商资源充分地进行利用和整合，对商业地产项目的业态进行规划，以最大限度地满足消费者的需求，从而保证商业地产建成后的成功运营。同样，业态业种组合定位应在商业地产项目开发前期进行。

在进行商业地产项目业态业种组合定位时，需要从企业的品牌形象、企业的经营主体等方面来进行考虑。

首先是根据企业在消费者心目中建立的品牌形象和经营主题来进行业态业种的组合定位。虽然商业地产项目的经营需要多业态组合，但是在进行商业地产业态业种组合定位时，不能盲目地引进多种业态，要在对业态组合的同时考虑到是否与企业在消费者心目中建立的品牌形象相适应，与企业品牌形象不相适应的业态组合定位是很难引起消费者认同的。

其次是需要进行差异化的业态组合，形成自己的特色。在进行商业地产的业态组合时，应该尽量在符合消费者需求的基础上进行新的业态业种的组合，使新的业态组合既能满足消费者的需求，又能形成自己的特色，提高消费者的购买兴趣。

最后是选择合适的主力业态。主力业态定位是商业地产项目业态组合定位的核心内容，通过引入号召力强的主力业态来吸引其他业态的进入，使项目进入运营期后对其他竞争项目形成竞争优势，从而保障项目的持续成功运营。主力业态定位、科学业态配合、合理租户组合的目的是制造商业地产内张驰相间的兴奋点，实现顾客尽可能多的消费需求。商业地产是一种多业态组合的商业组织模式，但它决不是一个无序的大杂烩。商业地产必须是一个拥有明确经营主题和巨大创造力的品牌形象企业，招商要始终注意维护和管理好已确定的经营主题和品牌形象。

主力业态定位是将核心主力店和主力店的选择作为商业地产规划前期工作的核心内容，是为商业地产开发、招商和经营创造条件，是保障持续经营成功的关键。核心主力店和主力店是拥有国内外知名品牌、商誉和口碑的连锁或单店的目的性商店，具有极强的消费号召力，开业之地往往人气聚集、商气鼎盛，产生巨大的广告效应和经营收益，使商业地产更具活力。

商业地产的招商目标要能够在功能和形式上同业差异、异业互补。同业差异简单地说就是市场有一定承受力，不能盲目招同一类型的店；异业互补的目的就是要满足顾客消费的选择权，并能让顾客亲身体验变化，从而提高其消费兴趣。

5.3.4　商业地产形象及其档次定位

商业地产项目的形象定位实质上代表着商业地产开发企业的形象定位。商业地产项目在项目的运营过程中持续发挥着其在消费者心目中的作用，因此，正确确定商业地产项目的形象以及经营档次，要从消费者需求出发来建立具有自身特色的形象。准确的形象和经营档次定位不仅能够使商业地产项目在竞争市场中占据竞争优势，而且能提升开发企业的知名度，巩固消费者对企业的认同。在进行形象定位时要从企业本身的形象定位出发，尽量与企业已经建立的品牌形象相符合，否则将很难得到消费者的认同。

项目所面对的消费与经营品牌档次是由所服务的消费者决定的。一般来说，消费者经营品牌可分为高级、中高级、中档和大众化等几种档次。其中品牌的组合差异性对项目经营中的消费人群、消费档次、建筑风格、经营风格影响很大。影响商业地产项目档次定位的因素包括规模、商圈位置及购买力、消费结构和地域文化等。

规模即商业地产体量。合理的体量意味着商用物业投资的高效性，不符合目标市场要求的体量是社会资源和企业投资的浪费。商业地产项目盲目追求大体量，势必“人为”推高投资额度并延长资金的回报周期，同时由于大体量项目需要更为丰富的商业资源，所以其操作要求也会大大高于小体量商业项目。

商用物业体量确定的依据是很严格和专业的，开发商应该从消费力的眼光来看待体量问题，不切合未来消费市场需求的体量会直接导致资金、招商和运营成本的恶性循环。以招商环节为例，大体量项目“硬性”增加了与商业品牌资源的对接难度，一旦品牌资源难以满足招商需要则势必造成空置率的上升，进而影响到总体的招商效果，难以达成旺场的商业目标，使租金徘徊不前甚至倒退。

体量定位取决于区域内的有效需求面积、开发商的招商实力、开发商的资金实力(决定预留规模和发展空间)和宗地情况，同时和开发商期望项目在商圈内的地位也有关系。通常规模很大的商业地产不可能只做一些顶尖的牌子，因为大规模的商业地产必须要很多的商户组合，就得要有中高低档层次；综合性的商业地产，应以品牌齐全的中档作为号召力。

项目所在商圈原有的档次特征对商业地产定位产生着深远影响。商业地产项目的形象和经营档次定位要考虑到所在商圈在消费者心目中已经建立的档次与商圈的整体形象必须相融合。若在已提供中低档产品和服务的商圈定位高档次产品和服务，由于现有商圈档次在消费者心目中的形象，所以可能很难引起消费者的认同和支持。

一般而言，高档百货和城市的定位有关。顶级的奢侈品品牌倾向选址于城市中心，交通便利，商圈成熟、业态档次高的商业中心。而位于城市郊区，交通不便，商圈尚未成熟的商业地产项目只适合做中低档的定位。

消费结构受地域文化发展差异而不同，会影响消费取向，从而影响商业地产形象及档次定位。

最后，商铺经营者对项目形象和档次的认可程度也对商业地产形象及档次的定位产生着影响。在进行形象和经营档次定位时要对商户进行调研，充分了解他们对项目形象和经营档次的预期，根据商户的预期合理地调整项目的形象和档次定位，以便于建成后商户的引入。

5.3.5　商业地产产品的客户定位

商业地产项目与产品的客户主要包括三类：一是商业地产项目建成投入运营后来此消费、购物的消费者；二是在项目投入运营后来此经营的商户；三是购买该商业地产项目物业的投资者。其中，消费者的需求是影响商业地产项目定位决策的最关键因素，其需求将直接影响到商户的引进和投资者的信心。

1. 消费者定位

商业地产项目的目标客户不可能覆盖所有的消费者，而只能针对一个特定的群体。消费者定位即是对所处的商圈进行研究，对商业地产项目所在商圈的消费者的消费行为、消费模式等进行调研，通过市场调研等方式对消费者进行调研，准确把握消费者的需求，制定合理的市场战略。

能否准确把握消费者的需求决定着商业地产项目的成败。只有取得消费者的认同，商户才能顺利经营，商铺投资者才能获利，商业地产开发商才能获得利润。反之，没有把握消费者需求，得不到消费者认同的商业地产项目，就算规模再大，广告打得再多，都注定失败。

在对消费者进行调研的基础上，研究商圈内所有的消费者或潜在的客户群，重点研究他们的消费行为、消费模式，包括各类消费的金额、次数、消费半径、消费时间、消费追求价值等方面。要准确把握投资客户的需求，并对消费者进行需求调研。

2. 商户定位

从商业地产项目自身出发来考虑商户的定位，主要从项目商品和服务的消费群体、项目的经营特色、项目的建筑特点、项目的品牌效应和市场消费的未来发展趋势等五方面进行考虑。

首先是从项目商品和服务的消费群体以及商圈范围来进行商户定位。居民社区型商圈所针对的消费群体通常是本社区的居民，因此应根据社区居民的日常消费需求来选择商户；而对于城市级商圈，则应综合考虑本市以及周边城市消费者的购物、娱乐、休闲等需求。

其次是从区别于其他同行的项目经营特色来进行商户定位。应该综合考虑本项目的经营特色来进行招商，针对不同的经营特色引进不同的商户。

第三，从项目自身的建筑特点来进行商户定位。商业地产项目本身的建筑特点也会对商户定位产生影响，不同的建筑形式适合进驻的业态也不同。

第四，从项目的品牌效应来进行商户定位。商业地产开发商以前开发的商业地产项目会对将要开发的商业地产项目产生影响，若该开发商开发的都属于高端项目，那么其产生的品牌效应也会吸引到高端商户。

最后，从市场消费的未来发展趋势来进行商户定位。在进行商户定位时也要考虑到未来消费市场产生的影响。应该对消费市场进行调研，根据其发展趋势进行合理的商户定位，只有符合消费市场需求的商品和服务，才能带来后续的成功。

在商业地产项目的规划设计阶段就应该对商户进行定位，根据项目的总体定位来对业态业种进行规划，引进合适的商户，为项目的成功奠定良好的基础。

3. 投资者定位

投资商铺的购买者，他们通常关心商铺的投资回报和项目的可持续发展前景，要准确把握投资客户的需求，对目标投资者进行需求调研。

首先，投资者定位要考虑投资者对于项目所在区域商业地产发展的预期。对于商业地产项目所在区域的现有商业价值、未来商业价值、目前收益和未来收益等，投资者会根据自己的判断来对其进行预期。可以通过对不同类型投资者预期的调研来进行投资者定位。

其次，投资者的投资意愿也决定了商业地产投资者的定位。投资者的投资意愿即投资者的投资倾向、特点、心理等，包括投资者偏好的投资渠道、投资产品、预期年回报率和对风险的态度等。可以通过对不同类型投资者的投资倾向、投资偏好、投资心理以及预期年回报率和对风险的承受能力等调研来进行投资者的定位。

第 6 章　商业地产项目策划

策即“策略、谋略、计策、策动”，划则指“谋划、规划、计划”。前者主要指思想或者思维的创新性活动，后者指行动指南和方案。日本策划专家何田创认为，策划是通过实践活动获取更佳成果的智能或智能创造行为。基于此种认识，对于商业地产项目的策划过程就是在对企业内外部环境予以准确的分析并有效地运用各种经营资源的基础上，对一定时间内的商业地产项目未来的营销、运作等活动的行为，包括实施方案与具体措施进行设计和计划工作。从长远看，商业地产项目策划不应仅仅停留在操作层面上，而应注重战略创新、理念开发。在此，创新是商业地产项目策划的本源，商业地产项目策划的最大价值不是克隆已有的东西，而是采取超常规的战略思想，避免同质化竞争，找到一条通向目标的最佳路径。

6.1　商业地产策划原则及流程

6.1.1　商业地产策划的意义

根据项目的现状特点(基地情况)、内外条件的制约以及预见性判断未来的发展趋势，决定项目地块未来的发展方向，确定物业产品的概念设计，为下一步产品的具体规划设计做好前期工作，同时为项目的商业经营模式确定初步的经营策略。

通过项目预判、市场环境调查研究、产品定位与产品概念设计、策略设计等主要步骤，综合考虑各方面因素的影响和制约，确定项目产品的发展方向。其最终目的就是为了实现项目地块未来价值最大化与市场风险最小化的平衡。

商业地产策划首先能够有效地控制成本。其实，商业地产后期的直接成本控制往往只能影响最后项目实施成本的 20%左右，疏忽前期规划对成本 80%的影响对于成本控制来说是错误的。因此，必须做好在项目的基础概念形成时的成本控制工作，为长期的成本控制打下基础。

商业地产策划能够辅助制定长远的商业战略。一个适合于项目整体发展的长远战略是指导各项工作开展的前提，并且要将这一战略贯穿商业地产开发的全过程，只有制定了合理的长远战略并贯彻下去，招商、销售和管理等工作才能顺利开展。而这一步恰恰是必须在前期策划中就要明确的。

商业地产策划还能够避免重大的经济损失。在企业可控制的产品、价格、地点和促销四要素中，地点一旦确定将无法改变，而产品由于商业地产产品的特殊性也很难再作大的调整，所以必须谨慎地在前期就把各项策划调研工作系统地建立起来。

6.1.2　商业地产策划基本原则

虽然从项目构思到项目运作，再到项目实施与营销等过程的项目策划具有不同的侧重点，但对于一般较大规模的大型商业地产而言，以需求为导向的商业性与可行性是首先应当遵循的基本原则。

首先，商业地产策略需要遵循商业“量”化的原则。商业是一个“量”化的行业，是需要有“量”化的购买能力，所以商业地产的开发，特别是大型综合商业、商业中心的开发也必须是一个“量”化的过程，“量”化是通过商业规划来完成的。

要做到对“量”心中有数，首先要进行深入细致的市场调查与研究分析，以数据确定消费区域及消费能力；再研究分析现在及未来的竞争环境，以确定消费区域内的消费需求。消费需求在数量上及业态上一旦确定，应依照客观的需求量，“量体裁衣”地规划设计商业设施。如果开发商是以自己所拥有的土地资源而不是以市场需求作为规划基础的，这样将增大投资风险，对入住商铺而言，其运营风险也是显而易见的。

其次，商业地产规划要为高质量的招商奠定基础。合理的商业规划除了完成功能的规划及组织外，还应对项目的业态及业态分布提出可实施的方案。为了提高下一步招商工作的准确性及避免投资方重建、改建所造成的浪费，商业规划团队应充分利用其对商业客户的了解，并通过预招商工作，力争相对准确地确定主要商业店铺的具体位置、面积及相关建筑要求。合理的商业规划还应提供给入驻商业合理有序的营业环境及舒适的购物环境，最大限度地保证入驻商业对消费者的吸引力及店铺间的人流共享，只有这样商家才愿意入驻并在此长期经营。无序的规划或是对商业客户的不了解将加大后期招商的难度，特别是对主要商业的招商难度，由此而产生商业中心吸引力不足，难以正常运营。

第三，商业地产策略要能够满足需求，而非创造需求。商业地产服务于商业店铺，商业店铺服务于消费者。消费者客观的消费类别及总量的确定决定了商业店铺的类别及总量。具有特色的高质量商业能在更大范围内吸引消费者，但随着商业系统的逐步完善和各区域的逐步成熟，这种跨越很大区域的吸引力将逐步减弱。如果开发商过分依靠概念的炒作创造需求，追求轰动效益，则这类项目往往开始时轰轰烈烈，运营一段时间后由于消费力不足而难以支撑，最终受害的是店铺、店铺投资人及开发商。目前国内除北京、上海、广州等一线城市外，大部分城市政府对商业设施的规划及管理尚未达到一个合理及有力的程度，因而此类风险将会加大。

第四，商业地产策划要有一定的可行性。合理的商业规划一方面最大程度地满足消费市场的需求，另一方面最大程度地满足投资开发商的财务目标。具有丰富经验的优秀商业规划专业公司应通过对市场竞争环境及项目深刻地调查研究，规划设计出一套可实施性的商业规划方案，而这需要一个有丰富专业经验的团队来完成。首先，他们应该非常了解市场，了解消费者，了解商业，特别是作为主力店的优秀品牌店铺，尤其要非常了解大型综合商业设施内部的功能管理及组织，并且通过规划方案力争最准确地执行下一步招商、管理工作，最大程度地保证商业及商业中心的持久良好运营，以最大程度地保证开发商的财务目标的实现。

最后，商业地产策划需要有可视性的内部交通组织。对于大型商场，商家比较强调内部空间的可视性，加大可视性可以对顾客购物产生引导作用。商场里面有很多店铺，如果哪一间店铺能够被人一眼看见或者从多个角度都能看到，出租或者出售起来就非常方便，否则就很难出租。因此，加大可视性以便对顾客购物产生引导作用是很重要的。整个商场空间可以通过天窗和中庭的变化，让顾客产生空间安全感和舒适感，而不是像进了迷宫。大型商场的交通组织非常复杂，因此有两个方面必须重点考虑：一是怎样从一开始就把人流分开，让人往楼上走。人们经常会发现所有商场的电梯都很挤，商场入口处人流压力非常大，需要结合商场实际合理地分流部分顾客并将他们往楼上引。二是如何把人流往深处引。只要顾客能够看到、走到的地方就会产生商机，这对大型商业建筑来说是最重要的。好的处理方式可以通过大中庭、天窗的引导作用，做到店铺的均好性和可视性。

6.1.3　商业地产策划基本流程

商业地产策划是以商业地产为对象的科学规划过程。它根据商业地产开发项目的具体目标，以独特的概念设计贯穿始终，以客观的市场调研和市场定位为基础，综合运用各种策划手段，按一定的程序对未来的商业地产开发项目进行创造性的规划，并以具有可操作性的商业地产策划文本作为工作的直接结果。

商业地产开发涉及一个较为复杂的产业链，从商业地产的市场定位、开发方案设计，到商业地产的招商、运营等，构成了一个连续贯通的整体，相互之间不能脱节。在此，商业策划不是单纯的营销策划，而是基于商业地产的产业链特征，把商业要素作为一个完整的系统来考虑，本质上是商业地产全产业价值链的整合过程。

根据商业地产的特点，商业地产策划的程序包括确定策划对象、方案构想、市场调研、方案可行性评价等基本环节。

策划对象确定及分析这一过程是重点分析项目的规划参数、环境、开发商以及项目背景等内容。

方案构想是在规划约束的条件下提出产品、市场、推广初始方案。如果政府相关职能部门对商业地产开发建设的要求清晰、严格，那么策划的空间会受到很大局限，策划人员只能在他们规定的范围内进行策划。而如果规划约束不严格，就可以设计几套策划方案，并推演出各个方案的经济技术效果。

市场调研则是根据构想方案确定调研的主题和内容，避免无针对性的调研。

方案可行性评价主要是进行项目的战略评价，即项目发展的“路线图”是否行得通，确立开发运营原则和定位方向。

方案和概念的生成以反复的调查和比较为基础，以此确立开发方向以及与之相关的创新性概念、理念和主题等。

建筑策划和建筑方案评价是对建筑设计是否符合目标市场而做的系列策划活动，通过价值评价确定建筑功能、布局构想。

推广价值链分析是确立推广过程中的价值诉求重点，制定推广方案时要着眼于客户的接受能力和最容易接受的价值，并加以清晰沟通。

市场推广策划方案需要采取恰当的表现形式和有效传播途径，确定推广主题和传播的利益是这一阶段的主要任务。

最后进入策划的执行和调整阶段。由于环境变化快，策划方案有可能落后、不合时宜，此时就需要对策划方案进行调整。如果发现新情况，就必须提出新的方案。

商业地产策划流程如图 6.1 所示。

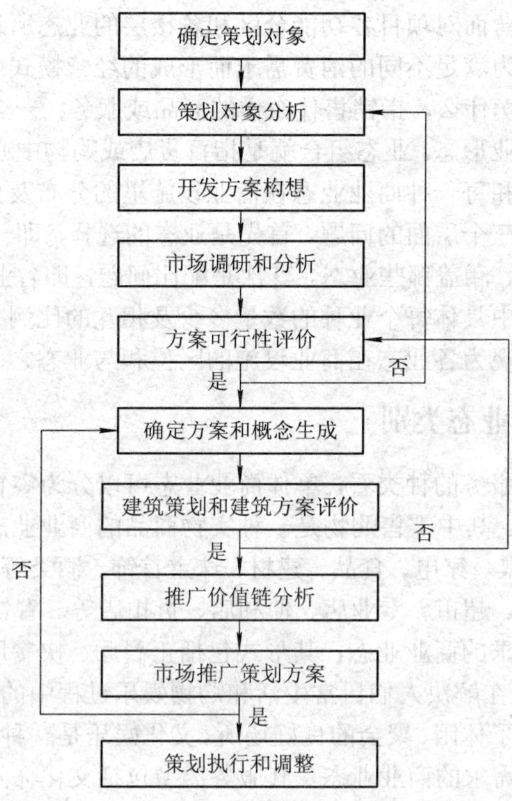

图 6.1　商业地产策划流程

6.2　商业地产业态组合规划

为了企业价值最大化，将各种商业元素转化为竞争的购物环境时，合理规划和布局是非常重要的。强烈的商业气氛必须依靠科学的业态组合来创建，这是商业地产项目绩效的担保。商业规划是商业项目开发流程中的重要环节，而业态规划是商业规划中极为重要的内容，是商业项目成功运营的核心。如果业态规划科学合理，可使商业项目增加靓丽的“卖点”，有力地促进项目的招商工作。反之，如果业态规划不符合项目所在城市商业发展现状的实际需要，将导致项目投入运营后客流稀少而最终归于失败。

商业地产项目的业态组合指的是开发商根据项目城市现有业态状况和对未来商业发展趋势的把握，充分利用自身可能整合的各种招商资源，为商业地产日后能够成功运营而对项目各功能分区和各楼层的业态所进行的规划。商业业态指的是经营者为满足不同的消费需求而形成的经营模式或经营形态，包含两层涵义：一个是卖什么，指销售什么样的商品或服务；一个是怎么卖，指销售商品或服务的营业形态。业态组合就是指百货店或购物中心根据自身的定位确定商业业态种类和每一种商业业态在商业设施里的分布及分配比例的过程。

业态组合涉及三个层面的问题。首先是业态的选择，即一个商业设施究竟应该承载哪些功能、涵盖哪些业态。其次是配比问题，即各业态在商业设施中的占比及每一业态中具体每个业种的数量多少及相互的比例关系。最后是落位与分布的问题，表现为各业态在商业设施的区位和与业态之间的相互关系。

6.2.1　商业地产业态类别

从销售商品或服务的种类看，单体商业业态可以分为零售购物、餐饮服务和文化娱乐三大类。其中零售购物是一种实物商品的商业业态，其商品类型包括服饰、鞋帽、家具、家电、食品、建材、珠宝首饰、酒类等便利品和选购品，营业形态包括百货、超市、专业店、便利店、折扣店等。餐饮服务是一种满足消费者在外就餐需求的商业业态，其形式包括正餐厅、快餐厅、自助餐厅、咖啡厅、酒吧等，它们在解决人们日常生活和购物娱乐过程中的就餐需求的同时，也为亲朋好友提供了休闲、聚会的良好场所。文化娱乐是一种满足消费者文化、娱乐、休闲等精神需求的商业业态，其服务类型包括文化休闲、运动休闲和旅游休闲。文化休闲包括博物馆、展览馆、美术馆、电影院、音乐厅；运动休闲包括健身中心、游泳馆、桌球室、网球场、卡丁车、溜冰场等；旅游休闲包括度假酒店、旅游服务等。

从销售商品或服务的营业形态看，商业业态可分为食杂店、便利店、百货店、超级市场、大型综合超市、专业市场、专卖店、购物中心和仓储式商场等多种形式。

食杂店的选址位于居民区内或传统商业区内，辐射半径为 0.3 公里；目标顾客以相对固定的居民为主；营业面积一般在 100 平方米以内；以经营香烟、饮料、酒、休闲食品为主；售卖方式为柜台式和自选式相结合；营业时间为 12 小时以上。食杂店在我国是一种非常传统的业态，以其规模小、日用品齐全、营业时间长的特点为人民生活提供了很大的便利，直到今天其在城市居民区中仍然见缝插针式地大量存在，但随着超市业态的迅速兴起，食杂店的地位受到了不小的冲击。

便利店选址位于车站、医院、学校、娱乐场所、办公楼、加油站等公共活动区，商圈范围为步行5分钟可达；目标顾客主要为单身者、年轻人，多为有目的性购买；营业面积在100平方米左右，利用率高；销售以即时食品、日用小百货为主，售价高于市场平均水平；销售方式以开架自选为主，结算在收银处统一进行；营业时间为16小时以上，提供即时性食品的辅助设施，开设多项服务项目。便利店也具有规模小、日用品齐全、营业时间长的特点，较之食杂店，其商品偏重于“杂”而不是“食”，其在我国城市中出现已有20年左右的历史，分布范围很广，多在写字楼、学校附近。

超市选址位于市、区商业中心、居住区、城郊结合部、交通要道及大型居住区，辐射半径不小于2公里；目标顾客以居民为主；营业面积根据具体规模而灵活多变；经营大众化商品，衣、食、日用品齐全，一次性购齐，注重自有品牌开发；销售方式为自选销售，出入口分设，在收银台统一结算；规模较大时应设停车场。超市业态进入我国城市之后深受欢迎，现已成为日常生活中最主要的消费场所之一。超市的种类很多，目前在大型综合超市中，综合管理经验丰富的外资品牌仍然占据优势，如家乐福、卜蜂莲花；而在社区便利性超市方面，本土企业拥有相对优势，如苏果超市、步步高超市。

仓储式会员店选址位于城乡结合部的交通要道，辐射半径为5公里以上；目标顾客以中小型零售店、餐饮店、集团购买和流动顾客为主；营业面积为6000平方米以上；经营以大众化衣、食、用品为主，自有品牌占相当部分，商品在4000种左右，实行低价、批量销售；销售方式为自选销售，出入口分设，在收银台统一结算。仓储式会员店在国外主要分布于郊区的交通要道旁边，利用低价吸引顾客，而便利的交通条件使消费者能顺利到达店铺。在我国，习惯驱车到郊区消费的人群尚未形成，仓储式会员店基本仍然选址于城市内部，与大型超市区别不大。

百货商店位于市、区级商业中心和历史形成的商业集聚地；目标顾客以追求时尚和品味的流动顾客为主；营业面积为6000～20 000平方米；综合性经营，门类齐全，以服饰、鞋类、箱包、化妆品、家庭用品、家用电器为主；采取柜台销售和开架面售相结合的销售方式；注重服务，设餐饮、娱乐等服务项目和设施。百货商店在我国长期以国营形式存在，长达几十年中几乎垄断了中高档主要消费场所的地位。当我国商业业态丰富起来，专卖店、超市、购物中心等出现之后，百货商店一度出现业绩不佳，但通过精品化、专业化、综合化、集团化等多种拯救手段之后，百货商店已经进入复苏阶段，整体经济效益逐年转好。

专卖店位于市、区级商业中心以及百货店、购物中心内；目标顾客以有目的选购某类商品的流动顾客为主；根据商品特点而定营业场所面积；经营以销售某类商品为主，体现专业性、深度性，品种丰富，选择余地大；采取柜台销售或开架面售方式，从业人员具有丰富的专业知识。专卖店在我国也是分布很广的业态，从商业中心区到小区路边比比皆是，其涵盖的业种十分丰富，从服装、电器到药品，为消费者提供了更具专业性的服务，较之百货商店，其商品更独特和个性化，故而深受欢迎。

家具建材商店位于城乡结合部、交通要道或消费者自有房产比较高的地区；目标顾客以拥有自有房产的顾客为主；营业面积为 10 000 平方米以上；商品以改善、建设家庭居住环境有关的装饰、装修等用品，日用杂品、技术及服务为主；采取开架自选方式，提供一站式购足和一条龙服务；停车位在 300 个以上。家具建材商店在我国属于较为重要的业态，分布方式包括城市内散点布置、依附于大型购物中心和城市外围依托主要道路布置，而且极易形成同行业扎堆聚集的大规模建材城。由于我国经济持续快速发展，人民对家具质量的要求越来越高，因此家具建材商店的经济效益非常高。

折扣店的选址位于居民区、交通要道等租金相对便宜的地区，辐射半径为 2 公里左右；目标顾客主要为商圈内的居民；营业面积为 300～500 平方米；销售商品平均价格低于市场平均水平，自有品牌占有较大的比例；销售方式以开架自选，统一结算为主；服务功能为用工精简，为顾客提供有限的服务。

餐饮店一般来说没有固定的选址要求和场所约定，而是根据自身经营范围和档次规模来决定，辐射范围较广，交通和停车位根据自身特点决定。餐饮店在我国这个美食国度可称是最基本的商业业态之一，分布范围极广，适应性极强，从最高档的商业中心到最粗陋的城中村都有餐饮店存在，但是其经济效益好坏与区位选择和市场定位有很大关系。以河北科技大学南门为例，该区域聚集了一所大学、两所大专、两所中学和一所小学，其余主要是居民区，有少量中档写字楼和银行、网吧等店铺存在，因此消费人群主要是学生和临时救急的家庭主妇，物美价廉的驴肉火烧、鸭油包和牛肉面供不应求，价格中档偏低且能提供便当外卖的饭店生意兴隆，而高档烤鸭店却门可罗雀以致关门大吉。

娱乐店一般来说也没有固定的选址要求和场所约定，根据自身经营范围和档次规模来决定，辐射范围较广，交通和停车位根据自身特点决定。娱乐店的种类很多，主要分布在繁华商业区和同类相吸的娱乐地带，也有单独分布在居住区周边的情况，娱乐店的形式多样，目标人群庞大，购物中心内部的玩具反斗城和居民区底商的网吧都可以有很好的效益。

批发市场一般分布在火车站附近、城市外环路旁边或城郊结合部，是以现货批发为主的一种大规模集中交易的坐商式的市场，以现货交易为主，远期合同交易为辅。

6.2.2　商业地产业态层级

如此繁多的业态类别在组合的过程当中孰重孰轻，对于商业业态的组合有着非常大的现实意义。商业业态按照其对于商业地产建筑的重要性分为若干层次，最重要的是主力店，其后依序是次主力店、散铺店。

主力店通常由国内外知名品牌、商誉和口碑的连锁或单店的目的性商店构成，具有极强的消费号召力，是为购物中心开发、招商和经营创造条件，保障持续经营成功的关键，直接关系到整个商业项目的后期运营。

主力店要符合一定的条件。首先，主力店需要具有相当程度的市场号召力的品牌效应，利于增强入住商家的信心，并成为稳定开发经营管理的核心力量。其次，主力店要有高价值品牌下的优秀操作团队，具有进取的经营思路和执行能力，能主动吸引客流，而不是被动地接受客流，能在经营过程中形成对客流的强大拉动力。最后，主力店需要具有较强的抗风险能力，能在不稳定的市场状况下持续稳定地经营，珍惜自身的品牌美誉和影响力，决不能草率地发生撤场行为。

主力店可以起到吸引外部客流、引导内部客流的作用。这就需要将其分散布置，人为延长各主力店之间的通道，使经过普通零售租户的客流尽可能的多，制造尽可能多的商机。主力店离入口过近，普通零售店铺的客流到达率会降低，经济价值便会降低；若距离主入口有一段适当距离的过渡，则会极大地拉动前段商铺的经济收益。所以，应特别重视主力店与主要出入口的交通关系。

次主力店层级低于主力店，其规模小于主力店，但需要承担起辅助吸引和引导客流的责任。因此，次主力店的位置也应与主入口保持适当的距离，防止对人流动线上位于次主力店后方的专卖店造成影响。同时，次主力店应基本均匀地分布在整条人流动线上，从而使整个购物中心内的客流较为均匀地散布开来，避免局部区域由于人群密集造成过大的压力，而另一些区域却人迹罕至。

散铺店并非指零散分布的店铺，特指在业态层级分布中的第三级别。其特征为：从数量上来看，此类店铺在比例上占大多数；从规模上来看，一般营业面积及规模较小。因而也就导致了其定位无法承担吸引、引导客流的作用，但以其数量优势对主力店和非主力店层级起到了很好的补充作用，缺点是需要主力店及次主力店对客流的拉动效应。

6.2.3　商业地产业态组合配比原则

从微观的角度来看，业态的组合需要考虑相关性原则、经济性原则和取舍性原则等。

相关性原则强调各种业态之间具有一定的关联。业态组合与选择的互通性及衔接性之间影响到消费者购物的流畅性，进而影响整个项目的效益。这就要求各业态之间既要互相补充，又要互融为一个整体，同时将目标消费群体一致化、系统化。

商业地产业态组合配比需要遵循经济性原则。不同业态其租金支付水平也有很大的不同，一般来讲主力店及非主力店因其对客流的决定性作用，只需要支付较低的租金，即低毛利业态；而散铺店依附于其中，则必须支付较高的租金，属高毛利业态。这就需要对二者进行平衡以获得经济最大化。

商业地产业态组合也要有一定的取舍。如何利用有限的商业空间创造更多的投资价值，这就需要开发商对于业态的选择上要有所为有所不为，不可一味地追求某一方面的最大化，而是要不断权衡整个项目，对众多的可选业态进行取舍。

动态原则也是商业地产业态组合配比过程中需要注意的一点。因商业项目发展的不同时期，其面临的任务与调整也不同，作为实现商业目标的有效手段，商业业态的组合与配比必然随时间的变化而变化。一般由初期的追求知名度、吸引客流，多采用可迅速稳场的业态，到发展之后追求长期利润，则更为关注整个项目的品牌性。

此外，随着生活质量的提高和消费需求的多样化，人们已经逐步由单纯的购物转向休闲、娱乐型购物消费。购物、娱乐、休闲等业态的完美搭配，可以在满足社会各界、各层次消费群体的各方面需要的同时，使各业态之间起到相互支持、良性互动的经营关系，从而保障了整个商业项目的后期经营。

根据中国步行商业街工作委员会对全国二十多条著名商业街的调查，从国际国内著名商业街的商业结构和业态分布来看，业态比例大致为购物占50%左右，餐饮占20%左右，休闲、娱乐、酒店、服务等占30%左右。从趋势来看，城市中心区和城市区域中心商业步行街的购物比例呈下降趋势，而旅游、餐饮、娱乐、休闲比例则呈上升趋势。

从国内商业的发展趋势来看，正在出现一种越来越不容忽视的现象，那就是不同程度地在减少购物功能的同时，不断加大餐饮、娱乐元素，发掘商业多功能的优势。相对购物市场的饱和状态，餐饮、娱乐行业的发展潜力正在凸显，所以购物、餐饮、娱乐 52∶18∶30 的这一购物中心业态经营黄金比例正在被打破，或者说是颠覆，取而代之的是购物、餐饮美食、休闲娱乐“三驾马车”联袂主演的新商业模式。

6.3　商业地产策划的内容

无论如何，作为商业地产项目的策划人员，必须首先面对和回答开发什么样的物业才能实现价值最大化这一核心问题。为此，商业地产策划人员必须研究地段、街区、商圈、商业功能演变、不同类型物业与地段的经济效果，甚至要研究物业建成后物业与街区发展的互动关系。价值判别结论决定项目的客户定位、建筑定位、形象定位和价格定位。

6.3.1　商业地产价值链构造和规划

商业地产的开发和运营是价值的创造和分配过程，发现价值和创造价值同等重要。价值受多种因素和规律的影响，没有深厚的价值理论功底就不可能制定完善的价值链策划活动。价值链构造包括产品纵向价值链和企业内部价值链。针对一个商业地产项目，首要的是构造产品纵向价值链，把参与商业物业开发和运营的各方利益有机地联结起来。着眼于长期发展的企业为适应商业地产的开发和经营，也可采取组织措施来构建企业内部价值链。

商业地产的纵向价值链是以开发商为中心并在开发商主导下构建的能够让参与各方获益的价值创造和分配链，其如图 6.2 所示。商业地产开发商的任务就是搭建商业经营平台，平台就是参与双方共同生存的基础。在这个平台上参与的主角包括消费者、开发商、投资商、运营商、经营者以及政府几部分。商业地产的价值链策划就是在全面认识价值传递链和各个节点价值之后，采取各种方法来提升价值、实现价值。策划就是寻找价值实现的方法和措施，它是以消费者价值策划为起点，以开发商价值为终点，逐步累进叠加，使各方的价值都得以实现。

消费者价值策划就是为消费者营造良好的购物环境，满足消费者的不同需求。为消费者节省的部分费用最终会转化为商品的价格和购买量，进而转化为投资商和开发商的利润。开发商价值策划的目的是构建项目的价值组合，从不同方面为潜在客户传递价值。投资商价值策划重点是低风险、高收益、高增值预期。运营商价值策划是进行商业地产经营管理，以确保盈利。经营者价值策划的目的是为商业经营者创造良好的经商环境，其重点是商业氛围和市场形象策划。

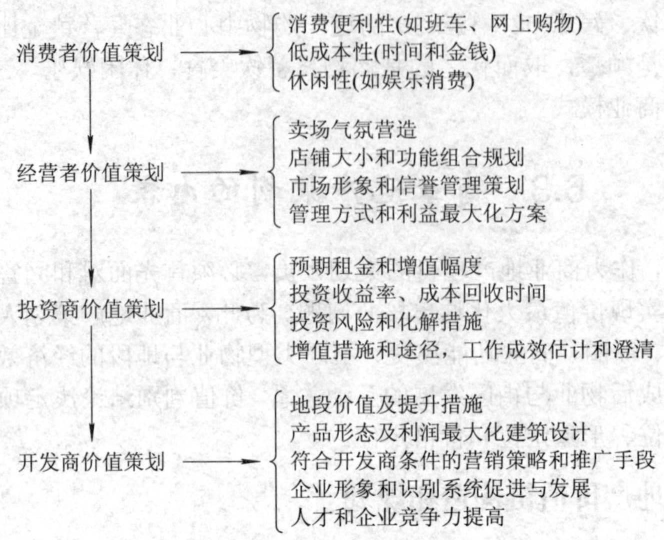

图 6.2　商业地产的纵向价值链

在进行商业地产价值链策划时，需要明确四个原则，分别是边际收益原则、综合效益最高原则、价值平衡原则以及价值组合匹配原则。

边际收益是指单位面积的投入能产生的收益，简单地说每增加 1 元的投入所获得的经济收益就是经济收益的增加量。边际收益率是边际收益与边际成本的比率，用公式表示就是：MR=MB/MC，其中，MB 为边际收益，MC 为边际成本。

当 MR>1 时，边际收益大于边际成本，值得投资；

当 MR=1 时，边际收益等于边际成本，视情况而定；

当 MR<1 时，边际收益小于边际成本，不值得投资。

综合效益是指商业地产的售价、租金等各种综合收益。在商业地产中，物业售价高、租金高并不意味着综合收益率就高。例如，商场和写字楼的大空间和小空间相比，表面上小空间容易出租，租金高，实际上并非如此。租金和售价基本遵循低—高—平的走势，在一个合适的面积范围内，销售价格和租赁价格都会比较高。但由于这个范围内的企业不太稳定，要么成长快，需要换大房子，要么死亡，房屋频繁易手，结果导致房屋的空置率高。大型企业租用的房屋面积大，租金水平低，表面看收益率低，其实不然，原因是该类企业稳定性强，租期长，一旦入住维修，不会轻易变化，房屋的空置率反而低，结果大面积商业物业和小面积的相比，综合收益率反而差不多。

价值平衡是指商品的价值量和商品的使用价值相等。实践中经常发生这样的事情：开发商后悔房子卖得便宜了，或者投资者后悔房子买贵了，不但不像开发商所描述的大幅度增值，反而买到手后就降价。也就是说出现了价值失衡问题，利益被另一方过多地获得。这是由于没有充分认识价值或者对价值的盲目乐观所造成的。商业地产策划应避免此类现象的发生，保证每个参与者都能得到应有的价值，避免出现价值让渡现象，使各方得到长期的满足。所谓价值让渡，是指本应该由一方获得的利益却由于操作不当、定价不合理等原因通过合法途径转移给另一方。

价值组合匹配是指商业地产价值链中的各个要素之间的有效匹配与协调。价值链策划的成果是价值组合，价值组合不是每个价值的简单相加，机械堆砌，而是要相互作用，产生协同效果和集合效应。因此，价值链上的各要素组合要匹配、协调，切不可胡乱堆砌。

6.3.2　商业地产建筑及技术规划

“商业地产的建筑策划”特指在商业地产领域内，策划者根据商业地产总体规划的目标设定，从建筑学的学科角度出发，结合其他商业学科的相关知识，不仅依赖于个人经验和传统习惯，排除有限的偶然性，而且基于客观实态调查所得的资料，通过严密的数理统计与综合分析，建立一个达到既定目标手段的工作程序，使商业地产的建筑设计能够最好地实现业主的要求，同时也满足社会与环境的要求，保证投资效益与今后运营中的经济合理性，从而提供科学的、简洁的、易于理解的设计依据。商业建筑外部条件的把握和商业建筑内部条件的调查组成了商业建筑总体项目的构思。

商业地产建筑外部条件主要是指围绕着商业建筑的各种相关社会条件和地域条件。众所周知，社会条件要求来自各个方面，而这些相关的方面都有其特定的地域性。因此，建筑是和地域分不开的。商业建筑的建筑策划，特别需要研究其在城市中的作用，与周围道路、广场等公共空间的关系，外形的研究也要考虑在城市景观中其所充当的角色以及所在地区的建筑风格特色、建筑限高与体量大小等，应该做到与城市景观有机结合在一起。而在社会条件的要求方面，则不只局限于建筑物与用地周围环境的相互关系，还必须对环境进行全面考虑和研究，对这个“周围环境”进行深入和全面的了解分析，这些外部条件正是做好建筑策划的关键。商业建筑的外部环境一般不参与直接经营，也不直接产生经济效益，但其对吸引客流及聚集客流具有重要的意义。

首先，商业地产建筑要有便利的交通。交通的易达性和外部客流的结合是商业项目成功的关键。位于公交换乘站点或地铁出入口附近的商业项目，通常能获得大量、持续的客流；而道路或其他障碍物阻隔的街道两边，通过设置人行天桥或地下通道进行连接，能有效地把街道另一边的客流导入商场；另外，可在商场各楼层分别设置客流导入口，直接将地面或地下客流导入各个楼层，从而实现商场各楼层客流的均衡性及避免单一楼层导入客流的拥挤性。

其次，商业地产建筑要有完备的停车体系。对于大型商场而言，停车场地的设计及合理安排关系到消费者的易达性，并很大程度上影响到消费者的购物决定。从方便大多数消费者的角度出发，宜在商场周边布置大量的地面停车场位，但在实际操作中，地面停车通常需要占用大量空间，因而被地下室停车位所取代。另外，还需协调好商场的货物运输及出租车停靠点的停车用地，并进行有效的人车分流体系，以免对消费者产生负面影响。

然后，商业地产建筑还要提供广场作为辅助设施。许多大型的商业项目都设置有广场，广场可作为停车场或顾客暂时休息的场所，也可为消费者提供一个游玩及观赏夜景的平台，能够起到良好的聚客作用。另外，广场也可以是室内商业空间的有益延伸，如可在广场周边布置餐饮、休闲项目或室外运动娱乐设施，也可将其作为户外展示及大型营销活动的空间。

最后，商业地产建筑要有鲜明的形象设计。形象鲜明、设计突出的商业项目通常能够给人以深刻印象，满足顾客的视觉享受，吸引他们前往，同时也是本项目区别于其他项目的显著标志之一。

商业地产建筑内部条件的调查则是从建筑自身出发，以功能和形式为指导要素。现代商业建筑无疑是城市总体面貌的重要特色之一。建筑最基本的要求是为人类创造和提供使用空间，在满足功能、生活要求的前提下决定建筑的具体特征、造型、平面布局，从而使建筑自身作为一个完善的个体与外部环境有机地融合在一起。室内的人流系统的规划必须要满足这样几方面的因素：物理因素、建筑设计因素、顾客生理及心理因素。

物理因素即人流系统要符合商业建筑本身结构，如满足商业项目楼层垂直系统设计、立柱间距、中庭设计、大堂设计、应急出口设计等基础规划设计。此类要求最好能够在前期设计阶段就明确下来，特别是大型商业项目，其主力店的建筑规划要求应当尽早明确，以免在后期建设过程中造成不必要的浪费。

建筑设计因素主要是从视觉角度来吸引顾客。首先，人流动线设计以直线为主，根据经验，在人流视野范围内的商铺，具有高租金的价值。但在直线的人流动线中，可以规划几个类似于小中庭的前凸或后凹形式，以提升局部商铺的租金。其次，为了有效拉动次级通道商铺的客流量，可将收银台、卫生间、楼层休息区等部分功能分布在次级通道上，以拉升次级通道的客流量，同时也可降低将其设立在主要通道旁占用黄金铺面的损失。第三，如果商场面积过大，必须存在若干主次通道，那么除了保证若干通道间的畅通及联系外，还应该在商铺前后都设立出入口，既方便顾客快捷地往返前后通道，又能缓解客流的拥堵，从而提升客流平均到达率。第四，人流通道尽量采用围绕中厅的双环回型结构，这种结构可以增加商场的通透感，最大化地增加顾客视线内的商铺数量，以提高顾客的商铺到达率。最后，在楼层之间设立的台阶式手扶电梯上下部分应分开设计或设计成剪刀式，以增加客流上下楼时光顾店铺的数量。

考虑顾客生理及心理因素，商铺通道设计主要是为了缓解顾客购物疲乏感和不适感。首先，是每层楼的人流过道数量，一般 1 主 2 辅就可以了。简单易梳理的人流动线可以使消费者更加轻松地行进，而不会产生晕头转向，不知身在何处的感觉，丧失了再次光顾的情绪。其次，商铺采用玻璃墙体，以增加商场的通透感，使顾客不至产生压抑感和不适感，可以在一定程度上增加客流光顾店铺的数量。然后，在中庭小广场设立休息区域，对不同的顾客进行分流，同样，顾客短暂的休息可以提升客流的店铺光顾数量。最后，应该在人流通道头尾端等地方给予显著的区域和功能标识，方便顾客辨认，避免消费者认为商场像迷宫，难逛，故而产生下次不会再来的想法。

总之，通过对商业建筑室内、室外人流系统的规划，能够较好地避免商铺人流死角，并且最大限度地吸引客流，使商铺价值达到最大化。

商业建筑的终极属性就是为消费市场中的买卖双方提供一个可以进行商品交易活动的空间。商业建筑按其空间规模的变化可分为大、中、小型商店；按建筑空间形式可分为独立式商店、合建式商店、商业街、步行商业街、室内商业街、地下商场和地下商业街等。

随着社会的发展和科学技术的进步，商业建筑愈来愈呈现出规模大型化、功能多样化和结构复杂化的趋势。商业建筑已不仅是一个简单的购物场所，而且需要适应城市的发展，并最终以先进的技术和现代化的设施为人们提供舒适方便的环境。只有综合运用各学科领域交错发展、相互融合而形成的现代观点来分析、判断、决策，才能设计出真正为买卖双方所欢迎的商业建筑空间。

商业建筑一般由主要营业空间、附属营业空间、配套空间和共享空间构成。建筑策划意在优化建筑空间与经营业绩之间的关系，优化建筑空间的功能组合，以降低成本，提高使用率，实现效益最大化。为此，必须采取科学的建筑设计和评价方法，遵循整体化设计和全过程监理理念。商业地产的建筑策划应遵循一定的原则，包括易读性原则、“圈地”原则、主次明晰原则、经济性原则和及时性原则等。

易读性即商业建筑的可理解性。商业建筑的外观和户外广告是一个整体，要最直观和最大范围地告诉消费者这是一个什么样的建筑，是购物中心，是仓储超市，还是综合食品店，等等。商业建筑的“高贵”外装没有什么意义，一个相对廉价的大型显示屏会使“高贵”外装黯然失色。但这并不是要放弃对建筑外观品质的追求，一个富含美学的商业建筑外观必然吸引更多的人驻足，也因此带来巨大的商机。

“圈地”原则强调商业地产室外设计时要能掌控附近区域的附加价值。在国外，一个大店开业，周边就会有许多小店随之消失；而在我国，背靠大店不仅是小店铺选址的法宝，甚至大量不法商贩围聚大店周围也成了理所当然之事。出现这种肥水外流现象，除了大店在商品构成上的对策不足外，室外环境设计考虑不周也是一个主要原因。对此，室外环境设计应该重点考虑如何最大化掌控对周边所形成的附加价值，换句话就是，尽管周边的土地不属于自己，但对周边要保有相当的话语权。

商业地产的建筑策划要有明晰的主次关系。建筑空间设计的目的是为了展现商品的魅力，而不是把室内装饰得富丽堂皇，寄希望奢华的装饰和宽敞的休闲型空间来提高商品价格，只能对商品的销售带来负面影响。依据商品的特征和档次进行适度的空间设计，才是商业空间设计的真谛所在。

商业地产的建筑策划还要符合经济性原则。商业建筑的能耗非常大，所以太阳辐射热、地下恒温、通风换气等自然能源的利用，运送设备的位置和数量等从策划阶段开始就要统筹计划。关键就在于建筑运营费用的节减，力争就地取材，量力而为。

及时性也是商业地产建筑策划的一个关键因素。商业建筑对时间的敏感度要远远高于写字楼等其他类型的建筑。对大型商业设施来说，为了实现“当年投产、当年见效”，需要注意两点：一是依据不同商品销售的季节性变化特征合理组织施工，实施阶段性开业；二是将购物与施工两套动线系统完全隔离。

6.3.3　商业地产招商及推广规划

招商策划是运用招商人员的知识和智慧，筹划一系列活动去吸引外来资金项目落户的活动。招商是商业地产永恒的主题，也是难点。在商业地产开发的不同阶段，招商内容则不同。例如，项目前期招商重点是寻找合作伙伴、出资人，与大商家签订合作合同；建设过程中的重点是物业销售；建设后期招商内容转变为寻找中小经营者进场经营；投入使用若干年后根据形势发展，招商的目的是不断优化客户组合。

商业地产成功运营取决于招商的有效性，而招商策划是招商过程的第一步。招商策划程序的第一步是确立目标。只有目标确立了，策划工作才能做到有的放矢。确定目标包括三个方面：第一，要达到的目标是什么；第二，围绕目标进行随后的一切工作；第三，目标是否得到实现。

招商策划程序的第二步是广泛、大量地收集信息，获取情报。信息收集对招商工作来说，显得尤为重要。从一定程度上来说，招商过程就是一个收集信息、寻找机遇、寻求合作伙伴的过程。一个地区、一个单位的信息流量大、信息面广，就有可能获得较多的招商机会，取得较好的招商成绩。如果信息闭塞，与外界交往甚少，要想招到较多的项目是不可想象的。因此，在招商策划中，收集资料、获取信息是非常重要的一环。

制订方案是招商策划的一个重要程序，因为方案的优劣直接影响招商策划后几个程序的进行，直接关系到招商效果的大小。因此，必须极为重视招商方案的制订这一环节。招商方案的制订要考虑两个因素：一是方案的可行性，二是方案的可选择性。制订招商方案要切合实际，制订的目标要能够实现，不能不切实际，制订无法实现的方案。所谓方案的可选择性，就是指明要同时制订各类方案，以利于决策人物能进行比较，选择其中最优的方案。

各类招商方案提出来了，比较、选择其中最合适、最理想的方案也就成为招商策划中一个带有决策意义的重要环节。如果方案选择得好，继而进行的招商工作就有可能取得好的成绩；如果方案选择不当，就会影响效果。如何比较、选择各类招商方案呢？第一，要考虑招商方案是否与我们招商工作的长远战略目标相一致。第二，要选择成功率较高的一种方案。成功率的大小与方案的科学性和创造性有关，也与对方的政治、经济、宗教、文化、地理等因素有关，要选择双方有良好合作意向，把握较大的招商对象。第三，要选择成本较小而效果又相对较好的一种方案。

商业地产营销推广策划亦即销售促进，实质是把商品和服务的信息有效传播给目标客户，促使客户愿意购买。传播的最佳模式是整合营销传播，超越传统的 4P 理论，用 4C 理论指导传播实践，整合生产、管理和营销活动。

6.3.4　商业地产融资规划

商业地产开发和运营的突出特征是需要巨资投入(初始投资和总投资)，筹措足够的资金是项目能否成功的关键。为筹措资金，赢得投资人(银行、基金、信托机构、独立投资人、投资公司、开发商等)的青睐和认可，必须制订系统、科学、完善、可实施的可行性研究报告，描绘完整可信的投资收益“路线图”。

根据融资方案，企业应通过招商寻找潜在投资人、建立融资渠道，并评价融资方案的成本与收益，选择最合适的方案。例如，从银行贷款和投资人出资入股就是两种常用的方案。银行虽不分配利润，不干涉经营管理，但要贷款利息；后者不要利息但要参与分配利润，介入公司经营管理。究竟如何选择，应具体问题具体分析。

商业地产融资规划遵循系统性原则、均衡性原则、可持续发展原则和可操作性原则。

商业地产融资规划首先要遵循系统性原则。商业地产开发是一个开放的复杂系统，研究商业地产开发工作要应用系统的观点和方法。整体而言，可以把融资规划工作分为系统演进目标制订(商业地产发展战略的制订)、系统识别(各种主体的分工和职责划分)、系统演进路径的制订(商业地产发展模式和融资模式的设计)和系统演进的管理(针对商业地产开发工作的管理)进行研究。

其次，商业地产融资规划要满足均衡性原则。商业地产融资规划面对的商业地产开发工作，涉及多种主体、多类项目，各方面的利益目标和运作要求是不同的，为了实现总体目标，需要注意几方面的平衡。

然后，商业地产融资规划还要满足可持续发展原则。传统的商业地产开发工作带来了环境、生态的破坏，编制融资规划时，应注重在理念和标准上对商业地产开发工作提出前瞻性的要求，不因商业地产的开发而造成环境的破坏，要使商业地产发展具备生态可持续的内在动力。

最后，商业地产融资规划要有可操作性。商业地产融资规划主要目的是运用系统工程的方法，在规划和建设之间架起一座桥梁，服务于商业地产开发的实施工作，因此最终完成的融资规划应当对商业地产开发工作的总体安排作出比较明确的部署，有明确的操作主体分配、融资来源、建设模式设计等，用于指导具体的开发工作。

第 7 章
商业地产融资管理

一般来说，商业地产的开发主要由地产开发、商业运营和资本运营等三个模块构成。在商业地产整体运营过程中，商业运营是商业地产管理的重点，商业地产项目的成败最终取决于其商业运营的成败；地产开发是商业地产管理的基础，没有地产开发，附着其上的商业运营则失去了必要的基础和载体；而资本运营则是商业地产管理线索和最终目的，商业地产运营的各环节都需要由资本运营来实现耦合，并且任何商业地产项目都是以良性的资本运营为最终目的。可以说，以融资管理为主体的资本运营是商业地产管理的核心和灵魂，也是商业地产管理的最关键模块。

7.1　商业地产的现金流特征与融资特点

在整个商业地产项目开发与管理中，只要有足够的资金实力，任何优质的土地资源、施工企业与合作伙伴都不难找到，否则任何优良的项目策划也只能是纸上谈兵。相对于普通的房地产开发，商业地产因其建设成本高、影响因素多、回款周期长等因素的影响，对于融资管理的要求更高。

7.1.1　商业地产的现金流特征

作为一个资金密集型行业，融资对于商业地产业的重要性远远大于普通的房地产开发。首先，由于政策方面的原因，一般商业地产的土地获得成本要远远高于普通住宅类，这就要求商业地产开发商前期要投入更多的资金用于土地的购置；其次，相对住宅等直接面对终端客户的传统房地产业，商业地产的成本回收不仅要依靠长期稳定的租户，还要依靠项目长远的商业氛围和租金水平，更要依靠商业物业本身的保值和增值，因此影响其成本回收的因素很多；最后，对于那些长期持有并经营的商业地产商而言，由于目标国内的融资环境只能提供相对较短的资金，要求发展商在短期内归还融资，则融资期限相对较短和现金流回笼相对较长之间的矛盾非常突出。

基于以上因素，商业地产的现金流模式区别于传统地产开发。商业地产项目一般会存在大量投资前置、经营收益回笼缓慢、融资需求量大、融资期限长等基本特征。通常情况下，由于投资前置和销售后置，商业地产就会产生巨大的资金缺口，从而形成了商业地产特有的现金流运行模式，如图 7.1 所示。

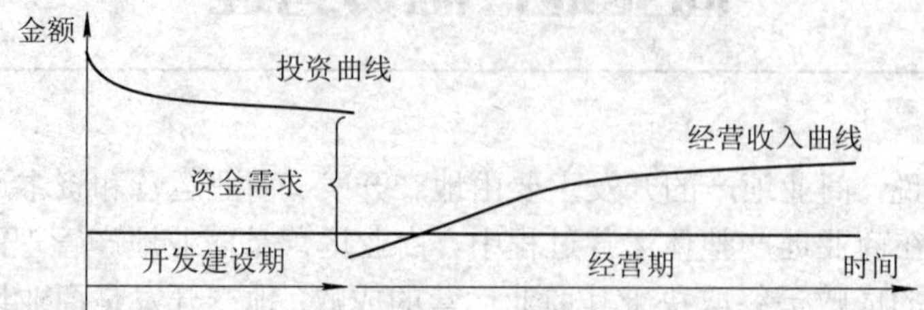

图 7.1　商业地产项目的现金流运行模式

事实上，商业地产项目的现金流运行模式也决定了商业地产融资对商业地产的决定性作用。商业地产融资决策首先需要明确融资的需求量，然后寻找可能的融资途径，最后通过不同融资方案的对比，选择最佳的融资方案。

商业地产融资决策流程如图 7.2 所示。

图 7.2　商业地产融资决策流程

7.1.2　商业地产融资及特点

商业地产融资是围绕商业地产的开发和经营而进行的资金融通活动。为了保证商业地产管理与运作过程所必需的资金，商业地产项目管理主体与融资活动既要以最小的成本筹集到足额的资金，并在适当的时间投入项目建设，还应通过资金的合理运用充分发挥资金的效益，以提高企业经营效果，促进企业的进一步发展。区别于普通住宅、公寓、别墅、工业厂房等房地产形式，商业地产在资金筹集、使用与回收等环节上，突出地表现了投资规模巨大、收益水平较高，以及投资回收期长等诸多特征。

投资规模大是房地产投资的共性特征，但是商业地产的资金需求尤显突出，动辄就是十几亿甚至几十亿。首先从土地使用权价格上看，商业用地是价格最高的；其次从建筑造价来说，商业地产的规划设计复杂，建筑结构多样，广泛采用新型的建筑材料和建筑工艺，内外部装修及陈设讲究风格，都促使商业地产投资远远高于住宅或工业厂房等物业类型。

收益水平高且方式多样化是商业地产资金的又一个显著特征。通常商业地产项目的平均收益水平要高于住宅等其他物业类型，且收益方式多种多样。规模大的商业房地产，如大型购物中心可以达到几十万平方米，其经营多采用开发商整体开发，项目统一经营管理，以收取租金为投资回报形式的模式；规模小的商业房地产项目仅几百平方米，大多数项目依然采取统一经营管理模式下租金回收的方式，但很多小规模商业房地产中住宅、公寓、写字楼等项目的底商和各类商业街、商品市场则采用商铺出售、零散经营的模式。

商业地产资金还表现出投资回收期长、风险大的特征。商业地产从前期准备到建设完工，一般至少需要 2 年的时间，而经营一般还要经过 2～3 年的过渡期，才能有稳定的现金收入流。有时为了吸引客户入驻，开发商还可能采用前几年内低租或免租的形式，进一步拉长资金回收期。

除了投资回收期长之外，商业地产的经营难度高、市场环境复杂进一步推高了投资风险。商业地产开发商回收资金是否顺畅不仅取决于商业房地产经营者，而且还包括各种复杂的消费者群体。商业地产的收益主要来源于租金收入，而能否获得租金很重要的一点就在于物业价值的上升。目前我国的许多城市尤其是大都市，商业竞争已趋于白热化，商业经营的不确定性增大。同时在商业房地产很长的投资回收期内，周边经济环境、交通状况、人流状况、居住人群乃至政府的政策都会对收益产生极大的影响。而且商业房地产经营过渡期的存在也会使开发商在这一期间内随时可能面临调整和亏损。因此，商业房地产经营的风险相当大。

此外，商业地产资金的使用成本也较高。由于商业地产项目具有高收益、高风险的特性，银行、信托公司等投资商为保障资金的安全或分享开发的高收益，要求的投资回报率也比较高，因而开发商要承担很高的融资费用和利息成本。

最后，商业地产资金特性还要求开发商有较高的资金运作水平。上述商业地产项目融资的特征，对开发商的资金储备能力和抗风险能力提出了很高的要求。开发商要介入商业地产市场，在具备一定的技术能力、经营管理经验的基础上，还需要有较高的市场信用、筹措与使用资金的本领。

7.1.3　商业地产融资原则

商业地产企业融资的形式多样化，获得的资金可解决长、短期资金需求。任何公司融资都不是一个简单行为，需要考量资金使用规模，公司需要支付的利息、成本，还要充分考量公司规模及财务状况，对资金的占有及需求，然后合理制订融资策略，以期达到借用资金的安全性，盈利性，成本、周期最低原则，使效益最大化。因而，商业地产企业在制订融资决策时要遵循经济效益、可靠度、融资成本最低和资本结构最合理等原则。

首先，商业地产融资要遵循经济效益原则。随着经济过热，政策收紧，从银行贷款的门槛越来越高，如何快速有效地获得资金已经成为大家十分关注的热门话题。天下没有免费的午餐，商业地产商从资金持有者手中获得资金，必须为这种行为支付一定的利息，这就是所谓的融资成本。商业地产商必须使借来的钱充分得到增值，才能按照当初的融资条件支付相应的利息，避免资金运转过程出现问题。否则会增加企业的高资金需求，当企业负债比过高时，会衍生出许多不良资产。因而，需要从总的结构成本上分析并制订合理的融资模式及融资方案，多方考量，对融资总收益和融资成本进行比较分析，得出最佳配比关系。

其次，商业地产融资要有一定的可靠度。可靠度原则就是在确保公司对资金需求及与外部金融环境相吻合的条件下，合理有效地融资，保证资金来源的稳定性、可靠性。商业地产项目开发建设是长期性的投资行为，靠许多的子项目配合完成，有的项目维持 3 年或者是十几年，资金需求量大且要求资金连贯，任何环节的资金短缺必定对子项目或者母项目造成影响，因此资金的投入需要十分慎重，对融资的各个环节严格把关，确保资金能按时、按量、按需到位，避免因未按既定目标运行给项目带来的风险发生。

然后，商业地产融资要遵循融资成本最低的原则。融资风险的高低主要体现在融资成本的变化上，风险高则意味成本高，将直接影响到融资能否快速到位。融资的前提是能够在保证资金正常运转的前提下，成本越低越好。地产企业在选择融资方案时要充分考量融资的成本，以及在不同的融资环境下何种融资模式更利于快速有效地筹措到资金，还需要综合考量多种融资模式共同实施的综合效应。总之，最关键的一条原则即是降低成本，使资金杠杆发挥其最大作用。

最后，商业地产融资要保证资本结构最为合理。融资首要考虑的是资本结构的合理性，如果偿债能力强，可考量负债比率稍大的融资方式，但并不是借款越多盈利越高，融资同时需要防范负债及风险的影响。于此同时，资金管理要充分起到抛砖引玉的作用，增加投资收益，使企业盈利最大化，实现最大价值。因此，商业地产企业在进行融资前，一定要充分考量融资手段及成本，通过权衡两者之间的利弊，选择最佳的融资模式，达到融资的最佳资本结构。

7.2　商业地产融资模式

融资是围绕商业地产的开发和经营而进行的资金融通活动。融资既有长短期之分，又有内外源之别。长期融资与短期融资的区别在于融资时间的长短，而内源融资与外源融资的区别则在于资金来源的不同。内源融资主要是商业地产企业的自由资金，包括应收款、可贴现票据、在售楼盘销售金额；外源融资则是除去内部筹集方法以外的外部资金筹备方法。

参照固定资产投资的融资模式，按照资金的不同来源和不同性质，商业地产开发商融资的方式大致可以分为权益型融资、上市融资债权型融资、REITs 融资、商业银行和证券市场直接融资。其中，权益型融资和上市融资是开发商向资金所有人直接融资的方式，而债权型融资和 REITs 融资则是通过一定的中介间接融资的方式。商业银行和证券市场是多种融资方式汇集的平台。

7.2.1　权益型融资

权益型融资是商业地产开发商最直接的融资方式之一，即项目所有人以出让企业权益的方式来获取资金。权益型融资的最大优点是资金要求回报的期限最长。企业可以通过项目完成后的利润分红等方式满足该类资金的回报要求，资金的所有者将和企业同步进退。甚至可以说，权益型融资的资金期限和企业的生命周期一样长。而权益型融资的最大代价是企业的权益，除了利润要被权益型融资的投资人拿走一部分以外，企业还往往需要出让一部分管理经营权，甚至是项目的控股权。

这类融资方式包括在证券市场发行企业股票、引入合作人合资参股、和其他股东成立项目公司等方式。

通过证券市场发行或者再发行企业股票是以较低成本募集大量、长期资金的有效方法。如果企业已经是证券市场上的上市公司，那么在有新的项目需要融资时，企业按照自己的条件公布自己的融资计划安排，宣布增发新股或者配售新股，投资人享受相应的权利并按照自己的出资额承担投资风险。2000 年以前，由于对增发的限制比较多，配股一直是上市公司再融资的主要方式。配股虽然为上市公司再融资做出了重要的贡献，但它是股票发行额度制的产物，不能公平对待不同的投资群体，已不再适应市场化趋势的发展，随着证券市场的规范化，增发必然逐渐取代配股而成为上市公司再融资的主要渠道。

如果是那些有一定基础、相对比较成熟的商业地产开发企业，在证券市场上市，成为公众上市公司也可以支持他们在商业地产领域继续开发新项目。但由于目前中国国内 A 股市场对企业上市有比较严格的规定和要求，如公司规模的大小、至少三年盈利记录、要证交所核准上市等，对于上市公司增发新股也有比较严格的要求，如净资产收益率、项目本身的要求、资产负债率的要求等，而且在增发审批的时间上也很难满足企业的需要，另外，在目前宏观调控的大环境下，国家对于商业地产企业的商业也有着较多的顾虑，因此，对于中国目前的政策环境来说，普通的商业地产公司并不适用这种融资方式。

引入合伙人合资参股是在时间效率上相对较快的一种融资方式。非上市的有限责任公司可以采取按照比例出让股份的方式来吸引投资人，实现直接融资。企业出售自己的股份获得的资金可以直接投入项目开发。比如，某公司获得一个商业地产开发的项目，但企业自有资金不足以启动项目，于是通过引入一个战略投资人将自己的部分股权出售给他，同时获得一笔资金。该融资方式的优点是不但解决了资金的问题，而且由于企业会选择名气和实力都远远大于自己的投资人，所以合伙之后企业自身的实力可以获得较大的增长，对于后续项目的投入也可以共同出资。但是由于企业的股份可以直接决定企业的经营管理权力，因此，企业也需要注意在引入合伙人合资参股的时候，保护对自己企业的控制权地位，不要最终把合伙参股变成被对方收购。

在引入战略合作伙伴的时候，不仅可以出让实际的股权，还可以通过引入期权等方式，保持企业的独立运作地位。

由合资各方共同设立项目公司并由项目公司来进行商业地产项目的运作，这是目前国内最常见的用企业权益直接融资的方式。在项目公司融资方式中，投资各方以项目为共同的依托，按照出资比例或者其他资源分享新公司的股份。用项目公司的方式融资最大的优点是对于合资各方的权利和义务规定比较清晰，避免了项目失败后进一步扩大投资方的风险，因而是商业地产项目中常见的一种融资方式。在这个方式中，项目所有人往往会占据控股的地位，以保证对项目的控制权。

和合伙人一起成立项目公司，可以有效隔绝各个股东之间的利益冲突和法律问题。相对出让企业股份给投资人而言，和投资人一起出资成立项目公司，可以依照法律避免项目失败对母公司的冲击，也更容易和投资人一起通过公司章程来严格进行项目分工运作。因此尤其适合商业地产开发这种高投入、高收益、高风险的项目。项目公司的注册资本金和实收资本可以成为项目公司运作的启动资金和自有资金，还可以通过股东借款的方式追加股东对项目的投入，最终以项目公司的利润分红作为股东的出资回报。

为了抑制过度的房地产发展，规避可能出现的房地产行业动荡，国家六部委(建设部、商务部、发展改革委、人民银行、工商总局和外汇管理局)在 2006 年 7 月联合发文《关于规范房地产市场外资准入和管理的意见》，对成立房地产开发项目公司进行了较为严格的限制规定，尤其是对于境外公司在境内成立房地产开发项目公司的规定。其中最为严厉的一条是对总投资超过 1000 万美元的项目公司，对其注册资本的要求从原来的总投资的 35%提高到 50%，这项政策将会直接影响到有外资背景的房地产公司投资国内的房地产行业。因为对于投资数亿元甚至数十亿元的商业地产项目而言，全都在政策的要求范围内，因此将直接抬高外资进入国内地产行业的门槛。

但是从目前的情况来看，成立项目公司仍然是商业地产项目开发商的首选方式。

权益型融资的优点是显而易见的。首先，企业获得这样的融资之后，其资金成本是需要企业盈利后通过分红来支付的，如果企业亏损或者项目失败，则有可能不用支付，这点完全不同于债权型融资。其次，企业引入合作伙伴后，资金实力和管理能力也都能获得一定的提高。尤其是和重量级的战略投资人合作，对于企业、对于即将开发的项目都是一个重大利好。深国投商用置业公司和淡马锡集团、西蒙集团以及摩根斯丹利公司的战略合作就是这样的例子。另外，除了发起企业获得了资金以外，对于项目的后期建设来说，原来需要由一家股东独自完成的投资，现在可以由多个股东按比例投入，这必然可以减轻资金的压力，保证项目的顺利进行。最后，权益型融资一旦完成，资金将会跟随公司权益的存在而存在，在期限上也能最大限度地满足商业地产的需要。

虽然权益型融资有很多优点，但其缺点也是非常明显的。首先，企业的股份是非常宝贵的，银行需要的只是利息收入，不是公司的控制权和分红权，而股东要求的，除了按照股本结构的利润分红外，还有对项目的控制权。其次，比起商业地产丰富的利润和股东要求的分红回报来说，银行融资的固定利息支出成本是比较低的。然后，从企业合理避税的角度考虑，银行融资的利息支出可以在企业财务成本中列支，属于税前成本；而项目公司为股东创造的利润和分红都是需要交纳所得税的。因此，债权型融资可以合理降低企业的税赋水平，而权益型融资不能。最后，从投资人退出投资的难易程度来说，参与权益型融资的投资人很难退出，这对于项目的发起人和参与的投资人都是一个难题。

因此，如果不是有特殊的要求，绝大多数公司设立了项目公司后，剩余的资金需求都会转而寻求债权型的融资方式。

7.2.2　债权型融资

企业向资金所有人借款，以利息作为借款成本，按照一定的还款计划分期还款或者一次性还款，这种融资方式称为债权型融资。在债权型融资中，企业可以保持完整的股权结构，也可以保持公司的独立性，只是背负了一定的债务，同时付出一定的财务成本。企业与投资人之间的关系是一种债权债务关系，投资人不会通过投资来获得企业的股权。

债权型融资手段包括公司发行债券或者向商业银行寻求贷款支付，还包括按照固定利率还本付息的房地产信托理财计划等。

发行企业债券是企业利用自身信用或者其他担保方式向社会公众或者特定投资人发行债券的一种融资方式，除了要有足够的抵押或者有力的担保以外，还需要国家计委、人民银行等管理机构的特殊核准，其成本包括债券利息、发行费用、担保费用等。我国对于企业发行债券有着非常严格的限制，根据《公司法》规定，只有股份有限公司、国有独资公司和两个以上的国有企业或者其他两个以上的国有投资主体投资设立的有限责任公司，为筹集生产经营资金才可以发行公司债券。这就将大部分无国有投资主体背景的、有限责任公司性质的商业地产开发商从可发行公司债券的范围内划了出去，同时商业地产开发的资金用途也很难通过审查。

即便房地产开发公司在公司结构上满足《公司法》的要求，也还要通过《企业债券管理条例》对企业发行债券进行严格限制和审查，程序繁琐，条件严格。首先，要上报国家计委、中国人民银行、财政部、国务院证券委员会批审，纳入下一年度全国发行企业债券的总体规模中，同时还要经过各级人民银行和统计计划管理部门的严格审批；其次，企业须具备一系列条件，如企业规模的要求、连续三年盈利的要求以及所筹集资金的用途必须符合国家产业政策，等等。另外，还有两个硬性条件："企业发行企业债券的总面额不得大于该企业的自有资金净值"、"企业债券的利率不得高于银行相同期限居民储蓄定期存款利率的百分之四十"。

发行债券的面值利率一般会远远低于商业银行同期的贷款利率，但是如果加上前期费用、发行费用和担保费用以后，和银行的贷款利率相差无几，企业并不能大幅度降低融资成本。因此，商业地产开发商很难有精力、有途径、有热情去发行企业债券。有鉴于此，在未来的一定时期内，发行企业债券无论从政策理论上还是从企业实际条件上都不可能成为商业地产开发商可期待的融资渠道。

在这种形势下，向商业银行申请贷款成为了债权型融资的主要品种，也是众多商业地产开发商们最希望获得的融通资金。

商业银行融资也是债权型融资的有效手段。商业银行融资的利息支出可以在公司的财务费用中体现，也可以在税前成本中列支，同时也便于企业进行成本核算，费用比较固定，相对股东借款而言，债权人与债务人间的关系比较简单，因此是企业最欢迎的融资方式之一。

商业银行贷款固然受企业欢迎，但中国的银行业的监管非常严厉，对于贷款风险的把握非常严格，企业获得银行贷款并不是很容易。同时，各家银行对具体项目的贷款政策规定也不尽相同。

就与商业地产开发商的亲密程度来看，境内商业银行无疑曾经是开发商“生死与共的战友、亲密无间的爱人”。长期以来，银行贷款融资具有成本较低、贷款额度大等优势，一直是房地产开发融资的主要方式之一，商业地产开发融资也不例外。通常银行贷款的类型有信用贷款、担保贷款和抵押贷款三种。多年的实践表明，国内的银行贷款融资方式在房地产业的发展过程中发挥了重要作用，相对比较成熟。在未来相当长的一段时间内，银行信贷融资仍将在商业地产开发融资中占有重要的位置。

然而，随着近两年来国内宏观金融政策的调整，商业银行收紧了对商业地产行业的信贷，特别是加强了对商业地产抵押贷款的审查，商业地产开发商的融资渠道大幅缩紧。同时，商业银行基于风险的考虑，提供资金的数量和使用期限都有严格的限制并偏向于短期流动资金贷款。银行信贷这种融资形式虽然融资成本不高，弹性大，但对于贷款开发商的贷款资质审核严格而且复杂，提供资金的数量和使用期限也有严格的限制，其风险主要由开发商承担，其次再由银行承担，非常不利于风险分散。

7.2.3　房地产投资信托

REITs (Real Estate Investment Trusts)即房地产投资信托基金，其实际上是一种证券化的产业投资基金，通过发行股票(基金单位)，集合公众投资者资金，由专门机构经营管理，并通过多元化的投资，选择不同地区、不同类型的房地产项目进行投资组合，在有效降低风险的同时，通过将房地产经营活动中所产生的收入以派息的方式分配给股东，从而使投资人获取长期稳定的投资收益。

信托投资公司在商业地产资金融通市场上开始扮演起日趋重要的角色。2003 年底，中国大陆第一支商业房地产投资信托计划——法国欧尚天津第一店资金信托计划在北京推出，它代表着中国房地产投资信托基金(REITs)的雏形。随后全国各家信托投资公司陆续推出房地产信托产品，手段多样、品种创新，在一定程度上解决了房地产开发商的开发资金短缺问题。这种融资模式是多元化的组合投资形式，资金募集能力很强，时间周期相对发行股票短，资金运作、管理都具有优势。REITs 融资方式对商业地产开发商具有很大的好处。

首先，REITs 融资方式下可用以融资的物业范围宽广。任何可以产生稳定收益的房地产均可采用 REITs 融资，包括商业零售业、住宅公寓、酒店、写字楼、工业厂房等。其次，REITs 可融资金额巨大，资金来源丰富。第三，通过境外 REITs 融资，将房地产行业金融风险分散到国际投资者中，符合政府政策。第四，REITs 融资方式的融资总额相对较高。一般情况下，采用 REITs 方式的融资总额能够超过物业抵押贷款金额，交易价接近资产价值。第五，REITs 融资模式下的融资方式灵活，可长期获益。如华银控股，对于总价超过 3 亿美元的大型连锁商业物业，它可以协助业主，以业主为发起人将其资产在境外上市；对于规模较小的物业，华银控股可以集合多家物业打成一个资产包在境外运作上市。第六，REITs 融资具有不可替代的节税优势。第七，采用 REITs 融资可以帮助房地产开发商在国际上建立声誉，扩大行业内和国际上的影响。第八，由于上市过程中的各个环节都要求信息公开，规范管理，通过 REITs 运作可以带动企业完善治理结构调整，规范经营管理。

当然，采用 REITs 模式融资也有一定的局限性，如要求商业地产开发商必须要有相当的实力，必须要有已经开发完成的超过 5 万平方米以上的或者总资产价值超过 3 亿元人民币的、已经营运并开始产生稳定租金收益的商业资产。而这些商业资产是否能够最终运作上市还需要通过一系列的审查，符合在境外上市的条件才能确定。

商业地产融资见表 7.1。

表 7.1　商业地产融资

融资方式	对商业地产的适用性	备　注
销售回款	适用	商铺、商改住操作
银行贷款	基本不适用	期限一般不超过 3 年，期限不匹配
信托	基本不适用	期限一般不超过 3 年，期限不匹配
基金	适用	IRR 要求高，控制权丧失
债券	略微适用	期限一般不超过 5 年，期限不匹配
IPO/增发	基本不适用	EPS 指标对商业物业很吃亏

7.3　商业地产资金循环与商业地产资金链

7.3.1　商业地产资金循环

商业地产发展时间相对较短，资金循环的形式得到市场验证的并不多，目前资金循环的主要形式如图 7.3 所示。商业地产开发商提出项目意向后，开始筹措资金。公司创始人及关联企业、股票持有者、战略投资者等都可以成为投资者。开发商将资金用来购买土地，再到项目的开发建设。不同于住宅项目，商业地产项目通常需要商业房地产管理公司进行专业化的管理和系统化的运营管理，并将租售回流的资金交回开发商，而商业房地产管理公司则收取一定的佣金。这样就完成了商业地产项目的资金循环过程。

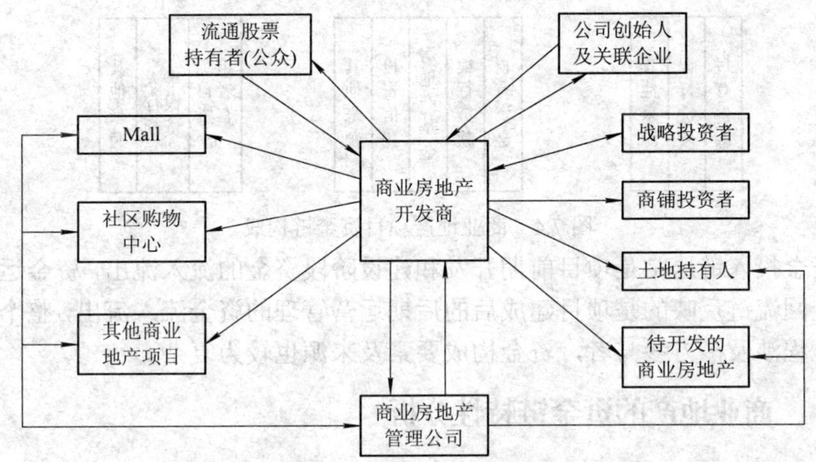

图 7.3　商业房地产资金循环的主要形式

目前大多数的商业地产项目运作与市场证券化距离还较远，多元化金融系统的发展还存在许多丞待解决的重要问题，发展较为缓慢。所以，商业地产投资者必须面对发展并不成熟、证券化进展缓慢的国内市场，并采取适宜的措施来适应市场环境。如有效利用美国、新加坡等国家的资本市场，从而更好地利用资金开发商业项目。

7.3.2　商业地产资金链及其构成要素

资金链是商业地产现金流关系的结构表现。在商业地产开发与管理过程中，一般来说会涉及商业房地产开发商、流通股票持有者(公众)、公司创始人及相关公司、战略投资者、土地持有人、待开发的商业地产、各类购物中心、社区商业房地产、其他商业项目、银行及金融机构、商铺投资者等几方面的相关关系人。商业地产资金链就是资金从土地到在建工程再到商品形态的流转过程中，由于资金运动多形成的相关关系人结构及其阶段性特征。一般将商业地产的资金链划分为资金投入链、资金运营链和资金回流链三个链条或阶段，即资金—资产—资金(增值)的过程。

商业地产项目资金链构成如图 7.4 所示。

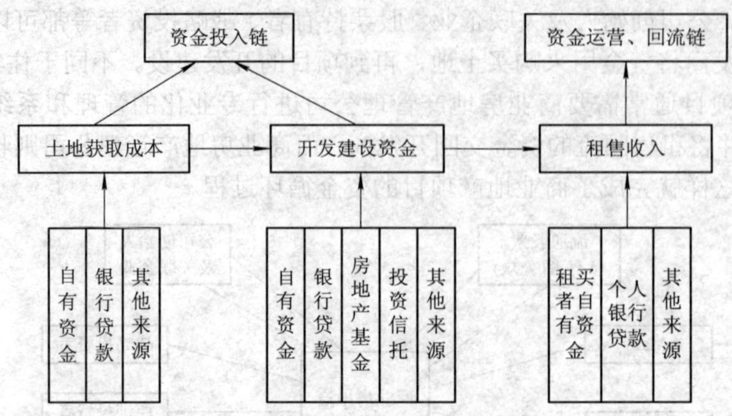

图 7.4　商业地产项目资金链构成

资金投入链通常是项目前期开发和建设阶段资金的流入流出，资金运营链和资金回流链反映的是项目建成后的后期运营管理的资金流入流出，整个资金循环过程涉及多方参与者，资金构成要素及来源也较为复杂。

7.3.3　商业地产的资金链特性分析

商业房地产隶属房地产领域，商业地产的资金链具有房地产行业资金链的普遍特性。商业地产项目的开发融资与投资运营的整个过程对资金的依赖性都很大，对资金链进行专业的管理就显得尤为重要。与一般住宅项目等房地产类型相比，商业地产项目的资金需求特性更为突出。

首先，商业地产项目的资金需求量更大。从建筑形式来看，一般住宅项目的建筑形态较为简单，且开发经验较为丰富，而商业地产项目对建筑形态要求更高，设计要求规范也更多，因而在建造方面难度更大，消耗资金量也更庞大。从市场来看，许多开发商倾向于开发大型购物中心、城市综合体等这样大规模的项目，而这类项目资金需求量相当大，通常需要几十个亿。比如：龙湖集团在西安打造的北城天街项目，总建筑规模达 150 万平方米，其中商业建筑面积超过 60 万平方米，项目总投资预计在 90 亿元左右。

其次，商业地产项目融资难度更大。商业地产项目投资规模大，密集的资金需求量必须通过多元化的渠道进行融资，而目前市场受到一定的调控影响，银行贷款困难，信托融资等受到限制，各种房地产金融创新形式还处于初期。因此对现阶段来说，融资难度增大，特别是对于中小型房地产开发商而言，融资就显得更为不易，而资金不足，项目的开发就更为艰难。

最后，商业地产项目的资金回流慢，资金链较长。商业地产项目开发产业链较长，而且不同于住宅项目的快速销售回流模式，项目建成后一般并不销售，主要采用出租或租售结合，投资回收期至少在8～10年，项目资金链较长。在较长的投资回收期内主要现金流就是租金收入，并且维持商业项目后期运营也需要不小的开支，资金回流速度慢，回流量较小。在资金回收阶段，市场环境变化多，所面临的风险也多，特别是资金风险，因此保持长期稳定的租金收入尤为重要。

7.4　商业地产融资的阶段性与融资渠道多元化

商业地产价值是依靠其承载的商业服务业的成功运营来实现的，即商业地产项目的投资是依靠后期商业服务业持久经营产生的以租金形式存在的现金流来持久性回收的，这与住宅类物业项目建成后依靠出售物业一次性回收资金的资金回收方式有很大的不同。为此，一般认为，住宅类物业投融资管理有一个综合阶段，即在项目开发阶段的融资，项目建成后通过出售立即实现投资的全部回收，并完成前期融资的交割和清算。

相对而言，商业地产投融资过程涉及两个相对分割的阶段，分别存在于项目开发与项目持有两个项目管理过程中。在开发阶段，发展商投资于项目的开发建设，由于商业地产的投资回收是依靠项目建成后商业物业的持续性收入，所以项目建设完成后，投资并不能像住宅一样进行回收。这个阶段以项目的顺利建成为重点。而在商业物业建成后，商业服务业入驻，经过商业环境培育期后，商业服务业开始逐步产生稳定收益，形成稳定的现金流，直至商业服务业产生的收益补偿商业地产初期的投资。持有阶段则是以保证商业物业承载的商业服务业成功运营并产生收益为重点的。

正是由于商业地产项目现金流周期长、资金占用数额大且资金回笼缓慢，商业地产开发融资风险相对较高，必须要考虑建设资金如何获得以及这些资金如何偿还的问题。引入金融创新工具，促进融资方式多元化是商业地产融资管理的必然选择。

7.4.1　开发建设阶段的融资特点与融资渠道(前端融资)

商业地产的开发阶段是指从土地的获得到商业物业的建成之间的阶段，具体包括土地的获得、土地的开发以及商业物业的开发等阶段。这个阶段的特点主要表现为投资规模大、收益预期不明显等。

首先，开发建设阶段投资规模大。商业地产作为商业服务业的载体，其在土地成本、建筑材料、外立面、层高、承重、配套设施等方面都有较高的要求，这就使商业地产的价值量远远大于住宅类等房地产物业，所以商业地产的开发需要大量的资金。

其次，开发建设阶段预期收益不明显。由于这个阶段处于商业地产的前期阶段，商业物业只完成了建筑实体的竣工，还没有形成成熟的商业环境，所以物业无法产生稳定的现金流，物业的预期收益不确定，其财务特点主要表现为资金的投入。

最后，开发建设阶段的风险集中于项目能否顺利完工。这个阶段商业物业还没有开始运营，所以并不存在商业服务业经营的风险，该阶段的主要风险集中在项目能否顺利完成上。

在开发建设阶段，商业地产融资方式与渠道主要包括“自有资金—销售回款—开发贷”、“自有资金—销售回款—开发贷—经营贷”、“自有资金—销售回款—信托”、“自有资金—销售平衡—开发贷—信托—基金”等多种选择。如大型央企中粮就选择了第一种方式，依托自身2000亿元资产，每年约2000亿元的贸易额，其中25%用于商业地产开发，而其商业地产开发融资基本来源于贴息贷款；同为央企的华润亦是如此。万达集团也选择了第一种融资方式，在接受建银国际的24亿元PE投资后，万达集团基本是利用项目的快速销售自我平衡，辅以短期的开发贷款。

可以看出，在商业地产的前端融资过程中，自有资金、销售回款(预购房款)、银行贷款等都是常用的融资方式，如图7.5所示。

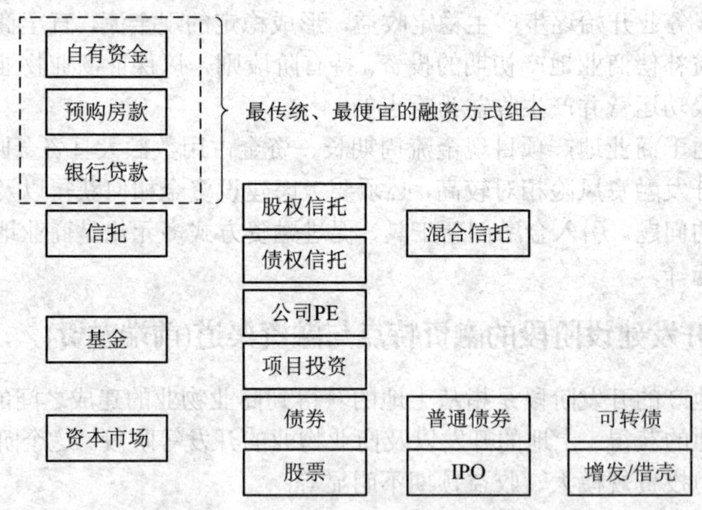

图7.5　商业地产前端融资常用方式

7.4.2　后端持有阶段的融资特点与融资渠道选择

商业地产持有阶段是指商业物业建成后，经过商业环境培育期开始产生稳定现金流的阶段。这个阶段商业物业在产权统一、管理统一以及业态合理配置的前提下，开始产生较高的稳定的收益，项目开始逐步回收投资资金。这个阶段的主要特点为现金流稳定，但回收周期长、风险大等。

首先，商业地产后端持有阶段的经营方式以物业出租为主，现金流稳定，回收周期长。商业地产可以采取灵活的经营方式，如出售物业、出租物业和租售并举等。但是，如果要使商业地产价值最大化，就应该采取只租不售的经营方式。这是因为商业地产的价值是由其承载的商业服务业的成功运营来实现的，而商业服务业的成功运营又是以商业服务业的整体性为前提的。所以，商业物业采取只租不售方式可以科学地对整个物业进行业态和业种的配置，充分发挥商业经营的集聚效应，保证商业服务业的成功运营，这样才会有利于物业价值的最大化。然而，如果采取了出租物业的经营方式，投入资金就要依靠出租物业的租金来进行回收，这样商业地产投资的回收周期就会比较长。

其次，商业地产后端持有阶段的风险性大，主要集中于商业服务业经营风险。住宅类房地产在房屋出售后，开发商就可以获得价值补偿和收益，投资回收期较短；而商业地产的投资回收期长，其收益除了受到住宅物业所受到的区位、建筑结构等因素的影响外，还受到交通状况、居住人群消费力等商业服务业经营因素的影响。因此，这个阶段的商业地产运营的风险比较大，且集中于商业服务业的经营风险。

商业地产按照开发和持有两个阶段进行分阶段融资。在开发阶段的融资主要是为了商业地产项目的建成，这个阶段提供融资的金融机构在得到持有阶段融资机构的许诺下，关注的重点是商业地产在开发建设期间的项目建设风险，并且提供的资金多是期限比较短的资金；而持有阶段提供资金的融资机构，则更多地关注商业地产项目的后期运营，即项目的运营风险，并且提供的资金期限都比较长。这样，开发阶段的融资保证了项目开发建设的顺利完成，然后通过持有阶段金融机构的介入，完成资金的安全退出；而持有阶段融资机构凭借自己在资金使用期限长、商业物业运营知识丰富的优势促进了商业物业的成功运营，并通过稳定的收益逐步完成资金的回收，从而保证了商业地产项目从开发建设到后期运营整个开发运营过程的成功。

商业地产阶段性融资模式图如图 7.6 所示。

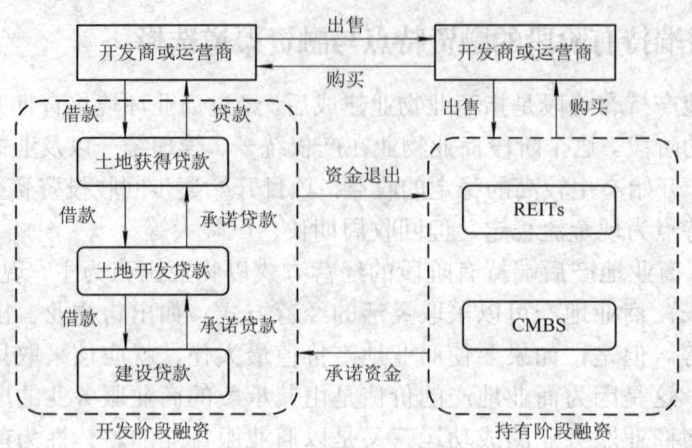

图 7.6　商业地产阶段性融资模式图

通过以上模式图可以看出，商业地产阶段性融资模式把商业地产融资分为开发阶段融资和持有阶段融资。

在开发阶段商业地产开发商先从土地获得贷款机构获得贷款，土地获得贷款结构在获得开发下一阶段的土地开发贷款机构的贷款承诺后给开发商提供贷款，并根据自身在土地获得阶段的专业优势保证建设土地的顺利获得。接下来，土地开发阶段贷款机构和建设贷款机构也像土地获得贷款机构一样分别在获得建设贷款承诺和持有融资机构资金承诺后，为开发商发放贷款，并分别根据其在土地开发阶段和建设阶段的专业优势保证土地开发和工程建设顺利完成。这个阶段提供的资金期限短，金融机构关注于项目的顺利建成。

最后，持有阶段的融资机构按照承诺购买商业物业，并提供资金使开发阶段融资结构的贷款资金安全退出，而持有阶段的融资工具，如 REITs、CMBS 等不仅可以通过二级市场提供长期的资金，还专长于商业物业的后期运营，保证了商业物业的成功运营。这个阶段提供的资金期限长，且以商业物业后期的成功运营为关注点。这种阶段性融资模式符合商业地产融资的本质特点，所以可以保证并大大促进商业地产的理性可持续发展。

总的来说，商业地产持有阶段的融资决策者不但应对融资活动可能产生影响的外界因素予以应有的关注，对于整个大市走向也应有较清晰的把握，还应对影响资金流量的所有内外因素给予及时、动态的监控。商业地产持有阶段融资决策要考虑的关键因素可以大致概括为灵活性(Flexibility)、风险性(Risk)、收益(Income)、控制权(Control)、时间性(Timing)和其他(Other)等多种因素或方面，简为 FRICTO。

其中，灵活性强调融资额度、时间的灵活。融资决策会影响投资者为了按照可接受条款筹集资金的能力。对于快速增长的商业地产企业来说，维持一个合适的财务杠杆有利于保证企业在金融市场上充足的信贷能力。融资决策要考虑到企业的长远发展，以及企业中各个项目的整体利益的平衡。

财务杠杆是谚语中的“双刃剑”，它使自有资金的收益率放大，也带来了更大的财务风险。目前，我国商业地产企业普遍的高负债率实际上正隐含着巨大的财务风险，这表明大多数房地产企业并不具有良好的抗风险能力。融资决策中需要确定财务杠杆，确定债务资本和权益资本的比例关系，找到一个风险和收益之间合适的平衡点。

所谓控制权，是指商业地产管理过程中的融资管理权结构与决策权的分配。科学合理的控制权结构对于商业地产持有阶段融资决策的正确性与时效性，以及满足项目开发与管理对于资金需求都是至关重要的。最后，商业地产资金的融入还要按照资金的投放使用时间和用量合理安排，使资金在时间上相互衔接，避免取得资金的时间过早而造成投放的闲置，或取得资金滞后而延误资金投入的有利时间。

第 8 章 商业地产招商管理

招商是商业地产收益的实现形式和途径，招商管理是提升商业地产项目整体运营水平，实现项目价值和持续发展的基本前提，更是商业地产项目运作成功的关键。没有商家的融合、进驻，商业地产项目就无法形成商业价值。招商管理对于商业地产的重要性得到商业地产管理理论与实践的普遍认同。正确认识招商、合理安排招商也是大多数商业地产开发商关注的关键环节。

8.1　商业地产招商及流程

招商既可以诠释成人与人之间的关系，也可以认为是一项选择、一项替选。根据中华人民共和国商法规定，招商即招揽商户，是指发包方将自己的服务、产品面向一定范围进行发布，以招募商户共同发展的过程。

那么，如何理解商业地产的招商目的呢？从商业运营角度来说，符合商业地产项目开发建设的需要，实现租金、商铺售价最大化，是商业地产招商的直接目的，当然，还要适当关注企业与项目未来的发展需要。

首先要知道项目需要的是什么。即根据项目的具体情况，锁定项目的目标客户群，也就是适合项目物业、定位、业态的商家客户群。

在做商业项目时，必须要考虑的是城市或区域人口规模、消费水平、购买力、市场的承租力等，根据项目城市及区域的现有业态状况和对未来商业发展趋势的把握，科学地进行项目的市场和业态定位以及合理的业态组合，充分利用运营商的资源信息平台，整合一切可整合的社会资源，为项目实现销售和成功运营奠定基础，同时让城市经济资源、人文资源和社会资源等向此汇集。

在项目区域位置、口岸、周边市场环境、物业条件、区域消费力等已定的前提下，项目拿什么来吸引各种社会资源向本项目汇集？项目又适合什么样的业态？什么样的业态会选择本项目？在选择本项目的商家里又有哪些商家能够满足实现项目的价值和开发商利润的最大化？

优质的商业项目、先进的商业模式、科学合理的业态组合等是吸引商家聚集的要素，而适合的业态商家的承租力又是实现项目招商成功的关键，商家的承租力是决定实现商业项目价值和开发商利润最大化的核心，只有强承租力的商家才能给得起高的租金，也才能支撑商业物业销售价格收益和投资者的投资回报，那么我们要做的就是找到适合本项目的优质商家资源，引进适合项目的承租力最强的商业业态。

8.1.1　商业地产招商的基本要素

商业地产招商的基本要素其实就是考虑招商过程可能受到哪些限制以及如何面对的问题，即项目如何招商。这个是一个方式方法的问题，既需要有适合性的定位，也要有适应性的建筑设计，还要考虑合理的招商节奏等。

商业地产招商首先要有适合性的定位。招商是商业项目运作过程中的一个重要环节，但也不可以单就招商而谈招商，谈招商的基础是有了正确的前置条件——招商执行前具备了合理的项目定位。定位作为一个项目的战略性选择，是项目确定发展方向的至关重要的事情。就像是在管理中常讲到的：战略对了，策略出点问题是可以挽回的，但如果战略错了，策略越正确，可能就偏离得越远，可导致全盘皆输。招商失败诸多情况是因定位偏差所造成的。

商业地产招商也要有适应性的建筑设计。在一定程度上，商业地产招商的过程就好比是中国传统的相亲过程，亦十分强调门当户对，项目的地段如同人的身世，建筑本身如同人的相貌，一个项目如果希望对国际一线品牌进行招商，则最好是“身世”与“相貌”兼备。商业品牌往往都优先考虑入驻城市中的标志性项目。标志性项目可以理解为两种：一种是现已建成并进入运营的现实标志性项目，另一种是在建但给人信心可成为标志性项目的项目。将具备优势基础的项目包装成为一个“在建的标志性项目”，是提升“招商势能”的有效方法。

商业地产招商还要把握合理的招商节奏。在招商执行时，配合工期阶段，在合理的时机做合适的事情会起到“事半功倍”的效果。具体而言，不同业态类别，不同大小面积的零售商，在对选择签约入驻项目的时机选择上都不尽相同，像超市、百货公司等大型卖场应该在较早的阶段就进行招商接洽，并最好是让其参与到项目的深化设计过程中，以便适当地依据其需求做出针对性的设计考虑。此外，大型卖场等主力店的入驻不仅直接影响到购物中心的业态布局，而且对其他店铺的招商也有很大的促进作用，常常能带动整个购物中心后期的顺利招商，这主要是源于主力店对吸引人流所起到的关键作用。而像一般服装店铺，就需要进入工期后半段时再正式启动招商，这不仅是因为这些中小店铺对商业硬件设施无过多的特殊要求，还因为在过早的时候这些商家一般也不会给出十分明确的意向。

商业地产招商必须具有针对性的推广策略。招商面对的基本都是专业零售商，是较为理性与专业的人群，属于小众范畴。运用大众媒体向其传达信息亦可能不会高效，针对性的推广才会更具实效性。

最后，商业地产招商需要专业而稳定的团队做后盾。商业项目的招商实际上是一个合作伙伴的整合计划，因为每一个商家都有自己的专业判断，每一个新开店铺一般也都是需要实现盈利目的，因此商业项目的业主在针对这些商家的招商过程中，应该是已经构思了一个让目标商家都可相信的项目中的盈利商业计划，并需要招商人员有系统的思考及表达，给商家更多信心。另外，在招商工作执行中，每一个招商人员不仅是代表个人，而更是代表其公司，所以招商人员的形象及其在工作中表现出的专业水平也就成为了商家衡量其公司规范程度、实力状况，以及专业化水准的直观参照，从而影响到对项目的信赖，左右招商的结果。

8.1.2 商业地产招商基本流程

按照招商顺序对招商进行分类，有助于商业地产开发商清理思路，对招商的轻重缓急和商家的价值关系作出准确的判断。比如哪些商家必须先招，哪些后招，等等。

商业地产开发需要庞大的资金，因“程序错误”而造成的巨额损失是一般商业地产开发企业难以承受的。商业地产招商流程包括从市场调研、客户分析到开发商、客户正式签订招商协议的全过程，其中最为关键的是目标客户的选择及相关标准的制订。

(1) 市场调研和目标客户研究。市场调研和目标客户研究一般由商业地产开发企业的商业项目部完成，其主要目的是了解商业地产所处的宏观环境与微观环境，这对于明确商业地产招商对象具有重要意义。

(2) 确定招商对象。确定招商对象的主要目的是明确哪些是招商过程中需要重点关注的对象，哪些是招商过程中需要重点引进的对象。招商对象的确定是后续招商工作的基础。

(3) 确定经营模式。经营模式包括投资经营、委托经营、租赁经营、直接经营、虚拟经营等，商业地产在招商前首先要明确适合自身的模式。

(4) 制订招商优惠策略。招商优惠策略包括租金优惠策略、物业优惠策略等，通过提供相应的优惠策略来吸引各种商家的入驻。

(5) 客户招商月计划实施。客户招商月计划实施通常是由商业项目部进行，其主要目的是细化商业地产的招商工作，降低招商风险，同时也确保招商工作每一步都有合理的依据。

(6) 客户招商周计划的制订。客户招商周计划通常是由招商主管制订的，招商周计划是招商月计划的进一步细化。

(7) 客户信息归档、招商资料准备。客户信息归档、招商资料准备工作是由客户管理员来完成的。完善的客户信息以及完备的招商资料是招商活动的信息基础，能够增大招商活动成功的砝码。

(8) 目标客户的开发、拜访、接洽。目标客户的开发、拜访以及接洽工作是由招商主管负责的，其主要目的是进行潜在客户的开发挖掘。

(9) 确定重点客户并建立合作关系。商业项目部通过对客户进行分析，确定出重点的潜在客户，并安排这些重点客户与开发商初步洽谈，填写招商租户登记表。在此过程中，商业项目部全权负责客户与开发商的沟通谈判，并最终确定开发商、客户双方的合作关系以及签订招商意向书，交纳定金。

(10) 正式签订招商协议。商业项目部、开发商与客户沟通、谈判，并进行招商方案修改直到三方共同认可，开发商、客户双方方可正式签订招商协议。

商业地产项目招商流程如图 8.1 所示。

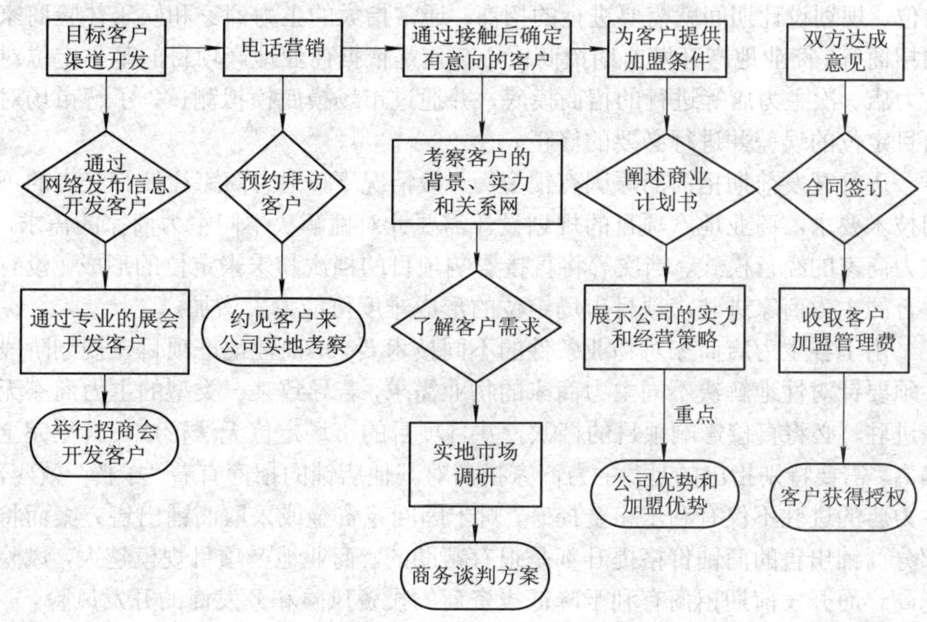

图 8.1 商业地产项目招商流程

从业务衔接与时间安排上看，商业地产项目招商按照招商工作的先后顺序还可以划分为开发前期招商、开发中期招商、开业招商和开业后招商等四个阶段，各阶段工作分别有不同的侧重点，工作目标也有所不同。其步骤如图 8.2 所示。

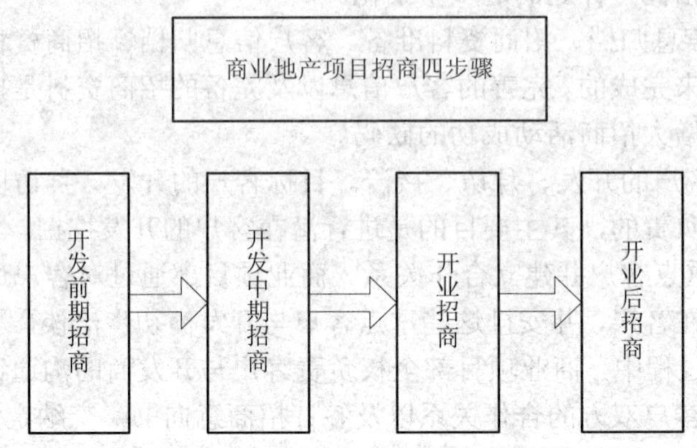

图 8.2 商业地产项目招商步骤

首先是开发前期招商阶段。开发前期招商是指商业地产开发商在项目市场定位、规划设计期间就需要进行的招商，通常指大的主力商家和娱乐体验商家的招商等。商业地产开发前期招商核心工作是依据商业地产项目的基本定位对主力店、次主力店等进行的招商摸底，并通过市场摸底模拟测试，了解市场对项目定位的误差并进行必要的修正。

进行开发前期招商的原因有很多。一般情况下，主力商家往往有开店的不同技术要求，商业地产项目的规划设计需要针对性解决不同主力商家的需求，主力商家的经营模式、档次等将直接影响项目的档次和未来定位的形成。没有适合的主力商家进驻，项目市场定位的形成难度可能大大增加。

由于各主力店商家对物业条件的不同技术要求，商业地产项目在规划阶段必须要针对性地解决不同主力商家的物业需求，若导致某一类型的主力商家无法进驻，必将直接影响项目的档次，并且项目的市场定位无法形成，甚至完全偏离。需要特别指出的是，主力商家招商对其他店铺的招商有着“羊群”效应，主力店的进驻不仅有利于租金提升，对于因回笼资金或采取商铺出售方案而将部分商铺出售的商铺价格提升都是很有帮助的。商业地产项目规模越大，风险越高。而开发前期招商有利于降低投资商的投资风险和开发商的开发风险。

商业类别及划分标准如表 8.1 所示。

表 8.1　商户类别及划分标准

类　别	商 户 类 型
主力店商户	超市、百货、电影院等
次主力店	国际连锁餐饮、大型餐饮、特色主题区、知名零售品牌、休闲娱乐等
零售商户	服饰类、鞋类、皮具、化妆品、钟表、珠宝首饰、数码电子、家居等商户
个体散户	珍珠铺、潮流服饰、精品、美容美甲类等

其次是开发中期招商阶段。开发中期招商是指商业地产开发商为了推动整个项目的招商，按照项目的市场定位有选择地对各品牌商家进行招商。开发中期招商的核心在于根据市场定位有选择地进行品牌商家的招商，在确定招商目标的时候，无论开发商还是招商顾问机构，如果对项目定位不作针对性研究，就盲目进行招商推进，招一些不相干的商家进来，不仅影响项目定位，而且起不到带动租金、带动招商效率的作用。开发中期如果成功招进和项目定位匹配、品牌带动力强劲的商家，将意味着项目可以得到预期的成功。

开发中期阶段的品牌招商是绝大多数不成熟的商业地产开发商普遍忽视的，如果开发商只为招商而招商，没有清晰的思路和招商对象的层次，这样忽视依照市场定位选择品牌和品牌价值的招商往往是事倍功半，不仅招商效率低，而且这样的招商工作最终会导致项目的定位发生偏差，甚至根本无法形成。开发中期招商所针对的商家从规模上看，很少超过 3 万平方米，多以次主力店、品牌专卖店及其他商家为核心对象。如果开发商在此阶段依然在进行规模超过 3 万平方米的主力店招商，那就说明开发前期的招商工作发生了延误，招商工作已经出现了一定的问题。

然后是开业招商阶段。商业地产开业招商指开发商为了项目顺利开业所进行的针对大批中小商家的招商工作。开业招商最核心的特点就是针对大批中小商家招商，和开发前期招商、开发中期招商的对象有显著的区别。开业招商的目标是大批中小商家，而且开业招商的时间目标往往很紧迫，那么招商的效率就成为所有开发商、管理商关注的问题。

最后是开业后招商阶段。商业地产开业后招商是指项目开业后管理商进行的招商工作，根据项目定位进行进一步调整，开业后的招商又可以分为补充性招商和二次定位性质的招商。

补充性招商指前期招商不存在定位失误、品牌招商不到位等宏观问题，仅针对前期招商中的小问题进行修正，或者是把剩余的商铺招满的情况。如果开业后的招商属于补充性招商，那么就说明前面的招商工作是成功的，开发商和管理商都可以放心；如果不是，情况就很值得担忧。二次定位性质的二次招商实际上宣告前面的招商工作是失败的，开发商、管理商不得不在项目开业后重新去做前面的招商工作。很显然，开业以后做开发前期的招商工作存在很大的问题，因为一个现房的商业地产项目满足哪类主力商家，就只能招哪类商家，结构无法调整，即使调整，一方面要增加成本，另一方面诸如电影等娱乐商家，调整结构几乎也无法满足商家的需要。

上述四个阶段的商业地产招商工作不但分别具有不同的招商目标以及每个阶段的明确任务，而且必须遵守严格的顺序或程序，还要研究和探索招商过程各阶段拉动客户的途径和方法。如果发生程序或招商方法失当，那么招商效率和结果就会大打折扣，甚至导致招商失败。

商业地产招商工作阶段性目标如表 8.2 所示；商业地产招商阶段性拉动客户途径如表 8.3 所示。

表 8.2　商业地产招商工作阶段性目标

阶段	重点商户	预期目标
产品规划开发阶段	大卖场/百货 大型主题店 连锁快餐 各主要业态高中低档品牌商户	(1) 对项目和地块的发展意见 (2) 初步意向位置及进驻可行性 (3) 技术条件资料作规划参考
准备施工至项目封顶	主力店 次主力店 国际连锁快餐	(1) 大型主力店签订进驻意向 (2) 一部分次主力店进驻意向 (3) 国际快餐进驻意向 (4) 部分主力/次主力店选址
封顶后至 6 个月	主力店 次主力店 主题店，国际连锁快餐 大型餐饮及风情餐饮 一般零售商户	(1) 大型主力店落实 (2) 大部分目标次主力店落实 (3) 大型餐饮进驻意向及部分落实 (4) 知名品牌店进驻意向及部分落实 (5) 零售散户资料及意向收集、布局及分流
公开招商至开业	余下目标业态及品牌	(1) 目标是开业时出租率达 8 成或以上 (2) 商户开业率 7 成或以上

表 8.3　商业地产招商阶段性拉动客户途径

阶　段	主要拉动商户途径
前期 (主力店阶段)	商户关系网络 直接摆放/约见 品牌商户主动垂询 前期项目形象建立
中前期 (次主力店阶段)	现场公司形象建立 软文造势 进一步扩大关系网络 行业活动
预公开阶段 (主题店、知名品牌、特定目标业态)	针对性业态及商业网点直接触及 制造新闻事件提升知名度 公开发行形象广告 异地招商引进
公开阶段	已进驻品牌商家 营销活动 适量软硬广告 加强直销力度
开业阶段	场地活动推广 跟进潜在边缘商户 商户直接上门来访

8.2　业态效应及商业地产招商管理原则

商业地产能够实现高效招商是商业地产能否运营成功的关键环节。现代商业购物中心管理运营的精髓就是要把松散的经营单位和多样的消费形态统一到一个经营主题和信息平台上，实现统一招商管理、统一营销、统一服务监督和统一物管的四统一，还要根据具体商业地产的各种业态的效用特征进行分类管理，从而达到事半功倍的效果。

8.2.1　商业地产业态的效用与主力店界定

商业地产业态的效用是指各种业态的商业地产所具有的独特的目的/目标，其中对于商业地产业态的效用贡献最为显著的是入店商家构成商业地产项目的主力店。商业地产各种业态的效用表现如表 8.4 所示。不同的商业地产业态具有各自不同的主力店选择标准，但都是关注了主力店的优势作用，进而使各个商业地产项目努力发现并正确界定主力店的动机和目的。

表 8.4　商业地产业态效用表现

	种　　类	目 标/目 的
A 类	百货类	填补场地过剩面积缺口 以大型主力店优势吸引客流
B 类	知名连锁店	提升场地形象或变相获利
C 类	娱乐类	加强客流量支持 带动暗角商铺区域之人流
D 类	超级品牌特许销售店	提升项目形象，吸引更多高级品牌进驻
E 类	自营特色风情主题街区(餐饮酒吧/自创品牌)	营造场地更多主题 炒热场地提升租金或售价

对于具体的商业地产业态来说，主力店的优势作用主要体现在主力店的商品销售量大、消费者接受程度高、占用商场面积最大、人流拉动力强等，如图 8.3 所示。因此，主力店需要优先进行招商。当然，在商业地产招商实践中，上述主力店的选择动机也会具体表现为不同的招商或选择原因。首先，主力店开店往往有不同的技术要求，因此商业地产项目在规划设计时就需要针对性解决不同主力商家的需求。其次，主力商家的经营模式、档次等将直接影响项目的档次和未来定位的形成，没有适合的主力商家进驻，则项目市场定位的形成难度将非常大，甚至不可能形成项目市场定位。然后，主力商家的招商对其他店铺的招商有极大的促进作用，既有利于租金的提升，又能全面提升商业价值。最后，商业地产项目规模越大，风险越高，开发前期招商有利于降低投资商的投资风险和开发商的开发风险。

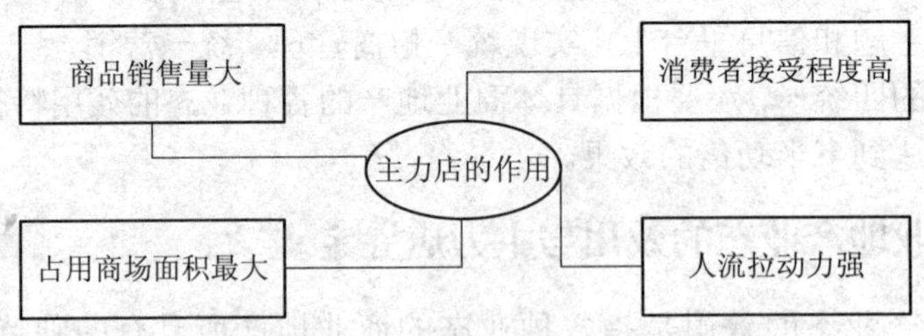

图 8.3　主力店的优势作用

8.2.2　商业地产招商管理的原则

统一招商管理是商业地产招商管理的基础和起源，是后期购物中心商业运营管理的关键，基于商业地产业态效用进行主力店的界定与选择是商业地产招商管理的核心，是提升商业地产招商管理效率的必然途径。根据国内外的相关经验，商业地产统一招商管理还应遵循招商先行、销售跟进，大户先行、散户跟进，同业差异、异业互补等基本原则。

首先，商业地产招商要遵循招商先行、销售跟进的原则。招商的目的在于实现销售。招商成功是实现顺利销售的先决条件，特别是品牌商家的引入更能为项目的销售提供强大的驱动力，成为项目的重大卖点，从而促进项目销售的顺利进行；还要注意在招商过程中的控制，要吸引部分经营商户购铺经营，从而为项目的销售加力。

在招商过程中也要注意业态比例的均衡，按照预定的业态比例进行招商。同时，在招商过程中也需要按照市场、地域、人口发展、经济发展以及经营发展等实际情况进行业态比例的微观调控。

其次，商业地产招商需要按照大户先行、散户跟进的顺序进行。大户(主力店、次主力店及旗舰品牌商户)的招商是招商工作的龙头，是招商工作的重中之重，特别是主力店的招商一旦成功，基本就意味着项目招商工作的成功，而其他散户必然群起跟进，最终实现项目的招商圆满完成。尽早进行主力商家的招商工作，可以在大范围经营客户中选择品牌号召力强、租金价格高、符合商业档次规划的商家入驻经营，并确定所需经营的面积以利于其他商家进场定位。主力店是项目的核心，主力店的性质影响决定着项目的性质，是项目的客源的锚固点，是项目后期经营能力的保证。一个大型超市或百货公司的入驻，常常能带动整个购物中心的顺利招商与管理。另外，核心主力店对于人流也起着关键的作用，其布局直接影响到购物中心的形态。总之，主力店的招商对后期商业铺位销售的价格提升、投资客户的吸引、人流汇聚、卖点推广、租金提高等方面都将会带来极其重要的促进作用。

在甄选主力店的时候，需要确保所选择的主力店符合商业地产经营的档次，符合商业地产项目设定的目标消费群体，同时也需要考虑所选品牌对其他商户的吸引力及影响，并综合考虑品牌对商业地产项目消费人流的带动效果以及品牌经营模式。

第三，同业差异、异业互补也是商业地产招商的基本原则。同业差异就是市场有一定承受力，不能盲目招同一品类的店进入。譬如，零售业态的核心主力店招商，就不要同时招来两家基本上都是经营食品和日用品的大型超市；核心主力店同质化无差异更是不能想象的；异业互补的目的就是要充分尊重顾客消费的选择权，并能让顾客亲身体验变化，提高其消费兴趣。又如，百货、超市因为经营品项不同，可以互补；让顾客逛得疲劳的零售店与让顾客休息放松的餐饮店可以互补，等等。

第四，商业地产的招商需要立足长远。任何新兴商业市场从开业到兴旺成熟均需要一定的时间来进行培育，培育时间的长短根据市场所处的位置、商业环境、市场规模、项目自身定位、商业业态、竞争环境等不同而有所差异。因为商业物业经营具有长期性特点，采用合理租金与优质服务的做法，将整个商业中心做热，而后根据运营状态，适当稳步地调整租金。这样，发展商与商户才能一同成长。此原则可以理解为“先做人气，再做生意”。

第五，形象先行、造势优先也是商业地产招商过程中不可忽略的一个原则。形象先行，造市先造势。通过势的建立，可建立起项目的龙头霸主地位与气势，塑造差异化的大牌市场形象，充分减灭商户讨价还价的底力。“抢市”必将以降低门槛、牺牲收益为代价，只有通过“势”的建立，才能达到“建市”的目的，以规避与现有市场的同质化竞争和低租金价格的竞争。通过品牌化、专业化、精细化、规模化的打造，建立王牌地位。

第六，商业地产招商需要主动出击，重点突破。这是招商比较常用的策略之一。对一些具有市场知名度和号召力的品牌商家进行邀请并进行一对一的洽谈，加强前期双方的了解和沟通，为下一步与商家进入实质性合作奠定基础。

最后，因时利导、控制有序是商业地产招商过程中需要时刻注意的问题。前期对租赁模式和招商模式不固定而是做最优准备和多方面选择，全面了解掌握、收集重点目标客户信息并加以资料整理，在后期根据实际情况再做阶段性调整，无论是何种租赁模式和招商模式皆如此。在招商阶段中，可通过对不同时段的招商政策进行阶段性调整，加大市场张力，制造商户紧张感，促使其早日承租。在招商过程中需要保留部分好的位置暂不推出，以备其他外地品牌或者谈判周期较长的好品牌进入，同时有利于解决不可预见的调整和纠纷。此外，对同一品类的不同商家进驻进行一定的数量及质量控制，营造健康的竞争环境。

8.3　商业地产项目的招商技巧

适宜的市场定位、适当的建筑风格，以及适中的招商节奏等，自然构成了商业地产企业高效招商的必要条件。然而，在商业地产的招商实践过程中，仅有这些必要条件或硬件条件是远远不够的，有效的商业地产招商，还离不开招商技巧的灵活运用。在一定意义上，商业地产项目的招商是基于商业地产风格的管理艺术及其创造过程。

8.3.1　商业地产项目招商技巧的重要性

商业地产项目招商技巧的运用能够在一定程度上保证主力店群的租期和租金，此外，稳定的主力店也能充分发挥其对中小店群的吸引力，从而保证了中小店群的租期、租金稳定。为此，灵活合理的招商技巧有利于帮助商业地产形成共存共荣的良性业态循环。招商技巧作用如图 8.4 所示。

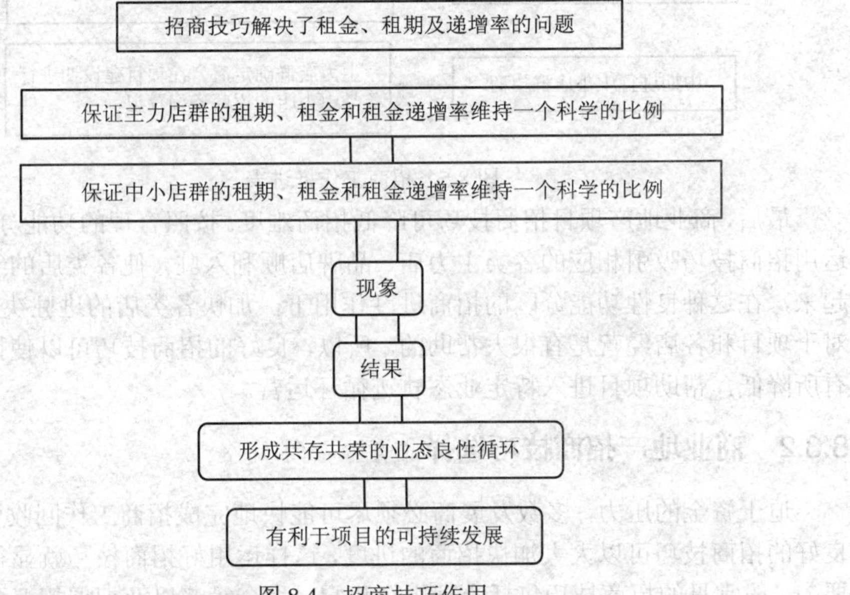

图 8.4　招商技巧作用

首先，商业地产项目招商技巧在一定程度上解决了租金高低悬殊、租期长短不一、租金递增率缓慢的问题。招商技巧不但能够帮助商业地产企业解决租金平衡问题，也能帮助商业地产企业缩短招商时间，促进商业地产项目的可持续发展。

其次，商业地产项目招商技巧可有效缩短招商时间。在招商过程中，通过招商技巧的运用，帮助商业地产招商部门合理地安排招商顺序并进行招商进度的控制。招商技巧对招商工作的安排表现在：对招商工作进行了划分，并对各个阶段的主要工作进行了明确的规定。在商业地产招商的前期阶段，主要的任务就是进行主力店的招商，在主力店群确定的基础上，商业地产就可以按照主力店群的设计要求来进行商业设施的建设，避免了商业设施的定位与主力店形象不符情况的出现。商业地产中期招商的任务就是进行中小店群的招商，这一阶段需要充分发挥主力店群的“领头羊”的作用，吸引更多的中小店群在建设期入驻。

招商工作推进表如图 8.5 所示。

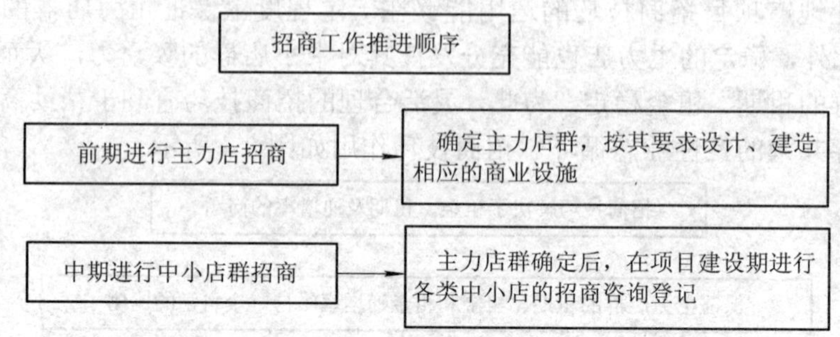

图 8.5　招商工作推进表

最后，商业地产项目招商技巧可降低招商难度。按照合理的功能分区计划，运用招商技巧吸引相应的各类主力店、品牌店顺利入驻，使各类店的经营互动起来，在这种良性功能分区的招商进度作用下，加快各类店的进驻决策时间，对于项目和各店经营是有很大帮助的。所以，良好的招商技巧可以使招商难度有所降低，帮助项目进入特定业态轨迹循环运营。

8.3.2　商业地产招商技巧选择

迫于资金的压力，多数发展商必须尽可能快地完成招商工作回收资金，而良好的招商技巧可以大大加快招商的进度，这样运用好招商技巧就显得尤为必要。一般常见的招商技巧包括合理组合租户、租金策略以及把握招商要点等方面的策略和方法，应针对不同的商业业态环境进行灵活选择。

首先，商业地产招商需要对租户进行合理的组合。对租户进行合理组合必须要明确各种租户类型的特点及作用。以购物中心为例，占据首要地位的是服装类租户，其客户群最多，占据购物中心客户的比例最大；其次是珠宝首饰类租户，这类租户的特点是具有最高的销售额，因而具有较强的租金支付能力；鞋类租户是购物中心中第三重要的租户类型，其中女鞋比例最高，而男鞋和童鞋则次之；家具类租户也是购物中心不可缺少的一个租户种类，但这种类型的租户产生的交通流量很小，因而租金支付能力有限；饰品礼品作为可变性最强的租户类型之一，在购物中心中也具有一定的重要性；社区型购物中心还有一个主要的租户类型——药店类租户。

一般经营租户在购物中心的地位及作用如表 8.5 所示。

表 8.5　一般经营租户在购物中心的地位及作用

地位	租户类型	作　用
第一位	服装类租户	客户群最多，在购物中心内占有最大比例
第二位	珠宝首饰类租户	销售额最高，租金支付能力最高
第三位	鞋类租户	女鞋比例最高，男鞋及童鞋次之
第四位	家居类租户	产生的交通流量小，租金支付能力不高
第五位	饰品礼品类租户	可变性最强的主要租户之一
第六位	药店类租户	是社区型购物中心的主要租户之一

除了一般的经营租户外，在购物中心的租户组合中还需要引入一些特殊的承租户，比如超市及百货公司、干洗店/理发店等服务型店铺以及娱乐场所等。

超市及百货公司作为购物中心主要交通流量的生产者，在购物中心中占据着极其重要的地位。然而，超市及百货公司的租赁要求也较多，需要有配套的卸货区通道、相应的垃圾房以及大型通道等。这些都是购物中心在建设过程中需要考虑的因素。

干洗店、理发店等服务型的店铺也是购物中心中人流量较大的租户，但这种类型的租户普遍具有租金支付能力不高的特点，因此应将这类租户安排在商场的次要位置，通过低租金的方式吸引这些服务型店铺留驻，从而保证购物中心的人流量。

随着人们生活水平的提高，人们逐渐开始追求物质享受外的精神享受，因此购物中心也必须引入相应的娱乐场所来满足消费者的消费需求。娱乐场所应布置在购物区外的次要位置，并且有上下通道来分开娱乐场所与购物区，避免人流的大量拥挤而影响消费者的心情。电影院作为一项娱乐活动场所，是购物中心不可缺少的一种业态，然而低租金支付能力决定了电影院不能安排在购物中心的核心位置，而应安排在购物区外的次要位置。

在购物中心这种消费性的场所，银行和金融机构作为资金保障机构，也是购物中心必要的辅助租户。但这种类型的租户只是后勤保障的作用，对购物中心人流量并不产生太大的影响，因而银行和金融机构这种租户的位置可以相对独立，有独立于购物中心之外的建筑物最佳。

特殊承租户在购物中心的不同要求如表 8.6 所示。

表 8.6 特殊承租户在购物中心的不同要求

超市及百货公司	主要交通流量的生产者，对租赁有较多的要求，如大店标、大通道、卸货区通道、垃圾房等
干洗店、理发店等服务型店铺	是交通流量的主要生产者，但租金支付能力不高，应布置在商场的次要位置
娱乐场所	位于次要位置，在主要购物区之外，有与购物区分开的上下通道
电影院	租金支付能力不高，位于主要购物区之外，有与购物区分开的上下通道
银行和金融机构	位置相对独立，与购物区分开，有独立于购物中心之外的建筑物最佳

购物中心在实现了基本的主力店招商后，针对次主力店及一般经营租户招商，应十分注重租户组合的多样化，引入多样化的租户组合比引入单一大店更有吸引力。

其次，商业地产招商也需要适当地运用租金策略，如图 8.6 所示。我国商场现行的三种租金方式分别为纯租金、包底分成以及营业额扣点。不同业种所采用的租赁方式各有差异，业主可依最大利润选择出租方式，租期长短则按业态的需求而决定。

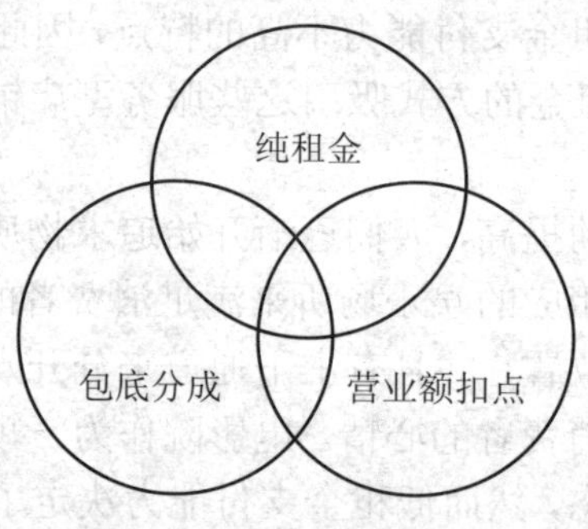

图 8.6 现行租金策略

在净提成比例方面，以娱乐场所及服务类较高，其净提成比例为 16%～24%，而其他餐饮快餐及百货类的差异较大，分别介于 8%～18%及 3%～16%之间，其余的大约维持在 10%～18%的水平。

招商要点即特别的商业地产项目在招商过程中必须把握的关键环节。当招商面积较小时，应注意以将租户从外围往中间填的方式进行招商，如图 8.7 所示。

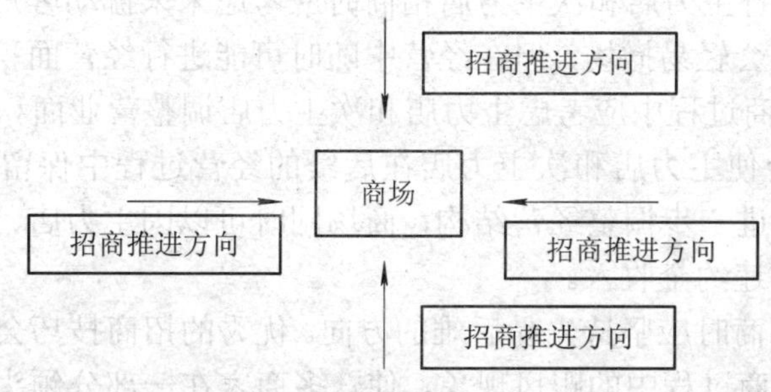

图 8.7　小面积商业地产招商

而当招租面积较大时，应实行分区招商的原则进行招商。具体而言，就是将商场分割为几个区域，如 A 区、B 区、C 区等，第一期招商主要是围绕着 A 区域进行，第二期招商则主要围绕着 B 区域，以此类推，直到最终完成整个商场的招商。这种方式保证了招商工作有条不紊的进行，避免了商场杂乱无章状况的出现，如图 8.8 所示。

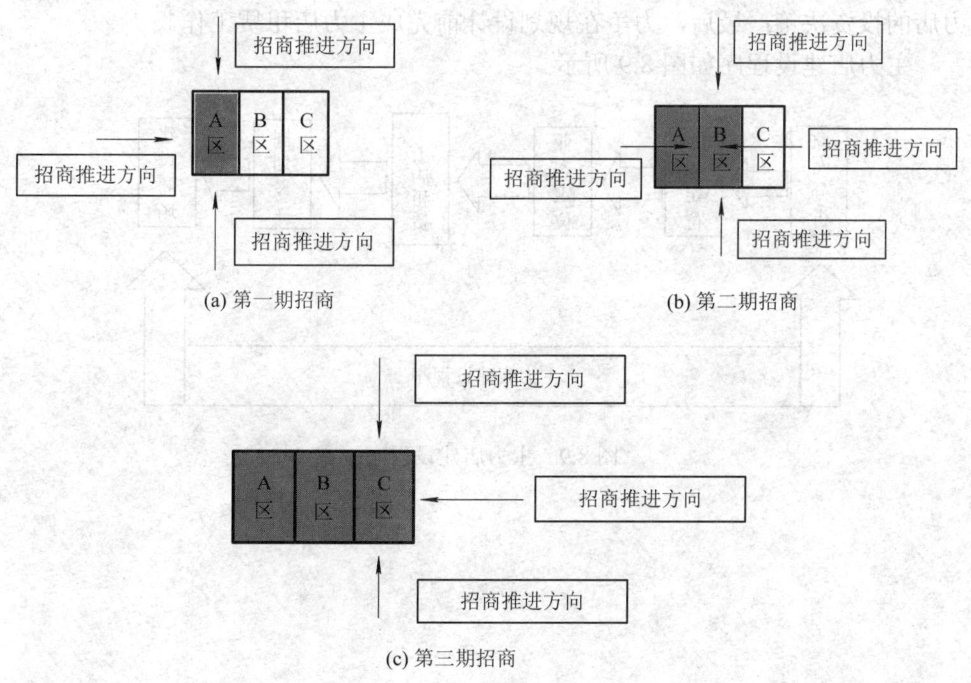

图 8.8　大面积商业地产招商

然后，在进行主力店和次主力店招商时应考虑未来挪动客户的条件。主力店和次主力店不会轻易撤场，但在经营中随时可能进行经营面积、入口流线的调整，所以在招商过程中应考虑主力店和次主力店调整营业面积和入口流线的条件，这样就会使主力店和次主力店在后续的经营过程中保留调整优化的空间，而商场也可进一步调整经营结构，商场同时可以因主力店、次主力店调整经营面积而获得违约金收入。

商业地产招商时应坚持先易后难的方向。优秀的招商技巧会营造一流的招商氛围，形成招商过程中的跟风现象，使众多商家在一部分领头商家的带领下纷纷进驻，抢夺商机，从而快速地实现招商。所以，在招商过程中应坚持先易后难的方向，即先推容易招商的店铺，再推具有一定招商难度的店铺，这样的招商取向有利于在招商初期打破僵局，形成跟风效应，使招商工作在短时间获得成功。

最后，主力店成功招商的技巧是根据主力店经营特征及其运作过程的特别需求，进行有针对性的招商。首先，通过调查研究掌握主力店拓展新店计划；其次，联络相关主题，尽快召开主力店招商恳谈会；然后，及时跟进并推进主力店的投资决策；最后，力争在规划设计前完成主力店租赁工作。

主力店建设程序如图 8.9 所示。

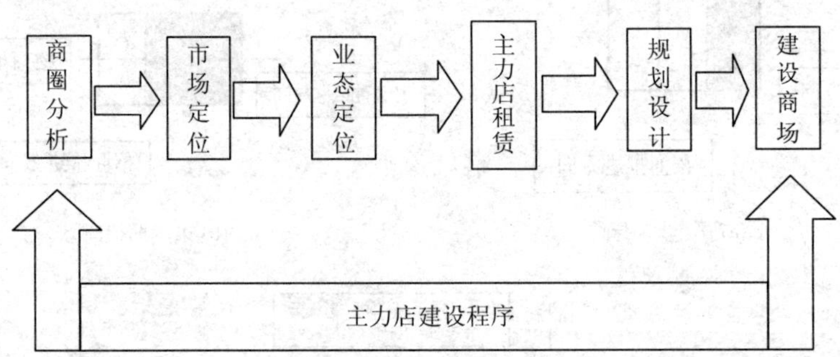

图 8.9　主力店建设程序

第 9 章

商业地产营销推广

商业地产是一个具有地产与商业双重特征的综合性行业，兼有地产开发、商业物业运营的双重运行规律。作为商业地产项目的销售和宣传推广也同样有着其操作的独特性。商业地产营销不仅要求具有创新性，还要体现其价值性、针对性和适用性。创新性是营销策划的必要条件，而价值性是商业地产销售推广的核心。针对具体的地产项目，最大限度地为顾客创造价值，并与商业地产项目环境及所拥有的资源相适应，才能实现商业地产销售推广的目标。

9.1　商业地产营销的策略导向

处于商业地产价值链上游的商业地产开发商或投资商，需要通过长期的商业运营和管理，帮助下游的经营者获得良好的销售利润，才能实现租金水平的最大化以及提升商业物业的价值，并最终实现双赢或多赢目标。这是商业地产营销与销售推广的基本策略定位。

营销推广是商业地产成功运营的重要一环，于是营销推广策略的选择显得尤为重要。商业地产营销推广的核心观念是了解消费者的需求，运用合适的产品、定价、渠道、促销和服务等方法来满足消费者的需要，并通过持续改进，维持和提升后期物业服务与管理的满意度。

为此，商业地产营销的策略导向必须关注顾客和需求，特别是基于业态环境的商业地产需求。既要认清各种消费者的需求，还要努力激起和满足消费者的欲望，进而在建造、创造商业地产项目与产品之前有效地组织实施销售活动，一切以顾客为核心，满足消费者的需求和期望。

商业地产所面对的顾客包括一般消费者、经营者和投资商三个不同的消费者群体。这些消费者又可以进一步划分为直接客户、间接客户、潜在客户以及关联客户等。

所谓直接客户，主要指承租客户和购买客户。承租客户包括商业地产主力店、商业管理公司管理的次主力店和品牌运营商；购买客户包括配套住宅、写字间、商铺、经济型酒店等产品的购买客户，其中又分为自用客户和投资客户。

间接客户主要包括配套住宅、写字间和商铺的承租者。配套销售产品的承租者是产品的最终使用人，配套产品能够满足最终使用人的需求，才会真正赢得市场。该类客户也是商业地产需重点研究的对象，其更加关注产品的功能、商业氛围、人流和物业管理等因素。

潜在客户指大型产业资本、基金和投资集团等。随着社会财富的积累，大型资本迫切需要各种优质投资载体，以满足其资金的保值、增值需求，这也为商业地产物业资产的变现提供了可能。大型资本更加关注产权是否明晰，现金流是否稳定以及是否具有有效的退出机制。

关联客户是指各地政府。各地政府掌握土地供应，是项目建设的先决条件。政府的扶持与否、支持力度决定项目是否成立。政企关系是商业地产要面临的重要议题，商业地产开发模式和提供的现代化大型商业设施必须能够满足地方政府的招商引资需求，在此基础之上政府更加关注的是项目的投资、建设周期、税收和就业等。

商业地产客户分布如图 9.1 所示。

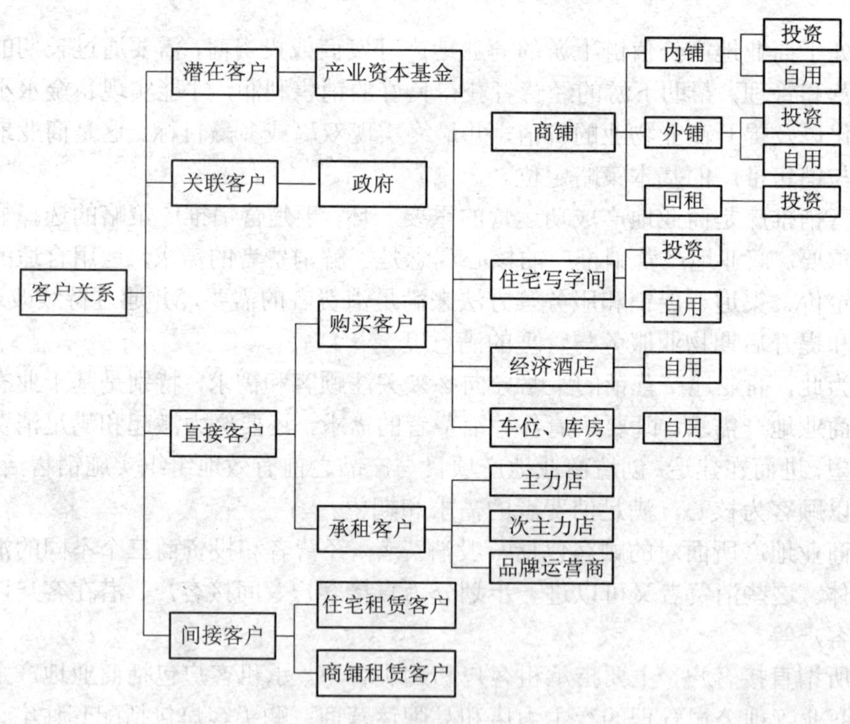

图 9.1　商业地产客户分布

通过上述分析，可以了解到商业地产各类客户的需求和关注点。针对不同客户的需求和关注点，可以对开发的商业地产产品做不断的完善和提升，以改善客户满意程度，提升产品核心竞争力。当然，商业地产开发商并不是要一味地取悦客户，因为商业地产营销策略导向的本质是通过改善产品、提升客户体验和增加客户粘性，培养长期忠诚的跟随客户，这对商业地产开发商的长期发展至关重要。因此，必须将提高客户满意度提升至营销战略位置。

9.2　商业地产的营销策略

基于以上营销策略导向，商业地产的营销策略包括以招商带动销售、借助政府政策开展事件营销、商业巨头联盟进行品牌营销、开展定制营销以及开展文化营销等。

9.2.1　以招商带动销售

成功的招商是商业地产顺利销售的前提，如果主力店和半主力店迟迟不能确定，那么项目营销将陷入困境。正式招商之前开发商应该做好项目整体商业业态组合计划。与此同时，开发商应借助于各种外部条件，充分调动各方面积极因素，努力实现各方的合作共赢、平台共建，共同推动营销工作的发展。

招商先行的重要作用体现在利用主力店群的聚集效应与人气效应带动中小店群的入驻，从而牵动销售，降低风险。由于主力店对项目产品的形成和主题起着决定作用，对主力店群的招商应集中在项目业态组合确定之后、规划之前，开发商必须按照其要求设计建造相适应的商业设施；而中小店群则对此要求不大，招商可在主力店群确定以后正式进行，分散于整个项目的建设期间。

9.2.2　开展商业地产事件营销

作为近些年来的一种新生事物，事件营销成为各行各业商家达成自己商业目的的重要手段。事件营销是指企业通过策划、组织和利用具有新闻价值、社会影响以及名人效应的人物或事件，吸引媒体、社会团体和消费者的兴趣与关注，以求提高企业或产品的知名度、美誉度，树立良好品牌形象，并最终促成产品或服务的销售手段和方式。简单地说，事件营销就是通过把握新闻的规律，制造具有新闻价值的事件，并通过具体的操作，让这一新闻事件得以传播，从而达到广告的效果。在企业的一切营销手段中，事件营销是除了广告之外最锋利、也最有席卷力的一把“利器”，如图 9.2 所示。

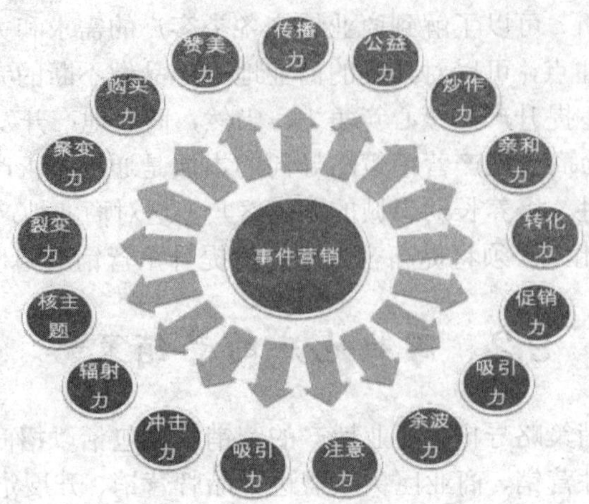

图 9.2　事件营销

事件营销逐渐受到商业地产企业的青睐，营销实践中，商业地产企业进行事件营销通常分为借力模式和主动模式两个基本类别。

所谓借力模式，就是商业地产企业将组织的议题向社会热点话题靠拢，从而实现公众对热点话题的关注向商业地产企业议题的关注转变。借力模式的商业地产事件营销要实现好的效果，必须遵循相关性、可控性和系统性原则。相关性就是指社会议题必须和商业地产的自身发展密切相关，也与组织的目标受众密切相关。可控性是指能够在企业的控制范围内，如果不在企业的控制范围内有可能达不到期望的效果。系统性是指商业地产企业借助外部热点话题必须策划和实施一系列与之配套的公共关系策略，整合多种手段，实现一个结合，一个转化，即外部议题与组织议题相结合，公众对外部议题的关注向组织议题的关注转化。

主动模式是指商业地产企业主动设置一些结合自身发展需要的议题，通过传播，使之成为公众所关注的公共热点。主动模式的商业地产事件营销必须遵循创新性、公共性及互惠性原则。创新性就是指企业所设置的话题必须有亮点，只有这样才能获得公众的关注；公共性是指避免自言自语，设置的话题必须是公众关注的；互惠性是指要想获得人们持续的关注，必须要双赢。

事件营销的显著特征包括对外部事件的依托性、双重目的性、第三方公正性、一定的风险性等。其中，对外部事件的依托性强调事件营销必须具有一定的载体。事件营销的本质是事件，无论是商业地产企业自行策划事件还是借用已有的社会热点，事件营销始终围绕着一个主题，以此实现商业地产的目标，建立商业地产的良好形象。双重目的性强调事件营销有两个目的：一是提高产品销售，二是塑造品牌形象。第三方公正性指商业地产实施事件营销时通过借助第三方公正组织或权威个人，将其产品、服务、理念较真实地传递给目标市场及目标群体，以提升其关注度。此外，由于事件发展的不确定性和信息接收者对信息接收程度的不同，事件营销具有不可避免的风险性，风险无法避免但可以控制，因此商业地产营销推广过程中应该予以重视。事件营销还具有信息接收干扰小以及宣传成本低的特性。事件营销由于借助或制造了能迅速吸引消费者眼球的事件，牢牢抓住了大众的注意力，排除了大量垃圾信息的干扰，从而提升了传播的有效性。事件营销也避免了其他营销方式的高额宣传费用，可以产生低投入高回报的宣传效果。

需要明确的是，事件营销和活动营销是完全不同的两种营销手段，其比较如表 9.1 所示。事件营销主要是对于刚刚发生的大事，或者是有名的历史事件进行策划，造成一个较强的新闻效应。事件营销的宣传时机过去了就没有了，能抓住时间的人才能达到营销的目的，在达到营销目的的同时，减少了广告费用。而活动营销是经过长时间准备的，活动的每一个细节和流程，要达到的目标都是经过很多次修改的，活动的执行要是按照活动策划完成的，活动往往越成功。

事件是突发的，是根据事件的进展不断地进行改动；而活动是在很长一段时间的准备下，在一定时间内进行的一个活动营销。

在互动方面，事件营销缺乏互动和反馈，仅仅是靠消费者单方面的传播来达到营销的目的，以提升知名度；活动营销是一个在进行互动前，进行系统的一些机制的设定，不但可以树立品牌形象，还可以形成系统性的规划，达到销售的目的。

就适应范围而言，事件营销一般用于知名度较低、急需打开市场，或品牌形象处于劣势地位需要出奇制胜的企业；活动营销则无适用禁忌，风险较小。

表 9.1　事件营销与活动营销比较

	发生时间	互动方面	适应范围
事件营销	突发性	缺乏互动反馈	适应范围小，风险大
活动营销	长时间准备	良好互动	适应范围广，风险小

9.2.3　商业巨头联盟与品牌营销

所谓商业巨头联盟，即“地产大鳄+商业巨头”的商业营销模式。地产与商业联盟的经营模式已经成为商业地产开发经营的一种新型模式，它是商业地产商在取得土地开发权后，对项目进行商圈分析，并按业态组合方案与符合条件的商业企业组成战略联盟。商业巨头的稳定租金提高了商业地产项目整体经营的稳定性，商业地产商可以借助商业巨头的品牌效应提高铺位售价，加快中小店的招商速度。商业巨头提供的租金虽然很低，但可在日后经营中吸引大量的顾客，吸引其他商业机构的入驻，因而提高了整个项目租赁的租金水平。对于有部分物业出售的项目，商业巨头的入驻则可以使这部分物业以较高的售价出售，从而加快资金的回收。

另外，凭借商业强势品牌，主力店带动非主力店。通过重点引进大型品牌主力店，以大型品牌店产生的品牌效应、人气效应，吸引善于借势生财的中、小型商铺投资业主跟进，从而迅速激活市场。

所谓品牌，是商标标志和消费者认知的综合，是企业、商品的个性化沉淀和凝结，是在激烈竞争的同质化市场中引起消费者注意和购买的重要识别特征。品牌营销(Brand Marketing)是通过市场营销使客户形成对企业品牌和产品的认知过程，是企业想不断获得和保持竞争优势所必须构建高品位的营销理念。最高级的营销不是建立庞大的营销网络，而是利用品牌符号，把无形的营销网络铺建到社会公众心里，把产品输送到消费者心里，使消费者在消费时认这个产品，投资商选择合作时认这个企业。这就是品牌营销。

品牌战略对商业地产公司的重要性，可以从三个方面来认识。

一是商业地产品牌对商家的选择具有很大的影响力。商业地产具有不可移动、高投入、消费时期长的特点。商家在选择商业地产时，介入程度会很高，市场搜寻广泛。根据一项研究结果表明，绝大多数商家会按照“遗憾最小原则”来进行商业地产选择决策，在面临多种选择时，总是竭力避免购买后遗憾。商业地产品牌作为一种高质量的象征、身份的标志、价值的体现，能够提供一种品牌承诺，减少店铺入驻后的遗憾，加速商业地产招商工作的完成。

二是品牌这种无形资产体现出商业地产企业的核心竞争力。品牌是商业地产企业通过相当长的开发经营过程形成的，它提升了企业的整体价值，使企业产品增加了附加价值，从而形成很强的市场竞争力，有助于企业价格战略的实施。当今国际市场的竞争早已是品牌竞争，谁拥有一流的品牌谁就能在竞争中取胜。这同样适用于商业地产业。采取企业品牌与产品品牌一致性战略，有利于促使商业地产开发与经营的统一性；将品牌战略纳入企业整体战略，有利于增强企业的核心竞争力，在塑造和推广品牌的同时更好地宣传企业文化。商业地产企业在进行企业整体战略规划时，应该把品牌战略作为整体规划的重要组成部分。

三是品牌营销战略能够帮助商业地产企业降低市场风险，实现企业扩张。

商业地产开发周期长，占有资金大，社会、经济、政治各种变化因素众多，市场风险也大。对企业而言，项目推出后能否顺畅销售，关系到投资能否迅速收回，进而会影响预期利润的实现。如果商业地产企业拥有良好的品牌，项目一经推出必然会赢得人们的关注，消费者在心理上拥有了安全感，势必会优先考虑。商业地产企业依靠品牌效应可以缩短新楼盘的上市时间，降低银行贷款利息支付，减少开发费用；可以避免因时间因素带来的各种不可预见风险；可以按照自己预先的计划有步骤地实施，保证实现预期利润；也可以减少巨额的广告投入，营销费用的降低可以转化为给消费者的让利，促进销售又保证良好的公司财务状况。

由此可见，商业巨头联盟与品牌营销既需要从消费者的角度出发，明确消费者需要什么样的产品，更需要从企业的角度出发，结合自身实力明确能提供什么样的产品，并随着消费者需求的变化调整品牌服务内容。实践中，商业巨头联盟与品牌营销运作还特别应注意以下问题。

首先，在保证商业地产设计优良的基础上进行产品的创新。在商业地产营销推广过程中，更为关键的是具有创新意识，根据市场的特性合理地推测市场的发展方向，利用企业自身的优势找准最适合企业的创新产品。一是开发理念的创新，即从消费者的角度去设计核心主题和利益诉求点，选择符合消费者审美观念的设计。二是产品生产过程的创新，即对生产周期缩短、生产成本减少的创新。三是服务的创新，即提高物业管理的服务质量，提高消费者的满意度。在品牌营销战略管理中要特别明确企业创新方面的投资及所要达到的目标。

其次，要赋予各个产品不同于一般的文化内涵，注意结合企业品牌的经营。消费者很多时候都是在寻求一种归属感，商业地产企业所塑造的品牌形象及其所诠释的产品文化要满足人们某种心理需求。赋予产品合乎需求的内涵，营造适宜的文化氛围来迎合消费者的心理。企业的产品文化要与企业的企业文化一致，产品文化要体现企业文化的内涵。一个商业地产企业不只是开发一个楼盘，可能是购物中心或是写字楼，如何把所经营的产品统一起来，在各自特定的产品定位基础上多方面体现企业的经营能力，是企业竞争力的体现，更是企业品牌经营的核心所在。在建立品牌营销战略时，商业地产企业可以采取独立的产品品牌与企业品牌相结合的策略，从企业的品牌形象上延伸出产品内涵，有的产品偏重其环境，有的则注意其投资价值。同时，加强企业形象宣传，运用营销策划系统通过媒体使消费者在认识企业产品之时，树立企业的整体品牌形象，达到普及企业品牌的目的。

然后，还要注重品牌的定位和维护工作。准确的品牌定位有利于产品的个性化与特色化的创建，不同的品牌定位代表不同的产品特色，满足不同消费者的需求，适应不同的细分市场，能够使企业资源有效地与特定细分市场相结合。在营销战略上要首先考虑准确的品牌定位，其次重视品牌维护工作，品牌维护工作能加强消费者对该品牌的认识度和品牌美誉度，使商业地产企业保持或增加市场占有份额。

品牌定位与维护需要建立品牌管理系统。不仅是对单个产品品牌的管理，更要建立商业地产整体品牌的管理系统。商业地产企业可以成立开发企业内部的品牌资产管理小组，品牌管理小组通过定期会议来对企业整体品牌进行维护和对单个品牌建立与维护的工作。品牌定位与维护还需要建立品牌评估系统。商业地产开发商的品牌管理小组定期通过专业手段对品牌资产的各个要素进行检测，包括品牌知名度、品牌美誉度、品牌忠诚度和品牌联想等方面。通过“平衡计分卡”对各品牌要素打分，结合知名企业的标准衡量自身，以明确需要加强的工作。品牌维护还需要持续一致地投资品牌。品牌管理小组必须从项目前期规划阶段开始就注意提醒开发商要投入足够资源，在设计阶段、营销策划阶段和物业管理阶段全方位持续一致地打造品牌，不能过度关注成本以至缩减必要的品牌打造工作。

最后，在做好品牌定位和维护的同时，更要注重品牌的提升。准确的品牌定位有利于产品品牌的提升，能使商业地产企业在知名度上更上一个台阶，进而可以在销售价格上有所提升、成本缩减，并扩大市场占有份额，对企业的可持续发展提供强有力的支撑。

品牌的提升要在三个方面下工夫。① 持续不断地深度开发品牌产品。根据市场营销理论，企业拥有多个产品品牌能降低企业的经营风险，某一种类型的物业不受市场欢迎，但是其他种类的物业就能弥补此种损失。② 深化品牌内涵。商业地产品牌内涵的深化主要体现产品的差异化，增加物业附加值。规划品牌营销战略时对已有的和要塑造的品牌不能千篇一律，要依据各个品牌不同的定位来针对各个消费群体，在设计功能、性能质量和服务上各异。③ 不断强化品牌的正向扩张力，即扩大市场占有率，扩大品牌认知度和美誉度。进行营销战略规划时，循序渐进地强化品牌的扩张力，每个阶段均制订强化方法，并根据实施效果和市场的变化修改计划内容。

9.2.4　以顾客为导向的定制营销

定制营销是指企业在大规模生产的基础上，将每一位顾客都视为一个单独的细分市场，根据个人的特定需求来进行市场营销组合，以满足每位顾客的特定需求的一种营销方式，如图9.3所示。

图9.3　定制营销

定制营销理论的主要着眼点在于差异化营销手段的运用。但商业地产项目巨大，投入资金多，要做到对每个商户都能“量体裁衣”实属不易。近年来，营销界提倡“全过程代理”的销售方法，用意是在项目的设计阶段就介入销售人员的市场信息，从而建造出客户有效需求的物业。而大规模定制理念进入商业地产领域，可以越过营销对象单个项目的较高成本，利用大规模、规模化生产的低成本，通过科学组合，成为客户有效需求的定制品；同时，客户由过去营销过程的被动终端变为主动参与设计的起点。这种定制营销的方法在原有营销基础上更进了一步，从而为企业创建品牌、提高市场占有率打下了基础。

9.2.5　以顾客为导向的文化营销

简单地说，文化营销就是利用文化力进行营销，是指企业营销人员及相关人员在企业核心价值观念的影响下所形成的营销理念以及所塑造出的营销形象，两者在具体的市场运作过程中所形成的一种营销模式。文化营销具体包括三层含义：第一，商业地产需借助于或适应于不同特色的环境文化开展营销活动；第二，文化因素需渗透到市场营销组合中，综合运用文化因素，制订出有文化特色的市场营销组合；第三，商业地产应充分利用CI战略与CS战略全面构筑商业地产文化。

商业地产文化营销就是指把商业地产作为文化的载体，通过市场交换进入消费者的意识，它在一定程度上反映了消费者对物质和精神追求的各种文化要素。文化营销既包括浅层次的构思、设计、造型、装潢、包装、商标、广告、款式，又包含对营销活动的价值评判、审美评价和道德评价。文化营销如图9.4所示。

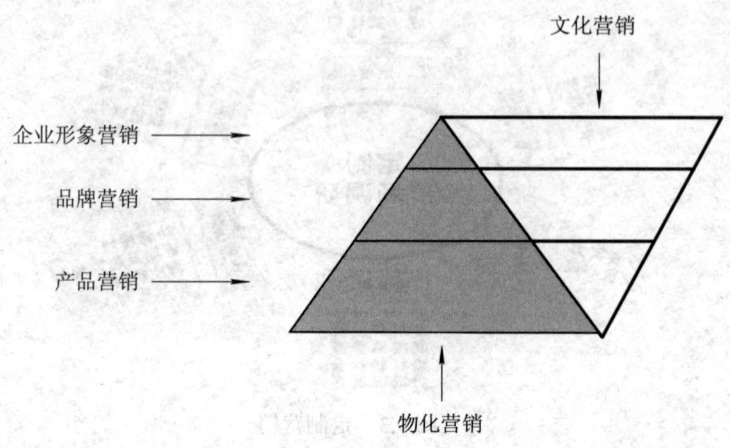

图 9.4　文化营销

商业地产实施文化营销的过程表现为商业地产产品营销、品牌文化营销以及企业文化营销三个层次。

所谓商业地产产品营销，就是从文化营销的角度看，商业地产产品仅是价值观的实体化。商业地产产品营销包括商业地产的建筑设计、商圈、交通状况等各个方面。

商业地产品牌文化营销是产品文化营销的进一步发展。品牌文化包括了整个社会对商业地产品牌的信任和保护。

所谓企业文化营销，其核心在于寻求为顾客所接受的价值信条作为立业之本，从而促进顾客对整个地产企业包括其产品的认同。企业文化是企业的核心和灵魂，能为公司树立良好的企业形象。

从文化的属性角度来看，文化营销的成功取决于文化的唯一性、大众性和功能性等基本属性。不同商业地产企业之间的产品在质量差异上越来越小，一个企业在技术服务等领域的优势很容易被人模仿，而文化具有唯一性，很难被模仿，因此，企业文化是企业竞争的核心部分。而文化的大众性，则要求通过文化营销，把商业地产推销给和商业地产具有一样文化品味的人/商家，让人/商家感到这就是他们追求和喜欢的商业地产，从而实现市场细分。从文化的功能考虑，文化具有独特的亲和力，文化的魅力在于文化的功能性，我们之所以被某一文化感动和征服，就因为文化包含着一种永久性的功能性价值。

9.3　商业地产营销渠道的构建

商业地产企业的核心资源类型包括团队优势、品牌优势、低成本运作优势、产品优势以及主题优势。在进行媒体推广时，可以针对不同的核心资源选择不同的市场推广策略。

在商业地产项目营销中，如何处理好营销渠道的选择与媒介的有效整合，如何使商业地产营销渠道达到最优效果，是营销中要考虑的最重要的问题。在商业地产的营销渠道上，从最早的报纸中缝、半栏、通栏、半版发展到展会、电视、广播、路牌、网络、飞机、活动甚至艺术展等媒介形式。因此，在商业地产渠道营销中，如何构建渠道、整合渠道就显得更为重要，这将直接影响到产品能不能顺畅地到达消费者，并最终使消费者采取实际行动。对商业地产营销来说，其营销渠道可以分为直接渠道和间接渠道。

9.3.1　直接营销渠道

直接营销(Direct Marketing)是一种不通过营销中间人，使用消费者直接渠道(Consumer Direct)进行送达和交付商品以及服务的行为。直接渠道主要是指商业地产开发企业利用自己的销售部门进行直接销售或招商。这种策略关系到企业能否将产品及时、顺畅地推广出去，也关系到企业的经营成本和盈利水平，而选择直接渠道策略对于商业地产开发商收集商业地产市场信息、树立企业信誉等有着特殊的作用。

四种直接营销的传播战略分别是：告知型、感性型、习惯塑造型以及自我满意型。告知型(思考者)营销传播战略主要集中在品牌知名度和教育消费者。感性型(感觉者)则突出品牌态度或偏好自我营销传播战略的目的。习惯塑造型(实践者)是透过“品牌试用/购买”和“品牌学习”作为营销传播战略的目标。自我满意型(反应者)是把战略目标定位在“品牌试用/购买”和“品牌态度/偏好”上。

每一种战略都具有与其相适应的战略、战术和目标，如表 9.2 所示。营销方案使用三个层级——公司、营销与营销传播。营销传播方案在决策树的底层，被视为是营销传播组合的要素；营销传播组合由营销传播战略指导；营销传播战略则被视为上一层级，也就是营销组合的一个要素；而这个要素(营销组合)又由营销战略指导；营销战略同样被视为公司战略组合的一个要素，当然要由公司战略指导。上一层级的程序通常被认为是指导相关下一层级的“战略”，而那程序的要素(下一层级的各程序是设计来执行上一层级的相关程序的)通常被认为是“战术”或“战略组合”。战略决定并指导战术，战术必须服从并服务于战略。

表 9.2　营销传播战略、战术和目标

战　略	战术(战略组合)	目　标
告知型 (思考者)	广告(主要是平面媒体) 经销商支持(培训和商展) 公关(新闻发布和公众报道) 口碑传播(透过广告、样品，以及参考系统)	产出极大化的品牌知名度与学习
感性型 (感觉者)	广告(主要是收音机广播) 经销商支持(合作广告) 公关(记者会)、公司形象广告与事件赞助 口碑传播(透过广告扮演)	产出极大化的品牌知名度与积极态度(喜好)
习惯塑造型 (实践者)	广告(主要是平面媒体和互动式媒体) 直效营销(直接邮寄、新闻信、直接反应广告) 促销活动(折价券、样品、退款及回扣、优惠包装、价格折价) 经销商支持(交易津贴) 公关(公众报道)	导入试用购买、在产品使用中学习(初次用户)、加强学习(重复用户)
自我满意型 (反应者)	广告(主要是户外媒体和特制品广告) 直接营销(产品目录、直接销售、电话营销、直接反应广告) 促销活动(礼品、竞赛摸奖) 经销商支持(竞赛与激励、店内广告、销售点陈列、人员销售) 公关(公司报道、事件赞助、在电影电视节目制作中曝现产品)	导入试用购买、在使用中喜好品牌产品(初次用户)、加强积极态度(重复用户)

9.3.2　间接营销渠道

除了直接渠道外，在商业地产营销中还存在着一些间接渠道。所谓间接渠道，是指通过间接方式达到销售或招商的目的。商业地产营销的间接渠道主要包括委托代理渠道策略、各种媒体形式、客户会以及媒介事件等。

委托代理渠道是指商业地产开发商委托专业的商业地产代理机构寻找消费者。通过专业委托代理可以降低开发商的风险，中介机构由于工作的范围、特性，以及对市场趋势的了解、对目标市场的掌握及对消费心理的研究比开发商更有经验且深入得多，因此，通过代理渠道更容易把握市场机会，能够更快地实现项目预期。

在商业地产产品的营销通路中，媒体是最普遍的形式。这和一般商品的广告推广是一样的，但是商业地产在媒体选择和组合上又有一些特性，例如：纸质媒体多于视听媒体；在不同的营销阶段，媒体投放频率和组合会有调整；软性宣传比重很大。除了广播、电视、报刊、广告牌等传统媒体形式外，商业地产营销中还使用新兴的媒体形式，如短信广告、网络营销、网上论坛、直投广告等形式。

网络营销成为新兴的商业地产推广的有效途径，表现在两方面：一方面表现在信息的整合方面。商业地产因其空间的固定性和市场的非物流性，市场的正常运转有赖于人流和信息流的驱动，通过电子商务和网络推广，可以使需求信息体现不同的区位特征，便于制定一对一营销策略；不仅可以向客户反映商业物业类型、布局、装修等外部信息和建筑设计、城市规划，金融政策等内部信息，重要的是还包括供求关系、产权转移、物业管理等动态信息。通过网上传播，可以使商户和消费者获得全面、专业的商业地产信息，从而提高了信息传播的效果。另一方面还可以通过网上竞价来为商业地产项目造势。网上拍卖是时兴的商业地产销售方式，通过市场需求确定物业价格，既体现公平，又能为开发企业赢得更大的利润空间。同时，由于网络拍卖的新颖性，可聚集足够人气，对项目进行宣传，间接起到了广告促销的效果。当然，受到相关法律法规不健全的制约，网络拍卖技术尚不成熟，这需要商业地产开发商在权利和义务关系上，与商户和消费者做好约定协调。

客户会也成为商业地产较为流行的一种间接营销渠道。现在几乎大型的商业地产公司都有客户组织，这些客户组织一方面是为了达到与客户的深层沟通，为客户提供增值服务，以提高品牌的知名度和美誉度；另一方面是为了达到对客户的品牌渗透，最终达到口碑传播和再次购买的目的。客户会往往都有自己的会刊及客户通讯，上面一般都会有公司的动态信息和新项目的介绍，实际上这也是一种营销的渠道，不过是一种更为潜移默化的方式。这种方式虽然表面上看不会带来直接的销售额，但其潜在的营销效果不能低估。

媒介事件也成为商业地产营销推广行之有效的方法。通过制造新闻事件或新闻人物，使公司和老总成为媒介追逐的典型，引起公众的注意。他们的一言一行都会引起媒介的关注，从而对业界产生影响，无形中企业的知名度也就提高了，随之项目也就声名远播。

商业地产间接营销渠道如表 9.3 所示。

表 9.3　商业地产间接营销渠道

营销渠道	详 细 说 明
户外广告	最常见的商业地产营销渠道。特点：成本低，覆盖面广。商业地产商可以长期、大范围地使用这种渠道，在项目开始前即进行宣传，以达到前期客户积累的目的
平面媒体	包括报纸、杂志等，也是商业地产比较常见的营销渠道。特点：成本适中，覆盖范围广泛，一经投放，可以收到比较明显的效果。杂志是一种相对来说比较昂贵的营销渠道，针对专业的目标客户而设定，商业地产开发商需要对目标客户有清楚的认识，从而选择合适的杂志投放
多媒体媒介	在营销过程中销售人员除了向投资者发送文字宣传资料外，还经常要做现场讲解，以便更形象地介绍项目本身特点，使投资者增强第一印象。这时计算机制作的幻灯片，拍摄的 VCD、DVD 光盘、录像带等将会提供形象、生动和大容量的介绍
专业机构	包括行业协会、政府机构、中介代理公司等，利用它们的良好信誉、权威性和丰富的客户资源，创建项目良好口碑，使投资者能尽快获取项目信息并采取行动
专业网站	随着互联网在我国的发展，普通的消费者可以方便地从网站获得各种信息。网络的普及化使得网络媒体越来越受到大家的重视。在商业地产领域，存在着一些提供专业信息的网站。如搜房网，它们是商家与消费者之间沟通与交易的桥梁，它们的特点是涵盖的信息量相当庞大。对于开发商来说，选择一个权威的网络媒体进行宣传也是必不可少的一步

9.4　商业地产的客户关系管理

当前，商业地产行业盛行的整合营销理论，其本质就是关系营销思想的反映。其主张以消费者为导向，强调企业与消费者进行双向沟通，从而建立长久稳定的互赢关系，为企业在市场竞争中建立品牌优势。如何通过创新提供差异化的服务，树立服务品牌，进行服务创新，是关系营销的灵魂所在。对客户关系的管理，将影响到客户的再次直接购买和间接购买(客户推荐购买)。商业地产少则几十万，多则上百万，乃至更高的价格，客户推荐产生的购买占据重要的比例。

客户关系管理是一种以客户为中心的业务战略。它可以帮助企业有效地采集和管理客户联系点的信息，利用这些信息找到更多的客户开发机会，更长时间地维系客户，提高客户终生价值，降低客户流失。而对于大多数商业地产企业而言，还停留于交易营销阶段。在交易营销观念看来，是商业地产企业创造了价值，认为商业地产企业就是买地、打桩、盖房、卖房，产品价值的实现在销售之前就已经完成了，营销职能的体现仅仅只是将这些价值通过销售手段经由客户完成并向货币转化而已。商业地产关系营销与其相比得到极大的进化，认为客户与企业所维持的关系最终创造价值，企业的关注点已经超越产品本身，扩大至针对于客户的价值生成过程，即客户所创造出的可感知的价值过程，并涉及企业的各个环节、各个职能。

商业地产关系营销的具体实施包括一些传统的营销工具，如广告宣传、促销活动、价格策略等，同时还需要客户投诉处理、客户服务维持等客户关系管理体系的支持。而后者的基础力量随着竞争日益突显。

商业地产客户关系管理的特点包括关注客户资源信息、关注客户的满意度与忠诚度、为客户承诺提供保证等。

商业地产客户关系管理非常关注客户的资源信息。根据美国营销学者赖克海德和萨瑟的理论，一个公司如果其客户流失率降低 5%，利润就能增加 25%～85%。商业地产企业已经认识到保持现有顾客的重要性，具备一套完善的客户关系管理体系，建立商业地产客户数据库，并有效地运用所储存的资料，这都能通过研究客户、开发客户、与客户沟通，有效地留住客户，赢得客户的信赖与拥护。

商业地产客户关系管理同时也关注客户的满意度与忠诚度。当今的客户已经具备了住宅梯度消费的特征，这些购房者完全有可能成为一个品牌商业地产的忠诚顾客。客户关系管理基于对客户的置业咨询、业主联谊、物业管理、商业结盟等手段，强化了在客户心目中的美誉度和忠诚度。

商业地产客户关系管理也充分重视并保证其对客户的承诺。由于商业地产商品价值大、消费周期长、使用效果后验性强、涉及知识面广等特性，商业地产开发商的口碑在消费者心目中占据重要地位，许多消费者在作出购买决策时很注意听取老顾客的评价和建议。因此，商业地产开发商对客户长期负责的态度必须郑重其事。

商业地产客户关系管理非常关注顾客抱怨，且全程进行沟通并化解。如今的商业地产企业大多具备多元经营的特征，从商业地产价值链所涉及的动拆迁、规划设计、建筑施工、建材生产与采购、房屋装潢、园林绿化、房屋租售、中介咨询等领域选择若干项目从事经营。建筑质量是否优良、房屋面积的测定标准是否合理、交楼是否按时、管理水平优劣等都成为其各方面的“质量”问题。在此，保持与客户的沟通至关重要。根据美国营销协会的研究数据表明，只有三分之一的顾客是因为产品或服务差而不满，其余三分之二的问题都出在沟通不良上。

第 10 章 商业地产运营及其管理模式

商业地产招商后，开发商根据不同商业项目的规模、业态和定位，导入开发商自主开发的商业管理模式，对商业项目进行全面、有效的经营管理。运营管理是商业地产运营的核心，是商业地产收益和物业价值提升的源泉，是投资者的利益得到最大体现的保障。

商业地产运营模式，即商业地产运营管理模式，是指商业地产项目从产生到持续经营过程中，相关关系人、关键管理要素之逻辑关系的结构表现。商业地产运营模式决定着商业地产项目的市场经营效果，决定着商业地产项目未来的发展。成功的运营管理模式，不但能够提升客户价值创造能力，还有利于延续企业的竞争优势，推动企业持续发展。

10.1　商业地产运营管理范围及特点

10.1.1　商业地产运营管理范围

商业地产的成败关键在于动态战略能力培育或运用水平的高低，以及是否能将这种战略能力得以动态的施展或实施。商业地产招商运营的动态能力体现在对商业结构的及时调整、寻找核心竞争力等方面。

商业地产运营管理的首要任务是关注动态环境，及时调整商业结构。商业地产项目的动态环境是指商业地产项目所处的宏观经济环境（包括政治、经济、商业环境）、行业环境、企业内部环境等随着时间、市场竞争变化而在形式、内容上所表现出来的差异，这些环境处在动态变化中或处在不确定性的一种复杂多变的状态中，其主要特征是动态变化。在项目经营环境变得更加动态化和复杂化的情况下，项目战略制定、选择与管理的问题也就相应地成为关键问题。

商业地产项目总是处于竞争激烈与动态的经济环境中，这对于项目竞争优势的获得、发展及其动态战略能力的形成具有明显的影响。动态变化的环境造成了商业地产定位的调整。商业地产从开发到招商的过程一般要经历 2～3 年左右的时间，这个过程往往会发生巨大变化。如原本定位建材市场的商业模式，在几年的市场变化中发生建材商业中心区外移或周边区域由于政府规划的失误导致行业市场饱满，这个时候必须考虑合适的商业定位调整；又如原本是建材市场现改为只做精品建材或干脆调整行业以示区分。当然转行业必须慎重考虑并认真调研，在案例调查中发现失败与成功的转型市场各占 50%。动态变化的环境还会引发项目产品结构的调整。项目产品指的是商业地产所开发的物业，由于宏观经济发生重要变化，如金融危机下消费者投资谨慎，大宗交易投资者在其他项目上损失惨重，没有能力再投资新的商业，所以这个时候必须要把眼光放在中小投资者身上，必须把原本每区售价 2000 万元的商铺分割为每区 500 万元来满足投资者需要，这就是动态战略的一个表现。动态变化的环境还带来了商业地产内部环境的调整。开发商原本依托自己的能力进行招商管理的计划在竞争中发现差距后，改变思路，委托第三方来负责管理招商，借助外来优势提升项目的竞争能力。

商业地产运营管理的任务还体现在寻找核心能力、巩固竞争力方面。商业大师普拉哈拉德和哈梅尔认为，“企业的核心能力决定了企业能够形成某种竞争优势。所谓核心能力，是组织中的积累性学识，特别是关于如何协调不同的生产技能和有机结合多种技术流派的学识。这种能力不局限于个别产品，而是对一系列产品或服务的竞争优势都有促进作用”。从这个意义上说，商业地产也有自己的核心竞争力，这种竞争力很容易形成一种模式进行复制。比如，万达购物广场就能准确地找到自己的核心竞争力，借助与沃尔玛定单式的合作伙伴关系的力量，以大型购物中心、影院为特色的商业综合体来提高物业价值。等物业价值高于想象的时候适当出售部分物业以获取成本收入，同时通过可观的物业租金实现循环产业发展模式。这就是商业地产的核心能力，拥有这种能力的商业开发企业将在竞争中获取优先条件。

商业地产运营管理还需要加强学习能力，并寻求突破点来制胜。学习力是学习动力、学习毅力和学习能力的总和，商业地产开发企业的员工只有具有较强的学习力，才能比竞争对手学得更快，才能获得唯一持久的竞争力。因为企业唯一持久的战略能力，就是比竞争对手学得更快的能力。商业开发企业的动态战略能力的形成离不开知识的创新、积累、转移和共享，这就要看商业地产开发企业的决策者，有没有能力带领自己的团队成为一个学习型团队和知识型团队，在不断修炼中增加企业的专用性资产和隐性的不可模仿性知识等。

10.1.2 商业地产运营管理的特点

商业地产运营管理的特点体现在其多样化的经营模式、复杂的使用功能以及动态的运营方式等诸多方面。

所谓多样化的经营模式，是指对于规模庞大的商业地产，其经营多采用开发商整体开发，项目统一经营管理，以收取租金为投资回报形式的模式；对于规模较小的商业房地产，很多小规模商业地产中住宅、公寓、写字楼等项目则采用商铺出售、零散经营的模式。

复杂的使用功能从商业房地产的功能特点来看，即零售、餐饮、娱乐、健身服务、休闲等。有的项目采取各种功能复合经营的方式，有的项目采取部分功能组合的经营方式，当然也有些商业房地产项目则采取某种功能单一经营的方式。

鉴于商业房地产公共服务的特点和项目长期经营的市场需求，在项目整个的经营过程中，商业房地产的经营必须以动态的方式来运营，不像普通住宅、公寓、写字楼、别墅等建设完成、销售完毕后就意味着开发过程的结束。

通过与传统制造业在运营管理组织方式、产品及运营系统设计方式等比较，能更清晰地理解商业地产运营管理的特点，及其所造成的工作重心区别。

在运营管理的基本组织方式上，商业地产运营管理的产出属于服务业范畴，是无形的、不可触摸的。在商业地产运营管理中，运营过程往往是人对人的，需求有很大的不确定性。

在产品和运营系统的设计方式上，商业地产运营管理中的运营管理服务和提供系统必须同时设计，因为其所提供系统即是服务本身的一个组成部分，运营管理的生产与消费过程是同时发生、不可分割的，因此不同的运营系统会形成不同的服务产品和特色。

在商业地产运营管理的概念、方法、流程中，无形因素起着关键作用，实物形态的因素较少，所以要提高竞争力，商业地产运营管理就要从无形因素着手。由于顾客常参与其中，还必须采取一定的措施限制其可能造成的干扰。

最后，与传统制造业相比，商业地产运营管理衡量与评价产出的复杂性也不同。商业地产运营管理最重要的衡量标准是运营效果和质量。运营管理的质量很难定义和精确评价，不能简单地通过收入、成本等数据评价绩效。以人为本的运营特点使商业地产运营管理结果趋向隐性化、复杂化。

10.2　商业地产运营管理的理论基础

从理论角度说，商业地产运营管理既要关注运营过程的市场执行力，还要把握自身项目的价值链特征，更重要的是要有系统与全局观念，以消费需求为导向，从项目的后续运营与可持续性发展入手，对项目进行整体的运作规划，这就是所谓商业地产管理的逆向运营思维，或逆向系统思维。

在商业地产运营管理中，逆向思维不仅强调要考虑项目的后期运营，更要首先从消费者的立场考虑项目运营。既要注重运营管理的系统性、以市场和消费者为导向，还要有灵活的战略与战术安排。其中，商业地产运营管理的系统性作为运营管理的核心，倡导项目运作的每个环节都要为整体运营服务。而以市场和消费者为导向则表现在，运营管理要努力使项目每个阶段的运作都能够与市场、消费者的需求高度吻合，以驱动项目产品的原创性“创新”。

事实上，逆向运营管理是一个庞杂的系统工程，前期战略策划至关重要。项目的策划首先要把握大势和方向，要有科学的运营思路，高度的预见力和创新力，战略先行的目的在于掌握航向。但在执行过程中，要随时关注市场变化，以便于找准时机根据市场形势动态制定适宜的营销策略或战术。

10.2.1　商业地产的利润、价值与市场运营力

商业地产的利润、价值与市场运营力构成了商业地产运营管理的三大基本要素。商业地产运营管理模式的诸多形式都是上述三大要素交互作用的结果，表现为开发商、投资商、运营商、经营者、消费者等五个利益主体在商业地产运营管理中的动态互动过程。事实上，任一商业地产运营管理模式的成功或有效性，都是通过系统运营，以及市场运营力的优化和提升，提高了商业地产项目的销售和租赁效率，从而使多个利益主体获得期望的投资收益回报。

在商业地产运营管理中，市场运营力特指商业地产企业对市场的运作和把控能力，市场运营力是基于一定运营理念的满足力、聚合力、提升力等基本要素的有机结合。

满足力是指商业地产项目在规划时，对投资商、经营者、消费者需求的满足程度。市场要构筑、培育自身的满足力，就应该研究这三者的核心需求，并找到合适的方式加以满足。投资商的核心需求是商业地产投资回报率；经营者的核心需求是经营的业种、业态同市场的匹配性与良好经营的持续性；消费者的核心需求是物质利益的保障与精神的愉悦性。

市场的聚合力首先取决于商业地产企业品牌的影响力与吸引力。强势的商业地产企业，因其雄厚的实力、先进的企业理念、成熟专业的运营管理模式、成功的商业开发案例等产生并释放着巨大的影响力与吸引力，因而身后跟随着大量的投资商，周围聚集着大量的经营者，并由此带动起一批又一批新的投资商与经营者进入。这样的滚雪球效应，使其运作的商业项目进入良性循环。其次是四强联合，即强势开发商、强势投资商、强势运营商、强势经营者的联手，必将催生强势的市场。

提升力首先指市场价值的提升，其次才是运营力的提升。市场持续经营的优劣、时间长短，取决于开发商、运营商对市场价值的提升。市场价值的提升涵盖两大方面：一是市场口岸价值的提升。一个成功的、具有强大影响力与吸引力的市场，本身就是一个优良的商业口岸。二是市场品牌价值的提升。要实现这两大价值的提升，则需要持续不断的市场运作，它不仅需要资金的支出，更需要开发商、运营商的智慧投入。

运营力的提升亦涵盖两大基本方面：一是运营商专业运营力的提升；二是经营者经营力的提升与自身的发展。实现提升的不二法则是无论运营商和经营者都需要不断学习和创新，都应该清醒地把握变化的趋势并始终与变化同步。

总的来说，开发商的利润是通过销售和租赁商业物业来实现的，商业物业的销售和租赁是通过投资商和经营者的购买和租赁行为实现的，这种行为又是建立在投资商和经营者获得利润的基础上的，消费者的忠诚度又决定了投资商和经营者的利润，而消费者的忠诚度又是由消费者的满意度决定的。因此，开发商通过项目运营管理，全方位提高可觉察使用价值(Perceived Use Valve，PUV)，提升消费者的满意度，进而实现经营者、投资商、运营商的利润，才能最终实现开发商的利润。

10.2.2　商业地产运营管理的四统一

商业地产运营管理的四统一是指在商业地产运营管理的统一招商管理、统一营销、统一服务和统一物业管理等四个基本环节中，应始终坚持系统性与统一性的原则，目的是方便商业地产的运营管理，体现商业地产项目的整体性。

所谓统一运营管理，即将商业地产中的各个要素整合起来统一进行管理。统一运营管理一般包含四个方面的内容，即统一招商管理、统一营销、统一服务监督和统一物业管理。而其中“统一招商管理”又是后面三个方面的基础。

目前，国内的大多数商业地产项目都还处于“统一招商阶段”，而其他三个方面暂时还有没有进入。

商业地产由于其产权、经营权的分离，使得权责的分配不能按照一般的住宅思路来进行。作为商业地产中最为强势的利益主体，发展商有义务、也有责任承担起项目的统一运营管理的责任。

统一运营管理既是发展商的责任，也是项目获得成功的一个关键。不论项目是租是售，发展商都应该积极地介入项目的后期运营管理。比较妥当的做法是发展商针对项目成立一个由商业、营销、物业等方面的人士组成的专业团队长期运作项目。

统一营销，即商业地产项目需要提供的全方位客户体验的平台。一个大型的商业地产项目，在完成招商以后，可能会出现各种不同的业态、利益主体和目标公众。但是，不论这些差异有多么显著，由于在空间和时间上的共同属性，所有商家都具有很明显的共同利益点，即人气、名气、声誉等，而这些共同利益的实现需要有一个公共的利益平台去操作。

商业地产项目的营销策划需要一个成熟的专业团队，在项目的CIS识别系统、媒体推广、活动操作、公共关系、危机处理等方面整合各项资源，有计划的、有目的地进行推广，从而逐步确立项目的风格和性格特点，逐步实现项目品牌化。项目的品牌建立和充实是统一营销的最终目的。

统一的服务监督是一个公共的操作平台，在许多情况下，运营商可以与政府工商、司法、税务等部门保持合作，以确保服务监督的法理型权威的有效存在。良好而规范的服务是获得消费者或客户认同的基本前提，也是项目建立起“口碑”的基础工作。

良好服务监督在确保为众多的商家提供规范性服务的同时，还能促进商业地产项目在视觉上、行为上、理念上实现可识别化，帮助项目实现品牌整合。营销推广虽然能建立品牌，但是没有良好的服务作为基础，品牌也是无法持久的。

统一物业管理，即商业地产项目中的所有要素都采取同一个专业性的物业管理公司。商业地产项目由于人流量大，其物业管理所受的压力也远大于住宅项目。所以，选择专业性的商业物管公司非常重要。

大型商业地产项目由于业态的多元性和分割性，更难实现统一的物业管理。但是，这个时候统一的物业管理也显得更加重要。大量的公共服务设施和公共服务空间，必须有一个统一的物业管理公司来实现公共领域的合理化配置和有效运行。

10.3　商业地产运营管理基本模式

商业地产运营管理模式是指商业地产项目生存、持续经营并赢利的关键要素和要素之间的逻辑关系。运营管理模式决定着一个商业地产项目的市场经营成果。从长远来看，适宜的商业地产项目需要合适的运营管理模式并不断完善，运营管理模式决定着这个项目未来的发展。不同的商业地产运营管理模式具有不同的赢利潜力和竞争优势，成功的运营管理模式能够不断提升客户价值创造能力，还有利于延续企业的竞争优势，最终推动企业的持续发展。

现行商业地产运营管理基本模式主要可以概括为产权出售（只售不租）、物业持有（只租不售）与租售结合三种。其中，租售结合又分为售后返租和部分出售部分出租两种。“产权出售”就是在开发建设完成后，把商铺卖掉；“物业持有”就是自己持有物业，做大房东；“售后返租”就是指商铺在出售后统一返租，统一招商运营；“部分出售部分出租”则是大部分租赁，小部分销售。

商业地产运营管理模式如表 10.1 所示。

表 10.1　商业地产运营管理模式

模　式		实　质
只售不租		销售、产权与经营权被分割且转移
只租不售		全部出租，不销售，产权、经营权皆完整
租售结合	售后返租	销售、经营权在返租期内完整，产权被分割且转移
	部分出售部分出租	大部分租赁，小部分销售，经营权、产权基本完成且基本未转移

10.3.1　只售不租的运营管理模式

只售不租模式即商业地产企业在商业地产设计、开发出来后采用零散销售的方式出售地产商铺，然后利用销售回款进行滚动式开发的运营管理模式。只售不租的运营管理模式要求开发商只销售、出让产权，销售完成之后基本上就不再对商业地产本身进行干预，而仅由物业管理部门进行日常的统一维护管理，这是旧有商业地产开发普遍采用的经营方式。

在只售不租的运营管理模式中，开发商不仅可以快速回收投资，进而实现短期套现，减轻资金压力，并且无需承担后期经营的压力和风险。同时，投资商也具备完全的经营自主权。但由于产权被分割出售后，经营权迅速分散，开发商无法进行统一的招商和统一的经营管理，而经营者往往根据自己的判断“什么赚钱卖什么”来选择经营品种，导致商业业种业态组合混乱，呈现一种无序状态，从而可能导致经营不善的后果，商铺的价值也可能大大缩水。

从适用范围上说，只售不租的商业地产开发模式只能局限于商业的大宗销售或少量的社区街铺；对于大卖场散铺销售和大型商业街销售，采取只售不租模式，则往往会引起经营管理失控。商铺分割出售后，产权分散导致商业地产的后续管理中缺乏对项目的整体控制，单纯依靠分散的业主和租户自身调节，难以保证商业物业后期经营的持续稳定。由于管理不善导致商场难以经营甚至瘫痪的悲剧在商业地产领域时有发生，甚至已成为一种通病。

只售不租商业模式的基本优势是能够快速地回收投资资金，有利于地产开发商利用回收的资金迅速地进行下一轮的地产开发，以增加开发商的资金流动性。

但是，这种商业模式的劣势也是非常明显的。首先，只售不租模式不利于顾客价值增值。这种短期投资方式不利于商业地产的增值，既不能给广大的经营商带来最佳的顾客价值，也不能在商业地产的运营过程中实现顾客价值的增值。其次，在这种商业模式下，商业地产企业获得的是一种短期利益，因而不利于商业物业的保值乃至升值，不利于商业地产项目的持续经营。

与住宅地产开发不同，商业地产开发成功与否不取决于其销售情况，而取决于后期经营。因此，商业地产更加关注项目开发之后的经营状况。但在只售不租模式下，商铺销售成为商业地产项目运营管理的最终目的，而忽视了商铺后期盈利能力、地产自身的商业价值及其升值等，因此不会在地产开发之前及开发之时就将今后的经营情况充分地考虑进来。因而就不可避免地会出现商铺开发格局与业主经营需求脱节、商铺销售火爆但是后期经营差的情况。由此可见，只售不租模式主要考虑了开发商的自身利益，没有从商业地产企业的顾客利益角度来考虑问题，本质上是一种抛弃了为顾客实现价值增值的短期行为。

10.3.2 只租不售的运营管理模式

只租不售经营模式主要是开发商对物业采取整体或分散出租或片(层)出租，资源获得方式也是开发初期依靠自身筹资和后期的销售回款进行滚动式开发，后期的商业运营采用的是统一经营或整体经营。

只租不售的营销模式不转让产权而采取持续获利的方式，只是对外租赁，实现对租赁工商户的统一管理。这种模式需要开发商具有较强的经营能力，需要自身不断开拓市场、培养市场，从而形成浓厚的商业经营氛围。如果经营好的话，有利于打造项目的品牌价值，提升项目的竞争力，使整个物业能长期稳定地成为一个品牌。但是，如果缺乏商业经营能力，只是将物业大宗租赁给大商家，虽然经营收益稳定，经营风险降低，然而随着商战的升级，大商家所支付的租金回报会降低；如果采取散租模式，虽然能提高预期的租金收益，但由于自身经营能力弱，往往会导致商场经营失败。目前的商业地产只租不售的模式更多地体现在购物中心的开发上，在购物中心遭遇“一卖就死”的黑色定律之后，越来越多的开发商不得不面临购物中心运营的现实。即使面临资金压力，越来越多的购物中心开发商不再急于出售商业房地产产权，而更加看好、注重通过商业项目的管理、运作来提升物业的潜在价值。实践证明，很多商业地产在有序的宏观规划下统一管理，现在已然成为商业地产的成功标志。

只租不售的经营模式也对开发商提出了较高的资金要求。只租不售模式下，商业地产的前期投入十几个亿甚至是几十个亿，招商、管理运营等方面的投入也极高，而投资回收期则长达十几二十年，资金实力稍有不足，就会出现资金断链的情况。采取这种经营模式的开发商不能以追求短期利益为目的，为回笼资金而将大量商铺分零产权出售。这种运营模式下的开发商不仅需要对整个商业地产项目的规划设计、施工建设、招商经营具有极强的整合能力，而且最为关键的是开发商具有超强的融资能力，因为资金问题将是项目建设、运营成功的第一要素。

同时，只租不售的经营模式要求商业管理商具有较强的整合协调能力。在项目招商完毕后，经营管理的大权由开发商移交给商业管理公司。在大型复合业态中，商业管理公司扮演了极为重要的角色，它需要协调开发商与经营者脱节、中小经营者与大型经营者市场定位、经营风格等方面不一致的许多问题。对于这种商业模式而言，只有商业管理公司很好地解决上述问题，开发的商业地产才有商业价值升值、地产升值的可能。因此，在只租不售模式下商业管理公司的整合协调能力要求比较高。

只租不售商业模式的基本优势是克服了该模式只获取商业地产项目短期利润的弊端，转而通过获取店铺租金收益来获取利润。而为了获取持续稳定的租金收入，商业地产企业必然会从商业地产设计开始就以实现客户价值增值特别是广大运营商与经营商的价值增值为开发设计指导，设计出符合最终消费者消费水平、消费趋势的商业地产项目的商业定位、业态业种的最佳组合以及能够给运营商和经营者带来最大利润的建筑空间设计。因此，从客户价值的角度来讲，该商业模式在某种程度上能够实现客户价值的增值。

但是这种商业模式也存在很多劣势。首先，不利于与一级客户的价值衔接。

从客户价值的角度来看，这种商业模式不能很好地衔接运营商与经营者的价值，会出现商业地产企业的业务行为与客户价值实现的脱钩问题。这种先开发后招租的商业模式难免会出现商业地产的设计、开发模式极有可能不能完全符合后来租赁出去后的经营需要，造成建筑空间的浪费或配置不合理等一系列问题，给商业地产企业的一级客户带来运营成本的增加，最终影响客户价值的实现及其增值。

其次，只租不售商业模式不利于价值网的整体运行。只租不售商业模式构建的价值网组织过于松散，难以实现有效的整体管理，同时难以实现整体价值网有效运作带来的价值增值。该商业模式下，商业地产企业与广大的运营商及经营者仅仅存在着简单的租赁关系，租赁双方都从自身价值最大化的角度出发考虑问题，并没有从整个价值网的角度出发结成利益共享的价值共同体。一方面，租方即商业地产企业为了获得自身价值最大化往往会最大限度地抬高店铺租金，而且在自身价值最大化的驱动下，商业地产企业往往也会单方面终止与某些租金不够高的经营者或者运营商的租赁合同而选择租金更高的运营商或者经营者；另一方面，承租方也会从自身价值最大化的角度出发尽可能地压低租金，而且也会因为找到了租金更低的店铺而单方面终止与商业地产企业的租赁合同。商业地产企业与一级客户之间的这种非共赢的博弈显然会影响双方的合作，不利于双方建立长期共赢的战略合作伙伴关系，更不会实现由于整体价值网有效运作所带来的整个价值网价值的增值。

最后，只租不售商业模式不利于商业地产企业价值创新。只租不售模式下，商业地产企业的价值创新能力较低。一方面，该商业模式下的商业地产企业的价值规划能力、价值实现能力较低。商业地产企业价值规划能力即商业地产企业明确了商业模式的价值对象、价值内容及价值范围等价值主张问题后，为了实现价值主张而对企业的各种内外部环境资源进行加工并进行价值活动分配的能力。由于商业地产企业价值活动的核心包括商业地产企业自身运营和经营者各个方面的价值活动，因此商业地产企业的价值规划也必然涉及运营商、经营者资源的整合问题。但在只租不售产权商业模式下，由于商业地产企业与各运营商、经营者之间只是存在着简单的租赁关系，商业地产企业不能对运营商、经营者资源进行有效的规划及管理，因此也就会极大地影响商业地产企业价值规划能力的发挥，也就更谈不上商业地产企业的价值实现。另一方面，该商业模式下的商业地产企业的价值更新能力较低。商业地产企业的价值更新能力，即商业地产企业在市场环境变化的情况下进行价值更新的能力。由于只租不售产权商业模式下的商业地产企业与广大的承租方——运营商与经营者合作的基础就是租赁合同，当租赁合同终止则双方的合作关系就终止。因此，当商业地产企业进行价值更新即商业地产企业与承租方租赁合同终止时，商业地产企业与广大的运营商及经营者的合作关系也就此终止了，商业地产企业在价值更新过程中就需要重新建立新的价值网络，这样势必会增加商业地产企业的价值更新成本，降低商业地产企业的价值更新能力。

10.3.3　售后返租的运营管理模式

售后返租是指商业地产开发企业在一定期限内，以承租或者代为出租买受人所购该企业商品房的方式销售商品房的行为。售后返租的基本运作过程是开发企业将所售商品房出售给投资者，同时与投资者签订承租协议，并以承租期间的租金冲抵部分售价款或偿付一定租金回报的一种投资方式。

在此模式下，购买者在一定时期内获得收益，但不享有经营权，而实行所有权和经营权分离的管理方式。一般要求开发商具有较强的综合管理能力，才能协调好开发商、投资者、管理公司三方之间的关系。

售后返租一般出现在商铺、写字楼、商用住宅(如酒店式公寓、商住楼)等销售过程中。售后包租有多种形式，包括返租回报、带租约销售、利润共享、保底分红等，但其共同点都是以承诺一定比例的租金回报的方式来吸引买家购买，其各种具体形式都必然包括房屋买卖及租赁两个环节，只是在投资者收益方式等细节安排上有所不同。

售后返租模式主体关系图如图 10.1 所示。

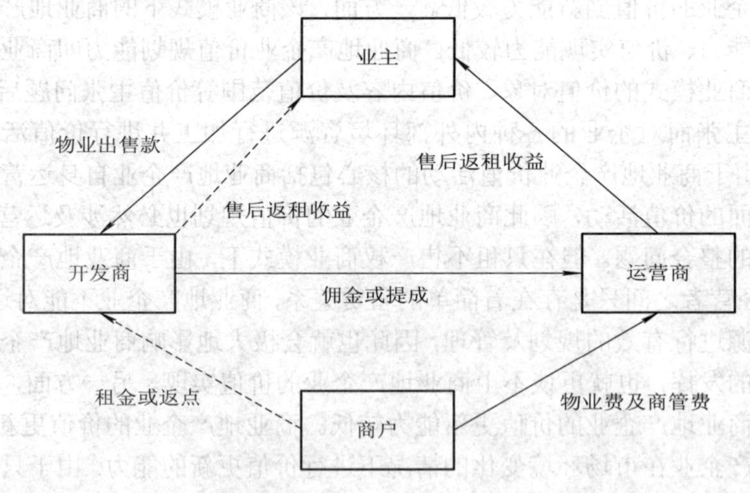

图 10.1　售后返租模式主体关系图

售后返租模式是地产商融资的巧妙手段，有利于快速回笼资金。实践中常常根据不同的项目与环境，采取不同的操作流程或方式，如招商—经营—销售—返租、招商—销售—返租—经营、销售—返租—招商—经营以及销售—返租—放任等。

在招商—经营—销售—返租管理流程或方式中，开发商首先进行招商，但要在经营一段时间后再分割销售商铺。此时销售属于带租约销售，然后再签订一定年限、一定金额的返租合同。从一定意义上讲，该模式是一种较新颖的销售型地产操作模式，视经营情况而定，在经营管理相对成熟后再进行销售，对于后期的返租运营阻力较小。

在招商—销售—返租—经营管理流程或方式中，开发商首先进行招商，在招商的同时或稍微迟一些时间再销售商铺。此时销售属于带租约销售，然后再签订一定年限、一定金额的返租合同。从一定意义上讲，该模式是一种对于经营权把握度较高的销售型地产操作模式，视招商情况而定，如招商结果较好，再销售会有效地提高去化速度，便于后期的统一运营。

在销售—返租—招商—经营管理流程或方式中，开发商首先将商铺进行分割销售，再委托专业的商业管理公司以返租的形式统一招商，物业管理和整体经营。因为由专业的公司代为管理，故又称做“管理型商铺”，该模式是现今较为广泛运用的销售操作模式之一。拆/零售产权以快速回收资金，采用固定化、利率化的周期性返租回报将经营权从产权中剥离，再由商业管理公司统一管理和经营。但此种模式对商业管理公司要求较高。

在销售—返租—放任管理流程或方式中，开发商在出售商铺时与投资者约定，在出售后的一定年限内，由开发商以代理出租的方式进行包租，或者直接承租经营使用，包租期间或者承租期间的租金冲抵部分售价款或偿付一定的租金回报。该模式有利于开发商快速回笼资金，并且转嫁风险。但该模式的后期经营风险大，在经营期内一旦经营失败，开发商将无力承担风险回报并导致业主颗粒无收。

总的来说，售后返租模式具有明显的优势，也具有一定的劣势。售后返租模式能够在短期内回收大量资金，避免了零售产权导致经营混乱的局面，同时省去了投资者出租的风险和收取租金的麻烦，从而投资收益较为长久而稳定。但此种模式投资回报期长，风险较大。

10.3.4　部分出售部分出租的运营管理模式

部分出售部分出租的运营管理模式，或称部分租售模式，这种运营管理模式就是将主体物业部分整体租赁给有实力的商品贸易企业，而只将部分店铺出让产权和销售，以平衡自身资金压力，补充资金不足。一般来说，这种营销模式非常灵活，通常将楼层高层部分整体出租给具有较强实力的品牌企业，而只将底层少部分楼层商品分割销售，可以利用高楼层的品牌销售和经营实力发挥自身效益，同时带动底层商品经营。这种经营若出现底层经营困难，但由于高层、底层相对独立，也不会影响高层销售经营，使开发商能保证主体收益。但是，租售结合会面临着如何恰如其分的“结合”这样的问题，而且商场由于定位规划的统一性，销售在进度及销售后发展商返租等都将面临一系列的问题，由于国家针对返租现象等出台的相关政策，对发展商的返租在很大程度上起到了限制作用。

部分租售部分经营模式的关键在于以优惠的租金引进零售的主力店、次主力店，尽管他们的租金一般都很低，但这些大品牌的进驻，将聚集人气，带旺该商场，总的来说还是得大于失。另外，这种经营应在通过主力店提升辅营区销售价值的同时，找到辅营区的准确定位，真正利用和发挥主力店的客流优势。

租售配比关系如图 10.2 所示。

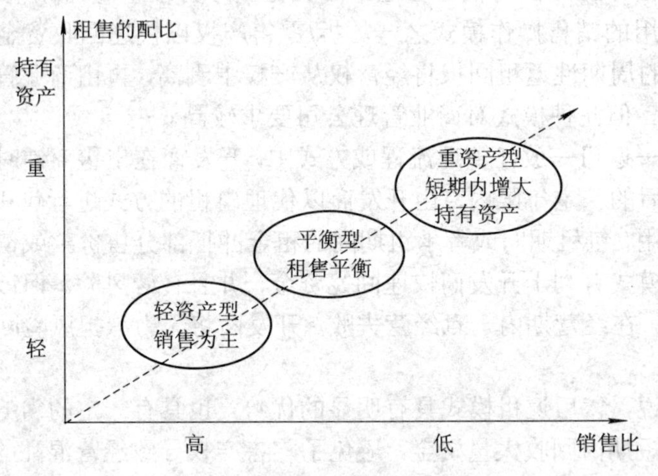

图 10.2　租售配比关系

通过以上分析，不同的商业地产运营管理模式各有优缺点，适用条件和环境各异，如表 10.2 所示。这就要求商业地产项目管理者与开发商根据自身特点、业态分布与区位特点等灵活选择使用。

表 10.2　国内现行商业地产运营模式比较

商业模式	开发与经营耦合程度	优　势	劣　势	代表企业
只售不租	不涉及后续的商业开发，耦合程度低	资金回收快，资金的流动性高	不利于商业地产的升值也不利于客户价值的增值，抓不住与商业地产开发的高利润领域	SOHO
只租不售	战略合作、协议约束等形式，耦合程度较强	能克服短期行为，保护客户价值	价值网过于松散，整体管理难度大，商业地产创新能力低	万达 宝龙 华润万象城
返租模式	战略协作、协议约束等形式，耦合程度强	降低投资门槛，避免商业地产资金链的断裂	商业地产企业给客户过高的承诺回报率，影响收益及名誉	中粮/大悦城 恒隆地产 瑞安天地系列

第 11 章 现代商业地产新形式

现代商业地产新模式的出现，是与商业地产企业的趋利性动机以及商业地产自身属性分不开的，这种趋利性动机以及商业地产自身属性构成了商业地产独特的盈利模式，并不断引导商业地产企业根据自身条件与所处的社会商业环境进行商业地产产品的创新。

11.1 商业地产盈利模式与商业地产新产品

盈利模式是企业在市场竞争中逐步形成的企业特有的赖以盈利的商务结构及其对应的业务结构，也即企业通过一系列业务流程创造价值，形成产品或服务流、资金流、信息流，为企业创造价值增长，保证企业生存和发展的独特业务经营模式。商业地产的盈利模式涉及资源和能力两个方面，这里的资源包括土地资源、开发建设资源以及商业资源，而能力则包括投资拓展能力、商业定位策划能力、商业设计能力、开发建设能力、招商推广能力以及商业运营能力等。

商业地产的盈利模式构成如图 11.1 所示。

从商业地产创新或商业地产产品多元化角度来说，商业地产的盈利模式一般具有利润导向性、竞争优势性以及动态创新性等特征。

利润导向性是商业地产盈利模式的自然属性。盈利是商业地产企业生产经营的首要目标。盈利模式是企业对价值创造过程和利润实现过程的提炼，也就是获取利润的途径、方式和方法，因此盈利模式要以利润为导向，以获取利润为根本目标。

商业地产盈利模式要具有竞争优势性。盈利模式作为商业地产企业特有的获取价值的途径与方式，在某种程度上就是企业竞争优势的具体实现形式，可看做是基于战略运营视角的核心竞争力分析，每一种盈利模式都需要相应的竞争力做支撑。不同的竞争优势能提高企业经营效率、扩大营业收入或降低成本等，最终获取更多利润。

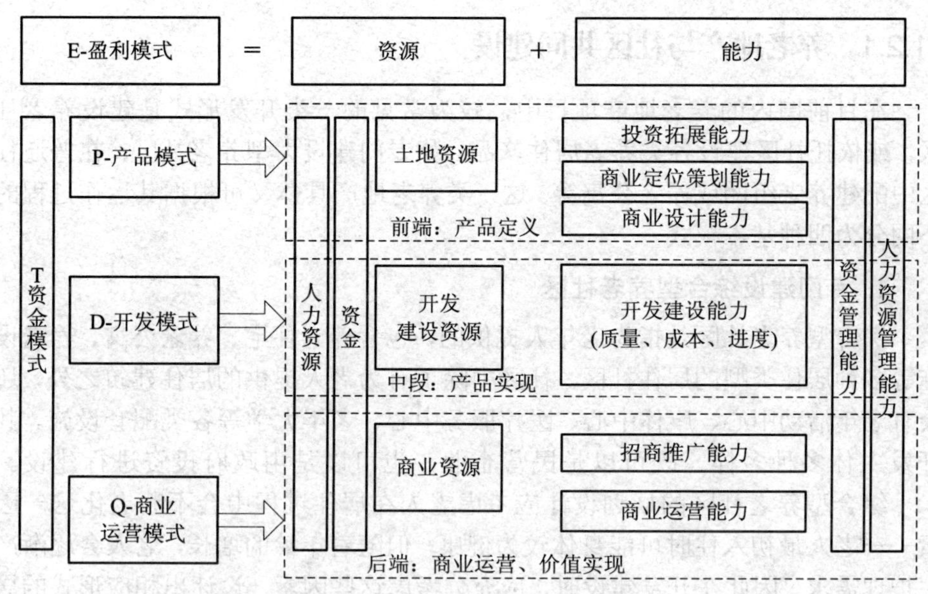

图 11.1　商业地产盈利模式构成

动态创新性是商业地产盈利模式的特有属性。任何成功的盈利模式都不是一成不变的，任何一个盈利模式也并不能持续不断地为企业带来利润。作为企业价值获取途径，以前为企业带来巨大收益的盈利模式可能会因为适应不了现在的市场需求与经营环境而变得无法获利。

商业地产企业要根据社会环境与客户的需求以及市场的变化不断调整、更新盈利模式，自然就会主动探寻新的商业地产产品，由此推动了整个商业地产模式创新或多元化商业地产形式的出现。只有与时俱进的盈利模式，才能使企业在长期的市场竞争中立于不败之地。因此，商业地产新产品的实质是商业地产企业不断出现新的模式来获取持续的竞争力。现阶段，新的商业地产模式包括养老地产、农业地产以及旅游地产等。

11.2　养 老 地 产

养老地产在我国是新兴事物。当前，我国正值养老地产开发热潮，各大房地产企业、保险业等纷纷试水养老地产，计划开发养老社区、养老公寓等产品。目前养老地产大致存在与社区共同建设、与相关设施并设、与旅游或商业地产结合、与国际品牌接轨、其他方式转型五大类别，共 15 种开发模式。

11.2.1　养老地产与社区共同建设

在目前国内的养老地产项目中，较为常见的一类开发形式是建设养老社区，或依托社区建设各类养老居住产品。如专门建设大型养老社区，在普通社区中配建养老组团或养老公寓等。这一类养老地产具体又可根据其运作过程的不同分为四种基本模式。

1. 专门建设综合型养老社区

综合型养老社区是指为老年人提供的，包含养老住宅、养老公寓、养老设施等多种居住类型的居住社区。社区中除了有为老人提供的居住建筑之外，还会有老年活动中心、康体中心、医疗服务中心、老年大学等各类配套设施。其开发主体多种多样，既可以是民营企业，也可以是由政府投资进行建设。

综合型养老社区的规划设计应考虑老人在居住过程中会不断老化这一因素——老人最初入住时可能身体较为健康，但随着年龄的增长，老人会逐渐产生护理需求。因此在开发建设时，应充分考虑这些因素，设计出相应形式的居住产品，以满足老人从自理到不能自理各阶段身体状况下的居住需求。例如：当老人健康并能自理时，可以居住在一般的养老住宅中；当需要较为全面的护理时，可以选择入住护理型养老公寓或养老设施。综合型养老社区示意图如图 11.2。

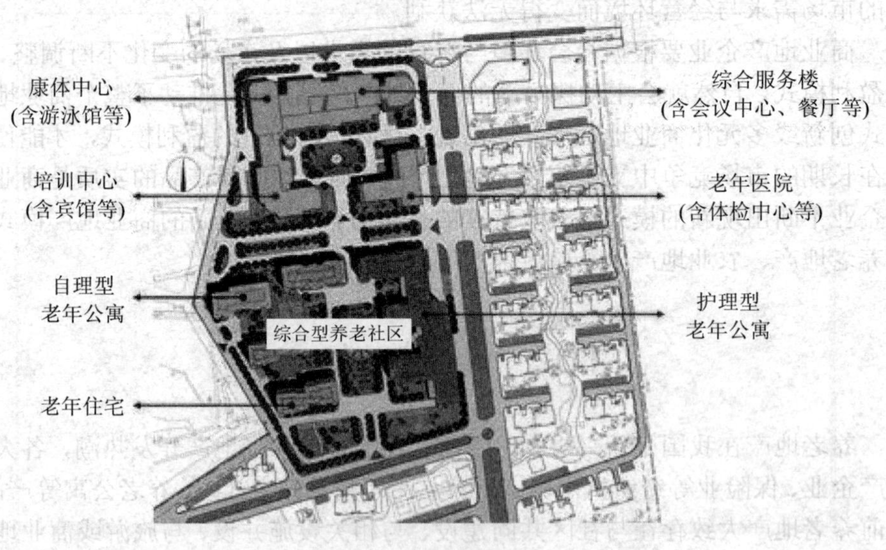

图 11.2　综合型养老社区示意图

2. 新建大型社区的同时开发养老组团

一些房地产开发企业在开发大型居住区楼盘时，会考虑划分出一部分区域专门建设养老组团。这种开发模式有利于带动企业转向新的客户群，走产品差异化路线。养老组团与社区其他组团能够共享配套服务资源，降低配套设施的建设量。

开发时一方面应注意将老年人的比例控制在适当的范围内，不宜过少也不宜过多；另一方面要控制养老组团的规模，尽量划分为一个个小型居住组团，以营造社区的归属感。

3. 普通社区中配建各类养老产品

据调研，许多六七十岁、身体较为健康的老人都会辅助子女照顾下一代，老人需要与子女住的近一些。为了避免由于生活习惯差异而产生矛盾，老人和子女更愿意选择分开但邻近居住。因此普通社区中配建一些养老居住产品，可满足老人与子女在同一社区就近居住的需求。这种“全龄社区”的居住理念能够较好地符合我国现阶段国情，将会是较受欢迎的一种养老居住模式。

普通社区中可配建的老年住宅类型主要有老少户住宅、老人专用住宅等。老少户住宅指同一楼层中相邻或相近的两套住宅，或者同一单元内上下层相邻的两套住宅，其中一套为老人居住，另一套为子女家庭居住。老人专用住宅套型是指将普通住宅楼栋中的一部分套型进行适老化设计，如增加扶手、满足轮椅通行需求、考虑护理人员陪住等。设计时应注意根据住户的购买力来控制套型总面积，特别是老年住宅的套型面积不宜过大，建议以50～60 平方米的一居室、两居室为主，这样才能满足老人与子女共同购房的诉求。

普通社区中还可以配建养老公寓，其经营方式大致可分为出租或出售两种。养老公寓通常为社区中专门的楼栋，其居住对象既可以是自理老人也可以是需要护理的老人。在规划设计时，建议将养老公寓靠近小区出入口或社区边沿布置，一方面人员、车辆(如救护车)出入方便；另一方面养老公寓底层可设置对外商业或公共设施，兼顾对外经营，同时也便于对养老公寓进行单独管理。

普通社区中可配建的老年住宅和公寓示意图如图 11.3。

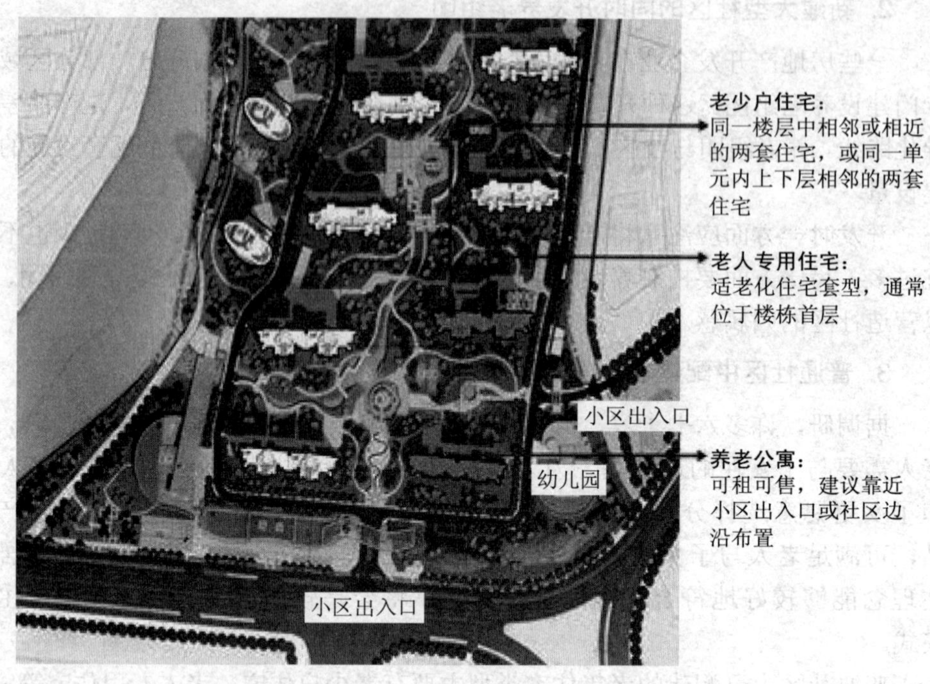

图 11.3　普通社区中可配建的老年住宅和公寓示意图

4. 成熟社区周边插建多功能老年服务设施

据资料显示，一些城市存在城区老人就近入住养老机构困难的情况。以北京市为例，城六区老年人口总量和比例均高于远郊区县，老龄化程度严重，但城六区的养老床位数量却低于远郊区县，由此可见，城区对于养老设施的需求是十分迫切的。这些社区往往年代较久，周边配套设施成熟，具有良好的区位条件，然而社区周边的用地资源比较紧张。若能在几个社区之间插建养老设施将会是一种较为有效的开发模式。开发商可考虑利用零散地块新建，或通过对既有建筑(如旧的诊疗所、宾馆)改建等方式进行建设。这种开发模式投资相对较少，易于复制和实现连锁经营。

此类老年服务设施可为小规模、多功能、综合型的设施，其服务范围往往辐射周边多个社区，因此具体的功能可根据周边的社区需求进行确定。通常来讲，除了含有一定的居住功能外，还宜配置老年日托中心、社区医疗站、公共餐厅、小超市等，并考虑为社区老人提供上门护理、送餐、洗浴等服务。日本小规模多功能老年服务设施的常见功能示意图如图 11.4。

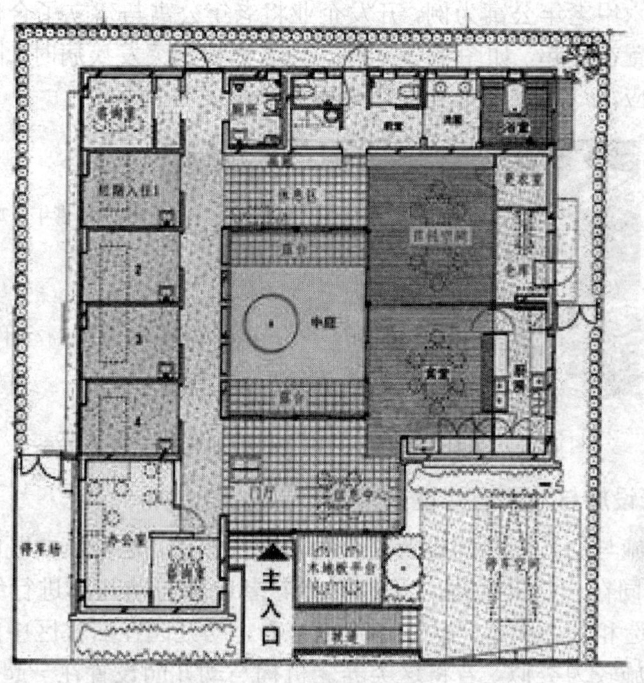

图 11.4　日本小规模多功能老年服务设施的常见功能示意图

11.2.2　养老地产与相关设施并设

养老地产项目除了依托社区共同建设外，还可以与一些其他设施结合，共同进行建设，如与医疗机构、商业设施或其他福利设施设置在一起。此类开发模式能够充分发挥各方资源优势，使养老产品和相关设施实现互惠互利。这一类养老地产具体又可根据其运作过程不同分为三种基本模式。

1. 与医疗机构结合，就近设置养老设施

目前国内一些养老机构希望与医疗机构建立合作关系，使养老设施或养老社区在医院就近设置、共同建设。这种“医养结合”模式的特点在于能够将优质的医疗资源引入养老项目，从而提升项目的核心竞争力，使老人感到居住在其中较有安全保障。

与此同时，还有一些医院直接划分出部分闲置床位用于开办养老院，这样既能够提高医疗资源的使用效率，又能够满足一些护理程度较重、普通养老机构无法收养老人的养老居住需求。

以日本六甲老年公寓为例，开发企业将老年公寓与建立了合作关系的医疗机构邻近设置在一起，如图 11.5 所示。当老人遇到突发疾病时，医疗机构可以做出迅速反应，令入住其中的老年人感到十分安心。

图 11.5　日本六甲老年公寓与医疗机构建立合作关系

2. 养老设施与幼儿园并设

养老设施与幼儿园共同设置是一种较好的模式。这种模式既能迎合老人愿意与儿童共同在一起的心理，又能够将养老设施与幼儿园进行统一建设和管理，节约建造和人力成本。从规划角度来看，幼儿园在居住区中的配置密度与老年日托设施较为类似，若将这类养老机构与幼儿园设置在一起，则能实现与社区的紧密结合，从而较好地满足社区养老的服务需求。

在日本，老年设施与幼儿园共同设置的情况比较常见，其设计形式可以是在同一栋建筑内的不同楼层，或是分别设在不同楼栋，可共用庭院及室外活动场地。以日本幸朋苑老人院为例，其建筑首层设置了一所幼儿园，如图 11.6 所示。老人平日可以与儿童共同开展做手工、唱歌等活动。老人在二层的室外平台休息时，就可以看到儿童在庭院里玩耍、嬉戏。这种设计方式对于消除老年人的孤独感很有帮助。

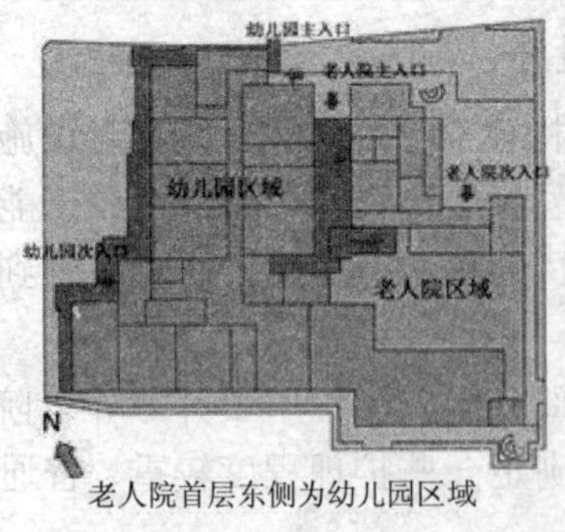

老人院首层东侧为幼儿园区域

从二层老人的室外休息场所可看到儿童游戏场地

图 11.6　日本幸朋苑老人院与幼儿园共同设置在一起

随着我国的人口结构向高龄化、少子化逐渐发展，一些幼儿园或小学在未来很可能出现空置，将这些建筑部分改造为养老设施的情况将会逐渐多起来。

3. 与教育设施结合，建设养老公寓

与大学等教育设施相结合的养老社区也是很受欢迎的。目前有很多“高知老人”在退休后希望能够继续学习、发挥余热。养老社区、老年公寓若能靠近大学设置，并让老人享受一部分教育资源，则会与他们的需求更加吻合。这种模式能够成为养老项目吸引高知老年群体的亮点，从而促进销售。

美国拉萨尔村养老社区就将老年公寓建在一所大学的旁边，老人可以参与大学课程的学习，并利用大学的公共设施(如图书馆)。在这里入住的老人都具有高中以上知识水平，他们希望能够获得终身学习的机会，使自己的人生更加充实。由此可以看出，养老地产项目的开发不仅在于硬件设施等物质条件的营造，还应从老人的精神和价值需求方面进行考虑，使老人能够“老有所学”、“老有所为”，实现自我价值。

11.2.3　养老地产与旅游或商业地产结合

养老地产与旅游、商业地产共同开发，也是较为常见的一种形式。这一类养老地产具体又可根据其运作过程不同分为两种基本模式。

1. 在旅游风景区中开发养老居住产品

养老地产与旅游、休闲、养生产业相结合是较为合适的一种模式。目前市场上已经有一些开发商尝试在开发旅游地产的同时，加入养老养生、康复保健、长寿文化等理念。这类养老项目一般会选在具有较好的风景资源或特色文化资源的地区，如海南、广西、云南等地。

此类项目的用地规模往往较大，各类居住产品、服务设施较为分散，因此在规划设计时，应将养老居住产品相应地集中布置，并注意就近设置配套服务设施，节省服务管理的人力，避免出现交通路线过长、服务不到位或老人出行不便等问题。

一些与风景资源结合的项目中，老人可能仅在一年里的某个季节或时段来此居住，或者与家人、同伴前来短暂度假。在设计时应注意对养老居住产品的创新。如设计新型的养老公寓，既能适合单人、多人入住，又能满足举家外出度假、老人长期疗养的需求，还可以供老人与多位子女聚会庆祝、老人与多位朋友结伴度假等。同时，养老公寓的居室还可转变为宾馆客房，供公司集体开会、培训使用。这种适应性强、灵活可变的产品形式有利于开发管理者实现多种经营。

结伴式养老公寓标准层平面图如图 11.7 所示。

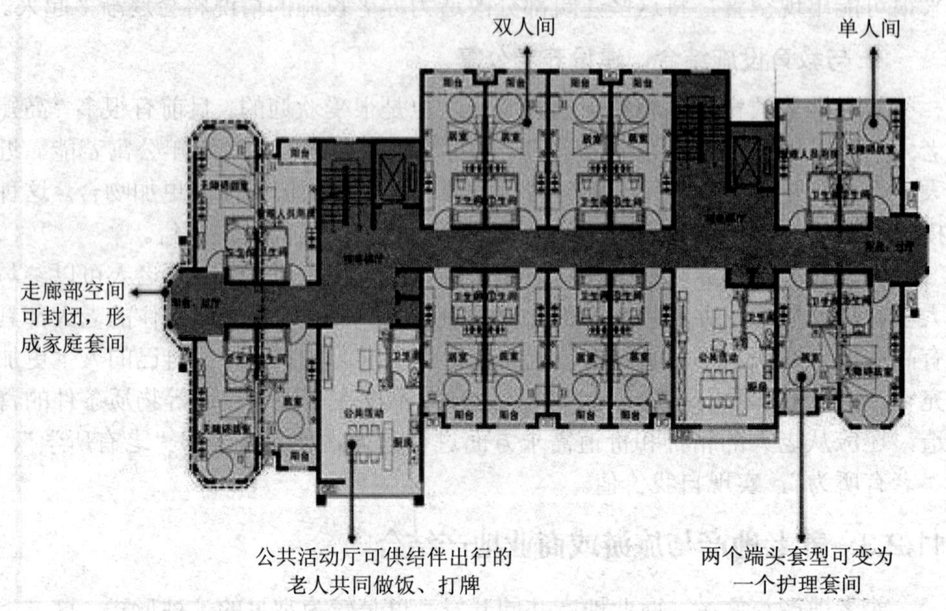

图 11.7 结伴式养老公寓标准层平面图

2. 与商业地产结合，开发老年公寓

在城市中心区等繁华地段进行商业地产开发时，搭配建设老年公寓，也是一种较为新颖的模式。对于一些居住在北京、上海、香港等大城市的老年人而言，他们希望能享受城区中便利的商业、休闲配套资源，而当他们需要护理时，往往更不愿放弃城区的优质医疗资源。特别是一些高端养老客户群，他们具备相应的经济实力在城市中心区养老、消费。若能在较为繁华的地段建设高端养老公寓，则能满足这些老年人的居住需求。

由于城区内的土地价格较高，开发商通常会选择较为节约的开发模式。例如，将老年公寓与普通住宅共同结合在一栋高层建筑中。以日本东京的豊州老年公寓为例，其选址位于东京湾畔的一处新兴高档生活区内，周边 1 公里范围内配有大型综合购物中心、医院、公园、大学等配套设施。老年公寓采取复合居住模式，同一栋楼内集合了普通租赁住宅、酒店式公寓和老年公寓三种居住产品，使出租对象多样化，从而降低运营风险。设计时需要注意为不同的居住人群配置独立的出入口，以便单独管理。日本东京豊州老年公寓建筑剖面功能示意图如图 11.8。

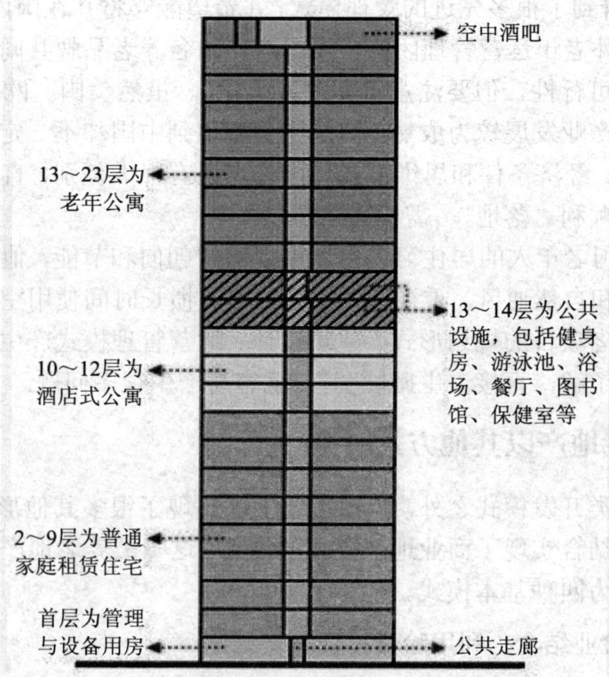

图 11.8　日本东京豊州老年公寓建筑剖面功能示意图

11.2.4　养老地产与国际品牌接轨

养老地产与国际品牌接轨的开发模式强调与国际养老专业品牌接轨，引入外资或运营管理团队，共同开发养老产品。这一类养老地产具体又可根据其运作过程不同分为两种基本模式。

1. 引入外资，建世界型连锁老年设施

目前一些国际养老机构或投资企业试图开拓中国市场，建设连锁型老年设施，以缓解国内的养老压力。例如，欧洲一些国家的养老服务成本非常高，他们希望能在劳动力相对低廉的国家(如中国)拓展市场，选择地域和气候条件较好的地区建立养老设施，让老人在比较健康的年龄段到这里养老。对于我国而言，能够借此机会引入外资，并学习国外先进的护理、管理经验，同时也能在一定程度上促进就业，带动消费。

2. 与国际知名养老品牌共同开发，引进管理模式

最近的养老地产开发热潮促使很多开发商、投资者或政府人员都到国外参

观考察，从中看到了很多先进的管理模式，并希望能够将其在国内推行和实现。例如，引进国外老年运营管理团队，或与国外知名养老品牌共同开发等。这种模式有一定的可行性，但要注意将其“本土化”。虽然美国、欧洲、日本等发达国家的养老产业发展较为成熟，但是完全移植到中国却不一定合适。中国老人的生活习惯、经济条件和思维方式与国外老人有很大差别，直接照搬国外的模式可能难以顺利“落地”，需要适当转化。

例如，我国老年人的居住习惯更加重视房间朝向和节能，他们比较喜欢南向，喜欢阳光和自然通风，重视节约用电，不习惯长时间使用空调。诸如这些因素都会对养老项目的规划形式、建筑设计、运营管理模式产生影响。如果对我国国情不够了解，直接“生搬硬套”，就容易产生很多问题。

11.2.5　养老地产以其他方式转型

除上述几类开发模式之外，当前市场上还出现了很多其他形式，将养老地产与其他方式结合实现了商业地产模式的创新。这一类养老地产根据其运作过程不同可以分为四种基本模式。

1. 与保险业结合，利用险资投资养老地产

目前保险资金介入养老地产的情况已经开始出现。从险资的特征来看，由于其资金规模较大，回报要求低而周期长，相比来说更适合投资养老地产，也有利于养老地产的灵活经营。未来保险业可能会成为养老产业重要的投资主体之一。

2. 与护理服务业结合，将原有优势注入养老地产

在对日本养老产业的研究中发现，一些企业从为老年人提供上门洗浴、上门护理等服务开始，逐步向养老地产方向转型，并最终获得成功。这些企业最初在护理服务方面积累的丰富经验和客户群是其项目成功的关键因素。

3. 利用自身独特资源转型开发养老地产

比如，酒店管理公司希望转向投资养老地产的情况。这类公司具有自身独特的资源优势，一方面酒店的服务管理形式与养老设施有相通之处，很多经验都能够应用于养老设施的管理服务中；另一方面也可以尝试利用旧酒店改造为养老公寓，或在酒店中提供养老服务等。

4. 将旧的国有资产盘活，改造为老年设施

通过盘活一些闲置的国有资产，将其改造为老年设施，如城里的旧医院、

办公楼、小学、幼儿园、私人物业用房等。这些国有资产所在区位较好，在城市中的分布相对均匀，比较适合进行改建。随着我国的人口结构逐渐向高龄化、少子化发展，幼儿园或小学很有可能空置下来，将这些建筑部分改造为老年公寓的情况将会逐渐多起来。

这种开发模式的重点在于需要选择便于进行适老化改造的建筑。如注意建筑的开间尺寸、走廊宽度、门洞大小等能否满足老人居住和轮椅通行的要求等。通常采用框架式结构的建筑可改造性较强，内部墙体移位相对灵活，更有利于进行改建。

养老社区是当前老龄化浪潮下的新兴事物，在开发模式、经营管理和规划设计等方面都亟待探索。养老地产的开发并不因市场的缺乏而变得容易，开发商要做好承担风险的准备。在项目策划之初，就需要对养老地产的各环节进行整体把握，系统化思考，从而明晰自身适合的开发类型和可利用的资源；在进行养老居住产品的设计时，应充分挖掘我国老年客户群的特征，创造出适应中国国情的产品类型。

11.3　农业地产

随着旅游和地产两大行业的不断发展，现今以旅游吸引物及其配套服务设施为导向，结合农业与文化、休闲与度假等多功能、全覆盖的新型土地综合开发模式已逐渐形成，休闲农业与地产业相结合形成休闲农业地产的趋势愈加明显。

休闲农业地产是以休闲农业为依托，在经营休闲农业项目时，引入房地产的经营思维，从产品规划、景区服务、营销推广等方面进行地产化运作，从而更好地发挥项目优势，更加深入地挖掘产品的市场潜力。

休闲农业地产是休闲农业同地产业的一个嫁接，涉及农业、文化、旅游业和地产业。要对其进行分类是一个综合提炼和概括过程，以休闲农业分类为理论基础，与房地产业进行融合、对接，从而形成休闲农业地产分类，主要包括六种模式。

1. 以农家乐为基础的地产开发

农家乐是休闲农业中最广泛的模式，是以农家为重点，即该地区农民的生活现状、生活方式和民风民俗为吸引物，满足城市居民返璞归真、回归自然需求的一种农业休闲产业形态。以农家乐为基础的旅游地产开发可以称之为农家乐升级版，它整合乡村旅游与旅游地产，使旅游经济和地产经济相融合，从而实现乡村旅游凭借旅游地产提升内涵、旅游地产依托乡村旅游提高品牌价值。

2. 以农业观光园为依托的地产开发

农业观光园是以高科技农业或者成规模种植、养殖农业为主体吸引物来满足人们在休闲活动中的相关物质与精神需求的一种农业休闲产业形态。因为农业观光园本身是具有一定土地规模的，可以某项农作物、养殖业或手工副业为卖点，综合餐饮、住宿、采摘、游乐等多项休憩内容，采用“庄园式”地产开发，如采摘篱园、生态渔村、休闲农庄、山水人家、养生山吧等系列农庄、酒庄、水庄和山庄。

3. 以古村落为依托的地产开发

古村落是经过时间和历史的沉淀而完全或部分保留下来的人类居住的区域，这些村落集中反映了当时人们的生活及劳作状态，具有各自的时代特征和地域特征，通常都是遗留下来的宝贵文化遗产，此类产品是田园旅游房地产中资源条件最好的产品，以保留过往鲜活的生活方式为最佳卖点。

4. 以景区为依托的地产开发

景区是具有一定的自然、人文资源，为游客提供游览、观光、探险、休闲、科考等服务的盈利性机构。以景区为依托开发的旅游房地产有两种：一种是在自然风景周围的度假型地产，另一种是与景区融合进行地产开发的项目。

5. 以新农村建设为基础的农业新村及农村房地产开发

随着一线城市房地产市场逐渐走向成熟和饱和，众多开发商开始向二、三线城市进军，但是迄今农村房地产市场依然是一片蓝海。政府连续颁布了几个一号文件，预示着新农村建设将成为未来几年的热点。政府加大对于农村基础设施的投入，如公路交通、供电、供水等，这些都为农村房地产的开发提供了良好的基础。农村房地产是在房地产开发的过程中渗透农业文化所形成的一种延伸模式。

6. 其他新型农业地产模式

现今，农业的不断发展和人们对创新农业的不断尝试，农业的概念已经远远扩大，在农业也需要与时俱进的前提下，发展农业必须颠覆对农业的理解，农业不是单纯的人与地的关系，随着技术的进步和发展，农业的外延应该扩大到更多的领域。

休闲农业和乡村旅游是目前创新农业地产开发的重要形式，将农业与旅游结合也是优化农业产业的重要方式之一，在传统种植、养殖等农产业的基础上，适当地开发其他资源，尤其是旅游资源，可最大程度地利用产业优势和土地资源优势。

农业地产与养老地产结合，成为农业地产开发的新宠。养老养生地产项目已成为农业地产发展的新潜力，休闲养生地产是农业地产开发、尝试的新方向。随着人们生活水平的提高，养生成为追求更高生活品质的一大趋势。

首先，养生地产市场需求巨大。亚健康群体的高比例和社会老龄化的发展趋势使中国社会在城市化推进过程中的住宅需求呈现多元化，养生地产已经被列为住宅产业的稀缺产品。中国老年人口中已经到 60 岁及以上的人口为 15989 万人，约占全国总人口的 12%，比上年上升了 0.4 个百分点。中国符合世界卫生组织关于健康定义的人群只占总人口数的 15%，与此同时，有 15%的人处在疾病状态中，剩下 70%的人处在“亚健康”状态。

其次，养生地产包含着养老地产、健康地产、旅游地产、度假地产的四重功能。解决老年健康问题和亚健康的重要方式，就是通过生态人居改善人体微循环，使身心浸润在完全生态的环境氛围中。养生专家曾有过形象的比喻：人体就像一个弹簧，外部环境和工作劳累就是外力。长时间的紧张劳作和恶劣的环境使弹簧越来越紧绷，最终导致弹簧无法复原。所以，人的体力精力需要保持收支上的平衡，一段时间的紧张劳作，需要相当甚至更多的时间来调整，才能使机体恢复到正常状态。人居环境的选择至关重要，而拥有休闲、度假、养生三大主体功能的人居环境和住宅产品就成为了养生地产的重要组成。

当然，将健康、保健、养生、长寿的理念灌输给消费者的同时，实践中还要加强市场引导，构建健康的社会价值观、人生价值观，进而将养生地产的稀缺特性、投资保值性、结合人生健康保健的重要性进行整合宣导，将一种全新的人生认识传达给消费者，并在做地产运营的同时传播着一种人生态度和价值取向。

养生地产是人居产品的理性回归，也是对人生价值的全新认定；养生地产所倡导的环保、健康、低碳、养生、自然、和谐也迎合着这个时代发展的最终方向。现阶段我国养生地产无论在数量上还是质量上，总体来说还是处于起步阶段，但是可以预见，我国的养生产业潜力极其巨大，极有可能成为二十一世纪经济最大的增长点之一。

11.4　旅游地产

旅游地产是依托周边丰富的旅游资源而建的，融合旅游、休闲、度假、居住为一体的置业项目。较之一般的住宅，旅游房地产的特点和优势在于它是旅游业和房地产业的无缝嫁接，具有更好的自然景观、建筑景观，同时拥有完善的配套功能和极高的投资价值。

旅游地产是一种经济综合体，它覆盖了地产、度假、生活、休闲娱乐等各大方面。但从某种意义上来说，旅游地产还是一个比较宽泛的概念，目前粗略概括可以将旅游地产分为旅游景点地产、旅游商业地产、旅游度假地产和旅游住宅地产四类。

旅游景点地产主要是指在旅游区内为游客的旅游活动建造的各种观光、休闲、娱乐性质的、非住宿型的建筑物及关联空间。

旅游商业地产主要是指在旅游区内或旅游区旁边提供旅游服务的商店、餐馆、娱乐城等建筑物及关联空间。

旅游度假地产主要是指为游客或度假者提供的、直接用于旅游休闲度假居住的各种度假型的建筑物及关联空间，如旅游宾馆、度假村、产权酒店以及用于分时度假的时权酒店等。

旅游住宅地产主要是指与旅游区高度关联的各类住宅建筑物及关联空间。

旅游地产具有优雅的环境资源、专业的物业管理与酒店管理、符合旅游度假的设计方案等诸多特点。

首先，旅游地产具有优雅的环境资源。旅游房地产开发多选择在风景名胜区，风光秀丽、气候宜人，同时也注意当地历史文化氛围及文脉的开发。传统房地产处于价位的思考，对自然环境的要求往往不是很高。

其次，旅游地产有着专业的物业管理与酒店管理。与普通住宅相比，配套设施和服务是旅游房地产关注的重点。旅游房地产项目除为客户提供完善的日用设施外，同时解决水、电、道路、通信等一系列配套公用设施及购物、运动、休闲娱乐运动场地等，也就是为顾客创造一个环境优雅、设备齐全的小社会，优质的服务则形成了旅游房地产专业的酒店管理特色。

然后，旅游地产符合旅游度假的设计方案。旅游房地产开发的主要功能之一便是满足人们的度假需求。四川省远景建筑园林设计研究院认为旅游房地产的开发注重营造和谐、舒心、安静、轻松的气氛，营造一种旅游文化，使消费者脱离日常工作压力、复杂人际关系的困扰，寻找到自己的一片净土，身心得到调节。漫漫沙滩，青青草地，悠悠蓝天……均是旅游房地产开发所追求的，其建筑风格多突出休闲色彩。这远远超出了传统开发对单纯住宿条件要求。

此外，旅游地产还具有较高的投资回报率。旅游房地产的经营者以自己优越的房产资源、标准化的服务模式来吸引投资者，然后在经营中获利。同一房产可以在不同的时段租借给不同的消费者，提高了房产的资金回收效率，但对于一般旅游产品而言，投资回收是缓慢的。景区主要依靠每日的门票，酒店依靠房间的出租，小额的交易使其投资的回收期漫长，而对于住户来说，首先可以将旅游房地产作为一种投资选择，自己出钱买下其中的一个单元或多个单元，成为业主，然后再委托开发商去管理经营，获取相对稳定的投资回报。

还有，旅游地产的消费档次较高，可满足现代人的高层次需求。旅游房地产自诞生便具有贵族化色彩，在国外它还是中产阶级的消费品。国内旅游房地产的消费者群集中在城市的高收入阶层，他们经济状况良好，希望拥有较高品位的住宿条件和度假环境，传统的旅游项目已不能满足需求。传统旅游业中，酒店高中低档的设立涵盖了各个收入阶层人们的消费，景区游览更是面向大众推出的产品。

最后，旅游地产具有消费的可存储性和期权消费。旅游房地产在消费时间上可以是多次的，即一次性购买多个时间段或生前永久性(如养老型酒店)的消费权。时权酒店出售的便是每一单位的每一个时间份的一定年限内的使用权。购买分时度假产品的消费者还可将自己的度假权益交换至分布于世界各地的度假村。例如，密云“金海豚”的分时度假产权酒店的购买者不仅拥有其所有权或使用权，同时享有“亚洲酒店资源联盟”所辖东南亚、港澳地区和内地多处旅游胜地 500 多家四星级以上酒店的交换和使用权。在旅游业的其他领域，一般是在当时当地购买或提前异地预定产品，而在当时当地消费，不存在储存消费和期权消费。

第 12 章 商业地产风险管理与监控

商业地产风险是指由于随机因素影响造成商业地产项目投资收益负偏离预期收益的程度。商业地产项目本身具有占地面积广、投资周期长、投资额大、影响因素复杂等特性，其面临的风险因素特别复杂，风险因素所造成的后果特别严重。一个商业地产项目的实施涵盖了地产开发和商业经营两个阶段：地产开发涉及前期决策、规划设计、建筑施工、材料采购、市场推广等多个内容，本身就是个风险高度集中体；而商业经营或运营中的商业定位、商业策划、商业推广、运营管理等多个工作环节同样面临诸多风险。商业地产项目的风险较一般地产和商业项目严峻且监控难度大。

12.1　商业地产风险的特点及分类

商业地产项目的运作，涉及物业的销售、租赁以及经营等各方面，必须考虑到多方面因素。认识商业地产风险的特点和种类，对进一步的风险分析显得尤为重要。

12.1.1　商业地产开发风险的特点

我国商业地产项目具有开发投资热度高、开发模式复杂、投资回收期长、行业跨度大、业态综合性高、开发模式多样、环节复杂等特征，从而导致了商业地产项目未来具有很高的不确定性。加之我国市场体系和金融环境还很不完善，又一步加大了商业地产项目开发的风险。因此，我国商业地产风险除了具有一般风险的客观性、潜在性、突发性、随机性特征外，还具有多样性、阶段性等自身特点。

我国商业地产开发具有风险多样性的特点。与住宅地产开发相比，我国商业地产的开发环节众多。住宅地产开发的主要环节包括“选址—建设—销售”，销售完毕后其开发工作就基本结束。而商业地产开发的过程包括“策划—选址

—建设—招商—经营”等环节，每个环节都必须考虑其对最终商业经营的影响，因为商业经营才是商业地产开发能否成功的关键环节。由于商业地产的多样性与复杂性特点，其所面对的目标客户群体也更加具有多样性和复杂性。不同形态的商业地产产品的开发运营模式是不同的，其所受风险的影响程度也不一样。很显然，Shopping Mall 与写字楼的运营模式、风险因素与其受风险影响的程度肯定不一样。所有这些因素都使商业地产项目埋藏着更多的不确定性问题，因此其存在的风险更具有复杂性。风险的多样性与复杂性特征迫使商业地产在进行风险识别时必须分清哪些是主要影响因素。

相比于国外，我国商业地产市场的发展较为不成熟。无论是项目的开发模式还是融资模式，亦或是项目建设后的招商和运营管理都不够完善，从而决定了我国的商业地产项目开发风险具有更加复杂多样的特性。与传统的住宅类地产项目相比，商业地产项目的经营模式更加复杂，其不仅要考虑商铺的出租情况，还要考虑整体商业氛围的营造工作，项目的投资回收期较长，则营运期间的不确定因素更多。因此，我国商业地产的开发运营面临着更多、更复杂的风险因素。

我国的商业地产项目开发风险具有明显的阶段性特点，即随着项目开发的进程和所处阶段的不同，不同类型的风险因素对项目的影响程度会发生变化。

在商业地产项目的前期投资决策阶段，项目处于计划与可行性研究之中，政策的变化会对项目有较大影响，因此由于政策的不确定性所带来的与政策相关的风险Ⅰ会较大，且随着项目市场调研工作的深入，风险Ⅰ逐渐上升，最终在投资决策阶段结束时达到最大。而在项目的建设准备和建设阶段，与设计和施工有关的技术风险Ⅱ会逐渐增大并达到最大，进入建设后期后逐渐下降。在项目的招商和运营阶段初期，项目刚刚步入市场存在很多不确定性，对市场经济变动还未完全适应，此时经济风险Ⅲ会明显增大。同时，由于刚步入市场，商业地产项目的运营也还未找到最好的模式，进而由商业运营管理状况所产生的风险Ⅳ也开始逐步增大。当商业地产项目运营进入稳定期后，上述风险Ⅲ和风险Ⅳ则将开始逐渐变小。商业地产项目开发风险如图 12.1 所示。

我国商业地产开发具有显著的风险不均衡性。在商业地产项目开发的过程中，各类风险对项目的影响程度不同。从商业地产项目的开发过程来看，我国商业地产项目的开发、运营模式以及整个商业环境的自身特点都决定了经济和商业环境引发的风险最高，而政策和管理原因所产生的风险相对低一些，技术和其他原因所产生的风险最低。

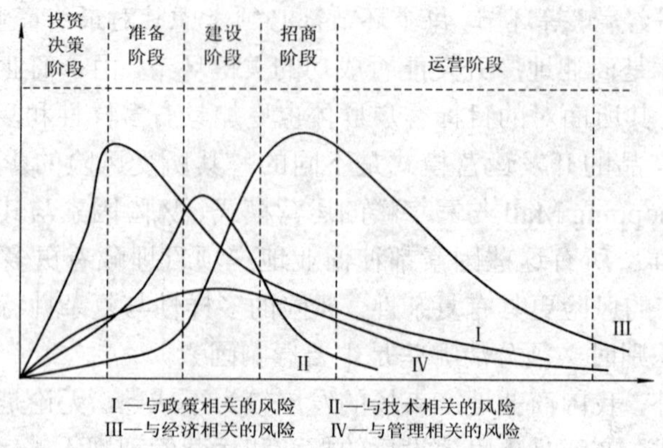

图 12.1　商业地产项目开发风险

12.1.2　商业地产风险的分类

根据商业地产项目开发的特点以及风险的不同特征，商业地产开发风险大体分为政策风险、经济风险、社会风险、技术风险、自然风险、决策与管理风险和其他风险七大类，如图 12.2 所示。

商业地产的第一类风险是政策风险。政策风险是指由于政策的潜在变化而给商业地产开发商、投资者、经营者等带来各种不同形式的经济损失。对于商业地产项目开发来说，其政策风险主要有政治环境风险、产业政策风险、土地政策风险、税收政策风险、金融政策风险、城市规划风险、环保政策变动风险和法律风险等，如图 12.3 所示。

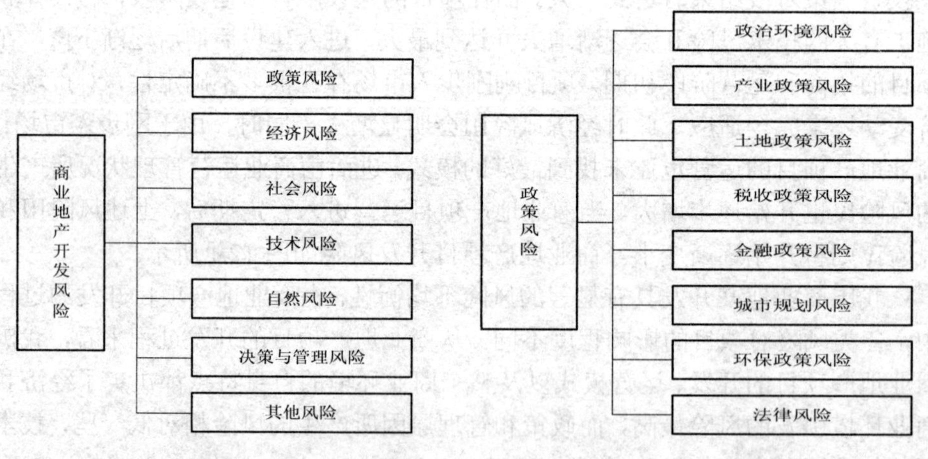

图 12.2　我国商业地产开发风险分类　　图 12.3　政策风险

政治环境风险主要是指在一个国家和地区发生战争、工潮和社会动荡等社会性的政治事件，以及当地政府政策的不确定性而给商业地产开发商和经营者带来的可能经济损失。

产业政策风险是指由于产业政策的变化和产业结构的变化而导致的商业地产商品需求结构的变化，从而可能给商业地产开发商和经营者带来损失。

土地政策风险是指国家对于土地的获得和使用制度的相关政策发生变化，导致商业地产开发商所承受的损失。土地政策风险主要来源于土地产权制度的变更、土地产权制度的不确定、不同的土地取得方式、土地调控制度以及不同的土地政策执行力度。

税收政策风险是指由于国家对税收政策的调整而给商业地产开发商和经营者所带来的经济损失。

金融政策风险是指由于国家对金融政策的改变而给商业地产开发商和经营者所带来的经济损失。

城市规划风险是指由于政府对城市商业网点规划的变动或不合理所给商业地产商带来的经济损失。城市规划风险主要体现在容积率的变化风险、建筑覆盖率的变化风险和用途的兼容性风险。

环保政策风险是指政府为了加强环境保护，制定和改变一系列环保政策，从而给商业地产开发商和经营者带来较大的经济损失。

法律风险是指商业地产开发商和经营者在房地产市场中进行各种活动时，因法律纠纷导致延误时间、增加成本或直接造成经济损失而产生的风险。

商业地产的第二类风险是经济风险。经济风险是商业地产开发的重要风险因素，在商业地产开发的任何阶段都会面临经济风险。商业地产开发的经济风险主要包括市场供求风险、财务风险、地价风险、融资风险、运营风险、区域发展风险等，如图 12.4 所示。

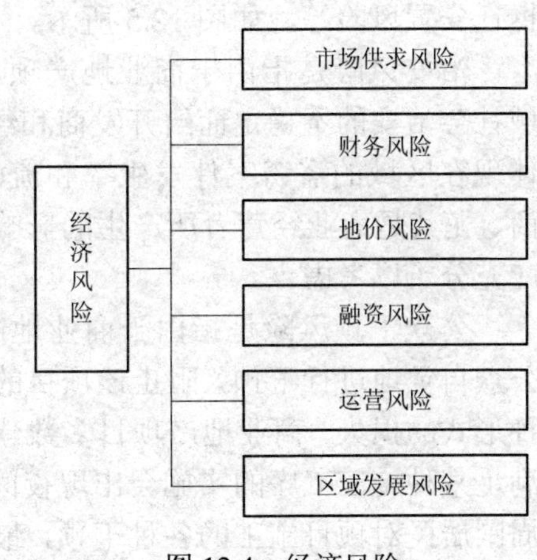

图 12.4　经济风险

市场供求风险是指由于商业地产市场上供给与需求之间的不平衡而导致的开发商或经营者的损失。市场供求风险是商业地产市场中最重要、最直接的风险之一。

财务风险是指由于各种财务因素发生变化而给商业地产开发商和经营者所带来的各种损失。财务风险主要体现在通货膨胀风险、利率变化风险、资金变现风险、开发费用风险和税率风险等。

地价风险是指由于地价变化而给商业地产开发商带来更多的开发成本，从而导致商铺出租价格提高、房屋出租率降低以及经营者间接损失增加等。

融资风险是指融资方式和条件发生变化造成的开发商和经营者损失。针对我国商业地产融资的实际情况，融资风险主要是商业地产开发商在融资过程中由于融资渠道过于单一而产生的风险。

运营风险是指商业地产在运营过程中由于开发商自身所采取的运营模式不符合商业地产的正常运作规律，进而造成经营状况差、租金无法回收等经济损失。这里的正常运作规律是指开发商在开发运作过程中，首先应对商铺进行统一规划和出租，然后聘请经验丰富的经营管理者对商铺进行统一经营和管理，最终通过租金的收入来回笼资金，实现商业的价值最大化。目前，我国商业地产的运营风险主要表现为商铺分割销售、经营不统一、整体商业氛围差以及房屋贬值等。

区域发展风险是指由于项目周围的其他商业地产的建造或改变而影响到本项目的价值和价格，进而为开发商和投资者带来损失的风险。区域发展风险主要体现在邻近地区发展风险和类似地区发展风险两方面。

商业地产的第三类风险是社会风险。社会风险因素是由于人文社会环境因素的变化对商业地产市场的影响，从而给从事商业地产开发和经营的投资者带来损失的可能性。社会风险主要有治安风险、公众干预风险与拆迁安置风险等，如图 12.5 所示。

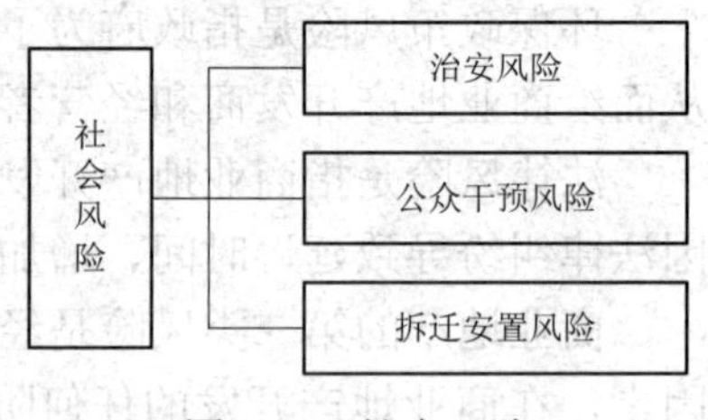

图 12.5　社会风险

治安风险是指由于商业地产项目所在区域社会治安的不稳定而给开发商和经营者所造成的损失。治安的稳定程度主要体现在区域的盗窃案件发生率和流氓刑事案件的犯罪率上。治安风险给开发商、尤其是商业经营者所产生的影响是比较严重的，因此该风险在项目评价时应充分予以考虑。

公众干预风险是指由于商业地产项目的建设影响到周围居民的利益而使公众自觉地进行干预，阻止该项目的开发建设，从而给商业地产开发商带来各种形式的损失。商业地产项目多数建造在商业繁华区，而有时为了追赶工期或满足某种施工工序的实施会出现夜间施工的现象，因此会造成施工扰民，导致周围居民对项目施工的各种干预，最终影响项目施工进度的顺利进行，给开发商带来较多的麻烦。

拆迁安置风险主要指项目在选址开发过程中，由于一些居民的拆迁安置问题无法有效解决，进而造成工期延长、成本上升的损失。目前我国有关拆迁安置的法规规定太笼统，而且各地区情况千差万别，法规的可操作性比较差。商业地产项目多数是旧城区改建项目，涉及大量的居民拆迁安置问题，因此要想保证项目后期建设的顺利实施，就一定要在前期策划过程中对该风险进行充分的考虑和分析。

商业地产的第四类风险是技术风险。技术风险是由于科学技术的进步、技术结构及其相关变量的变动对商业地产开发商和经营者带来的损失。技术风险也包括在商业地产开发建设过程中遇到的各种风险。技术风险主要有建筑材料变更风险、建筑设计变更风险、工期拖延风险与施工事故风险等，如图 12.6 所示。

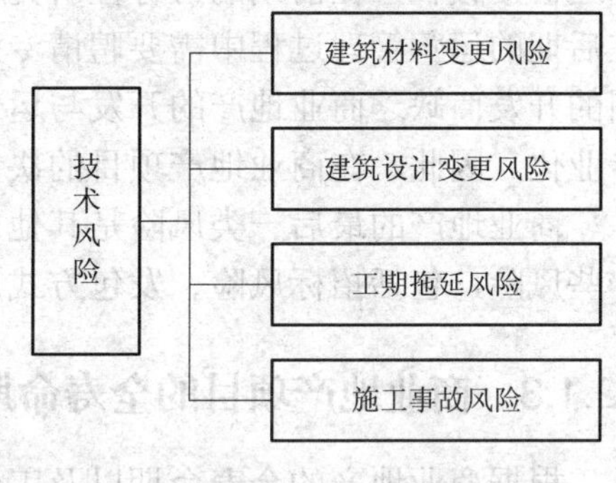

图 12.6　技术风险

建筑材料变更风险是指由于建筑材料，尤其是装饰材料的变更，导致施工工艺和原有设计的变更以及材料成本的增加，最终给商业地产开发商带来经济损失。

建筑设计变更风险是指由于建筑设计变动或计算错误给开发商带来的建造成本上升等经济损失。

工期拖延风险是指由于工期拖延而使开发商错过了良好的租售时机或增加了投入资金利息的支出，从而给开发商或经营者带来经济损失。

施工事故风险是指因施工过程中出现各种事故而造成房地产破坏、人员伤亡、机械设备损坏等损失。这类事故一旦发生，便会发生事故处理费和各种补偿费，同时影响整体工作气氛且延迟工期。

商业地产的第五类风险是自然风险。自然风险是由于自然灾害等不可抗力以及项目本身的自然状态给开发商带来损失的可能性。自然风险主要包括火灾风险、洪灾风险、风暴风险、地震风险和地质承载力风险等。

商业地产的第六类风险是决策与管理风险。决策与管理风险主要有决策失误风险、商业项目定位风险、开发时间选择风险、商业调整时机选择风险、安全风险，以及管理者素质和经验、企业商誉等带来的风险。

内部决策及管理风险是指由于开发商策划失误、决策错误或经营管理不善所导致预期的收入水平不能够实现，进而给开发商带来经济损失。内部决策及管理风险主要表现在投资的方式、地点和类型选择风险，以及由于管理活动或人的行为不适合生产和经济活动发展而造成的企业商誉或合同管理风险等。

在商业地产开发过程中，企业内部决策者、管理者及员工的行为对项目的成功与否起到至关重要的作用。一个成功的项目不但要具备良好的开发时机和优越的地理位置，而且更要拥有一支高素质的开发管理队伍。商业地产的开发和运营期较长，在前期的可行性研究中需要开发商能够作出及时正确的决策，在后期的运营管理过程中需要聘请专业的运营商来进行运营和管理。目前，我国的开发商缺乏商业地产的开发与运营经验，相关的咨询机构与运营商也不够专业化。因此，在商业地产项目的决策和管理过程中存在着一定的风险。

商业地产的最后一类风险是其他风险。其他风险主要包括上述六类以外的一些风险，包括招标风险、发包方式风险、租售延迟风险和商业竞争风险等。

12.1.3 商业地产项目的全寿命期风险管理

根据商业地产的全寿命期以及工作内容，一般将商业地产的生命期划分为温床期、种子期、胚胎期、幼苗期、成长期、发育期、成熟期和衰退期八个阶段，相应的主要工作内容为投资机会寻找和项目选址、土地获取、全程策划、规划设计、建设实施、招商与销售、运营和物业管理、物业报废和拆除，如图12.7所示。

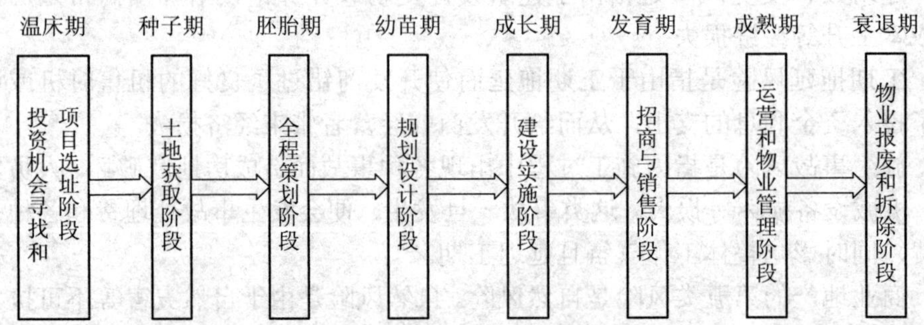

图 12.7 商业地产开发的全寿命周期

1. 温床期(投资机会寻找和项目选址阶段)

温床期，顾名思义，即是选择项目能够生存发展的大环境，选择适于项目生存和成功的政策、经济、人口、基础设施等外部条件。

开发商根据对某一商业地产市场的分析、认识和对特定商业业态发展潜力的判断，寻找投资的可能性，即所谓“看地”。通过实地考查对比、专家咨询等多种方式进行市场分析，对拟选项目进行财务评估(评价)，将商业地产的开发意向落实到一个或几个具体地块上。商业地产项目开发的位置选择对于项目成败是决定性的。相比较住宅注重周边自然环境、生活便利度、学区等而言，商业地产的项目注重客流规律、商业氛围、交通便利度、地形特点、居民收入水平、业态集中程度等。不同类型的商业地产项目对位置的要求不同，开发商不能只凭感觉就确定一个商业项目的选址，需要经过缜密的考查、分析和对比。这一阶段需提出项目投资建议，编制项目初步投资估算，其误差率要求控制在30%左右。这是房地产整个开发过程中最为重要的一个环节。

市场调查工作做得是否充分，数据收集是否准确，数据处理方法是否得当，市场前景预测是否有充分的依据，财务评估方法及选取指标是否合理，选址是否得当，项目基准收益率、基准回收期的确定是否客观合理等都在很大程度上决定着可行性研究的准确客观性。更为关键的是投资决策者是否意识到项目可行性研究的重要性，是否委派或委托业务素质高、责任心强的专业人员或机构承担任务，是否对研究结果有高瞻远瞩的决策能力与气魄等都是很重要的风险因素。

该阶段存在的风险有政策风险、市场预测风险、市场供求风险、信息风险、内部决策和管理风险。

投资机会寻找和项目选址阶段风险鱼骨图如图 12.8 所示。

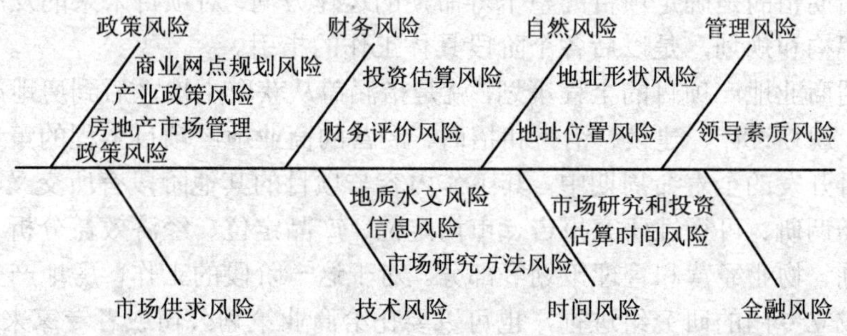

图 12.8　投资机会寻找和项目选址阶段风险鱼骨图

2. 种子期(土地获取阶段)

种子期指的是获得项目赖以发展的实物基础，即获得一个价位适当、成长空间大的地块。

当确定商业地产的开发选址之后，获取土地使用权就成为一个很关键的工作。在此阶段，市场调查是否充分、市场预测是否合理、初步规划设计方案是否合理、投资估算是否准确、竞争对手的战略和意图是否了解充分、报价方案和策略选址是否得当、能否争取到政府相关部门的承诺和优惠措施等都将影响到能否以合理价格水平获得用地。

这一阶段存在的主要风险有市场判断风险、成本估算风险、策划失败风险、地价风险、信息风险、土地竞投风险、土地保证金融资风险、土地出让付款方式风险等。

土地获取阶段风险鱼骨图如图 12.9 所示。

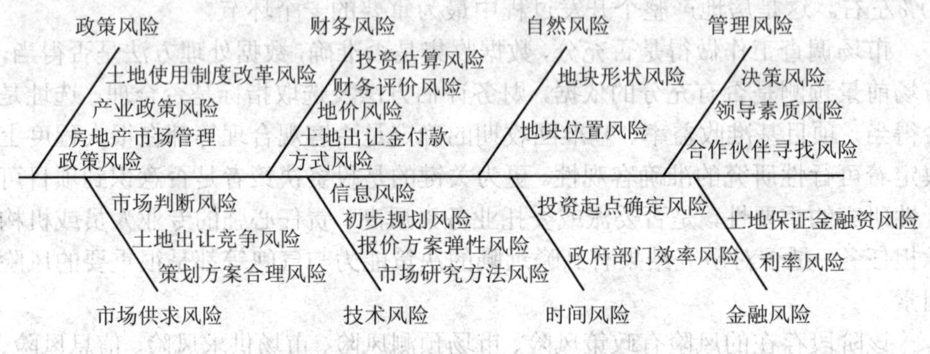

图 12.9　土地获取阶段风险鱼骨图

3. 胚胎期(全程策划阶段)

胚胎期指的是确定项目的整个寿命期的运作方向，对项目未来的发展进行详细的解构和规划，是以后各个阶段具体工作的指引。

所谓商业地产项目的全程策划，就是指涵盖从获取土地之后到房地产产品的定位、规划设计、建设、销售和招商、经营的商业地产项目全程的策划，贯穿于项目开发的全寿命周期中。其工作内容与项目的其他阶段有所交叉，主要包括市场调研、可行性研究报告、市场定位、产品定位、经济效益分析、营销推广策划、物业经营和管理策划等部分。对于这一阶段的工作，房地产企业可以自己成立专门的研究组进行，也可以委托给商业策划公司或者专家来做。

选择的策划企业和专业咨询机构是否有足够的水平，策划方案的制定是否有足够的依据，是否能充分地跟当地的经济发展和产业政策结合在一起，项目的销售和招商是否有足够的购买力支撑，策划方案在市场中有无领先性，这些都将给商业地产的开发和经营带来巨大的风险。

这一阶段的主要风险包括政策风险、财务风险、自然风险、管理风险、市场供求风险、技术风险、时间风险以及金融风险，如图 12.10 所示。

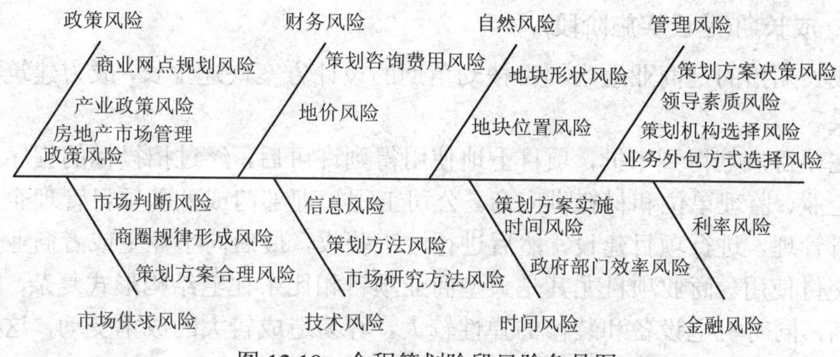

图 12.10　全程策划阶段风险鱼骨图

4. 幼苗期(规划设计阶段)

幼苗期指的是在胚胎期对项目的规划指引下，对项目进一步地深化设计和建筑细节的明确。

该阶段主要包括申领规划红线图、规划条件通知书等工作，根据项目全程策划得出的规划设计建议，通过方案竞赛等方式优选规划设计方案，通过招标方式优选设计单位进行设计，最终提供高质量的设计图纸。同时结合商业策划的内容、商业空间布局的需求对设计方案进行修改，这一阶段还须取得建设工程规划许可证等政府许可证书。商业物业的空间布局、立面形式、内部结构有其特殊的要求，建筑师提供的方案难免有疏漏，也难以和经营品种商业定位相一致，所以商业地产项目的设计需要更多交流沟通和根据商业规律而做的修改。

设计单位的选择，设计方案的比选，根据商业策划的需要对设计方案进行的进一步调整，报批消防、人防、公安、规划、建委、环境、商业等多个政府部门的审核和批准都将涉及多种风险因素。该阶段的主要风险有设计风险、公关风险和报批报建风险。

规划设计阶段风险鱼骨图如图 12.11 所示。

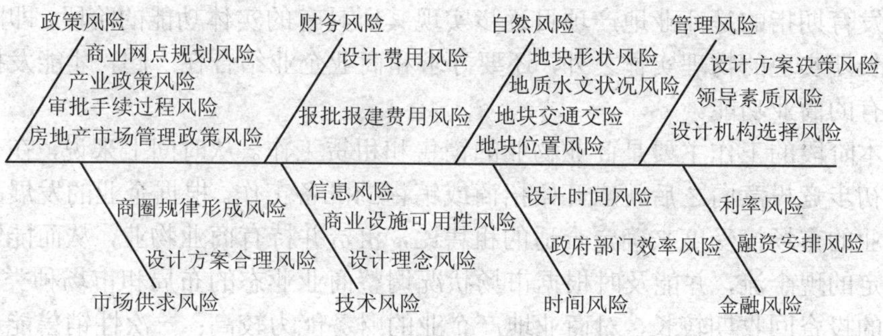

图 12.11　规划设计阶段风险鱼骨图

5. 成长期(建设实施阶段)

成长期指的是商业地产项目按幼苗期的设计方案快速生长，成为建筑实体的阶段。

在项目规划得到审批，项目土地使用得到许可后，经过招投标的程序选择施工企业、监理单位和材料供应商。公司工程管理部门或外聘项目管理企业实施项目管理，进行项目建设，然后进行竣工验收，最后向小业主或者商业管理公司交付使用。商业项目尤其是大型商业项目相比于住宅结构形式复杂，施工难度高，同时机电设备和装修的弹性较大，容易造成较大的成本变动，这都给商业地产项目的建设带来较大的风险。

该阶段的主要风险有项目招投标风险、施工企业和监理企业选择风险、地质风险、项目管理风险、工程变更风险、材料涨价风险、项目建设进度风险、项目建设质量风险、机电设备采购风险、投资资金筹集风险等。

建设实施阶段风险鱼骨图如图 12.12 所示。

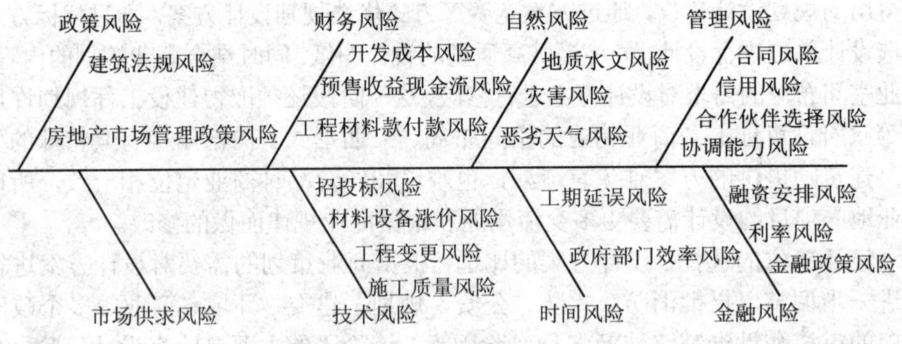

图 12.12　建设实施阶段风险鱼骨图

6. 发育期(招商与销售阶段)

发育期指的是商业地产项目逐步实现其所具有的实体功能的阶段，即除了在生长期实现的物理实体之外，还要寻求和商业企业结合在一起，才能发挥其所具有的商业功能。

本阶段的工作主要是商业物业的销售和租赁工作。从时间上来说，在有土地的初步竞投意向之后就应开始招商或销售的准备工作。根据企业的发展战略和物业的市场接受度来确定合适的租售比，租赁并持有商业物业，从而能够拥有稳定的现金流，并能及时根据市场状况调整商业业态的布局和市场种类。但项目的投资回收期较长，对商业地产企业的财务能力较高；一次性销售能尽快回收投资，快速变现，但对商业物业的持续经营和统一调整失去了控制力。这一阶段的工作包括营销企划方案制定和实施、意向入驻企业的谈判、经营业态的选择、项目开盘时间和销售进度的控制等。项目的招商与销售的进度，除了和策划销售以及招商推广执行的力度相关之外，更多的是和项目的选址以及商业策划相关。应该说商业物业的招商和销售的情况是从项目的种子期就奠定下来的。这一阶段是项目投资回收的关键时期。

该阶段存在的主要风险有市场风险、营销风险、政策风险、管理模式风险等。

招商与销售阶段风险鱼骨图如图 12.13 所示。

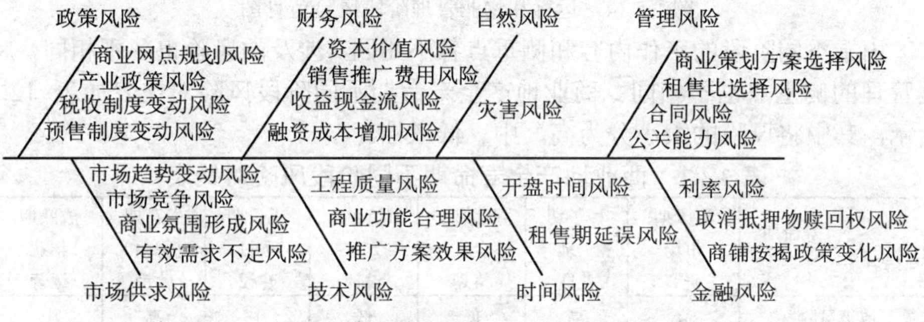

图 12.13　招商与销售阶段风险鱼骨图

7. 成熟期(运营和物业管理阶段)

成熟期指的是商业地产项目在物理形态和实体功能都实现之后，长期稳定地发挥其功能，为企业和创造财富的时期。

商业地产项目的物业管理和长期运营的成功是项目真正成功的标志，即使商业地产开发企业可以在运营前完全收回投资，但是一个经营不佳、纠纷不断的物业商业设施将大大影响开发商的企业形象，其实也是另外一种投资失败。商业设施的运营及物业管理除了日常的清洁、安保、机电设备维修、房屋维修之外，理应还包括租赁、招商、商业氛围的营造、统一包装和推广等工作。一般来说，这一阶段的工作可以采取和专业的商业管理公司合作的方式进行。专业的商业管理公司介入商业地产开发的时间越早越好，如果专业的商业管理公司从规划设计阶段就介入的话，不仅可以提高商业物业设计的实用性，而且可以依托知名商业管理公司的经验和资源，从而促进项目的招商和融资。

这一阶段存在的风险有商业经营风险、商业竞争风险、租户信用风险、商业环境风险。

运行和物业管理阶段风险鱼骨图如图 12.14 所示。

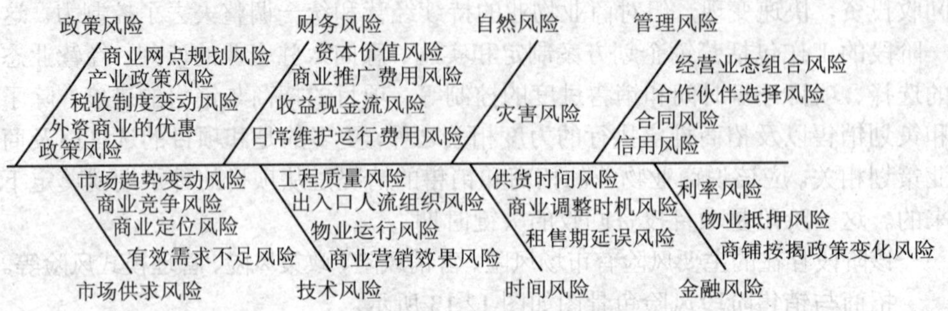

图 12.14 运行和物业管理阶段风险鱼骨图

由于不同阶段的工作内容和侧重点各不相同，涉及的风险也各不相同，风险管理的侧重点也不相同。商业地产全寿命期不同阶段风险对比表如表 12.1 所示，其中将风险的大小分为高、中、低三档。

表 12.1 商业地产全寿命期不同阶段风险对比表

寿命期 / 风险种类	温床期 市场 研究	种子期 土地 获取	胚胎期 全程 策划	幼苗期 方案 设计	成长期 项目 建设	发育期 招商和 营销	成熟期 物业 运营
政策风险	高	高	低	低	中	高	中
财务风险	低	中	低	低	中	高	中
自然风险	高	高	低	低	中	高	中
管理风险	中	中	中	中	高	高	高
市场供求风险	中	中	中	低	中	高	高
技术风险	中	低	中	中	高	中	中
时间风险	中	低	中	中	高	高	低
金融风险	低	中	低	低	高	高	中

8. 衰退期(物业报废和拆除阶段)

衰退期的表现是市场增长率下降，需求下降，产品品种及竞争者数目减少。衰退有可能是由于生产所依赖的资源的枯竭所导致的衰退，也可能是由于效率低下的比较劣势而引起的行业衰退。

商业地产项目进入物业报废和拆除阶段，说明商业地产项目正在逐步退出市场，此时的风险已经对商业地产企业不造成影响。

作为一种风险管理的工具，鱼骨图主要用于表示风险形成过程中的风险结构关系。上述鱼骨图所列示的风险及其构成，旨在表明商业地产项目各管理阶段各种类型风险结构及其主要表现。管理实践中，商业地产项目各管理具体风险因其所处的环境和条件不同而可能具有更多不同的表现形式，结构关系也可能更加复杂，在此没有一一列出。

12.1.4　不同类型的商业地产风险分析

根据商业地产的规模、物业形态、经营种类等不同可以将商业地产划分为不同的类别，本文将商业地产划分为社区商业、购物中心、商业街、专业市场、Shopping Mall 等多种形式。由于经营定位、开发压力、销售招商对象、管理难度的不同，各种形态的商业地产的风险也不相同。

首先是社区商业的风险分析。社区商业是一种以社区范围内的居民为服务对象，以便民、利民、满足和促进居民综合消费为目标的属地型商业。社区商业“因住而商”，满足社区人们基本生活消费服务等六项功能。其中，购物功能提供主副食、生活用品；修理服务功能满足社区居民日常用品修理的需要；餐饮服务功能为居民提供早点、正餐和满足学生、老年人用餐；综合服务功能实现社区居民理发、洗衣熨衣、服装加工、彩扩等，并全在社区完成；可再生资源回收服务功能采取固定收购站和定期流动收购两种方法，保证居民废旧物品下楼就可交售；家政服务功能能帮助居民雇用小时工、保姆、家教等。社区商业一般需要具有就近方便、价廉物美、服务多样的特征。

社区商业开发的主要风险包括选址风险、建设风险、销售风险、商业面积设置风险以及经营形态风险等。

社区商业有些就建在住宅小区内，有些则建在住宅小区的密集和易达处，市场需求容易预测，可供选址地点少，选址因素变动小，则选址风险相对较低。

社区商业的结构一般来说相对简单，施工难度不是很大，和一般住宅的建设风险差别不是很大。

在销售风险方面，由于有社区购买力的支撑，社区商业用房一般存在的销售风险较小，社区底商的销售和住宅的销售密切相关，存在一荣俱荣、一损俱损的情况。大部分区段的社区商业用房可以早于住宅先行销售和经营，既可以提前获得收益，又可以先通过商业积聚人气。

社区内的商业面积和住宅应有一个合适的比例，商业面积过大将会带来销售压力，社区商业中的底商还会造成上层物业和底商的冲突；商业面积过小，企业则无法实现利润的最大化。社区商业的面积配比需要考虑到住宅物业本身的定位和规模，要根据消费力来确定社区商业用房的面积和布局。另外，需要考虑到住宅和商业的相互干扰程度，从一般住宅区的规划来说，商业和住宅应相对独立，从而减少商业人流对住户的安全影响和噪音影响，同时集中布置商业用房将会增强商业的影响力。

社区商业用房经营业态的选择失误将会导致物业难以被市场认可，销售不畅。应从为社区服务的角度上选择商业形态，从某种意义上说，现代社区已不仅仅是简单的配套，而应当承担保障社区居民高品质生活之功能。商业形态应该选择社区专属、功能齐全、集中设置、无形服务的业态。

其次是购物中心的风险分析。购物中心是开发商有计划地开发建设并进行运营管理的规划，能使消费者进行比较购物(同一业种两个店铺以上)的以百货店、大型综合超市、各种专门店和专业店等零售业态为主，附带餐饮业、服务业及大型停车场等大型商业设施。

购物中心开发的典型风险包括财务风险、建设风险、招商风险以及经营风险等。

购物中心一般面积较大，建筑形式新颖，建设投资额巨大，所以风险较高。如果后期受到资金的限制，即使在开发规划期拟订了比较有新意和有吸引力的理念设计，在实际施工和业态布局上也将困难重重，不能兑现。

大型购物中心一般会要求建筑形式多变，空间开阔，因此施工工艺要求高，在新材料和新技术应用上存在风险。

购物中心商业体量大，市场消化力有限，招商压力大，同时知名商场和超市等主力店的讨价还价能力较强，这也增加了开发企业的招商风险。

购物中心的吸引力在于其有特色的定位和一站式购物，如果照搬已获得成功或者广泛为消费者接受的购物中心模式和经营方式，会导致购物中心定位和功能趋同化，最终会导致“千店一面”的态势；如果对商业新的定位和经营模式创新，虽然意味着大的成功机会，但同时也蕴含着较高的风险。

然后是商业街的风险分析。商业街是由零售和服务业多种业态组合而成，能满足人们购物、餐饮、文化、娱乐、旅游、观光等多种需求的大型综合商业街区。

商业街建设的典型风险有商业街的选址风险、规划设计风险、商业布局风险、财务风险和经营风险等。

商业街的选址一般要考虑城市经济中心或者几何中心的地方，同时需要有便利的交通条件，存在立体交通网络或是平面交通网络，人流能够很容易地疏导，具有易达性和易疏散性，还要考虑到城市商业文脉的延续，街道的宽度要适宜，能够为消费者购物提供良好环境。要对周边居民的购买力和实际需求做好充分的调查，才能确定商业街的选址。

商业街是大型商业街区，其规划设计远比单体商业建筑复杂，其所服务的业态和业种可能多达几十种。百货店、综合超市、专卖店等经营业态和餐饮、娱乐、体育、文化等几十种服务业种对建筑要求是完全不一样的。因而在规划设计时，不仅需要考虑到各个业态和业种对于建筑的基本要求，同时要考虑这些业态和业种的布局与组合以及功能分区，考虑建筑风格和建筑形式的相互协调。商业街要取得成功，必须要有专业的建筑规划和市场顾问支持，才能有效降低规划设计风险。

现代商业街是商店聚集之地，尤其是在一些大城市的商业街，一条街上往往聚集几个大型百货店，如果出现重复经营、雷同定位的情况，就会影响整个商业街优势的发挥，降低商业街的市场吸引力。

商业街区的开发建设规模大，而且商业街整体成熟需要时间，则造成商业街的投资回收期长，资金风险大。

商业街不仅在投入使用的初期存在巨大的经营压力，而且商业街的氛围成熟也需要时日，即使是已经在运营的商业街也要考虑经营品位创新和提升的问题。商业街建设要创新，而不是简单模仿，应该有自己的特色：体现城市文化特色，与历史积淀、文化理念、市民消费方式相匹配；具有商品特色，在某一商业领域专业经营；具有经营特色，保持经营特色的一致性，打造商业街的诚信和品牌；具有管理特色，管理者在经营管理上有独特的理念。比如：城市著名商业街可以打造成为商业与旅游黄金结合点，一方面，能以历史人文影响和商业的繁华带动旅游；另一方面，纷至沓来的游客更能促进商业街的经营。

商业街区的建设和成功运营不是仅仅靠一家资金雄厚、经验丰富的开发企业就能成功的，它需要当地政府的政策支持，这些支持可能涉及的内容包括土地出让时地价的优惠，在城市规划中明确该商业街的地位，不搞类似和有负面影响的商业街规划和建设，对企业招商的协助宣传和推广，对于市场经营中给予部分免税和减免管理费的措施，建立融合工商、城管、税务、市政等多个部门的统一的商业街委员会，降低管理成本等。倘若政府的支持力度不够，或者政府对该商业街不闻不问将会给商业街的成功蒙上阴影。

此外是专业市场的风险分析。专业市场指的是为了某一特定行业如电子、汽车、纺织、建材、服装等提供集中经营、统一布局和管理大面积经营场所的物业形态。一般有汽车市场、建材市场、电子市场、服装市场、小商品批发市场等。

专业市场建设存在的典型风险包括政策风险、选址风险、行业经验风险、服务创新风险等。

一般来说，专业市场的建设要符合统一的城市规划，跟政府的产业政策支持密不可分，同时需要有相关的实业带动，而不能没有上游生产制造企业、维修和配件企业以及物流业的支撑而凭空建立一个专业市场。

专业市场的交通条件也很重要，交通便利一方面要能够便于货物的集散，另一方面要提高顾客的易达性。这也就是一般城市火车站的附近往往会有大型批发市场存在的原因。选址不力将会给专业市场的建设和运营带来致命伤。

专业市场的开发需要开发商拥有对特定行业的从业经验，盲目进入不熟悉的行业建设专业市场，对于特定专业市场的形成规律和布局要点不了解，对于如何招商才能吸引潜在经营者不清楚，都将会给项目的开展带来巨大的风险。

如果专业市场的开发能够和知名品牌的商业企业或者生产企业合作，同时能够提供其他市场或者分散经营所不能带来的多种增值服务，将会为专业市场带来更大的号召力。如某些 3C 市场对其所经营的产品提供更高的质量保障和承诺，以及产品使用指导、送货上门、免费上门检修、无理由退货等多种售后服务，受到了消费者的好评，增强了市场竞争力。

最后是 Shopping Mall 的风险分析。Shopping Mall 属于一种新兴的复合型商业零售业态，具有规模庞大、功能齐全的特征；Shopping Mall 集购物、休闲、娱乐、饮食于一体，是包括主力百货店、大卖场以及众多专卖店、娱乐中心、连锁店、餐厅在内的超级商业中心。

Shopping Mall 建设开发存在的典型风险包括选址风险、规划设计风险、资金风险、人员风险、施工风险、招商风险等。

除了注意交通条件上的便利、易达和合理的地形条件之外，在一定意义上，Mall 的选址应该涵盖区域的选择、城市的选择，因为 Mall 的商业辐射力涵盖多个城市的区域，若辐射区居民的购买力不够，或者商业业态过于集中，都会给 Mall 带来巨大的风险。

无论从建筑面积还是从建筑功能上来看，Mall 的要求都比一般商业地产开发高，规划设计中如何既能满足既定的功能要求，又能从建筑形式上创新和拥有自己的特色，这都非常重要。

Mall 的兴建无疑是一场豪华的资本盛宴，一个项目需要十几亿甚至上百亿元的复杂资本运作。而且 Mall 产业需要漫长的回报期，在国外购物中心是一个长线投资产业，回报期长达 10～20 年，所以大多是实力强大的零售集团、地产财团和基金等战略投资者在操作。还有，目前的中国 Mall 投资商们更是不顾一切地追求中国第一、亚洲最大，追求大而全，然而缺少长期的资金支持和规划，在盲目的前期投资后往往因为资金不足等原因而宣告破产。

Mall 在国内是一个新生事物，有同类从业经验的人员很少。同时 Mall 的建筑面积大，经营种类多，工作内容复杂，涵盖了规划设计、融资计划、招商租赁、施工建设以及经营管理等多个阶段的工作，需要具有商业和地产两方面知识的复合人才。缺乏专业人员是 Mall 的建设实施中一个重大的风险。

Mall 的建筑体量巨大，动辄十几万乃至几十万平方米，通常是结构形式新颖奇特的、空间开阔的单体建筑，无论从施工技术上还是从施工的组织和管理上来说，难度都很高。

Mall 一般都是商业的巨无霸，如何将 Mall 的主力店、半主力店、专卖店以及娱乐、餐饮店铺成功招商，如何合理地组合购物、餐饮、娱乐、休闲等商业空间，这对于 Mall 打造经营特色，增强市场竞争力尤为重要。Mall 的各个业态在招商时存在相互牵制、彼此制约和相互吸引的错综复杂的关系，在招商时要利用这一关系，争取用大型主力店的引入带动半主力店和专卖店的进驻，即国际知名品牌带动国内品牌企业，购物带动娱乐、健身、休闲等行业。反之，组合不慎将发生一损俱损的连锁反应。

一个已经投入运营的 Shopping Mall 里，行业众多，店铺众多，人流量和货流量巨大，涉及利益方多，管理和协调难度高，如果对人流组织不力，安全保洁不到位，设施维护一般将会给商业地产的运营带来隐患。

12.2　商业地产风险管理过程与监控维度

在大型商业地产项目风险管理过程中，需要实时进行项目风险的识别、项目风险的分析、项目风险的处理、项目风险的监督以及报告。不管是项目风险管理的哪个环节，其过程均可概括为输入、工具和方法以及输出三个部分。在输入中，都要以项目的风险计划作为每个过程的参考，保证每个过程都不会偏离项目计划。商业地产全面风险管理过程如图 12.15 所示。

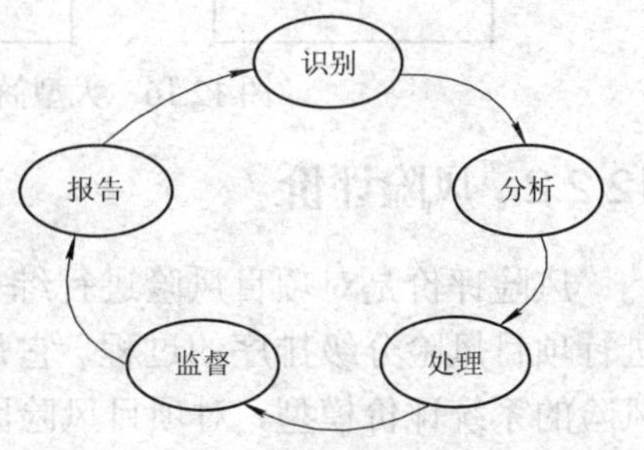

图 12.15　商业地产全面风险管理过程

12.2.1　风险识别

对大型商业地产开发项目的风险进行识别是做好整个项目风险管理的前提，它可以帮助相关人员了解项目存在哪些风险，这些风险会出现在项目中的哪个阶段以及将会带来什么样的后果。

项目风险识别过程的输入包括风险管理计划和项目信息资料两部分。项目信息资料包括项目资料文件、商业数据以及项目组的经验知识等。

项目资料文件是对已完成项目的记录。项目所牵涉的一个或更多的组织往往会保留过去项目的记录，这些记录会很详细，足以协助进行项目风险识别工作；商业数据是可以获得的商业历史信息；项目组的经验知识是指存留在项目组成员大脑中的信息，项目组成员都会记得以往项目的产出和消耗情况。当然这样收集的信息可能很有用，但较之以文件资料形式记录的信息可靠性则低些。

项目风险识别的结果是风险的输出，输出结果是风险列表，列表中的主要内容包括已识别的风险和潜在的风险两个方面。

已识别的风险是指已经识别出的一系列可能影响地产项目向好或向坏的方向发展的风险事件的总和，这些因素是复杂的，不考虑频率、发生的可能性、盈利或损失的数量等。潜在的风险事件是指对项目的完成会产生影响，但却还没被证实的风险事件。如自然灾害或团队特殊人员出走等能影响项目的不连续事件。

大型商业地产项目风险识别过程如图 12.16 所示。

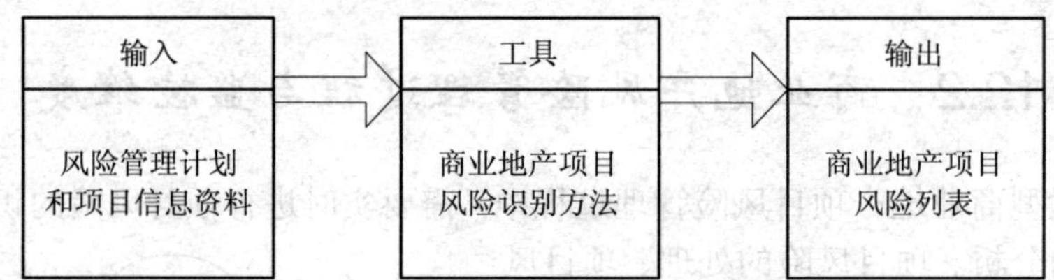

图 12.16　大型商业地产项目风险识别过程

12.2.2　风险评价

风险评价是对项目风险进行综合分析，并依据风险对项目目标的影响因素进行项目风险分级排序的过程。它是在项目风险评估的基础上，通过建立项目风险的系统评价模型，对项目风险因素进行综合分析，并估算出风险发生的概率以及可能导致的损失大小，从而找到该项目的关键风险，确定项目的整体风险水平，为如何处置这些风险提供科学依据，以保障项目的顺利进行。

项目风险评价的输入过程包括风险管理计划和商业地产项目风险列表。其中，项目风险列表来自于风险识别过程的输出部分。此过程的工具和方法有定性分析方法和定量分析方法，主要有主观评价法、敏感性分析法、矩阵图分析法等。通过运用不同的工具和方法，对项目进行风险评价，得到项目风险排序表和风险分析结果，即此过程的输出。

商业地产项目风险评价过程如图 12.17 所示。

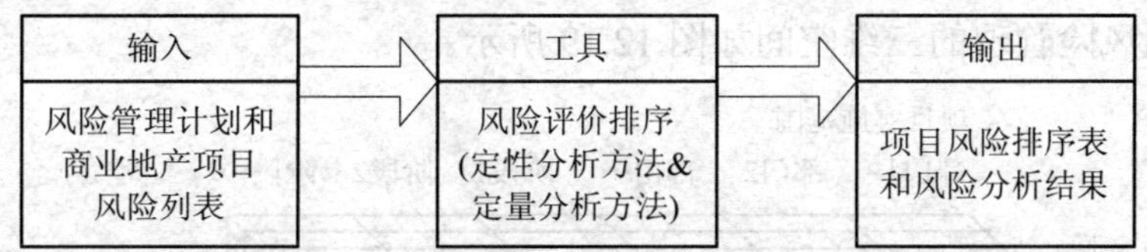

图 12.17　商业地产项目风险评价过程

12.2.3　风险应对

大型商业地产项目的开发、建设过程中存在风险因素较多，高效地识别、分析评价风险，都是为了更好地应对、监控项目风险，提出商业地产项目风险的具体应对措施，达到最有效的预防或减少风险因素对项目的影响，从而最大程度地实现项目目标的目的。

在项目风险应对过程中，输入部分是风险管理计划、风险排序表和风险分析结果两部分，风险排序表和风险分析结果来自于风险评价过程的输出部分。参考风险应对常用方法，如风险控制、风险转移、风险自留、风险利用，结合商业地产项目本身特点，输出指定项目风险应对措施以及项目风险应对计划。

商业地产项目风险应对过程如图 12.18 所示。

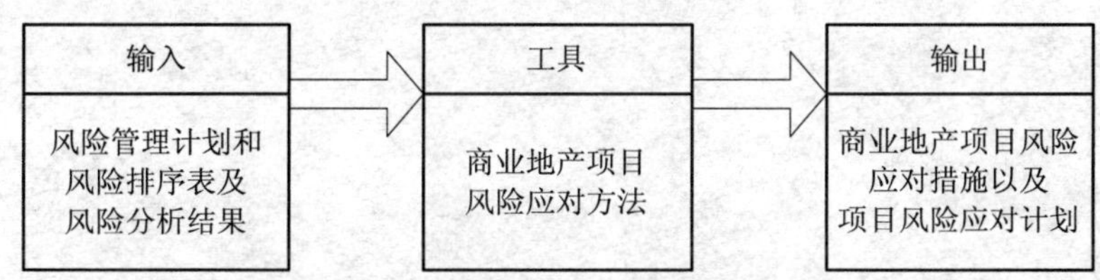

图 12.18　商业地产项目风险应对过程

总的来说，由于多样化、阶段性风险的存在，在商业地产风险管理过程中，动态的风险监控具有重要的意义。对大型商业地产项目的风险日常监控，通常需要基于开发企业的管理信息体系，构建特别的风险监控与预警系统，从而对商业地产项目风险从项目范围、风险来源以及风险控制三个维度进行描述、检测和反馈，并在不同的阶段形成不同的信息反馈机制。

其中，商业地产项目风险范围包括各个业务部门(所有组织层级)和项目的各个阶段(项目的全过程)；商业地产项目风险来源包括商业地产项目的全部风险，可以从风险要素与来源、风险对象等方面来描述。商业地产项目风险控制管理过程指的是商业地产项目风险处理的程序，包括风险分析、分析评价、风险决策、风险监控等一系列过程。这三个维度共同作用组合成一个风险管理的空间模型，从而能全方位体现对商业地产全部风险的管理。

全面风险管理的三维空间如图 12.19 所示。

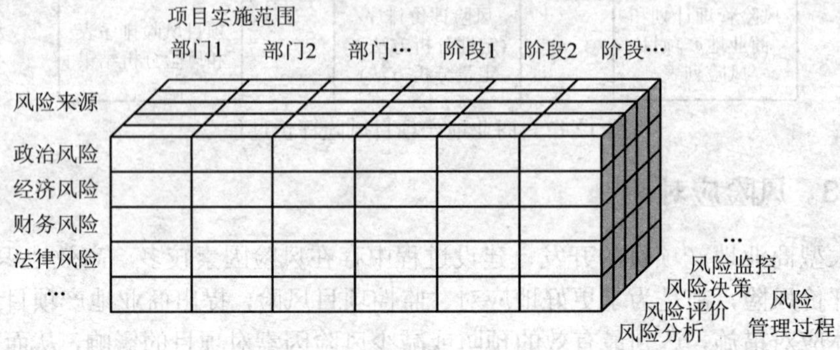

图 12.19　全面风险管理的三维空间

下　篇

商业地产管理创新实务与案例分析

第 13 章 商业地产整体定位与规划创新

13.1　沈阳 WKC 项目商业整体定位与规划

沈阳 WKC 项目是沈阳知名的大规模居住社区项目，坐落于长白新区胜利桥与工农桥之间的滨河路旁，毗邻沈苏快道，地理位置优越，交通方便。该项目是 WKC 在沈阳的第一个商业项目，因此 WKC 高度重视。项目总占地面积 30 多万平方米，建筑面积近 100 万平方米，属于一个超大体量的大盘，对于如此规模的大盘，商业的配套也是重要而复杂的。

13.1.1　WKC 项目的商业定性

综合来看，沈阳市长白新区具备较好的发展潜力，区域投资价值较好，但仍缺乏商业地产的基础传承。

WKC 项目位于长白新区的桥头堡，因管道效应带来的交通附加价值较高，对投资商具备较好的吸引力。中心商业组团对整个长白地区的商业发展影响巨大，因此，WKC 配套商业将对项目的可持续发展产生重大影响。而且众多市政道路规划建造了丰富的临街铺面，这将为 WKC 商业主体的形成提供条件。

沈阳长白商业综合体如图 13.1 所示。

图 13.1　沈阳长白商业综合体

从城市关系来看，随着沈阳市城市中心的南移，WKC 项目所处区域投资价值也会因为这一变化而突显。但项目所处的沈阳长白新区，由于本身缺乏商业地产传承的基础，因此，这一变化虽会提升商业投资的价值，却不具备辐射全市的能力。

再从区域关系来看 WKC 项目的商业性质。由于工农桥、胜利桥连接浑河以北城市中心，还有沈苏快速道、胜利大道连接南部区域，导致区域成为交通要道的“桥头堡”人流、物流汇集地，交通价值高，因而被投资者所看好。在区域规划过程中，集中商业组团对区域发展有显著影响。从这一点看来，WKC 商业应避免与长白新区规划集中的商业区形成竞争。

最后从住宅社区人群的刚性生活需求来看，WKC 项目定位可分为社区零售和社区服务两大类。社区零售包括生鲜、菜蔬、药品、日杂、服装等；社区服务包括洗衣、美容、皮具护理、家政服务、餐饮等。因此，WKC 商业的开发规模和时间的合理控制，开发过程中与社区生活密切相关的核心业态的重点控制，辅助业态临街商业的自然形成，配套商业服务半径的合理分配等方面都会对大盘的可持续开发产生较大影响。

13.1.2　WKC 商业配套型商业规划

作为大规模居住社区项目，WKC 项目的必备商业业态主要是指社区生活最基本的商业业态。根据一般居住社区项目的功能要求，WKC 项目必备商业业态包括社区零售型商业和社区服务型商业两大板块，如表 13.1 所示。WKC 项目的配套商业规模是按照住宅建筑规模的 3%～5% 规划的。

WKC 属于住宅大盘，住宅建筑规模达到约 80 万平方米，取规模下限比例 3%计算，商业配套刚性需求面积为 24000 平方米(80 万平方米×3%=24000 平方米)。

表 13.1　社区商业业态

商业分类	服务方式	说　明	商业类型
社区零售型商业	商品销售主导	以为消费人群提供直接商品消费为服务内容的商业形式	超市、便利店、鲜花店、蔬菜水果店、茶叶店、烟酒店、音响店、家居饰品、药店等
社区服务型商业	服务主导	以为消费人群提供服务及服务引导的商品销售的商业形式	美容美发、家政、房产中介、干洗、小型诊所、宠物店、健身等
	餐饮服务	以为消费人群提供饮食消费为服务内容的商业形式	小型快餐、面包糕点、冷饮、小型咖啡吧等

13.1.3　WKC 项目重点控制的业态

有些业态之所以要重点控制，是因为它们将构成商业地产开发企业主要的收益源泉。一般需要重点控制的业态包括超市、健身会所和邻里中心便利店等。

1. 超市业态分析

超市是当社区人口到达一定规模时满足社区居民需求的必备主力业态，也是促进住宅大盘销售的重要形象道具。因此，超市至少应在主要开发期保持良好的服务状态。引进一家品牌较好的超市，不仅可对整体项目有一定提升作用，还可以带动后期住宅销售，进而促进社区其他商业地产的销售和招商。

另外，根据长白新区的规划，未来必将出现大卖场，且规模不会低于 2 万平方米，将会辐射整个长白新城，预计位置可能在 WKC 商业中心组团附近。为此，WKC 项目超市业态规模应以中型超市为主，单店规模不要超过 2000 平方米，再以不超过 400 平方米的小型超市作为辅助。

最后，超市位置的选择应满足商业价值的要求，即建筑规划条件必须可行。合理的超市位置应临近 WKC 社区的主要出入口。结合主要出入口和该项目的道路关系可以看出，WKC 项目除主出入口外，其他出入口相对比较分散。因此，超市选择接近主出入口的位置不仅能有效地吸引本社区的人流，而且还有利于整个项目商业价值的提升。

2. 健身会所业态分析

健身会所不仅是确保项目品质的口碑形象，也是促进住宅大盘销售的重要形象道具，为此在开发期保持良好的服务状态是对它的最低要求。

通常设置会所是住宅社区体现档次的重要手段。WKC 作为中高档居住大盘，设置会所的必要性自然不言而喻。健身会所提供的以健身服务为主的会所功能符合主流中青年高收入客户群的消费需求。同时，具有一定知名度的健身品牌进驻 WKC，不仅可以提升 WKC 项目品质形象，而且因为健身业态有一定的对外经营性，可相对降低会所经营风险。

健身会所的规模应综合考虑健身商户承租能力、销售导向和经营风险等因素，针对目前沈阳健身商户承租能力低和经营风险高的情况进行合理控制。根据 WKC 社区规划人口情况及初步规划分析，WKC 项目健身会所规模不宜超过 2000 平方米，但最小不应小于 1000 平方米。

健身会所的位置选择要符合经营选址的要求，以保证风险最低、利润最大。经营选址的要求包括合理排布服务半径、规划位置满足商业运营条件、建筑规划条件应具备可行性等。会所的品质及功能决定了它在位置选择上应考虑对社区人群的便捷作用，因此会所所在区域的环境要满足社区内居民健身需求并兼具对外经营性。

3. 邻里中心便利店业态分析

便利店的规划设置主要是为了满足未来的客观需求，同样也可作为项目销售的形象道具之一。

对于大盘而言，邻里中心便利店的必要性体现在它对社区内部商业需求的满足。社区内部的商业需求主要集中在便利服务，便利店作为提供便利服务的商家便因此成为社区内部业态的主要形式。为保障社区居住品质，满足社区居民的客观需求，应该通过预规划来设置邻里商业的位置和相应条件。

邻里商业体量要求较小，一般不超过 150 平方米，多以服务型商业为主。邻里中心的位置和规模应遵循其服务需求。邻里中心便利店服务半径通常不超过 200 米。作为重点控制业态以外的业态，临街商业应该以自发形成为主，可采取自然销售的方式。临街商业的开发周期可随住宅开发周期同步推进，销售的时间点应略晚于同期住宅。

13.1.4 重点控制的业态租售模式

临街商业的总量最大，价值最高，属于重点控制的业态。对于重点控制业态的管理，应该选择合理的开发时机，并匹配项目自身回款要求，且要符合实现商业价值最大化以及保持商业氛围连续性的基本原则。

在考虑商业经营要求及销售要求的前提下，WKC 项目临街商业规划的面积应尽可能最大化。经估算，临街商业可规划建筑面积约 3.6 万平方米，能满足配套商业需求的可规划使用面积是 2.4 万平方米。

从具体商业功能角度看，WKC 项目的临街商业主要是面向 WKC 社区的配套商业，部分为面向周边长白区域的商业配套。临街商业除超市、健身会所等相对独立的服务业态外，其他的业态都具有单体面积小、分割灵活、总价低、易于销售的特点，无需具体的商业规划，但需加强后期商业管理的力度。

13.1.5 WKC 项目的主题商业街规划

较一般的商业地产项目和产品，主题商业街规划突出和强调的是其主题性，可通过主题商业街的精准定位、招商商户类型的目的性选择以及后期运营的专业性管理等措施来确保主题商业街持久的竞争力和持续的增值能力。

主题商业街与配套商业的差异如表 13.2 所示。

表 13.2　主题商业街与配套商业的差异

差异点	主题商业街	住宅配套商业
辐射范围	辐射城市或一个区域	辐射一个或多个社区
消费人群	某一特定目标消费人群	社区业主及附近居民
消费理由	满足消费群特定需求	满足社区居民生活需求
业态组合	业态围绕主题设置	业态围绕社区居民需求设置
经营品种	主要经营品种明显	经营品种类型丰富

1. 滨河路主题商业街整体定位

滨河路主题商业街的整体定位是打造沈阳第一景观休闲文化餐饮街，沈阳长白新区主题餐饮街如图 13.2 所示。对滨河路主体商业街定位的阐释可分为景观、休闲和餐饮三个方面。其中，景观是最大限度地借用浑河景观和滩地公园景观，并注重景观与商业活动的融合，做到不仅可“观”，还可亲近、可进入、可停留；休闲是指打造新概念的生活方式；餐饮则是商业街的主题载体。

图 13.2　沈阳长白新区主题餐饮街

根据经验，未来滨河路主题商业街将保持足够的区域辐射和影响。滨河路主题商业街规模的下限应达到 1.5 万平方米。据此估算，滨河路主题商业街可规划规模上限为 3 万平方米(不含停车场面积)。

2. 滨河路主题商业街操作模式选择

主题商业街通常都采取长期经营或整体出售的策略，因而忽视产权分散对经营的影响。采用产权分割的销售方式，并最终走向失败的案例不胜枚举。基于 WKC 项目的销售目的以及销售回款的要求，同时为了确保滨河路商业街良好的商业价值，滨河路主题商业街操作模式可采取先持有，并由专业团队经营管理，等待时机成熟后再整售给投资机构销售，即先租后整售模式。

整售模式操作思路如表 13.3 所示。

表 13.3　整售模式操作思路

整售对象	大型投资机构(如投资基金)
收购前提	商业街唯一产权；商业街应已全部开街并经营一段时间，形成商业氛围；商业街整体出租状况良好，确保一定的稳定现金流；商业街应有知名品牌的主力商户进驻
收购时机	商业街由专业团队经营管理一段时间、形成商业氛围、确保稳定现金流后，再由投资机构整体收购
有益影响	易控制风险、经营与回款较好、利于商业物业增值

在滨河路主题商业街开发时机的把握上，WKC 商业要注意等待外部资源与环境的成熟，不宜过早，要待外部资源充足、区域环境相对成熟时再进行开发，还要充分重视风险控制的必要性和重要性。在建设和开业之前必须做好风险预控，注重前期规划的统一性和科学性。

总之，滨河路主题街要尽量规避商业街在建设、开业及后期经营运作中的风险。同时，必须通过专业的商业运营管理团队进行后期经营管理，保证规划方案的正常实施与合理调整，避免非专业运营带来的高风险。在具体的运作过程中，滨河路商业街的开发可以选择的基本策略包括分段分时开发、借力政府、专业化运营管理等。分段分时开发，即根据 WKC 项目的开发进度来安排主题街的开发。根据 WKC 的开发进度，滨河路商业街预计 2010 年 3 月 15 日开工，与区域成熟度相比，其开业时机相对偏早。这种情况极易导致外部资源相对不够完善、区域市场成熟度较低，从而影响滨河路商业街的第一次亮相及后期经营，同时，还会影响 WKC 及周边社区入住率，增大商业街招商难度，从而影响滨河路商业街的商业价值。所谓借力政府，就是指在滨河路主题商业街的开发过程中，应注重借助政府力量，包装和打造项目良好的整体形象。专业化运营管理，即合理整合商业街所需的各方面资源，实行整体运作、统一推广，塑造商业街良好形象的方式。根据建设进程的动态调整规划，通过专业运营，以确保商业街持续增值。

13.1.6　WKC 项目商业规划总体模型

根据以上分析，WKC 项目商业规划事实上被划分成临街商业组团、邻里中心组团和滨河路商业组团三大板块。在理论上，既要保持原有规划方案的稳定性，还应进行必要的动态调整。沿街商业面积总量应尽可能放大，产品设计应尽量考虑各业态商业的要求。

1. 临街商业组团模型

首先，根据 WKC 项目现有的总体规划布局，结合住宅产品形式，将沿街商业形式划分为两类：一类是独立商业，另一类是上部为住宅的底商。临街商业组团的规划布局应结合住宅开发分期计划，将待开发的临街商业分为六个组团。

结合规划布局及单体结构，可计算出各组团的最大商业面积。独立商业采用 8 米层高的单层设计，按楼座投影面积计算商业面积。住宅底商按照两层设计，按楼座投影面积的 1.5 倍计算商业面积。

临街商业组团产品要求如表 13.4 所示。

表 13.4　临街商业组团产品要求

产品 要求	住 宅 底 商	独 立 商 业
结构要求	底商结构共两层，首层部分去除住宅入口大堂及核心筒；结构与上部住宅统一考虑，尽可能实现使用空间完整，易于使用；空间划分灵活度高，进深控制在 12～16 米之间，避免出现进深过大、店铺狭长的格局；最小店铺分割 50～100 平方米；层高不小于 3.5 米；楼板承重不低于 350 千克/平方米	框架结构，大开间设计(不小于 8 米)；单层设计，层高 8 米，结构上为商户预留搭设楼板的预埋件，由商户入驻后自行分割使用空间；满足休闲餐饮功能需要，结构上具备设置隔油池的位置
设备建议	商业供电不低于 200 瓦/平方米，可以满足除餐饮业态以外的一般电力供应； 具备上下条件，部分店铺可设置独立专用卫生间	可以满足餐饮业态电力供应，220 伏生活用电及 380 伏动力电双路供电，供电量不低于 300 瓦/平方米；具备上下水条件，设置独立卫生间；满足餐饮业态排烟要求，从住宅内部专用烟道排至楼顶；满足 120 平方米/小时的燃气供应
交通组织建议	外部交通：底商与上部住宅间人员交通分流，避免交叉干扰 内部交通：底商店铺垂直分割，内部结构不设垂直交通，只为商户预留出增设垂直交通的条件(如局部留洞、预埋铁件等)待商户入驻后自行解决 满足相应的消防要求	外部交通：建议独体商业规划两条交通流线，沿街面一侧为人流动线，同时应尽可能为商户留出一条货运、后勤通道 内部交通：由于独体商业只一层，层高 8 米，内部不设垂直交通系统，只预留结构预埋件，供商户入驻后结合个性化的空间分割自行安置垂直交通系统

2. 邻里中心组团模型

邻里中心组团布点的主要依据是现有规划格局形成的交通节点以及邻里中心的辐射半径。邻里中心总体量约 800～1000 平方米，单体建筑体量控制在 100～150 平方米之间。

各建筑单体结构按单层考虑，层高设计为 3～3.5 米，为商户留出足够的展示空间，建筑结构应该简单灵活，内部空间尽量方正。同时，建筑风格与社区整体风格要吻合，布局细节突出其昭示性。

3. 滨河路组团模型

在原规划中，滨河商业街南端负责布置集中配套商业组团。集中配套商业组团中含综合中型超市和运动健身会所两个主力商户。主题商业街的规模为 25000～30000 平方米；集中配套商业组团(不含地下面积)的规模为 3500～4500 平方米。其中，超市主营面积为 1500～2000 平方米，超市带动业态面积为 800～1000 平方米；运动健身会所面积为 1000～1500 平方米。

13.1.7　商业业态建设与功能

1. 综合超市规划与结构描述

综合超市位于商业街南端，共分两层。综合超市总建筑面积为 2500～3000 平方米。其中，中型超市主营面积占 1500～2000 平方米，超市带动业态面积占 800～1000 平方米。

综合超市的结构要求具体包括建筑形式采用结构框架，柱距不小于 8.4 米；层高即梁下净高应不小于 4.5 米；各层楼面的单位面积承重荷载应不小于 800 千克/平方米；内部结构具有良好的通透感及较大的柱间距与纵深，内部避免有中空结构；梁、柱及结构死角尽可能少，尽量避免内部出现剪刀墙。

由于综合超市中包含主食厨房和轻型餐饮功能，建筑设计中需考虑消防、燃气、排水、排烟等相关方面的特殊要求，避免对住宅的干扰。另外，超市包含的主食厨房等所需的烟道，必须与上部住宅分开，避免超市餐饮对住宅产生影响。

超市出入口设置于西侧(沿长白二街)，超市东侧设置货运通道，以解决超市及商业街物流问题。中型综合超市停车位不需过多，可视规划情况在南侧与园区间的空地布置停车位。

2. 健身会所规划描述

健身会所位于商业街南端住宅层裙房，共三层，面积为 1000～1500 平方米。健身会所的主要功能是运动健身，不含游泳池，规划时需着重考虑与上部住宅楼之间的关系，出入口的设置需考虑与周围居住人群的关系。

在结构上，健身会所需要采用框架结构，开间不小于 8 米。由于健身会所位于住宅底层，会在一定程度上受到上部住宅结构的影响，造成空间不完整。因此，健身会所的设计需要结合住宅结构进行一体考虑，尽可能实现良好的空间使用。健身会所所在层高不小于 3.5 米，各层楼面的单位面积承重荷载不小于 500 千克/平方米。

会所所处的建筑应具备冷暖空调及良好的通风系统，从而及时更新室内空气，确保健身会所中的空气质量。设计健身会所时需要考虑到健身会所更衣淋浴的需要，应提供充足的上水供应，具备 200 吨/天的供水量以及 200 吨/天的排水量的硬件指标，并预留热水供应设备的空间。

健身会所应在沿滨河路一侧设置出入口。由于运动健身会所主要面向社区内部客户，因此健身会所对停车位要求相对较低，可在沿滨河路一侧设置少量专用的路边停车位，以满足健身会所客户的停车需要。

3. 主题餐饮街规划描述

主题餐饮街周边的胜利桥增加引桥后，对吸引城市人流进入商业街有一定的帮助，但在相当程度上影响了人流到达餐饮街的便捷度，因此应在规划中采用一定措施，将坡道人流引入到商业街。规划方案中可以将原滨河路保留并调整为双向两车道，此道路与商业街基本处于同一高度，应尽可能增加路边停车位数量，为主题餐饮街提供便捷的停车位。商业街与集中配套商业组团中间应增设后勤物流通道。

基于以上考虑，主题餐饮街规划应将商业街首层架空，二层及三层为主题餐饮商户的经营面积。二层以上为双边内向型商业街，步行系统贯穿其中，街道宽度控制在 8～12 米之间，局部可以结合功能放大至 16 米左右。商业街南侧及北侧店铺功能定位不同：北侧店铺多为小型休闲类餐饮，店铺分割灵活；南侧店铺多为大中型餐饮店，单店面积较大。首层主要是作为餐饮街商户的公共厨房，设计时需着重考虑结构承重及分割灵活性，同时需要充分考虑厨房设备要求，为商户预留增设垂直烟道的空间，层高不低于 4.5 米。北侧店铺设置三层布局退台，为商家提供室外营业空间，增加产品附加值，也为南侧店铺提供了更开阔的视野和展示空间。面积控制指标如表 13.5 所示。

商业街首层架空，首层北侧为商业经营面积，南侧主要是公共厨房，为餐饮街商户提供后勤服务。此外，南侧还有部分面积用作公共交通、停车、后勤。规划方案中首层至二层的步行通道面较宽，但数量较少，建议增加北侧首层至二层的步行通道数量。

表 13.5　面积控制指标

	商铺面积(平方米)	厨房面积(平方米)	公共交通及停车面积(平方米)
首层	3500～4000	7000～8000	6000～7000
二层	7000～7500	—	—
三层	7000～7500	—	—
局部四层	3000～3500	—	—

对于主题餐饮街的结构要求包括建筑形式为框架结构，采用大高层、大开间、大柱距设计，保证分割的灵活性，最小分割面积为 50～100 平方米；利用退台、连廊等建筑设计手法实现多首层空间，尽量避免出现首层与二、三层的商业价值差距过大的问题；鉴于南侧店铺多为大型餐饮业态，建议南侧店铺二层以上层高均略高于北侧同层店铺，有助于塑造大型餐饮店形象。主题餐饮街层高建议如表 13.6 所示。

表 13.6　主题餐饮街层高建议

楼层	北侧店铺层高	南侧店铺层高
首层	4.5 米	4.5 米
二层	4.2～4.5 米	不低于 4.8 米
三层	不低于 3.9 米	不低于 4.2 米
局部四层	不低于 3.9 米	不低于 3.9 米

由于商业街定位为餐饮业态主导商业街，所以首层架空层应为上部餐饮商户留出充足的厨房面积，并设置灵活的设备管井区域，以满足不同分割方式下的商铺需要；针对餐饮行业的特殊性，应重点考虑其消防、燃气、给排水、排烟等相关方面的特殊要求；针对餐饮街业态的特殊性，应有充足的电力供应及自来水供应，有油烟气排放通道，有污水排放、生化处理装置，这些配套设施的位置设在地下室或一、二、三楼均可，但不能分布在多个楼面；首层集中厨房区内需设置顺畅的上下货通道，满足厨房上货及垃圾清运等功能需求，同时规避其对商业街的负面影响。

主题餐饮街的建筑风格具有鲜明的特点。第一，建筑风格以简单现代格调为主旋律，给商家留出了足够的自主空间。第二，整体定位于时尚的特色餐饮、休闲娱乐街，因此在产品的设计风格上避免了老式商业街的陈旧感。第三，建筑风格与小区的整体风格相吻合，立面风格符合项目国际化的整体定位，突出简洁、现代感与品质感。第四，注重细节。通过简单的横、竖线条及平面符号的组合，丰富建筑外立面的变化。

根据对主体餐饮街建筑风格特点的描述，主题餐饮街景观规划需要做到几点。第一，满足项目景观需要；第二，突出商业氛围的营造，同时不应该对商家的店招及广告位形成过多的视线遮挡；第三，景观小品为商业人流提供休憩场所；第四，与引导系统功能互动，兼备一定的展示功能；第五，在必要的位置利用景观绿化规避对商业人流的视觉干扰。

13.2　商业地产整体定位与规划分析

13.2.1　主题商业街操作要点分析

1. 主题商业街商业分类

主题商业街起源于欧美，它类似于一种大型综合性卖场，即多家专卖店或专营店或餐饮娱乐店的集合，专攻某一类消费内容，并为特定的目标消费群提供特定服务。主题商业街通常都具备一定规模，并有明确的经营主题。主题商业街商业分类如表 13.7 所示。

表 13.7　主题商业街商业分类

属性	形成过程	特　　点
自然商业	人→商业	生命力强，形成过程缓慢，更换率高
配套商业	人→商业 商业→人	生命力较强，形成过程与有效商流的形成过程匹配，更换率正常
主题商业	商业→人	操盘难度大，一次性形成，商业价值最高

主题商业街在定位和操作上都与住宅配套商业存在较大差异，其定位、操作的难度要远远高于住宅配套商业。主题商业街与住宅配套商业对比差异如表 13.8 所示。

表 13.8　主题商业街与住宅配套商业对比差异

差异点	主题商业街	住宅配套商业
辐射范围	辐射城市或一个区域	辐射一个或多个社区
消费人群	某一特定目标消费人群	社区业主及附近居民
消费理由	满足消费群特定需求	满足社区居民生活需求
业态组合	业态围绕主题设置	业态围绕社区居民需求设置
经营品种	主要经营品种明显	经营品种类型丰富

2. 主题商业街操作要点

主题商业街在操作时需要注意：第一，定位应更精准；第二，规划要更突出并强调其主题性；第三，招商商户的选择和控制更为重要；第四，后期专业运营管理要确保主题持久竞争力，确保后续长期增值；第五，专业开发运营团队模式为投资 + 开发 + 商业运营；第六，开发运营与资本市场对接的变现模式。

主题商业街操作模式如表 13.9 所示。

表 13.9　主题商业街操作模式

团队构成	投资商、开发商、运营商三者既相互独立，又相互依存
团队职责	投资商——负责提供商业街开发所需的资金来源 开发商——负责整合商业顾问、商业规划设计公司、建筑商等各种资源，完成商业街定位与产品规划设计，并负责其具体实施。在国内开发商可能同时就是投资商 运营商——负责市场推广、招商管理及经营管理等全系列运营工作，确保商业街不断增值
产权模式	投资商与开发商分离，或开发商直接持有，通常均表现为单一产权模式
运营模式	由专业团队负责从定位规划、招商管理到开业后经营管理的运营全过程；由于产权单一，运营商对商业街具有足够的控制力，可适应市场条件的变化及时调整规划与经营策略
变现模式	经过一段时间的专业运营，商业街形成氛围后可获得稳定的现金流，并可持续增值。在此过程中可选择合适的时机，将产权整体出售给新的投资商或投资机构

13.2.2　滨河路主题商业街业态组合

1. 滨河路商业街特点分析

通过对滨河路主题餐厅街进行 SWOT 分析，可以分析出滨河路主题餐厅的优势、机会、劣势和风险。滨河路主题餐厅街的优势有商业街周围浑河的推动作用、良好的交通环境以及万科的品牌带动力。滨河路主题餐厅街的劣势表现在长白地区餐饮文化的缺乏。而沈阳消费者对中高档餐饮较强的潜在消费需求则成为了滨河路主题餐厅街的发展机会。滨河路主题餐厅街的风险则是缺乏同类案例的信息参考。

滨河路主题餐厅街 SWOT 分析如表 13.10 所示。

表 13.10 滨河路主题餐厅街 SWOT 分析

优 势	劣 势
(1) 浑河是政府大力打造的景观河，其景观形象较为突出；滨河路商业街具有良好的外部景观，这对餐饮业态的氛围营造可起到很好的推动作用 (2) 胜利桥、工农桥引桥建设以及三好桥的开工为商业街未来可提供一定的外部交通支持 (3) 万科的品牌影响力和区政府的鼎力支持，有助于未来商业资源的整合	(1) 长白地区缺乏足够餐饮基础，区域市场现状成熟度很低，人气严重不足，不利于商业氛围的快速形成 (2) 浑河滩地公园及滨河路周边交通设施的完善仍需经历一定时间周期才能形成
机 会	**风 险**
沈阳消费者对中高档餐饮有较强的潜在消费需求，但目前沈阳市高品质餐饮数量很有限，尚未形成颇具规模的景观性主题餐饮街，这对就餐环境要求较高的消费客户具备一定吸引力	(1) 沈阳缺乏同类案例，无法获得定位及经营的直接参考，定位、规划可能不准确 (2) 餐饮街的主题塑造非常重要，但沈阳地区有特色、高品质的餐饮商家资源有限，餐饮街存在较大的招商风险 (3) 商业街开街运营需面对沈阳市区原有餐饮的直接竞争，项目在地段和便利性方面处于下风 (4) 主题商业街对开发团队专业运营管理能力要求较高，但万科商业领域开发经验不足，进一步加大了运作风险

可以借鉴其他一些主题商业街的参数来展开滨河路主题商业街的分析。方庄餐饮街的项目规模为 1.6 万平方米，建筑层数为 2～3 层；元大都酒吧街的建筑层数为 1 层，项目规模为 1.2 万平方米；星吧路的项目规模为 1.5 万平方

米，建筑层数为 2～3 层；好运街的建筑层数同样为 2～3 层，项目规模为 1.5 万平方米。

主题商业街参考案例规模如表 13.11 所示。从表 13.11 中可以看出，如果去掉元大都酒吧街这个失败案例，其他案例的项目规模都在 1.5 万平方米上。由此可以推断，滨河路主题商业街的规模下限应达到 1.5 万平方米，才可能具备超出区域的辐射影响力。

表 13.11　主题商业街参考案例规模

项目名称	建筑层数	项目规模
方庄餐饮街	2～3 层	1.6 万平方米
元大都酒吧街	1 层	1.2 万平方米
星吧路	2～3 层	1.5 万平方米
好运街	2～3 层	1.5 万平方米

2. 案例业态组合

根据对主题商业街参考案例的分析，各主题商业街都是采取餐饮加娱乐的业态组合模式。方庄餐饮街的餐饮、娱乐比例分别为 76%和 20%；元大都酒吧街的餐饮、娱乐比例为 30%和 67%；星吧路的餐饮、娱乐比例为 61%和 35%；而好运街的则为 87%和 10%。

主题商业街参考案例业态组合如表 13.12 所示。

表 13.12　主题商业街参考案例业态组合

项目名称	项目规模	主要类型业态组合模式	主要类型业态规模比例			
			餐　饮		娱　乐	
			规模	比例	规模	比例
方庄餐饮街	1.6 万平方米	餐饮、娱乐	1.2 万平方米	76%	3200 平方米	20%
元大都酒吧街	1.2 万平方米	餐饮、娱乐	3600 平方米	30%	8000 平方米	67%
星吧路	1.5 万平方米	餐饮、娱乐	9000 平方米	61%	5300 平方米	35%
好运街	1.5 万平方米	餐饮、娱乐	1.3 万平方米	87%	1500 平方米	10%

从表 13.12 中可以看出，主题商业街业态的基本组合模式为餐饮和娱乐。其中，餐饮业态要能够占到总面积的 60%～80%，而娱乐业态要能够占到总面积的 20%～30%，剩余的都是被带动的业态。

主题商业街案例业态特点分析如表 13.13 所示。从中可以发现，餐饮业态都有着菜系丰富、品种多样、餐饮品牌知名度高等特点；娱乐业态则都是以 KTV、酒吧等夜店为主。

表 13.13　主题商业街案例业态特点分析

餐 饮 业 态	娱 乐 业 态
(1) 菜系丰富、品种多样化 (2) 商家各具特色，体现个性化 (3) 以连锁品牌餐饮为主，知名度高，集客力强 (4) 除少量餐饮档次稍高，其余大体档次相近 (5) 大型餐饮连锁店是其中必备业态，但总体以中型餐饮店为主	(1) 多以 KTV、酒吧等夜店为主 (2) 进驻时机略晚于餐饮，可作为餐饮业态的良好补充

滨河路主题商业街应以餐饮为主力业态，包含各种菜系、各种档次的餐饮商家，并且各具特色，在商业街氛围逐步形成后可引进娱乐业态作为良好的补充。

根据调查显示，餐饮商户对在滨河路主题商业街进行投资有初步的意向。同时根据访谈了解到，餐饮商户大多反映沈阳目前缺乏提供精品服务、环境高雅、具备特色的餐饮街。问访数量及统计如表 13.14 所示。

表 13.14　问访数量及统计

业态	数量	有意向	意向率	面谈数量
大型餐饮	25 家	6 家	24%	3 家
中型餐饮	140 家	28 家	20%	4 家
特色餐饮	23 家	8 家	35%	4 家
传统餐饮	10 家	2 家	20%	1 家

根据对主题商业街的参考案例研究，并结合对餐饮商户访问情况的分析，可以得出滨河路主题餐饮街的初步业态组合建议，即设立 2～3 个大型餐饮店，单店面积为 2500～3000 平方米；设立 9～15 个中型餐饮店，单店面积为 600～1000 平方米；设立 10～15 个特色餐饮，单店面积为 400～600 平方米；设立 2～4 个传统餐饮，单店面积为 500～800 平方米。此外，辅助设立夜店及其他娱乐店 1～2 个，共占地面积 2000～3000 平方米。大型餐饮店、中型餐饮店、特色餐

饮店等业态组合建议如表 13.15 所示；主题商业街商户示例如表 13.16 所示。

表 13.15　业态组合建议

业态类型	单店面积(平方米)	预计数量(个)	面积合计(平方米)	占餐饮街的比例
大型餐饮	2500～3000	2～3	8000～9000	26%～30%
中型餐饮	600～1000	9～15	8000～9000	26%～30%
特色餐饮	400～600	10～15	5000～6000	15%～20%
传统餐饮	500～800	2～4	1500～2000	5%～8%
夜店及其他娱乐	1000～2000	1～2	2000～3000	6%～12%
带动性商业	50～150	10～15	500～1000	2%～4%

表 13.16　主题商业街商户示例

业　态	品　　牌
大型餐饮店	大连海鲜、顺峰、金鼎轩、唐宫海鲜坊、水上鱼港、金山海鲜、阿美丽海鲜饺子、刚记广州海鲜、好日子生日城、潮州城、巴国布衣、倪氏海鲜、渔公渔婆、谭鱼头
中型餐饮店	沸腾鱼香、麻辣诱惑、宽巷子私房菜、海底捞火锅、鼎鼎香、口福居、干锅居、小土豆、金汉斯
特色餐饮店	唐式主题餐厅、阿叉真味炖品店、千手予美食健康餐厅、台北 A + A 酒店、酷老太太狗肉店、深蓝多元厨房、美味品格、十方名堂、后院、格桑眉朵、720 私房菜、腾格里塔拉、黄记煌
传统餐饮店	东来顺、老边饺子、原味斋吊炉饼烤鸭店、全聚德、全素斋、晋阳饭庄、同和居、泰丰楼、正阳楼、鸿宾楼、烤肉记
娱乐/夜店	唐会、MIX、SOS、毕豪斯、后宫、青年、BABY FACE、BANANA、糖果、夜色、男孩女孩、美丽会等

13.3 沈阳 WKC 项目商业整体定位与规划的启示

13.3.1 商业地产项目定位原则

商业地产项目并不是商业和地产的简单相加，因此在选取定位分析指标时应该遵循科学性原则，层次性原则，系统性原则，独立性原则，可比、可量、可行原则和动静态结合原则等。

科学性原则是指定位项目指标体系的建立必须立足于对具体商业地产的内涵、本质、规律和机制等本质性要素的科学把握上。

层次性原则是指商业地产定位分析本身就是一种很有层次的逻辑分析过程,因此在确定评价指标的时候，要保留和突出层次的特点。

系统性原则是指定位项目指标体系的建立应全面反映商业地产项目的主要方面和内在联系。

独立性原则强调指标体系中各指标之间具有的独立性，应该尽可能排除具有相关性的指标，否则评价结果无法最优。

可比、可量、可行原则强调指标体系中各指标的可定量化。影响商业地产定位的因素有很多，但有些因素没有统计数据，有些因素难以量化，为了保证评价的有效进行，应本着可比、可量、可行原则确定指标体系。

动静态结合原则是指采用动态加静态的方法来分析商业地产。对一个商业地产项目的定位并不是仅对当前商圈内的静态分析，所选的指标一定要动静结合，要反映出当前和未来商业地产的发展趋势，才能保证商业地产项目的长期稳定发展。

13.3.2　商业地产项目定位分析指标体系的确定

对商业地产项目的市场定位、规模定位、功能定位、形象定位、经营模式定位等五个方面的系统分析，是以商业地产项目定位分析指标的构建原则为依据，从而来确定指标体系的。

在商业项目的市场定位中，选取宏观经济政策、城市和商业发展规划、市场供给与需求情况、竞争性项目威胁程度等四项指标进行分析。

在商业项目的规模定位中，选取区域的商业市场容量、市场整体租售状况、项目的商业属性、项目周边配套条件等四项指标进行分析。

在商业地产项目的功能定位中，选取城市在区域经济体中的位置、城市功能特性、城市的主要产业形式、街区生命有机体的功能等四项指标进行分析。

在商业项目的形象定位中，选取项目所在商圈建筑风格和品牌的市场认可度两项指标进行分析。

在商业项目的经营模式定位中，选取开发商的资金周转能力和开发商的经营管理能力两项指标进行分析。

第 14 章　商业地产企业投资方式创新

14.1　深圳滨海购物中心项目决策

14.1.1　深圳滨海购物中心项目概况

深圳市龙岗区葵涌街道的深圳市滨海购物中心项目，地处深圳市东部沿海的大鹏半岛，是深圳市政府东部生态组团建设的重要组成部分。深圳市滨海购物中心占地面积 12 437.5 平方米，是国有商业用地，项目规划建筑面积是 14 000 平方米，实际建筑面积为 13 613.99 平方米。

深圳滨海购物中心的决策目标是追求商业价值最大化，保证商业地产的可持续发展。滨海购物中心的策划阶段利用深圳商圈的数据，并根据开发商业地产的实践经验，判断出能够创造最大价值的环节就是业态设计和购物中心主题的策划。

针对深圳滨海购物中心的特点，提出了一种业态方案，1 层主要定位为精品步行街，2～3 层为家乐福超市，4 层为儿童主题百货，5 层为办公区域，6 层定位为大型餐饮酒楼，具体如表 14.1 所示。

表 14.1　业态组合方案(配有酒店式公寓)

6 层	大型餐饮酒楼为 5000 平方米，婚礼殿堂(兼娱乐演艺中心)为 2000 平方米	1000 平方米休闲式书店
5 层	办公为 5000 平方米	3000 平方米培训中心及咖啡厅
4 层	儿童主题百货为 7000 平方米	1000 平方米休息区餐饮区
3 层	家乐福为 7000 平方米	1000 平方米特色餐厅
2 层	家乐福为 5000 平方米	设置两层 3000 平方米停车场
1 层	精品步行街，旗舰品牌店为 7000 平方米	1000 平方米特色餐厅
负 1 层	主题地铁步行街为 15 000 平方米	其中 1000 平方米用于快餐厅，引进麦当劳及面点王
负 2 层	运动休闲主题商场为 5000 平方米	10 000 平方米停车场
负 3 层	停车场	15 000 平方米停车场

通过场地分析，从节约土地以及方便顾客的角度出发，在地面停车特别少的前提下，可以采用地下三层停车与立体停车相结合的模式。

14.1.2　购物中心主题决策

购物中心主题的设计需要根据顾客需求、顾客消费心理和文化习俗等方面的特点，并且参考类似购物中心的主题设计，最终提出数个关于海洋文化的创意主题。通过研讨，从这数个创意主题中选择出最适合滨海购物中心的创意主题。研讨包含两个过程，首先是专家研讨，听取专家意见；然后是公司内部的研讨，确定主题。

主题决策需要运用大量形象思维的知识，而功能性决策则主要运用逻辑思维知识。

滨海购物中心的建筑策划决策采取在地铁十字路口退让的方式，拿出宝贵的空间做生态广场，以便人流聚集停留。地铁出入口直达地下负二层商场，地铁人流可以直接到滨海购物中心负一层和负二层。购物中心利用临近地铁和滨海的优势聚集人流，同时方便市民出入地铁。由于滨海购物中心拥有 6 万平方米酒店式公寓，该公寓可以做成高科技节能公寓，在设计和建筑材料方面，均可以考虑与国外节能建筑标准接轨。

滨海商业广场概念设计效果图如图 14.1 所示。

图 14.1　滨海商业广场概念设计效果图

以香港太古广场作为参考，滨海购物中心拟定了购物中心与地铁无缝衔接的方案，不仅满足了地下空间人员的疏散要求，而且增加了顾客进入购物中心的途径，还可将购物中心的中庭部分和生态广场室内步行街作为公共空间向市民开放。

地铁接口方案如图 14.2 所示。

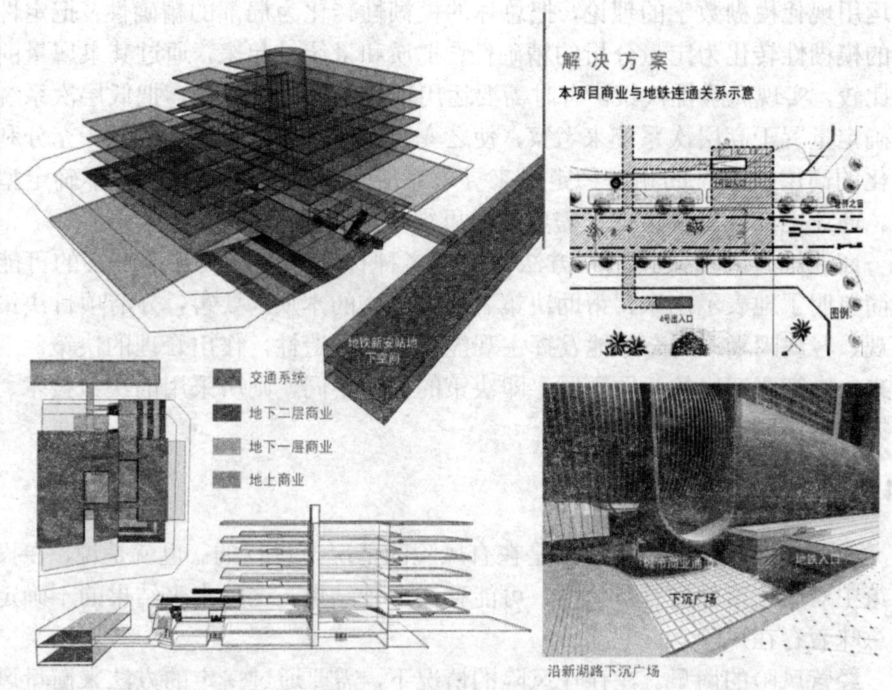

图 14.2　地铁接口方案

深圳滨海购物中心的招商需要从大项目角度来严密管理，建立整个项目的结构框架体系，合理地进行作业分解。总的策略是先进行娱乐主力店招商，再进行零售主力店招商，最后进行零散品牌招商。这样的招商策略能够合理地运用资源，采取最佳的招商步骤，以降低招商成本，提高招商成功率。

鉴于购物中心的经营特点，滨海购物中心倾向于可持续经营。经营兴旺以后再考虑整体出售，将产权整体出让给大型企业集团或投资基金。

购物中心选择的经营方式不同，企业获得的收益回报也就不同。在经营方式的选择上，一种是选择一个主力店自营，其他统一经营，如深圳金光华购物中心就采取这种模式；另一种是全部物业统一出租经营，如华润万象城就采取此模式。

14.2　创新型商业地产投资决策分析

商业房地产投资决策是一个完整的动态系统工程，属于投资决策的范畴，投资资金的时间价值和资金的风险价值至关重要。所以，针对一个项目，有时要运用现代模糊数学的理论，把总体的模糊性转化为局部的精确性；把定性分析的模糊性转化为定量分析的精确性；把质和量统一起来，通过其隶属量的差异比较，实现风险性决策。有时需要运用现代系统论的理论，把低层次系统的不确定量置于高层次系统来考察，使之变为在较高层次可确定的量，充分利用转化的高层次系统的相对稳定量来寻求系统发展的规律，以实现不确定型决策。商业地产项目决策过程需要形象思维与定量分析并重。

商业地产的决策技术和方法可以把多种行动方案以及各个方案的可能结果简单明了地表示出来，帮助决策者抓住事物的本质、要害，分清项目决策的主观、客观因素，更充分地发挥主观能动性和创造性，作出合理的决策。一般说来，决策要解决的问题不同，即决策的类型不同，则所采用的决策技术、决策方法也不同。

14.2.1　风险型决策分析

商业房地产投资决策常常是在有风险的情况下进行的。也就是说，在投资决策中对未来事件进行预测时，可能存在多种结果，这种未来结果的不确定性就意味着存在风险。

经营风险的衡量。在存在风险的情况下，需要通过一定的方法来衡量风险程度的大小。投资可行性研究分析中敏感性分析虽然指出了各种不确定因素对投资项目经济效果的影响程度，但是并不能指出这些因素出现的可能性有多大，以及给投资项目造成的风险大到什么程度等定量的结论。

在商业房地产经营风险度量中，企业通常要计算不同经营方式的最大利润，同时也要计算可以承受的最大经济损失，并将可能造成的不同损失详细列出，如自营损失、商家选择不当的租金损失等。

衡量投资企业经营风险通常采用定性和定量相结合的方法，将情况的分析判断和数据的整理计算结合起来。由于风险和概率有着直接的联系，所以常用概率方法衡量风险的程度。

财务风险的衡量，就是在有风险的状况下解决投资报酬率的计算。投资企业会因筹措资金而带来财务风险。在投资企业资金全部自有而不存在借入资金的情况下，投资企业只有经营风险而无财务风险。当投资企业全部资金中包含借入资金时，投资企业除经营风险外，还要外加财务风险。

衡量财务风险可以通过计算自有资金利润率及其方差和标准差来进行，根据标准差和标准离差率判断风险程度。

根据商业地产的财务风险可以设计出能够有效管理风险的商业地产开发

赢利模式。在前期策划阶段就可计算出不同融资模式的成本，同时计算资金回收的期限与可行性，充分利用企业无形资产。例如，企业自身知名度不够的时候，可以吸引知名度较高的企业作为战略投资伙伴，通过无形资产运营有效降低财务风险。

14.2.2　不确定型决策分析

不确定型决策的特点是不仅不知道所处理的未来事件在各种特定条件下的明确结果，甚至连可能的结果及各种结果发生的概率都不知道。由于信息不完全，这种情况下的决策往往带有很大的主观随意性，但是也有一些公认的决策准则可供方案选择时参考。

首先是乐观决策准则，即决策者在决策时，即使情况不明，但仍不放弃任何一个可能获得最大利益的机会，充满着乐观冒险精神，要去争取大中之大的利益。

其次是悲观决策准则，即当决策者面临不明确的情况，惟恐决策错误造成重大经济损失，处理问题比较小心谨慎，总是考虑最坏的结果，从那些最坏的结果中选择其中最好的结果。即决策者先从各方案可能发生状态的结果中选出其中的最小值，再从这些最小值中选出其中的最大值，那么这个最小值中的最大值所对应的方案就是决策者要选择的最优方案。

在商业房地产开发决策中，企业选择乐观或悲观决策，重点要考虑企业获取资源的能力。当企业资源整合能力较强(如能够整合零售商业资源和战略投资伙伴)，特别是企业无形资产巨大时，可以选择乐观决策模式。

然后是后悔值决策准则。决策者制定决策后，发生的自然状态没有导致最理想的效果，就会产生遗憾，或者有后悔的感觉。这个准则的出发点是将每种自然状态的最高损益值定为该状态的理想目标，并将该状态中其他损益值与最高值相减所得之差称为未达到理想的后悔值，然后选择各状态最大后悔值中最小值的方案为最优方案。

最后是机会均等准则。决策者在决策过程中，不能肯定各种自然状态出现的概率，就干脆认为其出现的概率是相等的。如果有 N 个自然状态，则每个自然状态出现的概率为 1/N，然后按照风险型决策的损益最大期望值选择最优方案。

香港又一城如图 14.3 所示，其由香港太古地产及中信泰富开发，位于九龙的中心地带(九龙塘又一村达之路 80 号)，属于九龙塘地铁站及九广铁路上盖物业，毗邻香港城市大学及又一居。该项目的开发商拥有巨大的无形资产，项目选址较佳，属于乐观决策类型。

图 14.3　香港又一城

14.3　商业地产投资决策的比较

与住宅地产相比，商业地产需要在总体商业定位、业态组合和招商这三个方面作出重要的决策。商业地产还要确定建筑形态，即采用何种建筑形态最能发挥商业定位的优势。商业地产设施决策也同样不容忽视，比如：采用何种空调、暖气、电梯等设备，设计多大规模的停车场以及停车模式是采用地面停车、地下停车，还是考虑采用空中停车以及立体停车库等。在经营管理方面，采用出租模式还是出租与自营模式相结合的模式，同样需要商业地产开发商比较决策。

商业地产的决策关系到项目的成败，许多关键环节的决策直接关系到项目建成后的赢利能力。下面通过不同的购物中心案例与深圳滨海购物中心的比较，来说明相关决策的规律。

14.3.1　美国拉斯维加斯凯撒宫古罗马广场购物中心案例

美国拉斯维加斯凯撒宫古罗马广场购物中心的主题是罗马文化主题购物中心，决策思路是把旅游与购物相结合，它的决策前提是将拉斯维加斯作为旅游区。罗马风格公共空间——电脑控制的天空如图 14.4 所示。

图 14.4　罗马风格公共空间——电脑控制的天空

主题策划是决策的重要内容，选择何种主题以及这种主题对消费者吸引力的大小往往决定着项目开发的成败。美国拉斯维加斯凯撒宫古罗马广场购物中心这个项目与滨海购物中心最相似的地方是主题策划。古罗马风格装饰如图 14.5 所示。

图 14.5　古罗马风格装饰

凯撒宫古罗马广场购物中心的环境艺术设计与室内设计极其复杂，施工难度较大，主要体现在如何突出罗马主题的艺术表现力上。

凯撒宫古罗马广场购物中心开业后不仅达到了预期效果，而且还创造了销售价格每平方米 12 917 美元的坪效记录。凯撒宫古罗马广场的成功，说明只有在购物中心主题策划上投入精力和财力，才能取得预期的经营效果。真正的购物中心是具有生命活力的复合商业区，只有注入文化艺术的内涵，中国的购物中心开发才能提高成功率。娱乐式陈列如图 14.6 所示。

图 14.6　娱乐式陈列

14.3.2　兴平市金城广场案例

兴平市金城广场的决策思路是将广场与购物相结合，如图 14.7 所示。新摩尔商业管理公司根据兴平市的实际情况，重点计算了零售市场的容量，同时细致考虑了商铺销售情况，最终确定选择 2.3 万平方米的开发方案。

图 14. 7　典型的县级市购物中心——兴平市金城广场

在兴平购物中心项目决策过程中，金城广场项目组运用形象思维方法，借鉴了日本难波城项目的建筑设计思想，根据金城广场位于县城两个繁华区域中间新区的实际情况，将项目打造成为兴平的购物中心。

通过借鉴与策划，金城广场项目组改变了原来的火柴盒建筑方案。整个项目的业态组合以百货和电器商店为主，顶层设置健身和餐饮及娱乐业态，建筑形式与业态实现最佳匹配。

通过金城广场项目运作，新摩尔商业管理公司积累了运作县级购物中心的宝贵经验。不仅重视数值计算为主的定量方法，也特别重视实际经验的利用，从世界范围选择行业项目标杆。

14.4　深圳滨海购物中心投资决策的启示

14.4.1　商业房地产投资决策相关因素分析

商业地产投资决策相关因素众多，最主要的是财务指标。投资回收期就是从商业房地产项目投建之日起，用项目各年的净收益将投资全部收回所需的年限。商业物业开发通过租金收益、商业经营收益和商铺销售收入这三种方法回收投资。投资收益率就是房地产项目在正常年份的净收益与投资总额的比值。年利润总额等于年产品销售收入减去年产品销售税金和年总成本费用。

动态评价指标不仅考虑了资金的时间价值，而且考虑了商业房地产项目在整个寿命期内收入与支出的全部经济数据。

由商业专家以该区域的经营经验为根据，通过计算周边人口收入、消费能力和消费偏好来预测商业经营的销售额和利润。通过商业利润的预测才能制定正确的租金基准。

可以预先确定基本租金与浮动租金，其中浮动租金与主力商家销售额挂钩。通过租金数据和周边商铺销售情况，最终才能作出商铺销售定价方案，因此商业经营预测是商业物业动态评价的基础。

在房地产开发过程中，房地产项目所涉及的物价因素是不断变化的，传统的财务评价是在假设物价没有变动或不考虑物价变动情况下作出的。因此，传统项目财务评价与实际相差甚远，应该根据物价变化条件对财务评价指标进行相应的调整。

14.4.2　住宅投资决策模型

通过对深圳蔚蓝海岸等数个住宅楼盘数据的分析，提炼出住宅投资决策的基本模型，如图 14.8 所示。即通过投入一定的营销费用、绿化费用、地价费用等，从而产出企业的有形资产和无形资产。

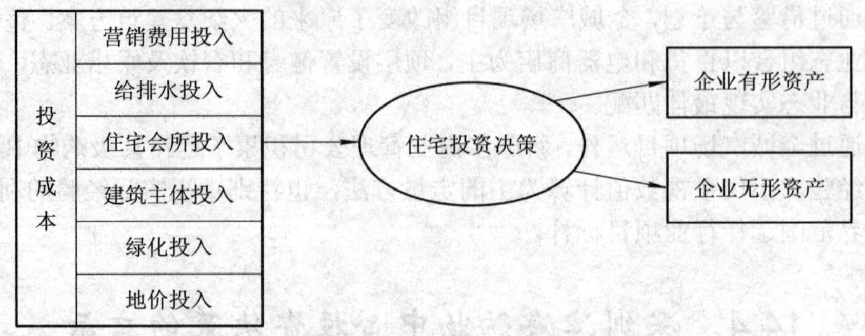

图 14.8　住宅投入产出模型

住宅投资比例及数额与现代房地产的经营思想密切相关，因此，投资决策不仅要应用数学模型，更重要的是应用先进的管理理论，综合考虑有形资产和无形资产的增值。

小区会所设计规模的确定有两种计算方法。一种是推算法，即通过小区总户数推算出总人口，再根据使用人数预测，计算出会所各种设施与总体规模，考虑到周边社区可能使用本小区会所，一般大于预测需求 10% 就可以了。另一种是经验法，即实际调查同样规模小区会所的使用情况，根据经验值加权求平均值，然后修正本小区会所的设计。

大于国家优秀住宅小区 2%以上的绿化面积是理想的绿化面积。过大的绿化面积造成投资加大，而过小的面积会造成无法评选国家优秀住宅小区，不利于今后营造小区良好的生态环境品质，影响住宅小区的品牌形象。

规划与建筑设计费用是住宅投资中重要的支出。规划与建筑设计水平的高低直接关系到整个项目的投资。对于较小投资规模的小区，可以选择中等的设计单位；对于需要创建知名品牌的小区，可以选择国际知名的设计师，如香榭里花园聘请 RTKL 设计师事务所，花费的投资是普通国内设计公司的七倍。

根据深圳住宅项目的调查，投放广告过多的房地产企业，尽管营销效果不错，但是从根本上来讲，客户满意度不高，不利于企业无形资产的增值，特别不利于企业长期稳健发展。比较合理的营销费用应控制在项目总销售额的 2%以内。

14.4.3　启示

运用复杂巨系统方法论把商业地产投资涉及的有形资产与无形资产纳入统一的决策框架，为企业提供辅助决策服务。

商业地产是资金密集、技术密集的产业。由于具有开发商业物业的地块一般都在商业圈内，土地成本较高，商业地产投资规模较大。因此，研究商业地产投资决策的新方法对控制成本、提升经济效益意义重大。

由于商业地产与零售、金融关系密切，商业地产开发能够带动建筑施工、建材、机电、装饰等多个产业的发展，如果能使商业地产投资决策最优化，那么就非常有利于创造社会财富，解决大量社会就业问题。否则，不仅会造成重大经济损失，而且会对整个社会经济发展产生负面影响。例如，2002 年以来，许多商业地产项目缺乏科学的策划，非理性过热发展，在很多不适合开发商业物业的地块上盲目开发，违背了商业房地产开发的常识和规律，造成银行坏账，扰乱了经济秩序，不利于我国的经济发展。

我国是发展中国家，人均收入与世界中等发达国家相比差距还很大，仍然属于贫穷国家。因此，中国商业地产投资决策更应该追求决策的科学化与最优化，珍惜来之不易的资金与人力资源，避免类似日本的“房地产泡沫”。

商业房地产的项目管理与投资决策基本分析是任何一个商业地产企业都不可或缺的技术。商业地产投资决策专家系统需要多学科的知识。例如：钱学森教授提出的复杂巨系统理论与综合研讨厅方法论、多媒体与虚拟现实人机接口、商业房地产投资决策数学模型、面向对象的软件设计、专家系统与知识工程知识、灰色预测理论等。

运用投资决策的一般性理论，结合长期商业地产投资与经营实践积累的宝贵经验，建立具有自身特色的商业房地产决策程序和决策模型，能够为商业地产企业作出科学决策提供宝贵的参考与借鉴。

第 15 章 商业地产招商运营模式创新

15.1　商业地产招商运营成功案例

15.1.1　纯售模式——北京三里屯 SOHO 项目

1. 项目简介

北京三里屯 SOHO 商业地产项目是由 SOHO 中国有限公司开发的大型城市综合体项目。该项目位于北京市朝阳区工体北路南侧，南三里屯路路西，是三里屯商业区核心地段的办公、商业、居住综合社区。

北京三里屯 SOHO 总占地面积约 5.1245 万平方米，规划总建筑面积中，地上约为 31.568 万平方米，地下约为 15 万平方米。整个三里屯 SOHO 项目由 5 个购物中心和 9 幢 30 层高的办公和公寓楼组成，位于这些建筑间的溜冰场、带水景的室外广场将 5 个购物中心连接起来，构成了集商业、餐饮、娱乐为一体的消费圈，成为中外游客、写字楼人群及附近居住者的一个全新的休闲消费港湾。项目裙房(一至四层，局部五层)及地下将作为零售商业使用，五层及以上的高层用作写字楼和公寓，地下二至四层用作停车场、设备机房和服务管理用房。北京三里屯 SOHO(a)如图 15.1 所示。

图 15.1　北京三里屯 SOHO(a)

2. 运营模式分析

SOHO 中国作为三里屯 SOHO 商业地产项目的地产开发商，在开发这个项目时，就考虑到北京三里屯 SOHO 的地理位置优越、周边交通发达，并且目前已经进驻了如三星等多数著名的企业和商家，这为北京三里屯 SOHO 项目带来了巨大优势和机会。北京三里屯 SOHO 项目采取的是 SOHO 中国历来坚持的商业模式，即先开发商业物业，然后再散售给中小投资者和经营者。这种模式就是“纯出售”的商业地产运营模式，开发商通过销售获取快速的资金回笼和开发价值。在这个商业地产项目中，其价值链由政府、开发商(兼任产权转变之前的投资商)、经营者(兼任产权转变之后的投资商)和消费者构成。

北京三里屯 SOHO(b)如图 15.2 所示，在其项目中，开发商将商业地产项目建设完成之后，直接将其分割出售给各个经营者，由经营者直接对商铺进行经营，而开发商只是进行了出售以及物业管理的职能。在这个项目中，SOHO 中国直接获取了项目的开发和物业管理费用，没有对整个项目进行统一的运营管理，而是由经营者自定经营主题等。SOHO 中国资金实力一般，但自己没有专业的商业运营管理队伍，因此在这种情况下，SOHO 中国采取了出售的商业地产运营模式，将自己开发的项目直接进行出售，并由自己进行物业管理，由经营商自己进行经营。

图 15.2　北京三里屯 SOHO(b)

三里屯 SOHO 商业地产项目发展的总策略是功能组合，总体分为商业、居住和商务三个部分。三里屯 SOHO 项目位于北京高人气聚集地——三里屯地区，商业定位的对象是大型商场、临街商铺和地下步行街，采取统一开发、分割出售的模式。由于三里屯 SOHO 采取的是“纯出售”的商业地产运营模式，这直接导致了项目后期的运营管理的不统一，不能够直接控制业态和商业。SOHO 中国采取的是从硬件和软件两个方面来快速聚集人气。硬件包括位置、交通、建筑以及周边的人群等，这在项目建成前期就已经解决了；软件问题是在项目招商阶段解决的，通过对 SOHO 形象的持续推广和深化来实现商业的整体形象与整个项目的匹配。此外，SOHO 中国还出面与大客户洽谈，并协调自身与业主的关系，以达到共赢。

北京三里屯 SOHO(c)如图 15.3 所示，在其项目中，商业建筑、写字楼和公寓都是直接销售的，因为商业运营处在整个商业地产项目的核心部位，在整个商业地产项目中占据最核心的价值，也是整体项目档次和形象支撑的关键因素，它既为商务办公楼提供了高档次的商业配套设施，又为公寓提供了高品质的商务客流。同时，公寓和写字楼作为商业业态的补充和完善，也为开发商提供了资金回笼的有力保障。

图 15.3　北京三里屯 SOHO(c)

三里屯 SOHO 运营状况良好，但由于其价格较高，目前该项目的空置率仍是很高，这对整个商业地产项目后期的运营带来了一定的弊端。三里屯 SOHO 项目所采取的纯出售的商业地产模式在商业地产项目后期的运营管理实施中存在着许多不确定的影响。三里屯 SOHO 要适时采取不同的方式来解决这个问题。

15.1.2　只租不售模式案例——南京国际金融项目

1. 项目简介

南京国际金融中心是由 ARA 资产管理公司和南京富城房地产开发有限公司联合开发建设，由塞恩卓物业公司进行管理的大型商业地产项目，如图 15.4 所示。南京国际金融中心位于素有“中华第一商圈”美誉的新街口的西南角，是新街口的门户。南京国际金融中心占地总面积达 1.1 万平方米，总建筑面积达到 18.6 万平方米，是商业地产项目中的典型写字楼商铺。南京国际金融中心总高达到 220 米，是市民眼中的“新街口第一高楼”，整个商业地产项目的超级智能化刷新了南京甲级写字楼的标准。南京国际金融中心项目中，B1 层为美食广场，B2 层为地下车库，1～6 层为商业，7 层为休闲会所，8～51 层为办公区。

图 15.4　南京国际金融中心

2. 运营模式分析

南京国际金融中心选址在新街口商圈的核心地段，项目招商的对象为海内外知名企业，特别是外围金融机构。目前，已有10多家海内外知名公司入驻，如英大财险、中国平安、瀚华担保、BeckmanCoulter、高盛集团、默沙东、东风悦达和起亚等。南京国际金融中心-主塔楼如图15.5所示。

图15.5　南京国际金融中心-主塔楼

南京国际金融中心采取的是“只租不售”的商业地产运营模式，向全球招商，由ARA专业的招商及物业管理团队运营。在这个项目中，开发商兼任了投资商以及运营商的角色，整个项目由公司的子公司南京富城房地产开发有限公司开发，运营由ARA资产管理公司下属的塞恩卓物业公司直接运营管理。南京国际金融中心的价值链由政府、开发商(投资商、运营商)、经营者以及消费者组成。开发商直接获取了开发价值、投资利润、物业升值价值以及运营的利润。ARA资产管理有限公司资金实力雄厚，且拥有自己专业的招商和运营管理队伍。因此，ARA资产管理有限公司采取了“只租不售”的模式，这种模式下，运营商可以通过自己的专业运营队伍对整个项目进行运营管理，使整个项目在专业的商业运营下迅速发展。

南京国际金融中心项目在“只租不售”商业地产运营模式下发展得越来越好。商业地产项目本质就是强调建成之后的管理和服务，其持续性的繁荣是由开发商对项目的管理来体现的。只租不售的模式保证了统一招商、保证了商场的品牌档次和不同楼层间的定位差异，同时也保证了商业地产项目的总体定位和主力店的成功吸纳，从而确保项目的运作成功。南京国际金融中心后期是由 ARA 集团专业的招商和物业管理团队统一招商及运营的，这就给该项目的成功带来了强大的优势。

"只租不售"的商业地产运营模式给南京国际金融中心项目的开发商带来了长期的物业升值。其中，"租"的形式给开发商带来了稳定的现金流和不断增值的固定地产，同时也帮助项目的租家——商铺经营者规避了一次性投资的风险。

15.1.3　租售结合模式案例——南京万达广场

1. 项目简介

南京万达广场是由大连万达集团开发的大型商业地产项目，总投资 100 亿元，占地总面积为 39 万平方米，其中建筑面积达到 120 万平方米，是南京市目前最大的商业地产项目，如图 15.6 所示。

图 15.6　南京万达广场

南京万达广场项目位于南京建邺区河西新城的河西地段，包含了一个一站式购物中心、一个豪华的白金五星级酒店、一条旅游商业街以及写字楼和高端城市公寓楼，已经进驻了多达 15 个主力店，将超市、百货、商业步行街、餐饮、影院等多种商业业态组合在一起。其中，万达广场购物中心内设置了一条长达 450 米的三层室内步行商业街，面积达 4 万平方米。同时，南京万达广场内还配置了 3 个总面积近 5 万平方米的大型城市广场，广场拥有 7000 个机动车停车位和 30000 个非机动车停车位。南京万达广场项目在许多方面创下了南京商业地产项目之最，该项目中所有的建筑和机电设备都是采用最先进的节能技术，是目前南京第一座全面进行节能设计的商业建筑。南京万达广场-全景如图 15.7 所示。

图 15.7　南京万达广场-全景

2. 运营模式分析

万达集团经典的商业地产运营模式是“订单式商业地产模式”。确定目标买家或目标商家后，万达商业地产模式中的订单式商业地产模式分四个步骤完成。首先是共同选址。即万达同合作者事先约定准备发展的目标城市，再由万达到该城市找项目共同评价，在规定的时间内决定该项目是否可行。其次是技术对接。万达在完成选址之后，开展规划设计，然后根据合作者的要求和意见进行技术上对接，在此基础上进行设计方案的修改完善，最后再进行图纸的设计。然后是平均租金。万达在开展项目建设前期，把全国的城市分为几等，每一等项目的租金事先确定下来，这样合作双方在租金方面就不会进行长久的谈判，其重点工作都是进行商场规划和业态组合等。最后是先租后建。这也是万达商业地产运营模式的重点，在商业地产项目的面积、租金都确定后，合作双方签订租约，交保证金后再开工建设，量身定做。

南京万达广场是由大连万达集团开发经营的，其采取的商业地产运营模式是万达传统的订单式模式，即“出租主力店商铺 + 出售零散小商铺”的模式，这也是通常意义下的“租售结合”模式。在万达模式中，整个商业地产的价值链由政府、开发商(投资商、运营商)、经营者和消费者组成。万达集团采取的这种模式不仅使自己获取了开发价值、物业升值价值以及运营利润，而且通过一定零散商铺的出售，万达还解决了自己的部分资金问题，从而使整个项目持久有序地发展下去。

南京万达广场项目在建设之前就已经确定了 70% 的主力店客户，包括沃尔玛、万千百货、万达影城、大歌星 KTV、大玩家游乐城、同庆楼、孩子王等著名企业。主力店确定后，项目又选取了南京河西商务区进行开发建设。南京河西万达广场采取的是整体经营，符合成熟商业地产的运营模式。河西万达广场包括各种业态，大连万达集团委托南京万达广场商业管理有限公司对该项目进行商业、物业的统一运营管理。采取整体运营管理首先打造万达广场的整体品牌，推广品牌知名度；再整合整个项目内所有商铺的资源，共同进行对外推广活动；最后是充分利用公共资源进行统一运营管理，从而使南京万达广场逐渐成为南京城市商业的新中心。

15.2　商业地产招商运营模式创新思路

15.2.1　传统招商运营模式分析

从商业地产招商运作过程来看，商业地产招商的基本依据是销售和租赁，并在具体的招商运作过程中逐渐衍生出只租不售、只售不租和租售结合的不同招商模式。商业地产招商基础如图 15.8 所示；营销三大模式如图 15.9 所示。

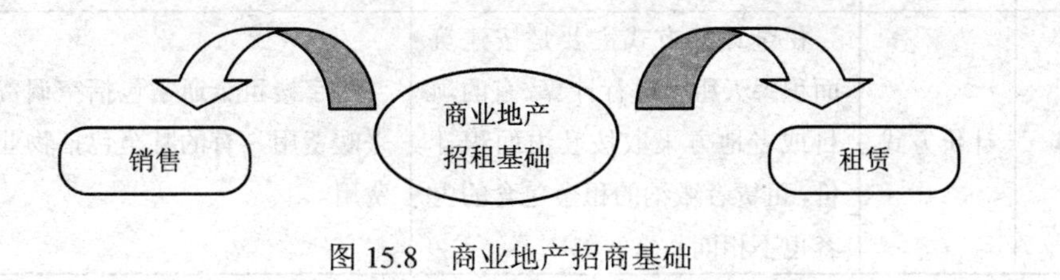

图 15.8　商业地产招商基础

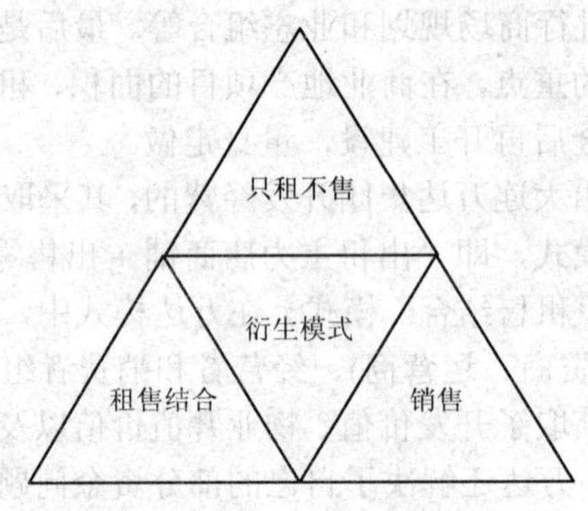

图 15.9　营销三大模式

1. 只租不售模式

在商业地产项目中，租赁的相关事项包括租约期限、租金具体构成以及租金调整政策及计价方式等，如表 15.1 所示。

表 15.1　租赁相关事项

序号	事项	具体内容	备注
1	租约期限	出租人要把周转成本和空置因素计算在内	租赁时间长短与租金水平有直接关系，租赁时间长则单位租金就低，租金时间短则单位租金就高
2	租金具体构成	租金标准存在很大差异	如有的项目租金按照套内建筑面积计算，有的按照整体建筑面积计算；有的租金包含物业管理费、水费和电费，有的物业管理费另计
3	租金调整政策	在租期较长时，为了真实客观地反映物业的价值和通货膨胀率因素，租约一般规定一定时段内租金保持不变，但超过该时段，租金就会上涨一定的幅度	如以一年为一个时段，在一年内租金保持不变；超过一年，租金上涨 5%，新租期内按照上涨后的租金标准计算
4	计价方式	租金计算方式主要是按建筑面积每天租金进行计算，有的项目或者地方采取按套内面积计价，租赁者缴纳的租金包含的内容也不相同	写字楼租金通常包括空调费用和采暖费用，有的甚至包括物业管理费用

2. 只租不售模式不同阶段租赁方式

根据商户认同度的不同，只租不售模式也具有不同的表现形式。一般而言，商业地产项目的认同度越高，进入项目的门槛就越高，租金收益就越高，如表15.2所示。

表15.2　不同阶段租赁方式

序号	阶段	示　例	备　注
1	认同度低，优惠出租	① 免租3个月、交6个月使用9个月、免半年租金 ② 前3月免租，租金月付，押一付一，或3月一付 ③ 在市场未成熟前，所有租金打5折，或免租金 ④ 在××日之前，不计租金，只收摊位保证金5000元	以极其优惠条件要求先入场，是项目认同度低、需要商户占主导地位、吸引商户入驻的措施
2	认同度一般，正常出租	① 试营业1个月(或3个月)，租金押一付三，或半年付 ② 摊位押金××元，租金半年付、季付、押二付三等 ③ 摊位押金门槛低，从几千到两万不等，租金年付	
3	认同度略强，开始设置门槛	① 押金××元(正常为2000元、5000元、1万元)，此外则收2万元不等，视门槛高低，租金半年付或季付 ② 押金××元，租金年付(押金为2万元以上) ③ 押金××元，租金要2年一付 ④ 押金××元，租金3年分两期付清，在封顶时付一部分，交款时间从未交付使用时开始计算 ⑤ 押金不变，一次性5年租金分3年付清，在前3年付清5年租金 ⑥ 押金不变，租金一次收5年，开业一次性付清前2年，然后第二年收清后2年，第三年收最后一年 ⑦ 押金10年，定6年，但一次性收10年的租金	

续表

序号	阶段	示　　例	备　注
4	认同度较高，门槛设置更高	① 押金××元，收取管理费(物业管理费、广告推广费(20 元/m^2·月))，门槛中含条件，收取费用多样化，租金交付方式不变(季付或半年付、年付) ② 押金不变，租金半年付、季付、年付，收建设费(或含××建筑费)1 万元、5000 元，金额在 2 万内不等 ③ 押金不变，收入场费 5000 元、1 万元，但分楼层分业态，在好楼层、好业态的区域加收入场费，其他为正常 ④ 收赞助费或入场费 2～5 万元，但不收押金，租金半年付、季付 ⑤ 收取 5 年或 10 年经营权买断费××(低于 5 万元)，5 年租金不变，租金半年付或年付 ⑥ 收取 10 年经营权买断费××(5 万元以下)，租金押金不变 ⑦ 收取 10 年经营权买断费，租金不用交，收物业管理费，但管理费奇高，略低于租金	
5	认同度高，门槛高，设置复杂化	① 收押金 5 万元或 8 万元，收入场费 5 万、3 万元，一次性收 2 年租金 ② 收取 20 年经营权买断费 10～30 万，租金年付，逐年递增 ③ 10 年经营使用权买断，按平方米价格(产权价格 6 折、8 折)计算，15 年、20 年使用权，可办理按揭，或分期付款，同时再收租金	

在商业地产只租不售模式中，如何根据项目认同度特征为项目设计适宜的门槛和标准，是保证开发商利益最大化的关键问题。很多商业地产项目招商与运营的失败，都是对项目认同度特征把握的不足，进而采取了错误的招商运营方法所致。

下面通过“某大厦招租方式”这个范例来进一步说明只租不售这种租售模式。

首先是年租的方式。通常采用设置门槛(入场费或押金等)，再一次性收取年租，以后每年收取租金的方式为年租方式。

其次是 5 年使用权，分期付款。同样先是门槛，包含押金和两年的租金，之后按照比例分两年收齐，合同 5 年一签订。如标准铺位的门槛为 4 万元，两年租金约 4 万元，一个铺位总款实际为门槛加两年租金约 8 万元。

第三种是 10～15 年买断。商户一次性或分期付一笔款项，之后 10～15 年不再收取租金，但要收取市场管理费用和工商税费等。如本项目标准铺位 F2 铺位 13 平方米的 10 年买断价格为 14 万元，但需要 3 年时间分期收回，因为不是 100%商户都能承受一次性付款，多承受能力为 6 万元/年。

第四种是 10 年使用权买断，中间收取租金。商户一次性或分期支付一笔款项，之后 10～15 年不再收取租金，但要收取市场管理费用和工商税费等。如本项目标准铺位 10 年买断价格在门槛 6～14 万之间浮动，年租金在 0～2.3 万元之间调整，两者为杠杆关系，门槛高则租金低，反之门槛低则租金高。

最后是一次性收款，经营权按揭方式。根据区域商户经营能力与支付能力，设定首付“门槛”和“月供”，提高商铺总价，采用 15 年使用权买断、10 年按揭方式，甲方通过银行一次性收回投资。

3. 整栋租赁与分割租赁

商业地产项目在租赁中，还可以根据项目规模与业态特征选择整栋租赁或分割租赁两种不同的方式。整栋租赁与分割租赁选择的最终目标是商业地产项目现金流强度的提升。

一般来说，整栋租赁的优势在于可以一次性回笼资金，简化招商，减少招商工作量，便于管理。但是，整栋租赁的租金较低，影响总体收入，不利于整体发展，对于出租者有出租风险。如对方租约 20 年，第一次付了 5 年租金，由于经营不善导致形象声誉等受损，以后不再续约，这就造成了出租者的风险。

通常，分割租赁的优势是租金较高，定期经营总收益大幅提高，可自己进行总体规划、经营管理，降低经营风险，可以做出自己的品牌形象，增加企业无形资产，会有潜在的资金收入。而且根据各行业的经营特点，在 3 年以后每年(或每两年)递增 5%左右的租金，可以提高年租金收益。但是，分割租赁的劣势是租金回笼慢，要投入一笔预期费用，如开业前的装潢费、广告费等。

15.2.2　只售不租模式

当开发商需要立即收回资金时，可以选择一次性销售模式。销售主要分为使用权销售和产权销售。

1. 使用权销售

使用权销售实质是一种长期租赁关系，使用权销售有 5 年、10 年、15 年、20 年等不同的选择，20 年以上一般属于租赁无效年限。

某商厦招商价格表如表 15.3 所示。

表 15.3 某商厦招商价格表

区位	楼层	铺位面积	20 年经营费/m^2	租金/(m^2・月)(20 年租金不变)
A 区	1 层	5 m^2 左右	3.5 万元	900 元
	2 层	5 m^2 左右	2.8 万元	750 元
	3 层	5 m^2 左右	2 万元	500 元
	4 层	15 m^2 左右	1 万元	330 元
	5 层	15 m^2 左右	0.8 万元	250 元
B 区	1 层	5 m^2 左右	4 万元	1000 元
	2 层	5 m^2 左右	3.3 万元	800 元
	3 层	5 m^2 左右	2.6 万元	600 元
	4 层	5 m^2 左右	2 万元	500 元
	5 层	15 m^2 左右	1.1 万元	350 元
C 区	地下 1 层	5 m^2 左右	2 万元	550 元

使用权销售也可采取一次性买断的方式，其间不再需要交费。使用权买断的时间间隔一般有 10 年、15 年、20 年等，最常见的是 10 年。经营商户在买断使用权中是投资者，它不同于产权销售对象。商户一般要求约 10 年为稳定期，有的商户做商铺投资，要求核算中也以 10～15 年为周期。

使用权买断对于开发商而言有两种含义：一种是由于土地的性质，开发商无法进行产权销售，或者土地获得价格低、土地是划拨的，所以使用权买断情况下不能对时间加以限制；另一种是开发商利用项目去到银行做抵押，或是其他产权融资方法，其产权归开发商，从中可以赚双份钱。

2. 产权销售

产权销售一般是一次性付款和银行按揭。银行按揭中，由于产权商铺所有者往往是投资人，与商户经营不是同一群体，产权人往往不经营，但也有部分自营户，一般产权人自营比例不超过 20%。因此，在产权销售中主要采用的是返租方式。返租方式如图 15.10 所示。

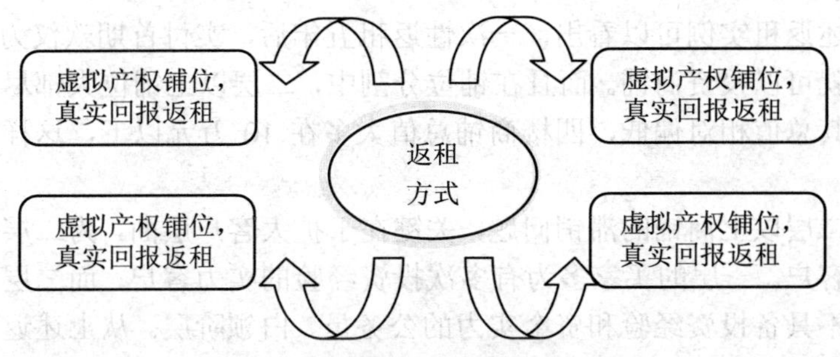

图 15.10　返租方式

在实际操作中，产权销售中按揭主要有两种方式，分别为总款返租和首付款返租，如图 15.11 所示。总款返租是指将商铺虚拟分割给小业主，然后将商铺整体包租给大商家，其中大商家租金是偏低的，主要是依靠商户的自由资金来获得回报。总款返租有按年返租，也有一次性返还几年租金。首付款返租是指将商铺分割成小铺位，然后给小业主，由小业主自主经营，返租的 8%或 10%作为回报，并从小业主的回款中扣除，从而达到降低购买门槛的目的。

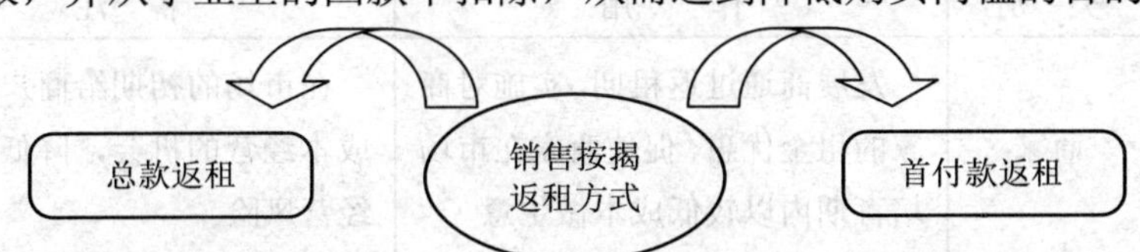

图 15.11　销售按揭返租方式

在产权销售返租的过程中，增加一次性返租力度对整体回笼资金并不会产生较大的影响。以一幢四层 2000 m^2 的商场为例，假定单价 1 万元/m^2，总值为 2000 万，增加一次性返租一年，按 8%年回报率计算，总返租额为 160 万元，占整个商城总值比例极小，但其对整个商城的销售所起到的积极作用却不可小视。有些情况下，造成二层以上商场铺位滞销的原因是首期门槛太高，使经济实力较弱的投资者感觉投资风险太大。因此对于二至四层商铺，分别采取一次性返租 3～5 年的策略来降低首期门槛，能够打开商城三四层的销售死结，达到百分之百的销售率。

以一个总值 10 万元的商铺为例，在实行一次性返租后，商铺投资者前五年可获得 4 万元，实付首期为 1 万元，如表 15.4 所示。

表 15.4　商铺投资情况(总值 10 万元商铺)

总价	首期五成	一次性返还五年租金(年回报 8%)	实付首期
10 万元	5 万元	4 万元	1 万元

从上述返租实例可以看出，一次性返租五年后，实付首期款仅为一成，只需 1 万元就可以投资商铺。而且在铺位分割中，二层以上铺位大都尽可能分成小单位，其总值相对偏低，四楼商铺总值大多在 10 万元以下，这样首期款仅数千元。

对于二层以上商铺的滞销问题，关键在于扩大客户层面，为二层以上商铺找准投资客户。一层的买家多为有多次投资经验的实力客户，而二层以上的买家则多为不具备投资经验和资金实力的公务员、白领阶层。从上述返租实例可以看出，月供不足会造成客户的投资压力。对于一个自有资金为一二十万元的公务员、白领而言，首付 5 万元无疑具有较大风险和压力。所以，降低首期门槛是激活公务员、白领投资的关键。

返租的影响有正反两个方面。返租的正面作用表现在商铺返租对商家和投资者双方利益关系之间的平衡，通过杠杆作用达成共赢局面，如表 15.5 所示。

表 15.5　返租正面作用

序号	类　别	作　　用	备　注
1	商家	发展商通过返租期，实施对商家的租金优惠，促使商家在市场培育期内以较低成本做生意	在市场的初期给商户一个低成本经营的机会，降低了商家经营风险
2	投资者	投资者在返租期内拥有稳定的投资收益，同时由于经营成本低，商家能够顺利渡过市场培育期的难关，返租期满后投资者得到的将是一个兴旺的商场	在商铺的增值中，最大获利者是投资者
3	发展商	发展商通过这个过程实现小业主高回报，经营者能赚钱的目的，从而实现自己资金快速回笼，从根本上保证商场与发展	以保障投资者较高的稳定回报和优惠的租金招商为基础，或是以真实的资金收益做支撑，发展商只是扮演了一个“中间调解人”的角色

商铺销售实行返租必须把握好尺度，也需要建立在有实力龙头商家整体承租或其他成功招商的基础上，使商家的经营具有保障性。同时还需要注意返租所承诺的回报不能偏离市场价值规律。

返租的反面作用是返租过程中经常出现问题，如铺位分割与实际经营卖场不吻合、包租期内出现问题等，如表 15.6 所示。

表 15.6 返租出现的问题

序号	问 题	具 体 内 容	备 注
1	铺位分割与实际经营卖场不吻合	虚拟产权式商铺，其铺位分割与实际卖场不吻合	虚拟产权式商铺，绝大部分为大商场长期包租或者以百货卖场的形式经营，而超市、百货的开放式卖场布局导致经营的铺位与销售分割的铺位完全不一致
2	包租期内可能出现问题	虚拟产权式商铺包租期满后，业主找不到自己的铺位	由于经营铺位与销售位不一致，业主在包租期满后根本找不到自己的商铺，无法再出租
3	包租期满后	超市、百货、大卖场一般采取统一收银扣点模式，而不是直接向租户收取租金	大商家整体租赁的租金相当于不同地段租金的一半以下，包租期满后，如果小业主接受不了大商家过低的租金要求，商铺便无法出租；如果大商家谈不拢租金撤走，商场便无法再经营

尽管“虚拟产权式商铺”这一销售模式在深圳、珠三角等全国各地正如火如荼，但都是以中小开发商为主要的开发者。需要引起注意的是，“虚拟产权式商铺”产生的回购、免租期、变相涨价以向银行套钱等手段也产生了非同一般的副作用。

从营销推广模式上来看，商业地产项目的产权销售是从最初买卖双方的简单营销关系发展成为经营与销售兼顾，同时，又发展成为协调发展商、商铺投资者、租赁经营者各方利益的综合营销推广模式。产权销售模式能够更好地实现发展商、商铺投资者、租赁经营者之间的多赢局面。

对于大型商家整体长期租赁的商业地产项目而言，处理好两个基本点和两个关系是首要任务。两个基本点是指发展商与大型商家的租约必须和发展商与小业主承包经营协议在时间上具备一致性；小业主在租期内的商铺不能自行出租，必须与发展商签订与租期一致的承包经营协议，而发展商则通过与大型商家的租赁协议保证小业主的租期收益。两个关系是指返租中需要处理好发展商与小业主的承包经营关系以及大型商家与发展商、承租方、出租方之间的关系，如图 15.12 所示。

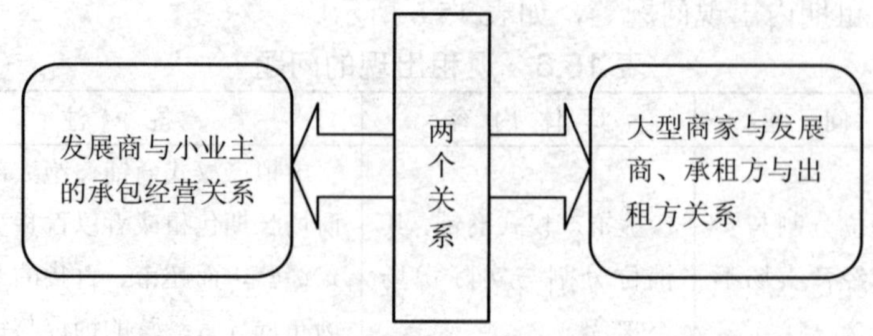

图 15.12　整体长期租赁中需要处理的两个关系

15.2.3　组合模式

一般的商业地产项目采用的都是销售与租赁的组合模式，这种模式是在租赁模式或销售模式的基础上发展而来的。

1. 销售与租赁组合

商业地产项目采用销售、租赁、销售与租赁组合三种方式来进行招商，售、租赁可以相互转化。具体来说，商业地产项目可以采取一次性交清房款的方式，也可以采取长期租赁、到期直接转让产权的方式。

销售和租赁的交叉运用能加快物业的推广进程。我国商业地产项目最常用的是销售和租赁组合的方法，包括售后包租、租赁转销售和售后回购等形式，如图 15.13 所示。

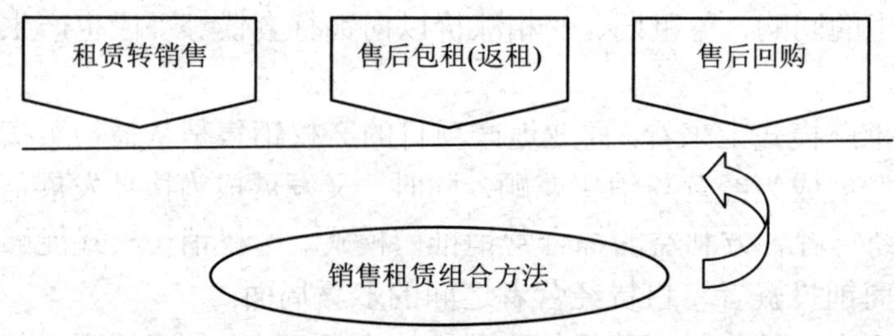

图 15.13　销售租赁组合方法

商业地产售后包租是指地产开发企业以在一定期限内承租或者代为出租买受人所购该企业物业的方式进行物业销售的行为。现在市场上所谓的产权式商场、产权式酒店就是这种模式的推广。

租赁转销售模式是指租赁人在出卖人规定的租赁条件下长期租赁商业地产项目物业，当租期超过一定时间后，出卖人将产权无条件转让给租赁人的模式。这种模式的目的是稳定租赁客户，尤其是稳定有市场号召力的租赁客户。

有时这种方法也被用来推销劣质物业。

售后回购模式是指开发商或者投资者在销售后的一定时间内，将物业交给购买人使用或者租赁，当规定的时间期满后，开发商或者投资者再按合同约定的价格回购物业，物业购买人获得可观的投资回报，而开发商则解决了物业发展资金不足的问题。

目前已有部分开发商把已经分割出售的商业铺位回购，这是因为不准确的定位加大了招商的难度，已经卖给投资者的物业迟迟无人进场经营，造成投资者蒙受巨大的经济损失。因此，当资金约束解除后，及时回购是减轻经济损失的唯一途径。

2. 租赁之间的各种组合方式

在项目热销或者项目认同度高时，租赁组合是较为常用的模式。租赁组合的模式是对商户中的租赁投资者和经营者使用分别进行管理。租赁组合一般分为使用权买断和年租组合。

在使用权买断模式下，项目的产权仍属开发商。这是因为许多项目的土地无法出让，或是地产项目中产权办理比较困难，因此不得不采取使用权买断。使用权买断一种是买断费，需要交付年租金；另一种是买断经营的一定年限，其间不用再交费。只要有使用权买断，就必有年租组合，从而完成投资者的后续经营。在使用权买断与年租的衔接中，年租的价格乘以 5 或 6，就是 10 年使用权买断的价格。

一般销售产权面对的对象是社会投资者，十年经营权买断面对的是商户投资者，年租面对的则是经营者。

总之，无论哪一种组合，年租都是后续经营的保证，任何一种组合方式都需要年租来保证经营户的利益。在组合中，针对产权投资者或使用权投资者，其招商过程都要在年租之前完成，并通过年租造成的价格差来吸引投资者。

某商厦的产权、使用权、年租的组合应用价格表如表 15.7 所示。

表 15.7　某商厦的产权、使用权、年租的组合应用价格表

楼层	租赁方式	产权方式	十年使用权方式
B1	8.5 元/(平方米・天)	33 575 元/平方米	21 250 元/平方米
F1	10 元/(平方米・天)	39 500 元/平方米	25 000 元/平方米
F2	9.8 元/(平方米・天)	38 710 元/平方米	24 500 元/平方米
F3	9.7 元/(平方米・天)	38 315 元/平方米	24 250 元/平方米
F4	8.5 元/(平方米・天)	33 575 元/平方米	21 250 元/平方米

续表

楼层	租赁方式	产权方式	十年使用权方式
F5	7.5 元/(平方米·天)	29 625 元/平方米	18 750 元/平方米
F6	5.0 元/(平方米·天)	23 700 元/平方米	15 000 元/平方米
F7	4.0 元/(平方米·天)	23 700 元/平方米	15 000 元/平方米
F8	3.0 元/(平方米·天)	23 700 元/平方米	15 000 元/平方米
备注	(1) 租赁合同期两年 (2) 租金年付，第二年上浮 10%	(1) 一次性付款 (2) 首付 40%，银行按揭 60%	(1) 一次性付款 (2) 签名册约时付 65%，开业一年后付 35%

15.3 商业地产招商运营模式比较

15.3.1 “纯出售”商业地产运营模式分析

假定商业地产开发商具备一定的房地产开发经验，但资金不是很丰厚，并且商业运营能力也不是很强。此时，商业地产开发商为了解决资金压力，通常会使用“纯出售”的商业地产运营模式，即将商业地产项目卖出，让商业地产所有权者去选择合适的方式经营商业地产。

当开发商和投资商拥有了丰厚的资金，同时也完成了商业地产项目的建设时，如商业运营能力不强也可以采用纯出售的商业地产模式。此时，为了降低运营风险和投资风险，开发商和投资商会将商业地产项目出售给专业的商业地产运营商，商业地产运营商会采取合适有效的方式使这个项目顺利地进行下去。在这种模式中，地产开发商仅仅扮演的是开发商的角色，其主要行为就是建成这个建筑物。

在纯出售的模式中，若地产开发商直接将地产项目整体出售给运营商，再由运营商统一出租运营，而且运营商获得商业地产产权的同时还兼任了该时期的地产投资商，那么此时商业地产的价值链就是由政府、开发商、运营商(兼任投资商)、经营者和消费者组成。

纯出售模式是开发商直接将项目整体出售给运营商。我国这种模式的典型代表就是颐高模式。颐高是专业的运营商，颐高集团的项目都是颐高集团直接向开发商购买，然后自己再招商运营管理的。

在纯出售模式中，如果地产开发商资金实力一般，且商业运营能力不是很强，为了减轻项目开发的资金压力，地产开发商直接将地产项目分割出售给不同的经营者。此时，地产开发商兼任运营商，负责招商工作，而不兼任经营商，不负责商业项目的管理，那么这时整个项目就比较零散，开发商可能会临时充当物业管理或聘请一些专业的物业管理公司进行物业管理。这种情况下，商业地产价值链就由政府、开发商(兼部分运营商职责)、经营者(兼投资商)和消费者组成。在出售的模式中，地产开发商获取的是纯粹的开发价值，看重的是眼前的利益。我国地产开发商分割出售的典型代表是 SOHO 中国，SOHO 中国急于整合资金，在开发完成后，将地产项目分割出售给各个经营者直接经营，SOHO 只负责其物业管理。

15.3.2 “只租不售”商业地产运营模式分析

假定商业地产开发商的资金雄厚，且具有比较丰富的商业经营经验，或者是开发商资金实力很强，不需为了资金而犯愁，但开发商只具有一般的商业运营能力，为了使商业地产项目运营更加成功，开发商会与专业的商业运营公司共同合作，共同进行商业地产项目运营。在这种模式下，商业地产开发商就使用了“只租不售”的商业地产运营模式。商业地产开发商保留了对整个地产项目的产权，这样他可以对整个地产项目进行统一的管理，从而可以实现商业地产较好的发展。

在只租不售的模式下，如果开发商自己负责整个项目的招商运营，则开发商需要拥有自己组建的商业地产运营队伍。在这种情况下，地产开发商不仅降低了招商成本，还可以更深入地了解市场行情和商业物业的运作。与此同时，开发商自己的商业运营公司可以长期存在，为后期的商业地产项目服务。此时商业地产价值链中的开发商、投资商以及运营商就是一个整体，实现了商业地产运营管理中的统一招商管理、统一营销、统一服务监督和统一物业管理的目标。

如果开发商委托专业的运营公司负责商业地产项目的招商运营，既可以促进商业地产项目招商运营的成功，也有助于商业地产项目保持良好的发展态势。此时仍能实现商业地产运营管理中“四个统一”的目标，但在无形中增加了商业地产开发商的成本。

只租不售模式中，开发商不仅获取了开发利益，还随着时间的推移获得了未出售产权物业的升值利益。如果开发商自己是运营商，它同时还可以获取运营收益。在只租不售的模式下，如果开发商自己承担运营商的角色，其招租对象都是一些著名的大型企业以及一些分散的零售商铺经营者；如果开发商不承担运营商的角色，则整个项目将出租给运营商，然后由运营商负责招商经营。

15.3.3　“租售结合”商业地产运营模式分析

假定商业地产开发商资金比较雄厚，具备丰富的房地产开发经验，但是不具备专业的商业运营经验，且商业地产开发商不仅想获得项目的开发价值，还想进一步获取商业地产项目的升值价值。此时，开发商为了缓解资金压力，会选择出售小部分商铺，并自行运营管理或寻找并委托一些专业运营商来运营管理商业地产项目，这就出现了“租售结合”的商业地产运营模式。部分出租、部分出售的模式是租售结合模式中较为常见的。在我国，租售结合的模式是目前商业地产运营模式的主流模式，它不仅可以缓解资金压力，也可以降低运营风险。

在只租不售模式中，开发商对商业地产项目直接出售和出租，然后再对地产项目进行统一运营管理。此时，开发商自行负责招商，并且承担运营商的角色，开发商不仅获得了开发价值，还获取了物业升值价值和运营利润。租售结合模式下，地产开发商一般是将大部分商业物业出租给主力店，而将剩余小部分商铺直接销售。只租不售模式的典型代表是万达模式。在万达广场建设初期，万达会与沃尔玛等著名大型企业进行合作，通过签订出租合同，将项目中的大型商铺出租给大型企业进行经营，然后出售剩余的零散小商铺。这样不仅可以凭借大型企业提高项目的知名度，而且可以通过出售小商铺解决资金问题。

如果地产开发商是直接委托专业的商业运营公司进行商业地产项目的招商运营，运营商和开发商各司其职，运营商负责商业地产项目的运营管理工作，获取地产开发商所付的管理费；而地产开发商则可以获得地产开发价值以及长久的物业升值价值等。

15.4　招商运营模式的启示

15.4.1　我国商业地产招商运营存在的问题

商业地产是一个新兴的产业，结合了商业和地产业的精华。商业地产在我国的发展时间不是很长，但发展的势头很强。2011 年，万科、保利、金地、招商这四大 A 股房企发布 2010 年业绩时，都明确了大力发展商业地产的战略。但正是由于商业地产在我国是一个新兴的产业，很多方面还未受到政策调控，因此在其发展过程中也存在很多问题。

在住宅市场受到越来越严厉调控的情况下，房企都涌向了未受政策调控的商业地产领域。商业地产市场异常火爆，但由于商业地产投资经营风险较大，商业地产危机也越来越严重，如北京富力广场、华熙乐茂、大钟寺中坤广场等就是典型的失败代表。

15.4.2　对策及建议

在我国商业地产的发展中，必须注重商业地产运营模式的选择。商业地产建设过程中应该注重分工，专业的运营能给商业地产市场带来更久远的发展。因此，应采取必要的措施来加快我国商业地产的健康发展。

首先，商业地产项目的建设要联系城市的经济发展水平。商业地产的建设开发与区域经济的发展有着直接的关系。因此，城市各管理部门要在结构和数量上对商业地产项目进行协调和控制，从而避免恶性竞争、重复建设等问题的出现。

其次，商业地产开发运营程序要科学化。商业地产开发运营最科学、最成熟的开发运营流程是项目选择、融资、土地获取、项目规划、项目设计、项目招商、项目施工及开业经营，而目前我国商业地产的开发程序却是倒置的，这样就带来了招商难、空置率高的问题。如果采取科学的开发程序，这些问题将会得到一定程度上的解决，从而促进我国商业地产的发展。

再次，商业地产的运营模式要合适。商业运营是商业地产的核心，只有采取合适的商业地产运营模式，才能使商业地产发展得越来越好。商业地产运营的关键就是要统一多样的消费形态和松散的经营单位，将消费形态与经营单位放置到同一经营主题和信息平台上。统一运营的实质就是要做到统一的招商管理、统一的营销、统一的服务监督和统一的物业管理。因此，商业地产要选择较为成熟的商业地产运营模式，达到四个统一。目前较为成熟的商业地产运营模式是只租不售，因此今后我国商业地产的运营模式要向这个目标发展，促进商业地产的健康发展。

最后，加强商业地产专业运营人员的培养。我国商业地产发展的时间不是很长，好多商业地产开发商都是由住房地产开发商直接转变过来的，他们具有丰富的房地产开发经验，但是缺乏有效的商业地产运营经验，从而导致目前商业地产存在着许多问题。因此，开发商若想要成功地运营商业地产，就必须培养出一批具有丰富经验的商业地产专业运营人员。只有这样，商业地产在今后的发展中才会取得更好的辉煌。

第 16 章 商业地产企业发展创新战略

16.1　万盛集团发展战略的制定

16.1.1　万盛集团基本背景

万盛置业商业地产集团创建于 1992 年 8 月，是甘肃省综合实力最强的房地产开发企业之一，公司总部设在甘肃兰州。万盛置业立足甘肃兰州，放眼发展全国，是一家专注于住宅与商业地产开发的专业化房地产开发公司。甘肃万盛置业有限公司在江苏昆山设立了全资子公司即万盛置业(昆山)有限公司。两者均为国家二级开发资质，公司业务领域涉及地产开发、商业运营和物业管理三大板块。万盛花园如图 16.1 所示。

图 16.1　万盛花园

经过近二十年的发展，万盛形成了集投资规划、工程设计、开发建设、建筑装饰、商业管理与物业服务为一体的全流程系统整合能力和科学、高效的多业态综合开发能力，产品覆盖了普通住宅、写字楼、高层公寓、别墅、综合商业及大型城市综合体等多种形态。万盛名仕佳园如图 16.2 所示。

图 16.2　万盛名仕佳园

从 1992 年开始，万盛集团坚持独特创新的建筑理念，与国内外知名建筑师合作，结合客户的需求，把公司的创新设计理念转化为引领潮流的产品。万盛集团先后开发建设了甘肃省供销合作商厦、国家棉花储备库、万盛商务大厦以及万盛名仕佳园、万盛大厦、周庄-万盛园等一批标杆性的代表作品。多年来，万盛始终秉承以产品质量赢得市场，以专业能力获取市场回报，以科学的可持续发展为企业战略，坚持专业、专注、成熟、稳健的企业文化，成为最受消费者欢迎、最受员工喜爱、最受社会尊重的大型房地产综合企业。万盛大厦如图 16.3 所示。

图 16.3　万盛大厦

从 2009 年开始，随着中国房地产市场化进程的进一步加速，万盛进入全国化扩张的发展阶段，即由西向东，由点到面的崭新战略布局。从西部核心城市向周边新兴区域市场扩展，在长三角经济圈，以上海为中心向江浙沪区域的周边城市辐射。目前，万盛正在建设筹备期的项目有兰州和平新区盛世豪庭广场、周庄古镇万盛园别墅小区等。周庄-万盛园如图 16.4 所示。

图 16.4　周庄-万盛园

16.1.2　万盛商业地产战略目标

万盛商业地产的战略目标可以划分为近期目标、中长期目标和主要战略指标三个部分。万盛商业地产希望业务发展能够立足中国，包括大陆、香港区域，把握国内城市化进程中的城市综合体投资机会，打造城市明星项目，提升城市区域综合形象，带动城市商业的繁荣，最终达到城市综合体综合开发与运营能力最优的目标。

万盛集团的近期目标是尽可能地利用商业资源获取低价的商业用地。通过“住宅 + 商业”的拿地模式可以获得住宅项目的土地溢价，但在拿地过程中要控制因此造成的商业项目资产增量，即拿地要谨慎。

通过财务测量(结合商业区域面积比例、商业回报测算等信息)，住宅项目的利润可以覆盖商业项目的沉淀资金，保证项目运作的现金流。可以先期开发住宅用地，实现资金回笼，避免商业项目先行开发而造成资金大量沉淀。此外，单个项目体量控制在 10 万平方米以内，以降低后续招商、运营的难度；同时，控制财务、经营风险，确保商业项目的投资回报期在 15 年以内。

万盛商业地产的中长期目标是通过经营风险、财务风险的控制，打造核心的盈利雏型，等待快速扩张机会的出现。

打造核心盈利雏型的主要思路，首先是控制增量商业资产的投入。因为商业资产总量过多会造成财务风险，单体的商业项目体量过大易造成经营风险。其次是将工作重点立足于现有物业，培育“商业雏型”。然后将商业雏型的关注重点集中在四个方面，包括核心能力的培育、业态丰富度的提升、现有物业的优化和布局区域的规划。最后是形成一些成熟的、可复制的经验或核心能力，等待发展条件的成熟。万盛集团盈利雏型图示如图 16.5。

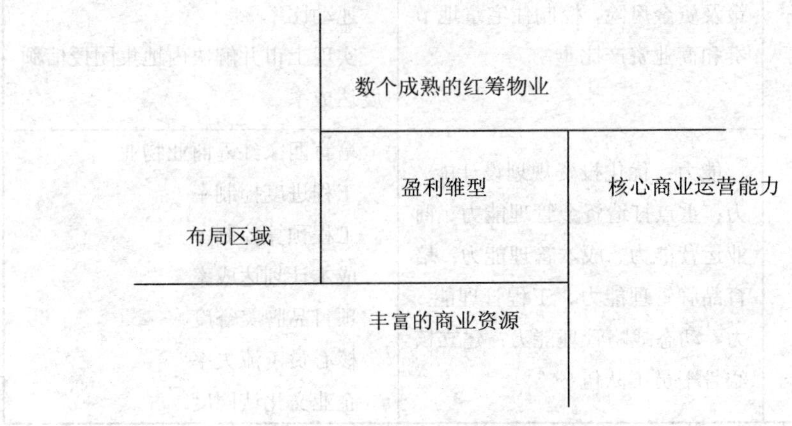

图 16.5　万盛集团盈利雏型图示

万盛商业地产的扩张需要具备四个方面的条件。一是能力培育的成熟，即能够培育出可支持商业地产持续发展的业态规划、成本管理、资金管理等核心能力；二是资金问题的解决，可以在资金筹措、使用与资金回流上取得平衡；三是国内 REITs 的放开，需要等待监管机构及相关法律法规的配套机制完善；四是专业市场的成熟，需要国内专业商业策划公司、招商代理公司和商业管理公司的发展成熟。

从中短期的战略定位出发，万盛集团未来三年的目标规划体系包括盈利、风险控制和能力这三大主题，以及集团权益报酬率、销售收入目标、项目收入贡献率、资产负债率等 17 个指标，如表 16.1 所示。

表 16.1　主要战略指标

战略定位	战略重点	中短期战略目标
商业地产为主，其他业态为辅	盈利：集团整体实现稳定增长及盈利；商业存量项目实现盈利，实现与资本市场的对接	集团权益报酬率 销售收入目标 “高德置地广场系列”与“高德汇系列” 项目收入贡献率 土地储备 单位商业物业收益增长率
	风险控制：控制经营过程的决策及资金风险，控制住宅拿地节奏和商业资产比重	商业资产占总资产的比重 资产负债率 速动比率 实现上市并解决内地集团授信额度达成率
	能力：优化投资规划设计能力；重点打造资金管理能力、商业运营能力、成本管理能力；培育品牌管理能力、工程管理能力、动态战略管理能力；建立核心骨干员工队伍	培育四家红筹商业物业 工程进度控制率 工程预算控制率 成本计划达成率 项目品牌美誉度 核心员工流失率 企业文化认同度

16.1.3　万盛集团商业地产的战略制定

企业战略的目的在于获得和保持竞争优势。有效的企业战略应该能够最大限度地发挥内部优势并利用环境机会，同时使企业内部劣势和环境威胁的影响降至最低程度。

万盛集团商业地产 SWOT 矩阵构建需要填列企业内外部要素。具体做法是制定优势机会战略(SO 战略)，将内部优势因素与外部机会因素相匹配，构思可行的战略措施，把结果填入 SO 战略。剩余的劣势机会战略(WO 战略)、优势威胁战略(ST 战略)、劣势威胁战略(WT 战略)都按照制定优势机会战略的方法依次填入。SWOT 矩阵如表 16.2 所示。

表 16.2　SWOT 矩阵

优势与劣势 / 机会与威胁	优势-S	劣势-W
	(1) 研发人员专业素质较高，团队稳定。员工素质偏高 (2) 与国际知名设计师团队有广泛合作，项目投资/设计具有一定竞争优势 (3) 公司建立了 ISO 质量管理体系，项目质量在行业中处于领先地位 (4) 专做商业地产，在房地产细分市场中处于领先地位 (5) 目标客户群比较明确，具有针对性的营销策略	(1) 现金流压力较大，融资要求较高，资金风险管控压力大 (2) 项目管控能力，特别是新业态项目的管控能力较弱 (3) 影响采购能力的环节较多，项目过程成本较高 (4) 营销和服务体系尚不完善，特别是品牌建设还处于初级阶段 (5) 内部人文环境较封闭
机会-O	SO 战略	WO 战略
(1) 我国经济稳步发展，居民购买力的上升及消费观念的转变，将促进房地产行业的进一步发展 (2) 城市化进程的加快能产生巨大的房地产消费需求，行业优势向具有品牌、资金优势的地产商集中 (3) 消费观念更新，居民收入增加带动消费升级 (4) 商业地产抗风险能力强，发展较为平稳	(1) 充分利用城市化进程的机遇，加快在全国一二线城市布局，加快商业中心与地表性项目的建设 (2) 做好二三线城市早期规划	(1) 加强与 PE、VC 的合作，借助其资源的同时，加快 IPO 步伐，以增加融资渠道 (2) 加强品牌建设，创造高附加值项目于品牌核心竞争力
威胁-T	ST 战略	WT 战略
(1) 资金要求高，融资渠道少，现金流断裂风险压力较大 (2) 人才缺乏，制约行业发展 (3) 商业地产高端设计行业集中在国外几个知名的设计所，国内整体设计能力比较落后 (4) 地产行业受国家宏观调控与产业政策影响较大 (5) 土地出让价格越来越高，成本增长压力较大	(1) 强化与业内知名设计机构合作，在工程设计阶段确立竞争优势先机；加强企业自设计/研发机构的建设，早日形成核心竞争力 (2) 对于相同业态的项目，要做到标准化、可复制，以降低成本，提高效率	(1) 基础性项目建设与成熟(可复制)项目建设尽可能外包；集团仅对一些关键项目提供技术标准与监理标准，以降低项目管控成本 (2) 重构组织架构，梳理管理流程，利用信息化工具对成本实施过程与结果双管控，实现对风险的管控与预警

根据 SWOT 分析与匹配，万盛商业地产集团可以采用优势机会战略作为超前规划战略，采用劣势机会战略作为上市与品牌营销战略，采用优势威胁战略作为技术质量战略，而劣势威胁战略则作为结构优化战略。

以上可选四种战略，除劣势机会战略外，其余三种战略的选择可以整合为全面加强战略和“哑铃”型战略。“哑铃”型战略即增强地产行业价值链的两端(研发投资与品牌建设)，削弱中间过程(建设生产阶段)的“哑铃”型业务发展战略。

16.1.4　万盛集团商业地产的战略决策

1. 建立定量战略矩阵计划步骤

定量战略计划矩阵(QSPM)是在战略制定阶段的分析基础上，对备选战略进行重新梳理与回顾，客观地评价各种备选战略对企业内外部环境的适应能力和战略价值。

定量战略计划矩阵的建立包括列出关键要素、关键因素赋权、填入备选战略、确定吸引力分数、计算吸引力总分与计算吸引力总分和这六个步骤。其中，列出关键要素是指在 QSPM 矩阵中列出企业的关键外部威胁与机会，内部优势与劣势；关键因素赋权是指将每个内外部因素赋权重；填入备选战略是指将战略制定阶段提出的备选战略加矩阵顶部横行中；确定吸引力分数是指对每个战略的相对吸引力进行量化；计算吸引力总分是指将各横行的权重分别乘以吸引力分数得到吸引力总分；计算吸引力总分和是指分别将矩阵中备选战略的吸引力总分纵列相加得到吸引力总分和。

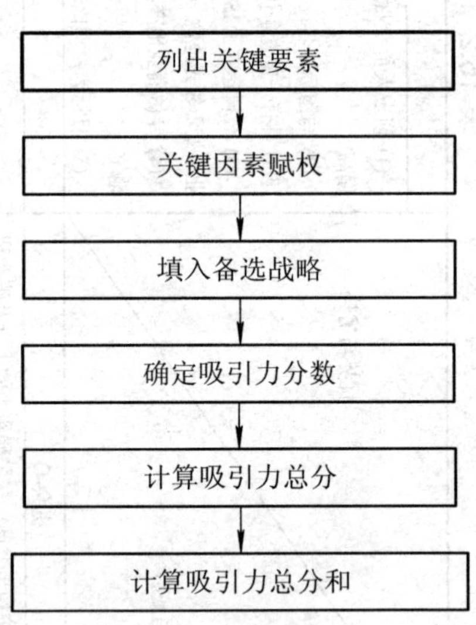

图 16.5　建立定量战略计划矩阵(QSPM)步骤

建立定量战略计划矩阵(QSPM)步骤如图 16.5 所示；定量战略计划矩阵(QSPM)如表 16.3 所示。

表 16.3　定量战略计划矩阵(QSPM)

关 键 因 素		权重	备选战略			
			哑铃型业务发展战略		全面加强战略	
			AS	TAS	AS	TAS
机 会						
1	我国经济稳步发展，居民购买力的上升及消费观念的转变将促进房地产行业的进一步发展	0.1	3	0.3	2	0.2
2	城市化进程的加快能产生巨大的房地产消费需求，行业优势向具有品牌、资金优势的地产商集中	0	0	0	0	0
3	消费观念更新，居民收入增加带动消费升级	0.1	—	—	—	—
4	商业地产抗风险能力强，发展较为平稳	0.1	3	0.3	2	0.2
威 胁						
1	资金要求高，融资渠道少，现金流断裂风险压力较大	0.15	3	0.45	2	0.3
2	人才缺乏，制约行业发展	0.05	2	0.1	1	0.05
3	商业地产高端设计行业集中在国外几个知名的设计所，国内整体设计能力比较落后	0.1	—	—	—	—
4	地产行业受国家宏观调控与产业政策影响较大	0.15	3	0.45	2	0.3
5	土地出让价格越来越高，成本增长压力较大	0.1	2	0.2	1	0.1

续表

关键因素		权重	备选战略			
			哑铃型业务发展战略		全面加强战略	
			AS	TAS	AS	TAS
内部优势						
1	研发人员专业素质较高，团队稳定，员工素质偏高	0.1	2	0.2	3	0.3
2	与国际知名设计师团队有广泛合作，项目投资/设计具有一定竞争优势	0.15	3	0.45	2	0.3
3	公司建立了 ISO 质量管理体系，项目质量在行业中处于领先地位	0.05	2	0.1	4	0.2
4	专做商业地产，在房地产细分市场中处于领先地位	0.2	3	0.6	2	0.4
5	目标客户群比较明确，具有针对性的营销策略	0.1	3	0.3	2	0.2
内部劣势						
1	现金流压力较大，融资要求较高，资金风险管控压力大	0.15	4	0.6	3	0.45
2	项目管控能力，特别是新业态项目的管控能力较弱	0.1	3	0.3	2	0.2
3	影响采购能力的环节较多，项目过程成本较高	0.05	0	0	0	0
4	营销和服务体系尚不完善，特别是品牌建设还处于初级阶段	0.05	2	0.1	4	0.2
5	内部人文环境较封闭	0.05	1	0.05	2	0.1
	合计	2		5.1		3.95

2. 定量战略计划(QSPM)矩阵评价

通过 SWOT 分析得到两种战略方案，分别是“哑铃”型业务发展战略与全面加强战略。

根据 QSPM 矩阵分析可以得到两种备选战略的吸引力总分，“哑铃型”业务发展战略为 5.1，全面加强战略为 3.95。显然“哑铃型”业务发展战略的吸引力比较大。

“哑铃型”战略就是要加强价值链前端的投融资、研发设计与后端的品牌建设，尽可能地压缩中间项目建设阶段，把项目中心定位于成本中心，同时弱化项目的职能，使其将主要职能转化为外包管理方面。同时，将财务部门的职能由传统的记账式财务转变为财务管理，起到辅助决策的过程，实现预算与成本过程和结果的同时管控。

16.2　万盛集团商业地产发展战略创新性分析

万盛集团采用“哑铃型”业务模式，突出增强商业地产价值链高附加值部分；引入全面预算、成本过程管控与结果管控的财务管理模式，突出财务部门的战略价值；同时加强品牌建设，强调品牌制胜的经营理念。这本身就是在发展战略上的一种创新。

基于以上新的业务发展战略，万盛商业地产集团在公司经营理念、组织架构、业务流程、人力资源战略等关键节点进行了重新设计。为保证新业务战略的执行与落实，在实施过程中引入了信息化的概念，即以新战略为理论指导，以信息化为工具，全面提升对新业务战略的理解、执行和反馈，并借助信息化技术的手段，实现新业务战略的完美实施。

16.2.1　核心能力与组织建设

在未来的 3～5 年内，万盛集团主要将投资、规划设计作为战略重点，同时补充基础能力的短板。近期需要关注的重点是资金管理能力、成本管理能力和商业运营能力等。中长期则需要关注动态战略管理能力、品牌管理能力和工程管理能力等。

资金管理、成本管理、商业运营管理能够在短期内“止血”，提升万盛集团的盈利水平，对万盛集团经营绩效产生的影响及重要性最高。品牌管理、工程管理和动态战略管理对经营绩效的影响及重要性次之。

万盛集团在资金管理、成本管理方面已经具备了一定的基础，并且正处于进一步完善之中，在短期内可以实施并强化。动态战略管理受外部条件影响较小，而商业运营管理、工程管理和品牌管理需要积累，短期内难以提升，需要较长的培育期。

万盛集团当前的组织管控存在着一定的不足之处，具体表现在项目公司管控模式不清晰；部分项目公司财务目标不明确，造成成本管理失控；行政流程与业务流程混淆，造成行政管理代替专业管理，管理越位、错位现象较为普遍；弱化总部、强化项目公司，导致总部的各职能部门难以发挥专业指导和监控作用；集团董事长兼任项目公司董事长，易造成决策线短路，部分重要决策不再走业务审核流程。针对万盛组织管控的不足，应该明确项目公司总经理负责制的同时，强化总部的监督和服务功能，清晰界定总部与项目公司间的责权关系。

高盛集团未来的管控需要注意四个方面。首先，采取项目公司总经理责任制的同时，加强总部对于项目目标和过程管理的监督力度，发挥专业指导能力，减少经营风险；其次，清晰界定行政流程与业务流程，严格执行业务流程(未执行业务流程不得进入行政流程)；再次，明确总部与项目公司的关系，保持集权与分权、行政与业务流程、效率与监督的平衡；最后，完善基础能力和战略管理能力，通过组织权限和职责明晰落实到位。

16.2.2　关键部门调整

“哑铃型”战略的核心是抓住价值链高增值产生的两端，舍弃或压缩中间生产建设环节，具体表现在企业组织机构中的职能调整。对于万盛商业集团来讲，组织机构职能的调整主要表现在四个方面。第一，加强投融资、研发设计与品牌运营部门的职能，弱化项目管理部门的职能，将其转化为外包管理职能；第二，将财务部门传统的记账财务转变为财务管理，由职能部门转变为辅助决策部门；第三，加强预算管理，使预算贯穿管理的全过程，实现过程与结果的双管控；第四，通过信息化的方式将新的管理措施落实，实现扁平化与透明化管理。

1. 投资研发部门的调整

投资研发部门由职能部门向战略决策部门转变。公司的研发平台以研发中心为实体部门，整合公司内部其他业务部门的资源，为公司提供决策支持。公司研发平台基于对城市发展的理解，研究现代城市功能布局随城市变迁及人口数量结构变化演进的规律，把握各种类型物业及居民消费行为的变化趋势，特别是城市公共空间需求发展的趋势，研究商业和住宅等不同类型物业之间的相互协同及相互价值提升的关系，并结合具体项目，提供地块价值评估报告、产品定位及概念性方案、商户及品牌组合研究报告和动线规划研究方案。

基础性研究主要包括宏观经济形势与政策研究、区域及相关城市经济形势与政策研究、城市功能布局演进规律的研究、居民生活和消费行为的发展趋势研究、城市居民价值观念和消费结构及消费习惯研究等。

专业性研究主要包括商业物业市场研究、写字楼物业市场研究、其他公建类物业研究、住宅市场研究、动线规划研究、建筑规划设计研究、业态组合研究、品类品种互动研究、商户品牌组合研究、商业运营方案研究、客户资源整合研究等。

2. 财务部门的调整

财务部业务调整是由被动的记账管理向主动的过程管控转变，而财务部职能调整是由职能部门向战略决策部门转变。财务体系有了新的要求。首先，财务部门由原来的后台职能部门转换为战略决策辅助部门。其次，财务要集中核算。财务集中核算管控体系包括统一集团财务核算科目体系、统一集团账表体系、统一集团财务报告合并体系。然后，全面启用银企互联，减少资金占用，降低经营风险，加快周转速度，提高资金管理效率。最后，通过预算来控制房地产系统和资金系统的付款，实现预算管理、资金管理、房地产成本管理三个系统的一体化，房地产成本系统与财务系统实现同步成本月结算，实现两系统业务的一体化。

将财务指标转化为企业绩效指标，可以为企业重大决策提供强有力的经营支持与科学的数据分析，特别是风险预警，这也是财务部门由职能部门向战略决策部门转变的一个标志。

新财务体系对财务部门的要求主要体现在集中核算功能和资金集中管理两个方面。

集中核算功能是指集团在一个数据平台中汇集成员单位的所有财务数据，统一进行会计处理、实时查询、统计分析，保证集团信息的准确及时。集团可实现从集团报表到子公司报表再到子公司账簿业务单据的穿透联查。集团财务集中核算管理规划方案中使用一套账集中管理，规范财务基础核算，保障集团核算统一，便于指标的分析。基础数据的分层规范和灵活的隔离控制适应所有集团管理模式的应用需求，同时集团内部往来、资产调拨等业务的协同处理也实现了及时性透明处理。

资金的集中管理，即收支两条线的管理模式。对于跨地域经营的集团公司，当集团需要对资金进行集中管理和协调，又需要满足子公司正常运营时，可以采取收支两条线模式，实现集团统一收款，按计划拨款，同时集团统一调剂资金，实现集团资金效益的最大化。对于本地化经营的集团公司或者子公司是集团的全资子公司时，集团可以通过集中所有子公司账户，达到资金监控、调剂资金，以实现集团资金效益的最大化。

16.2.3　企业信息系统建设

万盛集团企业信息系统建设是以企业具体的战略发展需求为基础的，突出表现在整个信息系统中，特别是战略决策层，强化了信息系统的智能化与决策支持功能。万盛集团企业信息系统大致分为战略决策层、管理执行层和管理公共资源层等三大层次，其模块结构与数据流程如图 16.6 所示。

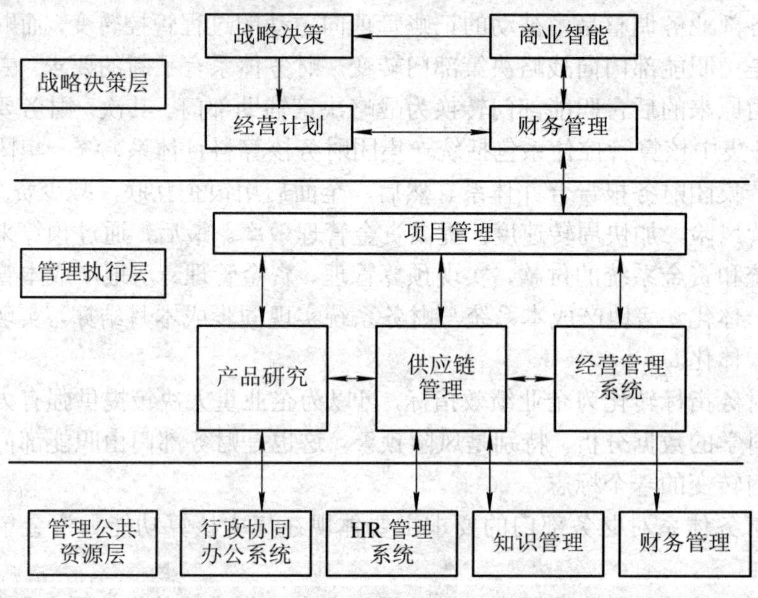

图 16.6　信息系统模块结构与数据流程

1. 系统功能说明

决策支持系统主要通过现金流、建设进度、销售指标、成本指标等分析与监控，把握项目的运营管理态势，及时纠正偏差，并通过财务状况和经营成果的分析，对项目的未来前景作出评价和预测。

项目计划管理系统是结合行业领先企业的管理实践，聚焦项目计划和任务执行管控的专业系统。系统以项目计划编制、审核、执行、分析、调整的控制模型为核心，全面实现了对时间进度、工程进度和形象进度的精细化过程控制。

另外，系统还支持进度管控，将工作分解到部门和个人，支持对项目计划执行阶段性成果的管理，并建立与费用预算、招投标、合同执行与付款、质量检验等多项工作的联动，从而更有效地实现对项目全方位的事中和事前管控，提升了项目管理水平。

供应链管理系统主要用于企业的招投标管理，是为了加强地产企业招标过程的管理，帮助地产企业建立完善的合作伙伴、材料设备价格信息库以及合理的合作伙伴评价体系而开发的。通过标准目录的建立，既满足整个集团统一的需求，又能满足各公司差异化的信息库管理；通过合作伙伴评估管理，为招标选择合作伙伴提供参考依据；通过虚拟化从采购计划制订到最终定标签约的过程，对招标过程进行规范化、流程化、透明化管理，加强地产企业的招标效率。而成本控制模块则是以实际业务流程为基础，体现成本控制所需要的即时性和准确性，以防范和规避项目成本失控情况的发生。

管理支持系统模块属于基层模块，主要包括项目全面预算管理和客户关系管理等基本模块。项目全面预算管理模块是针对房地产行业的预算管理，由预算编制、预算审批、预算调整、预算执行控制和预算分析等环节构成，实现地产企业在集团、分公司、项目的多层级预算管理，并结合售楼管理、成本管理、费用管理系统实现对预算的过程预警与管控。也可以直接提取业务系统中的执行数据，并与预算数据进行对比分析，从而寻找差异。通过实施全面预算管理系统，可帮助企业规范预算管理流程，提高预算编制水平，缩短编制时间，从而提高企业预算管理水平。

客户关系管理系统(CRM)平台涵盖企业市场营销、销售、租赁、客户服务、客户互动门户等一系列与客户相关的业务流程。同时，客户关系管理系统还是整个营运管理的核心子系统。面向 CRM 规划和设计的数据库不仅能满足企业正常的业务处理需要，更能将系统处理业务流程从售后扩展到售前和售中，同时还将系统的用户角色由原来的销售管理人员延伸到企业各级管理人员、销售业务员以及客户。基于 CRM 平台的营销(售楼和租赁)、客服、物业、会员管理等管理系统，实现了企业在保持当前管理模式下最大限度地提高销售率和客户满意度，并且为企业全面实施 CRM 提供足够的基础信息，从而进行数据挖掘和模型分析。

2. 系统主要特点

产品、服务以及业务流程的成本在设计阶段就已经确定。对商业地产来讲，成本的 80% 在设计阶段就已经完成并确定。认真观察客户、供应商和合作伙伴的设计流程，可以找出实施早期协调的可能性。

对于商业地产行业来讲，现金流就是企业的生命力体现，因此企业需要审视资金的流转。站在集团决策的角度，不仅要考虑现金流，还要考虑相关融资，以及融资成本、资金的时间成本等问题。

对过往经验的分析，特别是对失败案例的分析，将为企业提供一些直接的线索来改善业务流程以及运营策略，并保证企业在发生问题时能够坦然对待，能够清晰地洞察客户的期待以及这些期待的价值所在。

对于商业地产行业来讲，供应商的管理至关重要。如何充分利用供应商的资源，将供应商纳入到企业价值链中来，实现共赢与风险分担都是必须面对的问题。

询问客户比预测客户需要更为贴切。企业应该更多地了解客户所关心的东西，并结合客户购买历史，确立对企业和对客户同样奏效的运营策略。

16.3　万盛集团发展战略创新的启示

整体来看，万盛集团发展战略属于业务创新型的弹性战略。通过地产行业及商业地产行业内外部机会、威胁、优势与劣势的分析， 确定了“有所为，有所不为”的业务发展战略。更重要的是，新的业务发展战略不仅对万盛的未来进行了规划，更革新了管理理念，也带动了人力资源战略、营销战略、风险管理和科技创新等方面的改革，从整体上提升了万盛集团的企业凝聚力与核心竞争力。

从本质上讲，“有所为，有所不为”的业务发展战略体现了收益与风险均衡的管理理念。商业地产属于高回报和高风险的行业，在整个发展战略的制定与实施过程中，万盛集团始终把风险分析与控制放在首位，较好地保证了公司战略目标的实现。

16.3.1　政策风险分析与控制

我国商业地产尚处于初级发展阶段，受国民经济运行状况、城市化进程、行业政策指引等宏观因素的影响，面向中等收入消费者、以开发中档普通住宅为主、具备较强竞争实力和品牌影响力的房地产企业将获得更广阔的发展空间。

国家税务总局发布通知规定，从 2007 年起以房地产开发项目为单位进行清算，并对土地增值税的清算条件和扣除项目等清算事项进行了明确。这一举措对公司的盈利水平造成了一定影响。

银行存款准备金率的上升将对房地产企业的贷款起到一定的抑制作用。银行按揭贷款利率的上升提高了购房的按揭融资成本，降低潜在客户的购买力；购房按揭贷款相关政策的变化影响了潜在购房者的购买力以及购房按揭贷款的获得，这些按揭贷款政策的变化对公司产品的销售产生了不利影响。

城市供水、供电、供暖、供气、通信、道路、交通等市政配套与房地产开发关系极大，公司在立项前要对项目所在地城市的发展方向、总体规划进行详细分析，研究项目是否符合城市或区域的总体规划发展方向，并确定项目的规划条件是否可行。

市政建设是根据城市的总体发展规划有步骤、有计划地进行。如果市政配套建设不能满足商业地产开发项目的建设进度，或者发生了对计划投资的开发项目不利的变更和调整，都会极大地影响商业地产开发项目的开发成本和开发进度。由于商业地产项目开发周期较长，在项目开发期间不能保证城市或区域规划不出现不利于商业地产的变动。所以，开发周期较长的一些商业项目，可能会面临城市规划条件的不利改变而带来的风险。

16.3.2 市场风险分析与控制

在宏观经济上升时期，货币政策比较宽松，投资需求增大，就业机会增多，社会收入水平普遍提高，则对商业地产的需求也随之增加，因此商业地产开发企业的业务开展比较顺利，提高经营业绩和改善财务状况也相对容易；而在宏观经济下降时期，上述各项宏观因素的改变会使商业地产开发企业的业务开展变得困难，提高经营业绩和改善财务状况也成为了相对较大的挑战。

商业地产价格受经济发展阶段以及所属地区同类物业的供需情况的影响较大。商业地产的价格主要取决于租金水平，相对独立于住宅地产。虽然从长期来看，商业地产行业的发展将保持良好的上升态势，但由于其具有与宏观经济同向的周期性特征，并且以往的发展中也存在宏观经济不景气导致商业地产价格向下调整的情形，因此现有的商业地产价格并不能保证持续上升或维持。

16.3.3 经营风险分析与控制

土地是公司从事经营活动所必需的资源，土地成本一般占商品房成本的30%以上。土地资源获取的及时性、土地价格的变化都会对商业地产项目的开发产生很大的影响。我国法律规定，可供应的土地资源由中央及地方政府进行调控，并且必须由政府通过公开招标、拍卖或挂牌的方式出让国有土地使用权。

因此，公司需要参与竞标过程，并与其他商业地产企业进行竞争。如果不能及时取得土地使用权或者土地的取得成本较高，都将影响公司的业务发展。

房地产特别是商业地产开发项目资金投入量大，建设周期长，是一项复杂的系统工程，涉及项目定位、规划设计、拆迁、施工和配套设施的完善、销售策划等许多方面。其中每一个环节都可能蕴藏着一定的风险，如设计方案的更改、拆迁过程的不确定性都会增加企业开发成本、延误工期；规划设计水平将直接影响项目的成败；施工过程中的冬雨季施工、地质条件与预期不同将导致项目的开发成本提高、工期拖延，从而使公司面临客户的索赔；销售策略制定不当可能影响项目的销售进度，不能及时收回项目投资。

住房制度的改革和城镇化步伐的加快，有效地拉动了我国住宅市场需求。近年来，国内商业地产价格连续上涨，一些热点地区甚至呈现连续快速上涨的态势。商业地产价格的快速大幅上涨可能导致行业投资过度膨胀，造成行业大起大落，从而损害商业地产行业的健康长远发展。万盛地产项目虽然采取了稳妥的立项决策程序，具备较强的抗风险能力，但是地产市场的大起大落势必会影响公司经营业绩的稳定。

商业地产的主要原材料——土地和建材的价格波动将直接影响着商业地产的开发成本。当前土地价格普遍上涨，在一定程度上推动了房价的上涨，公司现有项目具有相对土地成本优势，对开发经营较为有利，但土地价格上涨会增加将来获取项目的成本，加大项目开发经营风险。

商业地产的销售不仅取决于产品的价格和质量，还受到项目的市场定位、经济发展情况及同质物业供应情况的影响。由于商业地产业的开发周期往往较长，而市场情况变化较快，若公司不能充分考虑到市场的变化趋势，可能出现开发产品不符合市场需要，导致销售不畅的风险。

16.3.4　财务风险分析与控制

商业地产业是资金密集型行业，资金的筹措对企业发展具有非常重要的作用。公司目前的财务状况稳健，资金运转情况良好，主要依靠自有资金、预售楼盘的预收款、银行贷款来进行项目开发。公司所开发商业地产项目的预售情况对公司资金的运转有着重要作用。如果预售情况不理想，将影响到公司的资金筹措。另外，公司的银行贷款受国家产业政策及银行贷款政策变化的影响，存在资金筹措的风险。

目前，我国商业地产开发融资仍以自有资金、预售物业款、租金收入以及银行贷款为主，融资渠道较为单一；同时，银行贷款均要求相应的抵押物，导致公司财产抵押占公司总资产和净资产的比例较高，若未能及时偿还银行借款，则存在财产抵押风险。

房地产项目特别是商业地产的开发周期较长，因此公司在持有商业地产存货期间，面临存货因市场变动发生贬值的风险，从而对公司的经营业绩和财务状况产生影响。虽然公司目前持有项目的土地位置较好、抗市场价格波动风险能力较强、存货的评估价值高于账面价值，但不能保证这些房地产项目存货不会因市场影响出现大幅贬值，因而需要计提存货跌价准备，进而避免对公司的经营业绩和财务状况产生不利影响。

16.3.5　管理风险分析与控制

地产项目从取得土地使用权到项目完工，要经过规划设计、施工、销售等各个环节，时间周期长。随着业务的不断拓展和规模扩张，管理工作的复杂程度都显著增大，从而因管理不善而导致成本上升、销售不畅的风险环节多、因素复杂。

为此，组织各种有针对性的培训和业务训练，引进一批具有先进经营管理理念的高端复合型人才，尤其是在商业运营管理方面具有丰富经验的高级人才，对于企业未来的发展至关重要。从长远看，还应强化学习型组织的建设，提倡良好的公司学习氛围，培育企业和员工的社会责任感。

第 17 章 商业地产市场营销创新策略

17.1　中冶·轩和坊的市场营销策略

17.1.1　中冶·轩和坊项目背景

1. 中冶轩和投资公司概况

中冶轩和投资有限责任公司是由中国十七冶建设有限公司和上海轩和投资有限公司双方共同出资，于 2009 年 8 月正式成立的。十七冶为国有大型企业中国冶金科工集团有限公司(MCC)的下属子公司；上海轩和投资有限公司系私营房地产投资企业。

中冶轩和投资有限责任公司的主营业务为房地产开发。就房地产行业而言，该公司尚属新公司和小型企业，经营规模不大，但鉴于知名国企的入股，构筑中冶轩和在房地产开发领域的品牌形象一直是企业最大的追求。公司的企业目标立足上海，展望长三角，树立中冶·轩和的企业品牌，力争快速做大做强。

2. 中冶·轩和坊项目

“中冶·轩和坊”(以下均称轩和坊)项目位于上海市青浦区朱家角镇新风路西侧、原农业银行东侧、原仪仁泰食品厂南侧、美周弄北侧，原为朱家角人民政府办公大院，如图 17.1 所示。

轩和坊项目总用地面积 2945.79 平方米，地面现有建筑面积 3770 平方米。主体可分为 3 栋楼，这 3 栋楼原来的主要作用是办公，改建后容积率为 1.2，建筑面积为 3535 平方米，功能主要为商业、文化展示和公寓式酒店。其中，商业面积为 2121 平方米，主要布置在一、二层；文化展示面积为 1060.5 平方米，布置在二、三层；公寓式酒店面积为 353.5 平方米，布置在 2 号楼的三层。

图 17.1　轩和坊

3. 轩和坊项目特征

在全球化背景下，上海城市化进程一方面出现迅猛发展的态势，另一方面也出现了城市的“特色危机”、“故乡丧失”等问题。因此，对一些历史街区的布局和要素进行动态保护，并保证其可持续发展已成为现今社会的共识。城市和地区原有的风貌记载着往昔的岁月，延续着祖辈的记忆和历史生命，轩和坊项目的特征在于其对历史与文化的沿承与关注。

轩和坊项目地块原为朱家角镇政府所在地，位于青浦朱家角古镇，且位于朱家角古镇旅游区的入口，是进出旅游区的必经之地。同时，该地又是朱家角古镇的镇中心，周边均为老镇居住区。项目不仅仅是商业项目，由于特殊的地理位置，其本身还兼具旅游景点的功能。因此，项目的特殊性还肩负着树立品牌形象的使命。根据土地出让文件的要求，因为项目地处朱家角古镇风貌保护区，所以项目外观需延续江南水乡风貌特色。

4. 轩和坊项目营销目标

为顾客提供高价值的产品和实现自身价值，是商业地产项目营销管理的总目标，也是构筑高价值和优质服务商业地产的基本导向。就轩和坊项目而言，其营销目标就是实现多方共赢。当然，快速回笼资金、打造企业品牌也是轩和坊项目营销过程应当关注的重点。

作为中小型企业，中冶轩和投资有限责任公司资金实力相对偏弱，这就意味着其对于项目开发不能长期持有，而需要快速销售以实现资金快速回笼，以滚动形式快速壮大企业。

轩和坊项目是公司的开山之作，出于企业长期从事地产开发战略目标的考虑，该项目必须口碑良好，以此树立企业的品牌形象。同时，就项目区位来讲，朱家角是上海著名的旅游景点，与七宝古镇相似，景区内商业为私人家庭式作坊，主营业态以粽子、扎肉、糕点、饭店为主，缺少合理的规范和多样化的商品。为此，身处旅游区的轩和坊必须树立起朱家角商业的新形象，为朱家角旅游区增添新的名片。

商业地产的顾客是广义上的，既包括企业最直接的狭义顾客——投资者，也包括同在价值链条上的商家和终端消费。因此，轩和坊营销开发模式将以满足直接客户——投资者的价值为核心，同时满足另两方的需求。通过商业地产的开发，营造良好的购物环境，满足终端消费的购物体验；通过业态定位的确定，满足终端消费的需求空白；通过定向招商，满足稳定的经营和租金回报。这三大条线的工作增强了投资人的信心，并在销售过程中适当给予价格优惠，共同组成最高价值和最优质服务的商业地产。

不仅企业的资金收益需要得到保障，中冶轩和投资有限责任公司还希望通过轩和坊项目的打造，实现四方面的权益共赢，即开发商自身投资收益回收，投资者取得投资收益，商家取得经营利润以及消费者得到消费体验和满足。

17.1.2　轩和坊营销策略制定与调整

1. 轩和坊市场调研

借鉴营销管理理论以及上海土地出让制度的实际情况，轩和坊项目的营销开发模式不仅将战略营销的步骤置于项目开发之前，更置于土地出让之前。通过全面的市场研究，将企业开发风险降至最低。

轩和坊市场调研的关键问题是土地开发后是否有足够的消费支撑。如果有足够的消费支撑，市场还有哪些空白没能够真正满足这些消费的需求，目标客户的需求到底有哪些，如何设计产品和服务来满足这些目标客户的需求；该项目能不能适当地让利，使商业经营运转起来，既保证该企业自己的合理利润，又能让投资者有稳定的回报以及商家能够持续地经营，终端消费者能够有满足的消费体验。

在获取政府土地出让信息后，带着这些核心的问题在企业内部率先开展战略营销；同时，判断项目是否能够形成四方共赢，并进行最高地价测算；当取得土地使用权后，根据前期的项目定位进行开发；与此同时，开始实施营销招商和宣传；最后，达到预售标准后进行带租约销售。

公司希望在轩和坊项目的开发上最终实现终端消费需求的满足，进而商家取得持续的经营，投资者(商品购买人)获得稳定的租金回报和商铺的增值空间，企业最终在销售商铺中回收投资。并且，在此过程中，将中冶·轩和企业的品牌得以树立，培养一批忠实的商铺投资客户，为企业未来开发其他商业地产项目积累关系网络。

开发任何一个商业地产项目都涉及经济环境的分析和研究。对经济环境的分析旨在了解商业项目潜在终端消费的消费能力和水平，预判未来经营状况以及项目定位的档次。在调查和研究时，要重点对当地收入水平和消费水平、GDP发展状况及产业结构情况的研究分析、全社会消费品零售总额的研究分析、城乡居民储蓄存款余额的研究分析、人口规模及未来人口导入规划等指标进行调查。

项目所在区域城市的结构对商业地产的开发具有重要的意义。在传统商业区，不论是同业态的聚集经营，还是不同业态的错位互补，都可能存在市场商机。在城市中商业项目的位置若在行政、经济、文化等人口活动密集的地方，由于人流更容易形成商业的经营氛围，城市的技能易于发挥出来。在调查和研究时，要重点对城市发展规划、重大区域规划、交通体系状况、交通规划、道路状况、通行量及公共设施状况等指标进行调查。

商业布局和规划是城市机能完善的标志，同时也能了解商业项目潜在竞争对手和商业规模，这有助于避免政策性的风险和重复建设。在调查和研究时，要重点对商业规划和发展时间节点、未来商业地产供应规模、商业用地利用计划等指标进行调查。

对区域零售业实际情况的调查反映了区域内零售业经济活动的指标和商业特征，同时各项指标的内容为项目的市场定位、业态设计、经济效益预测提供定性的参考分析依据。在调查和研究时，应重点对区域内已有商业的实际经营情况、竞争对手的各项实际状况，如规模、业态、商品种类、存在的问题等指标进行调查。

消费行为的调查主要是收集该地区内消费者生活形态的资料，从人口结构、家庭户数构成、收入水平、消费水平、购买行为以及交通出行方式等方面进行。

2. 基于市场调研的策略调整

四方共赢是轩和坊项目开发过程中始终坚持和谨记的指导原则。为此，中冶·轩和坊根据市场及客户反馈，对项目进行定位、价格(租金)让利政策等都进行了及时、动态的调整。

当地商业主要分为旅游商业和生活配套商业两大部分，两类商业所面对的是截然不同的两大终端消费群体。

在对客户群体规模的调查中发现，作为一个 3500 平方米左右规模的商业体，其辐射半径不超过 1 公里，在 1 公里半径范围内，当地人口规模仅 1 万人左右。根据朱家角新市镇的规划，朱家角居住区规划将导入 5 万人，打造新型居住区，但地处距轩和坊项目以西 2 公里外的新镇区，且新镇区本身也规划了相当规模的商业配套设施，因此常规商业的消费规模有限。而每年到朱家角旅游区旅游的游客人数将近百万人次，且轩和坊位于旅游区的入口必经之地，消费人口规模充足。从这个方面来看，轩和坊做旅游商业更为合适。

当地居民整体消费停留在最普通层面上的需求，消费层次较低，原有镇级商业设施已基本能够满足居民的需求。而旅游人群对朱家角旅游的要求则是增加特色纪念商品、增加拉卡 POS 机、改善就餐环境及增加旅游景点。显然，朱家角旅游区还有潜力可挖，当前的现状并不能完全满足游客的期望。就商业而言，旅游消费完全没有饱和，潜力巨大。

结合前面的消费者调查，轩和坊项目的业态定位已经有了足够想象空间，即展现中国特色的、表现中国各地方特色的商品和餐饮。从租金调研来看，目前朱家角旅游景区外的商铺租金约 1.5～2 元/(平方米·天)；朱家角景区内商铺租金约 4～6 元/(平方米·天)；景区核心区的租金约 8～10 元/(平方米·天)。由此大致可以推算“轩和坊”项目租金在 2～8 元/(平方米·天)；商铺销售均价低于 25 000 元/平方米。无论是投资者租金回报还是商业经营都不会有太大的市场风险，而 25 000 元/平方米也可以立为项目拿地的价格上限标准。

从长远看，朱家角新市镇是老“一城九镇”的重点镇之一，也是现行城乡规划体系中重点发展的新市镇。过去数年中出让土地的规模较大，大规模的新市镇开发即将展开。但是，新镇区位于老镇的西侧，与轩和坊项目的距离至少在 2 公里以上，商业消费的互相影响较小。另一方面，轩和坊项目独特的地理位置不可复制，以旅游商业定位商业没有直接的竞争对手，并且在朱家角古镇旅游区内也鲜有新的可开发土地，未来竞争环境较为乐观。

17.2　中冶·轩和坊市场营销策略创新与实施

商业地产的成功最重要的就是项目的市场定位和经营主题，定位是否与目标消费群的需求相吻合，是决定商业项目能否持续旺盛的关键。商业地产项目定位主要涉及商业形态定位、目标客户定位、租金价格定位、营销战略定位及外延产品定位。

商业地产定位流程如图 17.2 所示。

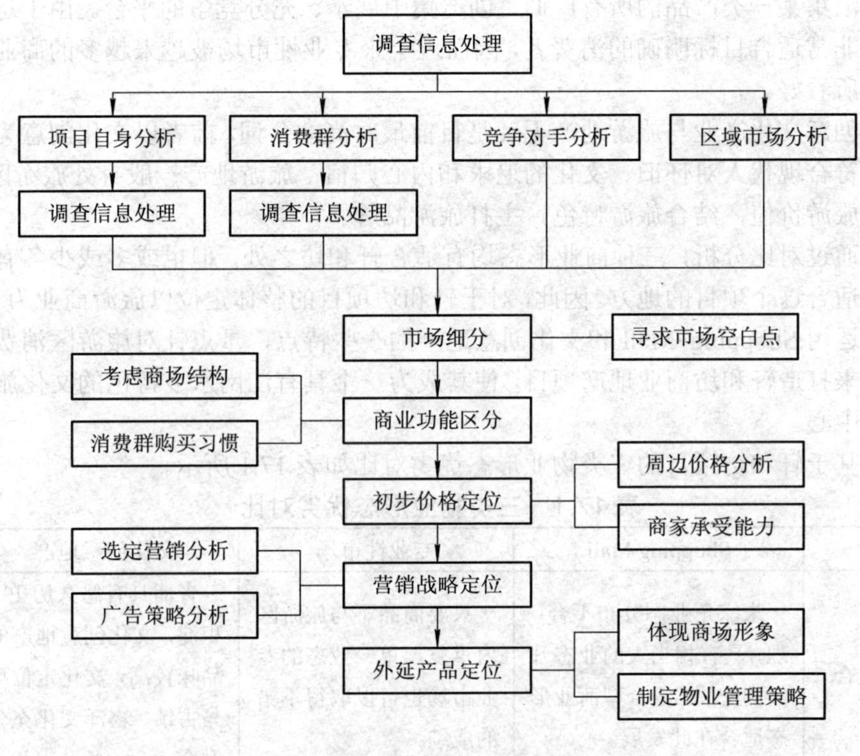

图 17.2　商业地产定位流程

17.2.1　轩和坊的项目定位

轩和坊的项目定位包括项目业态定位、潜在客户及业态选择以及租金价格定位等方面。

1. 轩和坊项目的业态定位

根据项目规划，轩和坊项目涉及 Shopping Mall、城市综合体等相关商业形态形式。Mall 在国外是一种已经发育很成熟的商业形态，一般是指规模在 10 万平方米以上，由管理商统一经营管理，主要采取出租方式运营的集零售、娱乐、餐饮、休闲等于一体的复合商业形态。与传统百货及超级市场最大的区别在于，Mall 是复合型商业形态，规模大，集合了“吃、喝、玩、乐、购”五大要素。与 Mall 的形态相比，轩和坊没有那么大的体量，本无可比之处，但其复合型的业态分布优势却值得参考。

专业性市场是指在一个商业体内，只经营一个种类的商品体系。它的优势在于汇集某一类产品的所有厂商，创造集中展示、充分竞争的平台。由于这种形式非常适合目标明确的消费者，因而近年来专业性市场被越来越多的商业经营者所看好。

创意文化产业与旅游地产无疑是目前最时尚的名词，前者以文化创意为主题，符合现代人对怀旧、文化的追求和内心归宿；旅游地产一般身处旅游区，融合旅游价值，结合旅游特色，主打旅游品牌。

通过对比分析，三种商业形态均有适合轩和坊之处，但也或多或少各有一些不适合这个项目的地方。因此，对于轩和坊项目的整体定位以旅游商业为主，适当运用 Shopping Mall 和文化创意地产的一些特点，重点针对旅游区消费的特征来打造轩和坊商业地产项目，使其成为一个具有江南水乡特色的文化旅游商业中心。

基于轩和坊项目的三类物业形态优劣对比如表 17.1 所示。

表 17.1　三类物业形态优劣对比

	Shopping Mall	专业性市场	文化创意地产
适合	朱家角业态分布不合理，具有相当大的业态升级的空间，复合型商业形态适合在此发展	只要商品不与旅游区内重复，单一业态的专业市场也可以取得不错的成绩	青浦具有悠久历史积淀，文化创意地产的品味较高，文化定位可与古镇、崧泽文化充分融合
不适合	本项目整体仅 3500 平方米，业态不宜过于分散，否则单一业态缺少规模效应	从旅游区大局来看，单一市场对提升旅游区整体商业氛围意义不大	创意地产的租户往往租金承受能力较低，对企业和投资人的回报有限制

2. 轩和坊项目客户与业态选择

在对区域终端消费的调查后发现，当地居民的消费人口、消费能力和消费水平均不足支撑轩和坊项目的经营。而旅游人群则具有明显的消费能力，且当前消费没有得到完全的满足。因此，“轩和坊”的终端消费定位为朱家角古镇旅游区的游客。

在对项目周边市场调查的基础上，对项目的业态定位设定了以下原则。第一，商家的商品与景区内已有商品形成错位；第二，商品能够体现中国特色，或地区特色；第三，业态不限于有形商品，可以包括餐饮、服务等；第四，商品档次为中档或中档偏上；第五，轩和坊项目内部商品或服务类型不重复；第六，商品或服务符合游客需求。

在此原则下，轩和坊项目定位为上海唯一的集中国各地特色商品、中华特色民间工艺品博览与中国民俗工艺表演为一体的“中国风情文化”商业街区。轩和坊项目业态定位选择如图 17.3 所示。

图 17.3　轩和坊项目业态定位选择

在此整体业态定位原则下，轩和坊项目可具体划分为五个分组团。第一个组团是汉风古韵——中华民间艺术博览(西 1、2 楼)。中国的民间艺术文化早已名声在外，因此打造一个“中华民间艺术博览”可以吸引更多的中外游客，也可作为项目未来经营的引爆点——文化消费，以提高市场的关注度。第二个组团是江南印象——中华特色商品总汇(除西 1 楼以外的全部 1 楼)。第三个组团是食味轩——中国老字号(除西 2 楼以外的全部 2 楼)。第四个组团是大境门——中华民俗风情表演(景点广场)。第五个组团是臻关上品——特色精品酒店式公寓(南 3、4 楼)。

3. 轩和坊项目租金、价格定位

租金、价格定位要参考周边租金，制定合理租金入市，还要保持投资者的租金回报水平。目前项目周边一层商铺的租金情况是，旅游景区外的商铺租金约 1.5～2 元/(平方米·天)；景区内(非核心区)商铺租金约 4～6 元/(平方米·天)；景区核心区的租金约 8～10 元/(平方米·天)。景区内商业档次虽低，但生意良好，租户能够承担此租金水平。另外，二层、三层商铺的租金与一层项目应基本保持 60%和 30%的比例关系。

考虑到“轩和坊”项目档次提升、营业成本较高、四方共赢等因素，

“轩和坊”的租金大致定在2.5～9元/(平方米·天)，即一层平均租金范围在6～9元/(平方米·天)；二层租金在4～5.5元/(平方米·天)；三层租金在2～3元/(平方米·天)。项目平均租金在5元/(平方米·天)左右，整个项目销售均价低于25000元/平方米，则投资人、商家都有合理的利润回报，市场风险可控制。

17.2.2　顾客价值的创造

由于项目需要符合江南水乡的建筑风格，保留原建筑主体和外墙风格，轩和坊公司特别邀请具有丰富经验的同济大学设计大师，打造中国传统建筑精髓与现代建筑理念相结合的商业建筑。专家团队的加盟，注入了“轩和坊”的建筑文化，提升了项目的品牌价值。

为营造终端消费的购物体验，“轩和坊”的景观设计数易其稿，在开发过程中，再度深入研究色彩、光线、动线与消费的关系，力求从项目设计的角度激发终端消费欲望。

轩和坊能否稳定高效经营，业态定位能否严格执行至关重要。为保持业态的整体划一，轩和坊在商家的选择上进行了严格的控制。选择商家的首要标准是符合中国文化特色，如豫园小商品、北京步源轩、宜兴紫砂、景德镇瓷器和广粤名小吃等。轩和坊夜景图如图17.4所示。

图17.4　轩和坊夜景图

17.2.3　“轩和坊”宣传及销售策略

在“轩和坊”的宣传中，为达到树立和宣传企业品牌的作用，首先要建立统一的形象和标识，在所有与项目相关的物品上运用统一的LOGO。

统一宣传主题为“水乡新天地”，突出项目所在区位的特征“水乡”，同时，

“新天地”一语双关，一层含义是购物、休闲体验比拟上海新天地，另一层含义是本项目为朱家角旅游区和商业打造崭新的天地。

由于项目需要吸引三方面的客群，即终端消费、商家、投资者，以此达到四方共赢。因此，针对不同的客户宣传不同的内容。

对终端消费要重点宣传项目的文化内涵和定位，突出新的消费内涵和体验，以达到吸引消费的目标；对商家重点宣传消费能力和水平，项目互补、错位、提升的经营定位，以及开发商严格的招租限定，从而达到良好的经营预期；对投资者重点宣传消费能力和水平，良好的经营预期和投资回报、升值潜力，从而达到稳定回报的真实感受。

通过对施工进度的推算，在取得预售证前半年设立接待处，针对青浦当地投资者和商家进行接洽；取得预售证前 3 个月进行媒体预热，形式以论坛、采访为主，重在造势和亮相；取得预售证前 1 个月进行硬广告投放，媒体选择中高端财经、金融、商业类媒体，旨在开盘通告和形象树立。

在项目施工的同时进行招商，力争在销售前完成二、三层的招商，形成带租约销售。取得预售许可证后，首先销售二、三层商业，目的在于试探市场。如带租约销售更受欢迎，则一层商铺继续“先招后售”；如投资者更倾向于无租约销售，则一层直接进入销售环节。

17.3　成都某写字楼项目营销策略比较

17.3.1　成都某写字楼项目描述

成都某写字楼项目为成都某开发公司在南一环、衣冠庙片区开发的 HZ 中心写字楼项目。HZ 中心项目位于成都市六大主城区(青羊、成华、武侯、锦江、金牛和高新区)之一的高新技术产业开发区起步园区内，与锦江区、武侯区相邻，居南一环外侧，距离地铁 3 号线站口不到 50 米，为传统衣冠庙片区的商业核心商圈。高新区是国务院批准成立的首批国家级高新技术开发区，由高新起步园区、高新南区和高新西区三大规划园区组成。项目临街道路是成雅高速进城的快速通道，是川西南进出成都的门户区域。

成都某写字楼项目是地上 27 层、地下 3 层的写字楼项目。其中，地下 3 层为设备用房和停车场，地上 1～5 层为商业用房，6～27 层为写字楼，主力户型为 80～200 平方米。为提高容积率和满足客户的使用效果要求，成都某写字楼项目采用了比较先进的薄壁空心楼板技术。外墙为纯玻璃幕墙，大堂及通道为高档石材等装饰。作为衣冠庙区域地标，外墙形体具有钻石般棱角和造型，独具现代风格。

成都某写字楼项目占地面积 4300 m^2，总建筑面积约 50 000 m^2。其中裙楼面积 4000 m^2，塔楼面积 30 000 m^2，标准层面积 1300 m^2，机动泊车位 240 个。

17.3.2　项目开发思路

成都某写字楼项目拟结合北侧市政公园，采取整体开发理念，打造区域地标，提升城市形象。地块的地理位置决定了项目对于高新起步园区、市中心城区的重要作用，打造地标建筑是这座城市赋予地块的重要使命。同时，通过对衣冠庙市政广场的统一打造，使建筑物、绿化、城市公共空间有机协调，使其成为成都市主城区一道靓丽的风景线。由于项目东侧和南侧为老式多层建筑，通过对本地块的开发，带动周边旧城改造，融合提升区域楼宇综合开发能量，发挥项目示范作用，重塑城市功能。

成都某写字楼项目可能的开发思路包括打造高新起步园区门户级地标性国际化 5A 甲级写字楼；为市民展现一个更具特色的城市休闲广场，创造社会效益最大化；为区域企业提供一个更具时代感的商务办公平台。

从项目对城市形象的影响而言，成都某写字楼项目将成为高新起步园区门户地段的一个亮点，为提升城市、区域形象作出重要贡献。

从对城市景观的影响而言，项目建成后，时尚现代的建筑外观为市民创造了新颖的视觉感受；同时，市政广场的重新整治，不仅为城市景观增色，还将成为周边市民休闲聚会的重要场所。

从提升城区土地利用率的影响而言，中心城区土地越来越稀缺，城区土地合理化利用已成为城市土地开发的一个课题。成都某写字楼项目地块作为中心城区存量土地，最大化、合理化利用将对城区提升土地利用率产生积极影响。

站在项目对社会投资、税收的影响角度，项目预计建设周期为两年半，总投资达 3.8 亿元。在项目交付使用后，将吸引上百家知名企业入驻办公，其中包括来自其他区域或外地的企业，对高新区财政及税收的提高将有一定促进作用。

站在项目对未来城市发展的影响角度，衣冠庙作为成都 3 号地铁沿线的一个重要街区，成都某写字楼项目的开发建设将是地铁 3 号线对其沿线土地及物业增值的一种直接表现形式，更会对未来城市的发展运营产生深远影响。

17.3.3　营销策略

营销策略内容主要涉及产品策略、价格策略、广告策略等几个方面。其中，营销定位包含的产品和价格策略是决定项目成败的根本性因素，而制定科学合理的广告策略则是项目营销的必要手段。

为了实现项目的营销计划，除了各种完善的方案，还需有效的执行力加以保障。执行力是营销工作成败的关键，“到位的执行”成就竞争优势。同时，根据市场的动态变化，及时调整营销方案和策略，也有利于营销计划的成功。在市场营销活动中，真正具有战略意义的问题不是战略本身，而是对过程的管理。因此，在成都某写字楼项目的推广阶段，需要制定一系列切实可行的各种预案，以应对市场的变化。

对于商业地产营销而言，现场销售是销售过程中最重要的环节，也是销售计划全面实施的环节，可谓“销售决胜在现场”。在目前成都市场，对于售楼部、围墙广告、在建工地等软件、硬件的推广准备都是每个销售现场的必备工作。

1. 项目产品策略

整体产品概念分为核心产品、有形产品和外延产品三个层次。核心产品是顾客真正要买的东西，也是产品整体概念中最基本、最重要的部分。成都某写字楼项目产品策略的重点就是打造核心产品，以满足目标客户的真正需求。

从前面目标市场的选择来看，成长型公司作为成都某写字楼项目主要的营销目标群体以及交付后的实际使用者，其对产品的需求特征表现在需求面积、租赁价格、价格预期等方面，如表 17.2 所示。

表 17.2　成长型公司对写字楼产品的需求特征

需求面积	租赁价格	对本项目价格预期	电梯品牌	等待时间	硬件配套	节能环保	停车位数量
100～400平方米	50～80元/平方米	1.1～1.4万/平方米	外资	1 分钟左右	中央空调、网络	无要求	充足
大堂面积	大堂挑高	立面要求	大堂装饰	使用净高	办公配套	接受装饰	停车场装饰
200～300平方米	两层最佳	大面积玻璃幕墙	石材等高档装修	不低于2.5 米	会议室、餐厅等	最好带装修	环氧树脂等面层处理

成长型公司最看重的是办公物业中的建筑立面、入户大堂、公共装修、电梯品牌及速度、地下停车场形象等方面。因此，这些顾客集中关注的方面应作为成都某写字楼项目产品策略重点打造的核心。另外，还被看重的是中央空调、网络布线、会议室、员工餐厅等方面。

以顾客需求为导向，结合写字楼项目区域性商务地标定位，写字楼项目产品的定位策略从总坪规划、交通组织、景观设计、建筑形态、公共装饰、户型划分、中央空调、电梯配置、智能化到停车位设计等方面有明显的特征。

建筑要严格按照规划设计要点退红线，并满足退距要求。消防车道及消防车登高面设计在满足消防基本功能的同时，尽量减少对环境的破坏。同时，通过对市政公园进行整合设计，以提升商业配套品质。还要科学合理地布置建筑内外、场地、市政道路等高差关系，达到雨、污水、道路排水通畅，地面无积水。最后，还要对总评综合管线进行有机地组织，尽量将检查井、雨水井、通风井等设于隐蔽处或结合景观设计巧妙处理，夜景照明及一层无障碍设计也要满足规范要求。

道路系统要满足交通、消防等方面的要求，同时道路交通组织应结合地形，合理地选择道路坡度及断面形式。总坪设计则应充分考虑人车分流，保证车辆的顺畅和行人的安全。裙楼1～4层专用电梯可从地下车库直接到达各商业裙楼，主楼专用电梯从地下车库可直接乘坐电梯到达主楼各楼层(2～4层商业除外)。

景观设计需密切配合建筑设计，一是有利于环境、交通的整体设计，达到最佳效果；二是便于功能与标高的整体解决，减少设计上不必要的冲突和反复；三是强化项目北侧的广场式空间，以突出广场的功能性，同时利于为1～4层商业带来人流。

建筑外墙全部采用LOW-E中空玻璃幕墙形式，建筑形体挺拔、俊朗，其钻石般棱角更体现了简约、现代和超前性设计理念；公共装饰采用近9米层高约500平方米的入户大堂，进口石材豪华装修；通道及电梯厅为石材地面、高档铝扣板吊顶；卫生间大理石台面，品牌感应洁具，高档防滑地砖。

户型按照标准层办公开间的分割要素划分，建筑内部布局应具有灵活的组合型，使之能随未来的发展变化不断作出适应性的调整，并综合考虑办公环境及地下停车效率；办公单元建筑面积划分为高中低三个区，满足不同档次客户需求，面积配比要合理。

项目分区划分面积列表如表17.3所示。

表 17.3 项目分区划分面积列表

户 型	面 积 区 间	备 注
高区	120～200 平方米	21～27 层
中区	80～120 平方米	13～20 层
低区	50～80 平方米	12 层及以下

中央空调应使用节能环保的一线品牌中央空调，并配备分户计量系统；项目电梯配置均考虑一线品牌电梯；1～4 层商业部分采用 2 米/秒速度的电梯两部，全部直达地下室；主楼设置 5 部客梯，1 部消防电梯，其中 3 部为 1～15 层专用，速度为 2.5 米/秒，另两部为高层专用电梯，速度为 3 米/秒。

项目在智能化设计方面采用先进的5A 弱电智能系统。其中，通讯自动化(CA)包括电话、综合布线、有限电视系统、移动信号放大和信息发布系统；办公自动化(OA)包括计算机网络；安保自动化(SA)包括电视监控、停车场管理、电子巡更、门禁和防盗报警；楼宇自控(BA)包括给排水、暖通空调、供配电、室内照明控制、电梯控制；消防自控(FA)包括自动喷淋、报警和广播等消防自控系统。

停车位的设计以成都市规划技术管理规定为依据，停车位不少于 190 个，考虑未来发展需要，实际车位设计数量为 240 个；为达到地下室干净明亮的舒适办公环境，地下室采用了环氧树脂地坪。

2. 项目价格策略

影响房价的因素为三类，分别是经济基本面、影响供应的因素和影响需求的因素。在整体经济形势出现下滑的情况下，分析供应和需求因素的变化，是科学制定售价的前提条件。虽说价格的支撑是价值内涵，如项目区位、环境、配套、合理设计、工程质量和物业管理等，但在社会通货膨胀严重、国家房产调控政策趋紧的情况下，价格的制定应该更多地考虑非价值内涵的影响，包括商业地产市场供需均衡与否、房价与地价关系、房地产泡沫和国家宏观调控等方面。

价格是产品和消费者沟通的桥梁，销售价格也是影响客户购买行为和市场需求的主要因素之一，直接关系到写字楼项目的收益和投资回报。项目营销价格策略运用得当，会促进销售，提高市场占有率，反之则会制约项目销售，甚至影响企业的生存和发展。根据商业地产营销的不同阶段来科学制定销售价格，有利于实现既定的营销目标。

在聚集人气和激发目标客户的从众心理方面，“低开高走”策略比“高开低走”更为有效。价格节节攀升既保证了已购房客户的利益，同时也符合投资者的“追涨理念”。相反，“高开低走”价格策略对已购房客户造成了利益损害，易造成销售或交房过程中的诸多矛盾，对品牌形象产生不利影响，同时加重了潜在购房者的观望情绪，不利于后期销售。

综合考虑价格制定的定价目标、成本、需求和竞争这四个要素，写字楼楼盘的开盘定价方法以成本加利润为主要依据，并参照周边楼盘价格进行修正。对于不同的朝向、楼层、景观视野以及付款方式，可以在开盘价格的基础上进行差别定价，原则上高低价格差异不大于20%。

策略之一是采用双10%，低开高走价格策略。作为投资型物业，由于工程在达到预售条件时(正负零)，主体形象较差，购买写字楼的客户不易下单，市场上大多数写字楼物业选择在主体达到一半以上时开盘预售。项目在工程正负零的节点时开盘，需以具有吸引力的价格进行推售，以形成开盘热销局面，低开高走是成都某写字楼案推售的基本价格策略。

策略之二是采用价差策略。高区采用“较大差价”，以注重品质的客户为目标，以便获得较高的利润空间。中区楼层同质性较强，且为预售期及强销初期集中成交区域，差价水平宜定位为“较小差价”。低区最先入市区，由于工程形象较差以及开盘初期的顺利热销，采用“较小差价”。

策略之三是采用旺销或滞销等情况下的价格调整。在旺销状况下，为实现项目利润最大化可适当进行价格上调，但调整幅度应该以不破坏持续旺销的局面为原则。在滞销情况下，不能采取简单的降价促销，但可采取价格略微上调或不变，同时采取一定的促销手段，如搭售价格明显偏低的车位，或赠送一定时间的物业管理费、车位停车费等措施。在开盘期、庆典、尾盘发售期等时点，可以考虑折扣和折让策略，以促进销售。

从竞争的角度讲，为了谋求定价优势，还得深入分析价格管理的三个层面，即行业战略、产品与市场战略、交易。追求高性价比是写字楼项目价格策略的重点。

3. 项目广告策略

按照目的性不同，商业地产广告大致分为促销、形象、观念和公关广告四类。写字楼项目处于比较发达的二线城市中心城区，写字楼物业属于非常成熟的产品类型，因此项目广告以促销和形象展示为主要目的，营销重点在于展示价值优势，广告宣传则是其主要的运用手段。

从广告投放的阶段性来划分，写字楼项目广告拟采取准备、入市、推广和巩固四个阶段，不同的时期运用不同的宣传品进行设计及包装。但为了达到整体营销的实际效果，广告宣传需遵循主题思想的统一性、操作手法的连贯性以及差异性原则。开盘前期广告投放目的主要是信息传达，强销期是为了促销信息发布并树立企业品牌，收尾期重点是品牌信息发布。

创意是广告的灵魂和生命。在不同的营销阶段，采用不同创意的精练语言来提升广告宣传的深度和高度。好的标题等于广告成功了一半，因此如何对卖点进行梳理并创作广告金句成为广告人追求的最高目标。

在三环路以内的成熟区域，多为较陈旧的写字楼，因此地段优势可以作为写字楼的主诉求之一。同时，作为衣冠庙区域近几年新修的写字楼，其具有代表风范，所以项目形象推广主诉求定义为“南一环，首席门户级商务领航者”。“南一环”直指项目所属区域，言简意赅；“首席”指区域内的标杆，区别于区域其他项目；“门户级”指明项目在区域中的重要性；“商务领航者”为项目植入商务领航者的概念，旨在向市场传递经济高速发展的今天，创造城市商务新标杆的理念，以区别于其他同类物业。

按照预计完成 4 个亿的销售产值，广告推广费用按照 1%比例预计，广告总推广费用预计 400 万。媒体组合包含占 20%比例的报纸，其中有成都商报、华西都市报，主要针对于成都市区客户群；占 30%的户外广告，其中有城南片区指引性路牌、区域其他写字楼灯箱或视频广告，重点布置于目标客户群比较集中的区域；占 10%的杂志财经类、房地产类专业杂志，主要针对于外地目标客户群；占 25%的活动，其中包含活动冠名、定点活动等；还有占 15%的其他辅助媒体与销售道具，包括 DM 直邮、短信、网络、影院等。各营销期费用计划列表如表 17.4 所示。

表 17.4　各营销期费用计划表

推广阶段	推广时间	费用比例	推广费用
项目形象树立期	2012.9—2012.12	25%	100 万
一批次开盘期	2012.12—2013.3	20%	80 万
强销期	2013.3—2013.6	30%	120 万
强势收尾期	2013.6—2013.8	25%	100 万
合计	—	100%	400 万

17.4　中冶·轩和坊市场营销策略创新启示

17.4.1　“轩和坊”营销开发模式的创新意义

轩和坊营销开发模式旨在借鉴制造服务业的营销管理理念，将这些先进的理念引入到商业地产开发领域，以改变当前“营销=广告+销售”的陈旧观念；将商业地产开发的步骤纳入到营销管理之中，重新整合商业地产开发领域的营销。

按照理论模型，如果轩和坊营销开发模式在实践中得到印证，那么物业在同区物业竞争中将处于优势地位。对项目整体而言，经过缜密研究而制定的项目定位，相比未经研究的物业更能准确把握市场需求；对商家个体而言，开发企业已帮助其将市场环境充分了解，经营风险明显降低；经过整体定位和包装的商业，其对终端消费的吸引力更强。在这些基础条件下，无论是租金、价格还是出租率，都将优于竞争物业。

从企业的角度来看，轩和坊营销开发模式增加了企业前期的成本，但这些成本支出起到了给企业提供决策依据的作用，最大限度地减少了盲目开发所带来的不确定性和风险。成功的企业不在于能比其他企业赚更多的钱，而在于能比其他企业抵御更多的风险。

前置战略营销在降低商业未来经营风险的同时，也取得了投资者的信任，无形之中为项目销售创造了新的附加值，销售价格反而可能高于“只售不租”的模式。

目前，轩和坊虽尚未进入销售阶段，但从客户积累和潜在投资者调研的结果来看，商业销售的结果应该能够达到企业快速回笼资金、四方共赢的目标。

由于对终端消费、商业经营都进行了充分的研究，轩和坊项目取得了商铺购买人的充分信任。“客户获益”或许是口碑传播和品牌形象最好的助推剂，不仅轩和坊项目已完全得到客户的认可，甚至已经为公司未来其他项目的开发积累了相当一批的商铺投资人，这对企业未来的发展无疑是最佳的资源。

与此同时，该项目也对潜在客户进行了关于“营销前置”模式的访谈，结果是令人欣慰的。许多具有丰富经验和教训的投资者对企业能研究消费和经营表示强烈的欢迎。

中冶轩和投资有限责任公司是房地产开发领域的新企业、小企业，还是期望长期从事房地产开发、树立企业品牌形象的企业。这些客观原因决定了企业既不能沿用港资(外资)企业最为成熟的“只租不售、长期持有、同一经营”的商业地产开发模式，又不能冒着企业形象受损的风险而采用“只售不租”的模式。前置战略营销既在最大程度上降低了风险，又不失企业投资回报的利润；既为项目和企业树立品牌形象打下了基础，又实现了四方共赢。轩和坊营销开发模式可能是最为适合该公司当前实际情况条件的模式。

到目前为止，所有的迹象均表明这一模式的探索值得欣慰。而“轩和坊”

营销开发模式将成为企业不断前进的理论基石，继续复制一个又一个“轩和坊”。

17.4.2　“轩和坊”营销开发模式的局限性

任何一种商业地产开发模式都不是“万金油”，在探索研究“轩和坊”营销开发模式的过程中，同样存在着一定的局限性。

首当其冲的是放弃利润最大化未必能被所有企业接受。轩和坊模式注重四方共赢，在此基础上必然需要适当控制企业的利润，而非利润最大化。这样的观点并不是所有开发企业都能接受的，不少企业认为地产开发就是要实现利润最大化，吃亏的事绝不干。而且就算未来商业地产经营不善，也未必会影响企业的形象，没有多少人会记得项目是由谁开发的。但是项目就是企业的名片和成绩单，要想成为百年老店，就应该做好每一个项目。因此，“轩和坊”模式只适用于具有同样理念和观念的企业。

虽然将项目开发风险降至最低是有好处的，但是这样可能会增加拿地失败的风险。轩和坊模式注重四方共赢，在此基础上必然需要适当控制企业的利润，而非利润最大化。这样，在计算土地取得价格方面就必须留出适当空间。在如今土地竞价出让方式的制度下，土地争夺异常激烈，这样企业在拿地的环节就处于劣势。

项目将战略营销置于最前，在实际情况中可能出现一些问题。如果政府同时推出若干块土地，则时间、精力不够充分，来不及对每块土地都进行如此繁琐的研究。同时也可能出现研究结束后发现土地并不值得开发，大量无用功的出现会造成企业人力、物力、财力等不小的浪费。

轩和坊项目在运用新模式的实际操作过程中比较幸运。项目本身条件较好，且最终土地争夺也并不激烈，使得这一模式的首次实践相当顺利，但运气不是每次都能眷顾的。由此，公司在未来其他项目的开发上，若条件允许，则复制轩和坊的营销模式；如条件不允许，则将战略营销适当分离，对项目经营可能性和价格定位放在最先研究，至于项目的形态定位、业态定位、营销定位等留到拿地以后研究。

综上所述，轩和坊模式并不适用于所有商业形态。轩和坊的开发模式在许多商业形态上是不适合的，如 Shopping Mall、大卖场、综合百货等。这些形态的商业业态分布太广，不同业态对租金承受水平的反差也较大，因此在这样的商业形态中，必须统一所有权、经营权和管理权。

17.4.3　启示与展望

商业地产开发所追求的不是现值，而是未来的升值，正是这一点区分了商业地产开发与房地产开发。商业地产开发应按照投资靠商业运营来增值的理念去运作，不仅事前要经过研究、规划、定位几个阶段，在建筑工程完工之后还要通过一系列的商业运作使地产获得升值。建筑工程的完工仅仅是商业地产开发新阶段的开始而不是终结，通过后期的商业开发和运作才能使地产获得升值，并可进一步扩大周边住宅和其他建筑设施的开发规模，为开发商和投资商带来更大的利益。只有地产开发，缺少商业开发，或是地产开发与商业开发互不搭界的断层式商业地产开发都难以实现地产升值。同时，没有商业开发的支撑，地产开发本身也难以获得成功。一旦开发失败，遭受损失的就不仅仅是开发商、投资商和经营者，甚至会波及金融机构，并形成一个难以解开的债务链。

近几年，全国各地商业地产遍地开花，表面上看似乎赚了个盆满，实则少数欢喜多数愁。有的卖出去了，但没有经营起来；有的没有卖出去，也没有经营起来。商业地产开发所面临的问题，为我们如何成功地开发商业地产指明了方向。

随着时代的进步，开发商正面临商业地产经营管理新课题，绝不能做“甩手掌柜”，一方面可以聘请知名商业企业的管理队伍来管理或充当商场经营顾问，另一方面可以招聘专业的经营管理人才，成立自己的商业经营管理公司，切实把商场做旺。这样才能从根本上消除后顾之忧，同时也可以通过实战来培养自己的经营管理团队，树立品牌，创建新的商业地产的营利模式，即经营管理输出和商业物业托管等。

商业地产开发对开发商提出了更高的要求，开发商的角色从单一的开发转向兼顾开发与经营，这才是开发商应有的能力，也是开发商业地产需学习和培养的能力。

第 18 章

商业地产成本管理创新实践

18.1　望京 SOHO 及其成本管理体系

18.1.1　望京 SOHO 项目背景

北京市朝阳区望京 SOHO 商业金融项目位于北京朝阳区望京，项目东至阜通西大街，南至阜安东路，西至望京街，北至阜安西路，如图 18.1 所示。

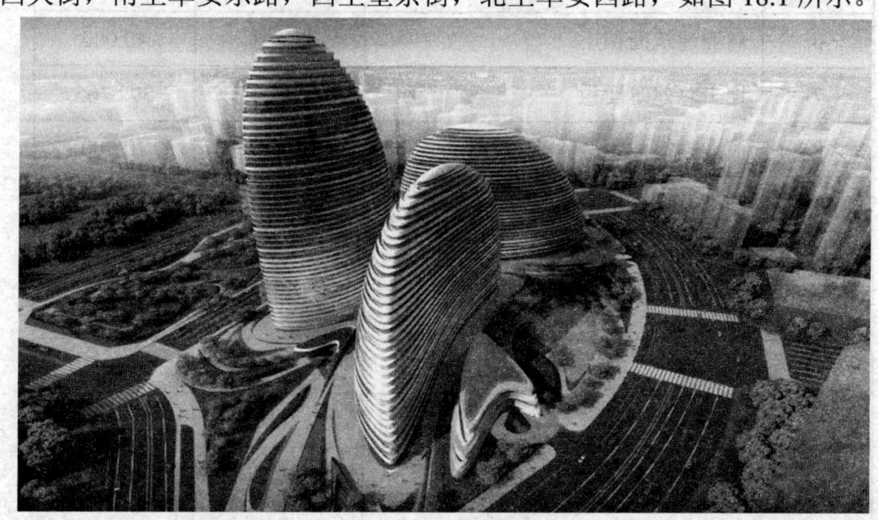

图 18.1　望京 SOHO

望京 SOHO 商业金融项目用地由北京市土地整理储备中心于 2009 年 7 月挂牌出让，北京新幕世纪投资管理有限公司(内资)及星润实业有限公司(外资)作为联合体成为该项目国有建设用地使用权挂牌出让的竞得人，于 2009 年 9 月 3 日获得国有建设用地使用权挂牌出让的成交确认书，并于 2009 年 10 月 12 日与北京市国土资源局签订土地使用权出让合同。现由两家公司共同出资成立北京望京 SOHO 房地产有限公司，作为该项目的开发主体。

18.1.2 望京 SOHO 项目主要建设内容和规模

望京 SOHO 项目的建设用地性质为商业金融用地。项目总用地面积 115 393 平方米，总建筑用地面积 48 153 平方米，总建筑面积 521 265 平方米。具体项目规划技术经济指标如表 18.1 所示。

表 18.1 望京 SOHO 项目规划技术经济指标

序号	指 标 列 项	单 位	数 值
1	建设用地面积	平方米	48 153
2	代征道路用地面积	平方米	8919
3	代征绿化用地面积	平方米	58 321
4	代征用地总面积	平方米	67 240
5	办公建筑面积	平方米	352 265
6	商业建筑面积	平方米	40 000
7	地上总建筑面积	平方米	392 265
8	商业建筑面积	平方米	10 000
9	车库及配套用房面积(包括人防)	平方米	119 000
10	地下建筑面积	平方米	129 000
11	容积率		5
12	绿化率		30%
13	建筑高度	米	200
14	建筑层数	层	48
15	机动车停车	辆	1910
16	非机动车停车	辆	8045

该项目建设周期为 3 年，项目设计前期工作于 2009 年 10 月开始，2010 年 6 月完成。计划工程施工于 2010 年 7 月开始，2012 年 6 月完成。计划竣工验收于 2012 年 4 月开始，2012 年 10 月完成。项目销售工作于 2011 年 2 月开始。

18.1.3　望京 SOHO 项目成本管理特点

望京 SOHO 由世界著名建筑师扎哈·哈迪德(Zaha Hadid)担任总设计师，占地面积 115 392 平方米，规划总建筑面积 521 265 平方米，由三栋集办公和商业为一体的高层建筑和三栋低层商业组成，最高一栋高度达 200 米。2014 年建成后，望京 SOHO 将是从首都机场进入市区的第一个引人注目的高层地标建筑，成为“首都第一印象建筑”。望京 SOHO 夜景如图 18.2 所示。

图 18.2　望京 SOHO 夜景

望京 SOHO 的设计理念可谓一个全新突破，在建筑上运用空间流线型设计，每个设计元素各就其位，汇聚到一起就形成了一个天衣无缝的连续统一体，其独特的曲面造型使建筑物在任何角度都呈现出动态、优雅的美感。这种集流动性、优雅性与连贯性三位一体的建筑形式，在设计时采用了 BIM(建筑信息模型系统)参数化的设计，将建筑在电脑上先进行模拟建筑，并经过软件审查后再实际建造，实现了各种参数的相互联系，但是一个参数的变动也会对全局产生影响。同时，望京 SOHO 在城市、建筑、室内、家具等各个设计领域都创造了具有适应性的多元化、连续渐变的差异化以及动感的视觉形式。

除了双曲面的独特外形以及超高层设计外，望京 SOHO 项目拥有 50 000 平方米超大主题园林，形成了独一无二的都市园林式办公；在建筑设计和施工组织等方面都将达到美国绿色建筑 LEED 认证标准，从而打造节能、节水、舒适、智能的绿色建筑。

望京 SOHO 小区如图 18.3 所示。

图 18.3　望京 SOHO 小区

由此可见，望京 SOHO 项目在建筑外形设计、超高层设计、景观设计一期施工组织设计等方面均具有其独特性，但是也因此导致项目前期投入较高，增加了成本控制工作的难度。

18.1.4　望京 SOHO 项目成本管理要点与成本细分

望京 SOHO 项目的成本管理工作主要从项目的前期目标成本测算、项目实施阶段成本控制、成本后评估等三个方面进行管理流程设计，在不同阶段均有各自明确的控制与管理要点。参与管理的部门包括一线部门和 SOHO 总部的相关职能中心。

在项目的实施阶段，成本控制要点是招标采购、变更洽商和动态成本控制。成本管理部对项目成本变化进行动态、实时监控，按照《项目动态成本管理工作指引》定期统计目标成本与动态成本的偏差，并采取控制措施。采购和招标则按《重计量管理工作指引》以及工程采购类指引的规定执行。变更洽商是按变更流程和洽商指引的规定执行的。在工程结算阶段，重点进行项目成本控制和成本后评估。在施工完成后，工程结算具体按《工程结算管理工作指引》执行。项目竣工验收完成后，成本管理部组织进行项目的成本后评估，即对项目成本的控制情况进行全面的、系统的评价及分析总结。

北京望京 SOHO 房地产有限公司成本管理部的主要职责是负责归集评估

项目的所有相关成本基础资料，内容涉及《项目目标成本》、项目实施阶段的《项目总成本执行报告》、汇总项目完整的结算资料(包括工程预算资料、工程结算书、设计变更审批单、工程签证审批单等)等。

公司将综合以上资料编制《项目成本后评估报告》，内容包括对比项目结算与《项目目标成本》中相关成本内容、汇总成本差异内容、分析差异产生的原因、评价成本管理工作的有效性。分析各阶段的《项目总成本执行报告》，评价项目成本管理的科学合理性，总结、分析降低成本的成功经验等，都能对成本管理工作作出综合评价。

18.1.5　望京 SOHO 项目成本细分

项目成本管理的首要任务是将整个项目分解成若干个小模块和有利于管理的工作单元，然后结合工程项目的工期、成本预算和人员分工等，根据每一工作单元的工作重点制定详细的工作清单。经测算，望京 SOHO 项目建设总投资为 692 878 万元。其中建设投资为 678 346 万元，建设期利息为 14 532 万元。

据统计，土地成本约占项目总成本的 30%左右，包括在获取土地时消耗的所有费用，具体为地价、土地补偿费、青苗补偿费和被征用土地上的房屋、水井、树木等附着物补偿费、安置补助费等。在土地获得阶段，主要是进行土地成本的控制。望京 SOHO 中国在土地成本控制方面采取了有针对性的措施，包括针对旧城改造的地块，做好与政府部门之间的协商工作，争取获得更大的优惠政策，在税收上得到一定的返还，同时在规划指标方面争取获得更大的容积率。

地块的地理位置和周边环境对项目的成本影响较大，因此开发商应积极考虑转让地块的相关影响因素，并对转让公司的财务风险承担能力和信用等级进行综合考察分析，减少交易过程中不确定风险所带来的成本增加。

参考业内成本管理的经验，SOHO 中国逐步建立了多级土地储备资料体系，根据地块所属区域和面积等不同情况设立不同级别，以确保获取土地时，全部相关的成本要素，如土地合同价格、地下车库补偿政府土地收益和契税等处于掌控与期望之内。

前期费用主要是指项目的咨询费、勘察费、设计费、施工图审查费以及各项代理服务费等，该项费用占项目总成本的比重较小，一般情况下其比重小于总成本的 5%。望京 SOHO 项目前期费用控制的重点是勘察费和设计费，这两项费用都是根据“计价格[2002]10 号”收费标准进行估算的，具体费用构成表见表 18.2。

表 18.2　前期费用构成表

序号	项　目	估算说明
1	项目咨询费	
1.1	项目申请报告编制费	计价格[1999]1283 号
1.2	节能专篇编制费	京发改[2007]286 号
1.3	环境影响评价费	计价格[2002]125 号
1.4	地震安全性评价	京发改[2009]507 号
2	勘察费	计价格[2002]10 号
3	设计费	计价格[2002]10 号
4	施工图审查费	京勘设管字[2001]41 号
5	城市基础设施建设费	京发改[2006]1726 号
6	招标代理服务费	京价(收)字[2002]480 号
7	招投标交易服务费	京价(收)字[1999] 042 号
8	工程监理费	发改价格[2007]670 号
9	施工人员意外伤害险	京建法(2004)0243 号
10	三通一平(临时水电)	用地面积

在设计费用方面，SOHO 中国参照以往项目管理经验，主要从项目的规划设计、室内外装修设计等方面进行控制。

在设计阶段，项目的规划设计和室内外装修设计均采用多个设计单位多轮次的公开竞标，以提高设计的质量，降低成本。设计阶段严格遵守各类设计规范，避免二次设计造成的成本增加。在保证设计质量和结构要求的前提下，对增加成本的钢筋含量和混凝土含量进行限制，保证项目整体成本的最小化。在保证建筑效果实用、美观的前提下，严格控制装饰材料的浪费对成本造成的影响。

虽然设计阶段的直接成本仅占总成本的 2%左右，但地产项目设计阶段对整个项目成本的影响高达总成本的 80%以上，因此该阶段的成本管理工作是整个项目成本管理的重要环节。不论是项目的经济评价分析，还是项目限额设计的确定，都应该做好设计前的各种分析、研讨，以保证设计阶段的成本控制，减少建设过程返工造成的成本浪费。

SOHO 中国设计费的管理责任部门为设计工程部。望京 SOHO 项目的前期费用主要依据国家、北京市相关文件规定计算，部分参照市场价格，三通一平工程参照类似工程计算。

建筑安装费主要包括地上办公及商业用房费用和地下商业用房费用。地上办公及商业用房建安工程内容由土建工程、机械设备安装工程和电气设备安装工程组成。各项工程内容估算都有相应的范围。

土建工程由结构工程、建筑外装修、建筑内装修等工程内容组成。机械设备安装工程由给排水工程、采暖工程、消防工程、燃气工程、空调通风及电梯工程组成。电气设备安装工程由强电工程、弱电工程组成。其中，强电工程包括变配电工程、照明动力工程和防雷接地系统；弱电工程包括火灾报警工程、电话通讯系统、有线电视系统及安防系统。

项目地下商业用房建安工程由土建工程、给排水工程、供暖通风及空调工程、强弱电工程、消防工程和燃气工程组成。

另外，望京 SOHO 项目的公建配套设施费用包括地下车库费用及配套用房费用(含人防)。地下车库及配套用房建安工程内容由土建工程、给排水工程、供暖通风及空调工程和强弱电工程组成。

项目的基础设施费包括小区综合管线费、供电供气供暖费、安防设施费(以上按地上建筑面积为基数)、道路费(以道路面积为基数)、景观绿化费(按绿化面积为基数)等。

开发间接费包括报批报建费、施工预算及标底编制费、结算审计、竣工图编制、合同公证、现场临建及管理费等，按工程总费用的 2%考虑。不可预见费用按照前期费用、建安费用、公建配套设施费用、基础设施费和开发间接费用总和的 3%考虑。管理费用按照土地相关费用、前期费用、建安费用、公建配套设施费用、基础设施费和开发间接费用和不可预见费用总和的 0.5%考虑。销售费用按销售收入的 0.5%考虑。财务费用主要是建设期间的贷款利息。

18.2　望京 SOHO 项目成本管理过程

望京 SOHO 项目成本管理贯穿于项目设计、开发与运营管理的全过程，不同阶段管理重点的不同决定了不同阶段成本管理与控制体系的差异。从控制过程重要性与复杂程度来说，望京 SOHO 项目成本管理主要涉及投资估算、设计阶段的成本概算、建设阶段成本监控以及竣工后的成本决算等。

18.2.1　望京 SOHO 项目投资估算

投资估算是在地产项目可行性研究阶段对项目的开发建设规模、产品设计方案、技术水平、设备材料选择方案以及项目的人员配备和进度安排等分析的基础上，对项目开发所需要的资金总额进行估计测算，并确定资金的使用安排计划。在一定程度上，投资估算就是商业地产项目投资决策阶段成本控制所设定的目标，对于整个项目的融资形式、经济评价、绩效考核等都起到重要作用。

项目管理的进度、项目可行性研究不同阶段工作性质的不同以及所掌握资料完备程度的不同都会对项目的投资估算精度、费用百分比和所消耗时间有不同的要求。可行性研究各阶段划分如表 18.3 所示。

表 18.3　可行性研究各阶段划分

工作阶段	投资机会研究	初步可行性研究	详细可行性研究
工作性质	项目构想	项目初选	项目拟定
工作内容及成果	鉴别投资方向，寻找投资机会，提出项目建设的构想，提供初步选择依据	进行专题研究，编制初步可行性研究报告，确定是否进行可行性研究，判明项目的盈利能力	进行深入地技术经济论证，编制可行性研究报告，提出结论性建议，并作为项目投资决策的重要依据
投资估算精度	±30%	±20%	±10%
费用百分比(%)	0.2～1.0	0.25～1.25	0.8～2.0
所需时间(月)	1～2	2～4	6～12

地产开发项目投资估算通常是基于成本的细分目录，采用指标估算法进行分项估算的。在具体指标计算时，大多以单项工程为对象、以建筑面积为基本单位，内容包括工程项目特征、主要材料、人工消费和资源利用等。

18.2.2　望京 SOHO 项目设计阶段成本管理

设计阶段是实现项目投资决策阶段开发思想的重要过程。设计阶段的成本控制对整个项目起到了关键作用，同时也是衔接投资决策阶段和建设阶段的重要环节。规划设计方案的好坏直接决定了项目的结构、功能和质量，也决定了施工阶段的周期和成本，进而影响了商业地产项目的整体成本。资料显示，设计阶段对项目总成本的影响高达 80%以上，设计水平的高低、设计标准的完成情况直接影响了项目今后的成本控制和总体的经济效益。

虽然设计阶段对项目总成本的影响较高，但设计费用却不到项目建筑安装成本的 5%。相比之下，施工阶段投资较大，促使很多开发商对施工阶段的成本控制较为重视，而忽视了设计阶段的成本控制监管。

1. 望京 SOHO 项目设计阶段成本控制流程

望京 SOHO 项目设计阶段采取全过程限额设计。全部设计环节以决策阶段设计的投资估算目标为依据，选取适当限额，根据决策阶段的目标进行分解路线，在设计过程中采用限额设计，并进行目标实施检查和信息反馈，具体流程如图 18.4 所示。

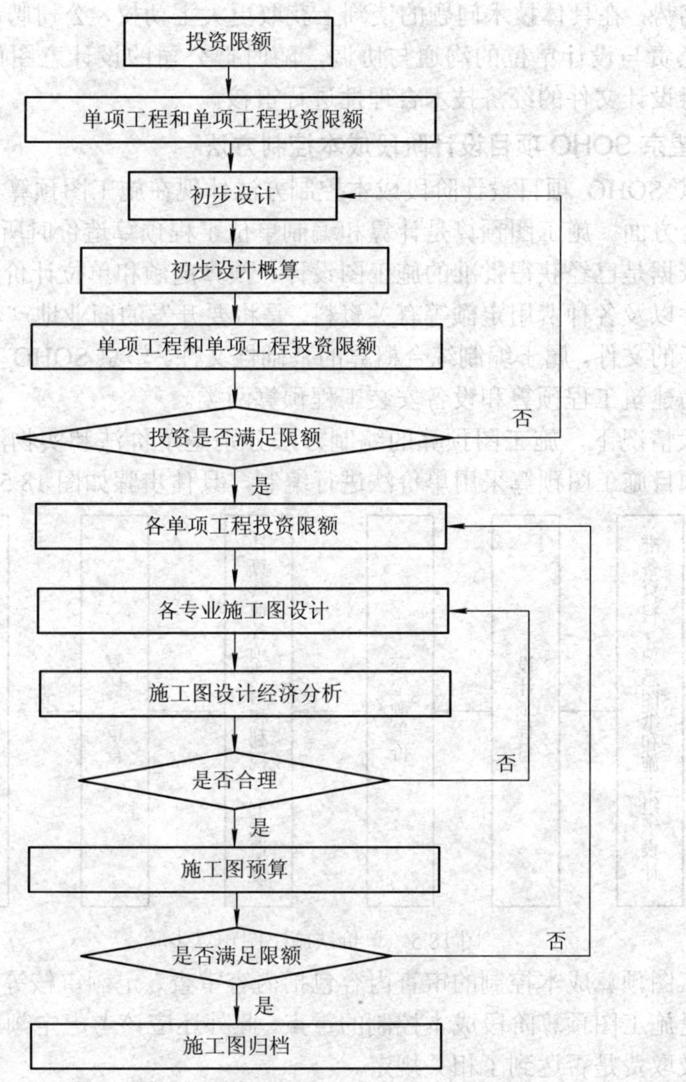

图 18.4　望京 SOHO 项目限额设计成本控制流程

在招投标阶段将限额设计标准纳入考核范围内，并与中标设计院一同将限额设计成本写入设计合同中，如望京 SOHO 项目施工图设计要求每平方米钢筋用量不得超过 50 kg，混凝土用量不超过 0.25 m^3。这些工程量是经过测算的最高限额，不得突破。公司还要求施工图预算不得超过施工图概算的 6%，施工图决算不得超过施工图预算的 4%，由成本控制部负责造价核算。

在望京 SOHO 项目的施工图设计阶段，为加强对设计单位的监管，弥补技术上的劣势，在具体技术问题的谈判上获取更大主动权，公司聘请了专业的设计人员负责与设计单位的沟通与协调，随时把公司的设计意图传达给设计人员，并对设计文件的经济技术合理性进行审核。

2. 望京 SOHO 项目设计阶段成本控制方法

望京 SOHO 项目设计阶段成本控制方法体现在施工图预算与施工图预算审核两个方面。施工图预算是计算和编制单位工程预算造价时所使用的文件，其编制依据是已经获得批准的施工图设计、预算定额和单位计价表、施工组织设计文件以及各种费用定额等有关资料，是将要开发的商业地产项目设计概算具体化了的文件，属于编制综合概算的基础性文件。望京 SOHO 项目的施工图预算分为建筑工程预算和设备安装工程预算两类。

一般情况下，施工图预算的编制方法分别是单价法和实物法两种。望京 SOHO 项目施工图预算采用单价法进行编制，具体步骤如图 18.5 所示。

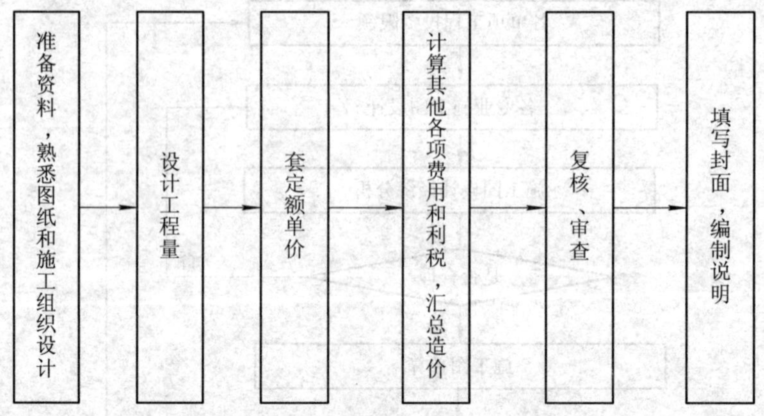

图 18.5　单价法施工图预算步骤

施工图预算成本控制的审查内容包括内容审查、定额审核等方面。工程量准确性是施工图预算阶段成本控制的重点，此外还应该考虑定额单价套用的合理性以及取费是否达到了相关规定。

施工图预算的审查方法包括逐项审查法、标准预算审查法、分组计算审查法、对比审查法、筛选审查法和重点审查法等。北京望京 SOHO 房地产有限公司结合望京 SOHO 项目的建设规模、运营模式以及企业特点、现有人员构成等因素，选择多种方法组合进行施工图预算的审核工作，从而达到了投资成本有效控制的目的。

18.2.3　望京 SOHO 项目建设阶段成本管理

1. 项目招投标阶段成本管理

以成本控制为目的、以市场为导向的招标机制是项目实施过程管理和控制的基本原则。招投标节点成本控制的重点在于对投标单位的资格审查和确认，望京 SOHO 项目的招标工作与管理原则贯穿于整个项目的全过程，由项目主管部门和项目经理部委托具有甲级招投标代理资质的企业聘请相关专家，组建招投标委员会，进行具体运作，严格遵循招投标程序。从土地的竞拍、规划设计、施工总承包、专业分包、提供材料设备到销售代理、物业委托，都要通过招投标，每一个环节都要进行成本控制。

望京 SOHO 项目的招标以《中华人民共和国招投标法》、《北京市招投标条例》、《北京市工程建设招标范围和规模标准规定》为依据，明确项目招标范围。同时，根据我国《招标投标法》、《工程建设项目施工投标办法》(30 号令)和《房屋建筑和市政基础设施工程施工招标投标管理办法》(第 89 号)等条例进行招标。

项目招标方案核准申报表如表 18.4 所示。

表 18.4　项目招标方案核准申报表

	采购细项	单项合同估算金额(万元)	招标方式	招标组织形式	不采用招标形式	备注
勘察	详勘	104	邀请招标	委托招标		
设计	方案设计	3909	邀请招标	委托招标		
施工	建安工程	214 453	邀请招标	委托招标		
	室外工程	5325	邀请招标	委托招标		
监理	工程监理	3032	邀请招标	委托招标		
设备	电梯	9600	邀请招标	委托招标		
材料	门窗		邀请招标	委托招标		含在施工招标中
其他	土地费用	410 884			√	
	建设其他费用	37 998			√	
	预备费	7573			√	
合计		692 878				

2. 望京 SOHO 项目施工阶段成本管理

施工阶段是房地产项目进行成本控制并降低费用的直接管理阶段。北京望京 SOHO 房地产有限公司首先要求所有部门制定成本目标及管理体系，并明确责任人，做到权责利明确。

北京 SOHO 项目加强了现场签证与合同管理，严令禁止签证不及时办理、签证随意办理的现象。从招投标阶段的合同开始，直到项目的保修期结束，都对索赔条款进行了详细研究并制定了具体操作规范。同时，还专门为此制定了项目成本分析、考核信息制度，设定了考核办法和考核体系。在具体执行过程中，望京 SOHO 项目还推行了分阶段决算的方法，以提高决算的层次性和合理性。通过分阶段预决算管理制度，将决算花费严格划分为基础、结构和装饰三个阶段，再进行竣工总结算，从而有效地转移了风险。

望京 SOHO 项目于 2010 年 7 月开工建设，定于 2012 年底交付使用。公司销售部的调查发现，许多有意愿购买的客户由于无法见到楼盘展示，因此一直处于观望状态，这种状况影响了望京 SOHO 的资金回笼和资金调配。为此，北京望京 SOHO 房地产有限公司工程部希望加快工程建设进度。但工程进度调整涉及冬季施工问题，公司组织了专家进行论证，通过了调整方案。截至 2011 年底，销售收入达到 70 亿元，圆满完成了既定 698 635 万元的销售目标。销售回款的增加，不仅加快了项目资金的流动，还节约了项目贷款利息，从而降低了项目的总投资。

另外，项目采用了绿色建筑施工方案。施工过程中通过合理地现场材料管理、施工垃圾分类处理、中水系统的利用、低碳环保施工材料选择和新型施工工艺等，促进了施工阶段成本的节约和绩效优化。

18.2.4　望京 SOHO 项目竣工交付阶段成本管理

1. 目标成本与动态成本管理措施

北京望京 SOHO 房地产有限公司的成本部主要负责成本表的编制和组织报表的审核工作。在项目施工预算审核完毕后，由 SOHO 中国总部的投资发展部、设计工程部、财务部等相关部门一起和北京望京 SOHO 房地产有限公司一起，对所编制的《项目目标成本计划》进行评审，在评审通过后增加细节指导部分，编制了《项目目标成本控制指导书》。

《项目目标成本控制指导书》是望京 SOHO 项目成本控制的指导文件，是控制成本的关键，在项目建设过程中应严格遵守。如果因为不可抗力导致房地产项目目标成本发生调整，项目公司应该及时提出书面情况变更报告，形成《目标成本调整申请》，经总公司批准后执行，并且还应该将成本的完成情况和调整情况进行登记，作为部门和人员的考核依据。

为了稳步提高项目成本管理水平，将成本管理经验在全公司范围内进行推广，SOHO 中国制定了成本控制检查评价体系，该评价体系也应用到了望京 SOHO 项目。望京 SOHO 项目的成本检查评价体系具体分为过程评价和事后评价两部分。过程评价主要是对项目建设过程中的成本管理进行动态的跟踪和管理，是成本控制的关键；事后评价则是根据项目成本管理过程中的评价情况进行事后的总结分析，主要任务是找出项目评价过程中的不足，总结经验，找出需要改进的地方，为今后的成本控制提供资料参考。

望京 SOHO 项目在评定方法的选择上主要以公司制定的《公司成本管理评价表》为依据，使用自评和复检相结合的方法，将综合成本管理、造价成本管理、团队建设按照 2∶2∶1 的比例进行综合评价。

望京 SOHO 项目成本管理考核评分标准表如表 18.5 所示。

表 18.5　望京 SOHO 项目成本管理考核评分标准表

考核得分	等级	整体评价标准	备注
90 分及以上	优秀	各项目按照标准按期完成，并且实施效果很好	表现良好
75～89 分	良好	大部分项目按照标准完成，并且实施效果较好	表现较好
64～74 分	合格	少部分项目未能按照标准完成，总体效果不够理想	有待改进
60 分以下	不合格	大部分项目未能按照标准完成，有重大成本问题	急需整改

2. 项目成本后评价管理措施

项目成本后评价是指项目竣工结算后，公司组织有关人员对项目总成本目标的完成情况进行系统全面的考核和评价。项目的后评价可作为项目建设过程中成本评价的补充和完善，比项目的过程评价更加客观、准确，同时也可以为后续项目的成本控制工作提供参考依据。

望京 SOHO 项目的项目部、成本管理部在项目竣工时，会制定《项目成本后评估报告》。相关部门根据项目竣工结算时间，需预先确定《项目成本后评估报告》的相关内容，并规定具体的完成时间，在此基础上规定相应的部门负责收集项目的所有成本基础资料，具体包括项目的前期可行性研究报告、投资估算报告、施工图预算报告和成本管理评价报告等项目资料。在这些资料收集齐全之后，项目部、成本管理部可以开始着手编制项目成本后评估报告。

望京 SOHO 项目成本管理部在竣工结算时，根据施工进度和竣工结算日期编制《项目成本后评价报告》。成本管理部将所有的结算资料进行分类汇总，编写工程结算书，同时按照成本科目详细填写《项目结算明细表》，在编写工程结算书时还需保证完成以下工作。首先，总结项目成本超计划、无效投资、损失浪费等教训和各种降低成本的成功经验，对项目成本管理总体情况作出评价。其次，对比分析目标结算指标与《项目目标成本》中相关成本控制目标要求，汇总各项成本超目标的差异内容，并分析差异产生的原因，然后划分相应责任部门，评价其成本管理工作的有效性。最后，根据各期动态成本信息，对照施工图、竣工资料、施工总承包合同、工程预算书、工程结算书等资料，分析工程承包范围变化，工程量变化等，确认设计变更、现场签证等对成本的影响，以评价项目成本管理的科学性并总结经验教训。

这些工作完成后，成本管理部要将填写的《项目结算明细表》和《成本后评价表》提交到 SOHO 中国总部成本管理部门进行考核汇总，并组织各部门对项目成本的完成情况进行评价分析，提出改进意见和具体改进措施。

项目成本后评价分析和讨论等基础工作完成后，成本管理部需要汇总完整的《项目成本后评价报告》，提交 SOHO 中国总公司审批。《项目成本后评价报告》所提出的综合意见需要及时地进行整理，并将整理后的结果进行公示。好的经验需要及时推广，存在问题的方面要在后续项目中及时改进并提出适当的改进方法。同时，相关数据必须及时录入 SOHO 中国总部系统数据库。

3. 责任成本考核措施

责任成本伴随着新成本考核制度发展起来，并以具体责任单位为考核对象，将责任范围内所负责的成本管理汇集起来，作为责任中心可控成本进行管理。

责任成本范围表如表 18.6 所示。

可控成本基本反映了责任单位和各项成本之间的关联关系。为此，望京 SOHO 项目在竣工交付阶段制定了严格的责任成本范围。

SOHO 中国总部项目部组织投资发展部、财务部、成本管理部等相关部门组成专业小组，对项目各阶段成本的考核情况和《项目成本后评价报告》进行综合考核，同时也对北京望京 SOHO 房地产有限公司的各职能部门的成本责任制进行考核评价。

表 18.6　责任成本范围表

序号	责任范围	责任部门	配合部门	反馈指标
1	土地获得成本	工程管理部	销售部	每平方米地价
2	开发前期准备费	工程管理部	项目部	设计费
3	临时设备费	项目部	工程管理部	报建费用节约率
4	主题建造成本	项目部	工程管理部	单价
5	配套设施费	工程管理部	项目部	单价
6	规划设计	工程管理部	项目部、销售部	规划设计周期
7	结构、安装设计	工程管理部	项目部	单价
8	招标及签约	成本管理部	工程管理部、项目部	最低价定标比率
9	材料采购	工程管理部	项目部	申定材料占造价比率
10	变更设计	工程管理部	项目部	变更比率
11	工程签证	项目部		签证比率
12	工程结算	成本管理部	工程管理部、项目部	结算错漏率
13	开发间接费	项目部、财务部	工程管理部	每平方米管理费
14	管理费用	各部门		人均行政费用
15	销售费用	营销部		每平方米销售费用
16	税金	财务部		实际缴纳税率

由北京望京 SOHO 房地产有限公司作为主要负责人， 根据公司编制的责任指标体系查找相应数据，准确填写数据表，并进行汇总评分。由公司总部组成的专业考核小组对各考核组填写的《责任成本评价表》以及各期的考核评价结果进行汇总，填写后评价考核报告进行综合评价考核。

考核评价结束后，为了使结果更加客观，公司总部的考核结果还应该分类进行汇总，形成书面汇总表。其中，项目考核权重占 40%，公司考核权重占 60%。另外，在考核过程中还设置了特殊加分和特殊减分的条件。特殊加分与成本的降低直接相关。在建设开发过程中，如果某一相关部门通过有效的技术手段和管理方式在降低成本的工作中取得了突出成绩，并经过项目部、财务部、营销部等有关部门认定后，按每降低总价 1%加 0.5 分入项目评分。若某一单项加分超过 10 分，则设立项目团体奖励，根据贡献的加权平均数对团体中的各组员进行分别奖励。

特殊减分与特殊加分相对应。在建设开发的过程中，如果某一相关部门由于技术的落后或者管理的落后造成成本管理中的经济损失，当损失金额超过 10 万元，在经过项目部、财务部、营销部等有关部门认定后，按照涉及金额在该部门各项目评分中减去相应分数。若某一单项减分超过 2 分的，需要对项目团体进行统一处罚，明确项目负责人的责任，同时对团体中的各成员也要根据责任大小进行相应处罚。

18.2.5　望京 SOHO 项目成本管理体系

根据望京 SOHO 项目成本管理经验，房地产开发企业在进行项目成本管理时，应构建一个适用于企业自身管理水平的房地产项目成本管理体系，使项目的成本管理更加高效。

根据项目管理的实际情况，望京 SOHO 项目调整了原来成本管理结构架构，成立专门的成本管理部负责日常协调管理工作，设置三部分分管负责人，并下设综合成本、项目成本、招投标成本及成本分析等岗位，且对上述专业岗位进行适当的细化、分拆，具体构成见图 18.6。

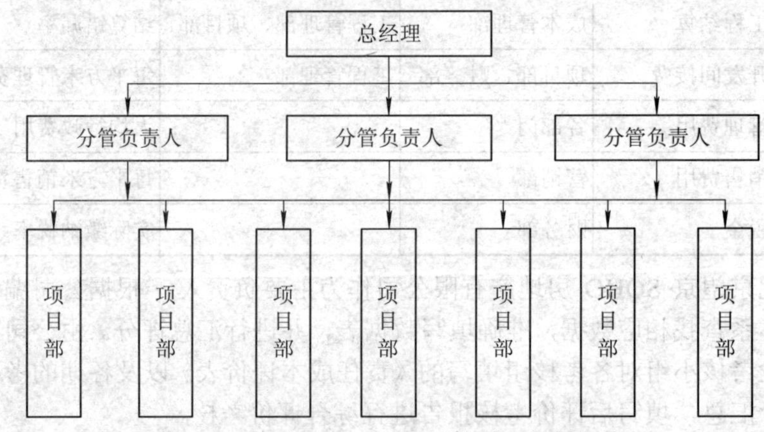

图 18.6　望京 SOHO 项目成本管理组织架构

望京 SOHO 项目的成本管理职能主要包括房地产项目可行性阶段的投资估算、施工图预算、项目建设阶段的成本控制和竣工交付阶段的成本考核。同时，作为项目的参与者，公司的全体成员都应该树立成本管理的意识，在具体工作中将成本控制意识控制始终。望京 SOHO 项目在成本管理时，设立了系统的全员成本控制体系，要求项目的每一个员工积极与公司各部门合作，积极参与成本管理的每一个环节，共同管理和控制成本。对于企业领导，项目管理体制中要求每位领导做到身体力行，积极主动将成本控制意识灌输给每一位员工，并在项目开发前综合考虑影响成本管理的消极因素，做好事前控制。

结合我国商业地产项目成本管理的实际情况，可以将望京 SOHO 项目成本管理体系分为开发商管理体系、咨询监理体系与政府监督体系。各组成部分应该紧密结合，相互协作，从项目全生命周期的角度保证整个成本管理体系的高效运作，如图 18.7 所示。

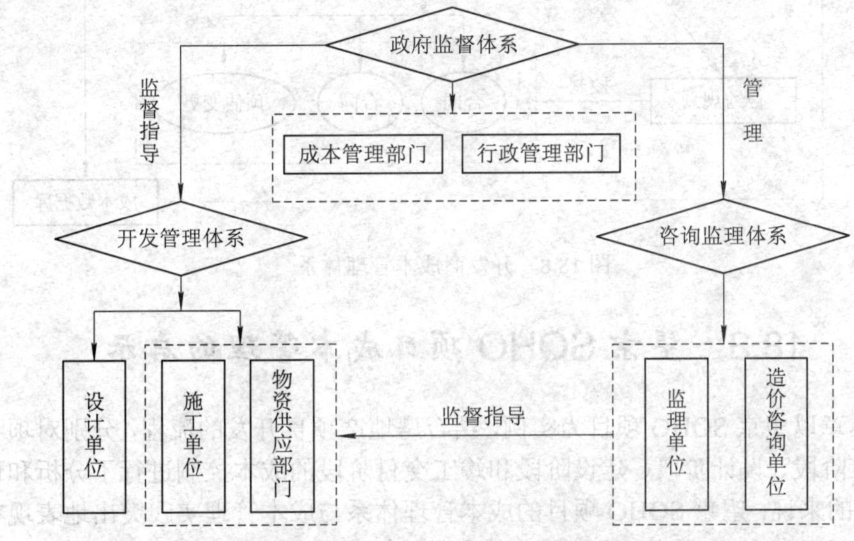

图 18.7　望京 SOHO 项目成本管理体系

在项目决策阶段的后期，需要合理地制定整个项目的目标成本。这个目标成本可以作为项目在整个建设过程中成本控制的最大限额，而项目的成本测算则是为项目目标成本的制定打下了坚实基础。在制定目标成本时，可以根据成本的测算值进行目标成本制定。

目前，用于地产项目成本测算的方法有许多种，普遍使用的一种方法是综合考虑项目的各参与方和项目的每一阶段特点，并参照以往的项目成本管理经验进行制定。具体方法是以项目的收益评价和财务分析为基本视角，项目的设计、施工、营销乃至售后等各部门共同参与，结合以往项目的成本控制经验以及项目成本评价指标构成和测算模型构建，科学地建立适用于项目的成本测算指标预测体系。在项目正式立项之后，房地产开发企业需要根据项目制定的成本控制目标制定一系列的相关规章体系，对项目在建设开发过程中将会产生的成本影响因素和控制条件进行全面的预防和动态规划控制，以使项目的成本管理目标更好地实现。在项目竣工以后，针对项目全过程的质量管理进行成本核算，此阶段的成本管理具体分为两类：一类是从财务角度进行成本核算，有财务会计进行账面管理；另一类是由项目成本经理对项目的成本报告进行总结分析。

开发商成本管理体系如图 18.8 所示。

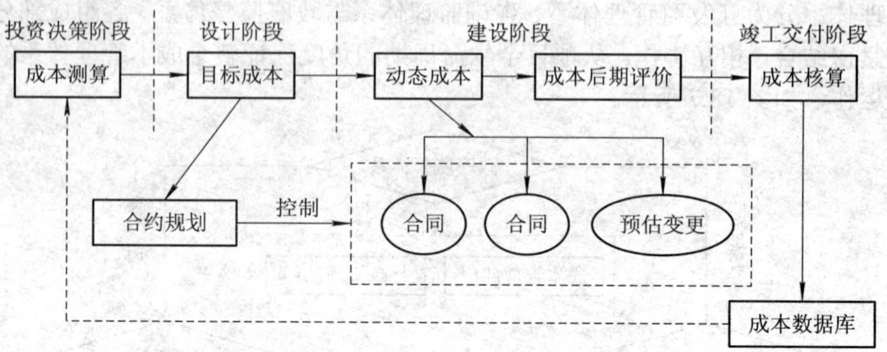

图 18.8　开发商成本管理体系

18.3　望京 SOHO 项目成本管理的启示

本章以望京 SOHO 项目为实例，结合房地产项目开发的流程，分别对项目的决策阶段、设计阶段、建设阶段和竣工交付阶段的成本控制进行了分析和说明。总的来说，望京 SOHO 项目的成本管理体系与成本管理实践突出地表现在成本管理目标的动态性、实施过程的有效性以及过程控制的全面性等方面。

商业地产项目的全过程都涉及项目的成本管理思想，包括价格的变动对项目投资额、建设期投资成本的影响。在每个阶段都应该采取科学、合理的方法和模式进行成本估价，并实时进行调整，从而对目标成本进行合理的确定和动态调整。

在望京 SOHO 项目实施成本控制过程中，成本管理涉及了房地产项目的每一个阶段，要素众多，关系复杂。因此，实施过程的有效性应该贯穿项目实施过程的每一个方面。项目开始前，运用科学的事前管理方法对项目进行科学合理的成本决策；项目实施过程中，做好事中成本控制，精心组织和管理；在项目竣工结算后，及时对项目的成本控制工作进行总结分析。

商业地产项目成本管理的每一个阶段都有一个控制的重点，管理内容包括项目招投标管理、优化施工组织设计、现场签证管理和竣工审核结算等，这些工作的好坏都直接影响整个商业地产项目的成本管理和控制。而这些管理内容中，投资决策和规划设计是影响成本管理工作的重点，这两个阶段都要以市场需求和导向来进行成本目标的确定，而后期的建设过程主要是依据这两个阶段的目标进行成本管理和控制的。

第 19 章 商业地产风险评价与管理实践

19.1　济南七里坡商业地产项目风险评价

19.1.1　济南七里坡商业地产项目概况

济南七里坡大型商业地产项目(以下简称七里坡项目)，位于济南市二环东路与北园大街交叉处，扼守东部门户，承接济南中、东、北三部，地理位置优越，区域内有大量的高科技企业和高等学府，有的企业和大学在全省有相当的知名度。该区域应该属于科技、知识、人才密集的地方，周边有洪楼广场等居住社区，拥有庞大的消费群体。

七里坡项目推崇“品牌为先，品质为主”的招商及经营策略，通过传承、延续区域旺盛的商业氛围和世界 500 强商业的入驻，增强项目的鼎盛商气，以着力打造济南现代贸易流通集散地。

七里坡项目开发商为济南七里坡市场有限公司，施工方是羽田建设集团有限公司。七里坡项目于 2006 年 5 月 1 日开始，2008 年 4 月 30 号竣工。建设工程总投资 1.1 亿人民币。

七里坡项目总建筑用地面积 11 万平方米(如图 19.1 所示)，分为 A、B、C、D 四个商业组团。A 区是七里坡茶城，建筑面积 33 262 平方米，地上一层至四层，融合茶产品经营与茶文化经营，打造山东省首个茶文化主题商城；B 区是七里坡易购广场，建筑面积 43 509 平方米，地上一层至四层，兼具地理中心、人流中心、车流中心和消费中心四大营商优势；C 区和 D 区是七里坡综合批发市场，建筑面积 37 476 平方米，地上一层至四层，以“济南市菜篮子工程”和“中国农业部定点中心批发市场”为支持，全面整合市场优质资源，力争打造济南城区规模超大、业种最全的现代化综合批发市场。

图 19.1　七里坡项目

19.1.2　七里坡项目风险识别

由于七里坡项目规模大，设计业态众多，面临的风险因素较为复杂。根据项目情况，项目管理部门首先应用德尔菲法，采取调查问卷的方式，对 20 位专家和工程技术人员进行咨询和了解，最后通过多次反复沟通、研究和汇总分析，得到项目所涉及的九大风险因素，并将其划分为三个方面或层次，如表 19.1 所示。

表 19.1　项目风险因素列表

	B 层风险因素	C 层风险因素
项目综合风险	环境风险	经济环境风险
		社会环境风险
		自然环境风险
	全员风险	技术人员风险
		管理人员风险
		财务人员风险
	全过程风险	市场营销阶段风险
		投资决策阶段风险
		实施运行阶段风险

环境风险也称外部风险，主要是指地区战略布局和战略重点、区域自然条件，以及区域社会环境对七里坡项目建设的不利影响。作为大型综合的商业地产项目，七里坡项目的管理过程较长、范围较大。因此，全面负责所承建工程

的技术管理、质量管理、物资设备管理、施工管理、环境和职业健康安全管理等方面的工作在项目进行中起到举足轻重的作用。

从项目管理的阶段性维度来看，投资决策阶段的风险主要来源于项目方案的变化所造成的人力、物力、财力的巨大浪费和时间的延误。项目实施运行阶段的风险则起因于项目实施过程中成本、进度与质量三项关键要素相互制约所引起的预算差异。如何在项目实施过程中有效地进行时间与质量的折中平衡控制，是满足项目各方利益的关键，也是项目顺利进行的保障。

在市场营销阶段，七里坡项目投资大、运作周期长，开发商在现金周转紧缺的压力下，可能会抬高商铺价格，同时开发商片面注重零售店铺对整座商业用房的吸引作用也可能引致群体性矛盾和纠纷，进而会影响项目目标的实现。

19.2 七里坡项目主要风险评价

七里坡项目主要风险评价大致分为外部风险评价和内部风险评价两部分。其中，外部风险评价包括环境风险评价、全员风险评价、市场风险评价以及全过程风险评价等，主要以历史资料和经验数据为评价基础。内部风险评价主要是项目投资决策过程风险评价和项目实施运行阶段的评价。

与外部风险评价不同，内部风险评价主要是基于项目的内部要素与数据资料。项目投资决策过程风险评价主要是根据利润率、投资回报率等波动情况，采用敏感性分析法来判断环境因素对项目目标的影响程度。

七里坡项目实施运行阶段的风险因素较多，主要风险可以划归为进度风险、质量风险和成本风险，每种风险又可分解为许多具体因素，过程较为繁琐，因此应遵循避繁从简的原则，采用定性、定量相结合的矩阵图分析法进行风险评价。

19.2.1 环境风险、全员风险及市场风险评价

由项目负责人组织成立风险评价管理小组，并召集各个方面专家，包括风险管理员、财务主管、设计人员、评标专家、监理工程师、项目经理、造价工程师等专家共十名。再由项目管理人员和各方面的专家进行评估，考虑以上专家的权威程度及专业方向，对每一专家赋予一个权重(权重可以取 1～5 之间的任意数，权威最高的取 5，最低的取 1)。十位专家分别对风险因素进行评估，确定风险列表中各种风险因素的分值(分值可以取 1～10 之间的任意整数，风险最高取 10，最低取 1)，把各风险的评价值乘以专家权重，再与风险评价基

准比较，得出风险评分表。根据风险识别列表，将环境风险、全员风险和市场风险分成八个部分，如表 19.2 所示。结合项目风险量化标准，如表 19.3 所示，由专家对各项风险因素评分，最后得出项目风险评分表，如表 19.4 所示。

表 19.2　外部风险、全员风险和市场风险

环境风险	Ⅰ	经济环境风险
	Ⅱ	社会环境风险
	Ⅲ	自然环境风险
全员风险	Ⅳ	技术人员风险
	Ⅴ	管理人员风险
	Ⅵ	财务人员风险
市场风险	Ⅶ	房屋闲置风险
	Ⅷ	房屋租售纠纷风险

表 19.3　项目风险量化标准

分数	发生概率	严重程度	可控度
1	不发生	对项目无影响	非常易控
2	很低	项目影响较小	易控
3	较低	项目会受到一些影响	有征兆，可控
4	中等偶尔发生	对项目的质量、成本、进度会产生一定影响	征兆不太明显，可控
5	中等时常发生	对项目的质量、成本、进度会产生不可忽视的影响	无征兆，但利用技术易控
6	中等经常发生	对项目的质量、成本、进度会产生显著影响	利用技术可控
7	较高	严重影响项目，可能会造成项目进度受阻、质量降低	利用技术控制有一定难度
8	高	严重影响项目，会造成项目拖期、超支以及质量不合格	利用技术很难控制
9	很高	严重影响项目，导致取消，有警示	几乎不能控制
10	非常高	严重影响项目，导致取消，无警示	无法控制

表 19.4 项目风险评分表

风险因素	主观评分过程											结果分析
Ⅰ	专家	A	B	C	D	E	F	G	H	I	J	5.00
	权重	5	4	4	3	4	3	2	1	2	5	
	评分	5	4	6	5	4	6	5	4	6	5	
Ⅱ	专家	A	B	C	D	E	F	G	H	I	J	2.87
	权重	3	4	5	3	2	4	5	2	1	2	
	评分	2	3	2	1	3	5	4	3	2	1	
Ⅲ	专家	A	B	C	D	E	F	G	H	I	J	1.56
	权重	2	3	5	4	1	3	4	5	3	2	
	评分	2	1	1	1	2	1	2	3	2	1	
Ⅳ	专家	A	B	C	D	E	F	G	H	I	J	5.26
	权重	4	3	4	5	2	3	1	2	3	4	
	评分	5	6	6	5	6	5	4	7	5	4	
Ⅴ	专家	A	B	C	D	E	F	G	H	I	J	5.90
	权重	2	5	3	4	2	4	3	1	2	5	
	评分	5	4	6	7	5	6	7	5	6	7	
Ⅵ	专家	A	B	C	D	E	F	G	H	I	J	5.58
	权重	2	4	5	3	4	2	1	3	5	4	
	评分	6	6	7	5	4	3	6	7	5	6	
Ⅶ	专家	A	B	C	D	E	F	G	H	I	J	6.61
	权重	2	4	3	5	4	1	3	5	4	3	
	评分	6	7	6	7	5	6	7	8	6	7	
Ⅷ	专家	A	B	C	D	E	F	G	H	I	J	3.38
	权重	4	3	5	3	4	1	2	5	3	2	
	评分	5	3	2	3	4	3	4	4	3	2	

由上表可画出七里坡项目风险分析直方图，如图 19.2 所示。

评价结果显示，七里坡项目市场风险中的房屋闲置风险最大，外部风险中的自然环境风险最小。这与济南市近几年来，商业地产销售增长率低于地产开发率致使房屋闲置率上升的情况是一致的。同时，济南气候适宜，地震等自然灾害发生率极低，可以满足地产开发项目对自然条件的要求。

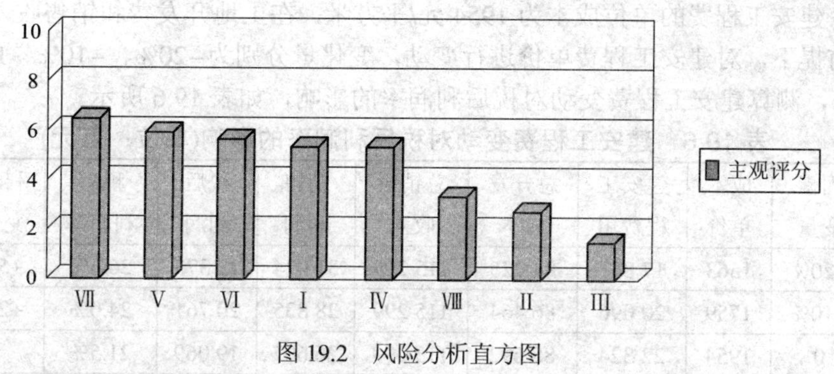

图 19.2　风险分析直方图

19.2.2　投资决策过程风险评价

七里坡项目总用地面积为 115 786 平方米，总建筑面积为 114 247 平方米，可销售面积为 85 071 平方米；土地开发费(土地出让金、拆迁安置费和契税)为 49 926 万元，单位开发成本为 4370 元/平方米；前期费用(包括勘察设计费及开办费)共计 822 万元，单位成本为 72 元/平方米。

七里坡项目的建安工程费(包括酒店、商城及车位建安费及配套费)为 22 324 万元，单位成本为 1954 元/平方米；市政工程费(包括大、小市政)为 3615 万元；其中间接成本(包括管理费、销售费、财务费、不可预见费等)为 12 005 万元；总开发成本是 88 692 万元；总销售收入为 115 299 万元，单位售价为 13 553 元；销售利润达到 26 607 万元，税后利润为 19 069 万元；税后利润率为 21.5%。

在投资决策阶段中，可对项目的土地开发费单价、建安工程费单价和销售均价三个因素进行分析，由此判断项目的风险水平。

土地开发费的基准单价是 4370 元/平方米，在建安工程费和销售收入不变的前提下，对土地开发单价进行变动，变化量分别为 –10%、–20%、10%和 20%，测算土地开发费变动对税后利润率的影响，如表 19.5 所示。

表 19.5　土地开发费变动对税后利润率的影响(单位：万元)

因素变量	成本单价	总土地开发费	总开发成本	总销售收入	销售利润	税后利润	税后利润率	利润率变化量
–20%	3496	39 941	78 707	115 299	36 592	26 346	33.5%	+12%
–10%	3933	44 933	83 699	115 299	31 600	22 752	27.2%	+5.7%
0	4370	49 926	88 692	115 299	26 607	19 069	21.5%	0
10%	4807	54 919	93 685	115 299	21 614	15 562	16.6%	–4.9%
20%	5244	59 911	98 677	115 299	16 622	11 968	12.1%	–9.4%

建安工程费的单位成本为 1954 元/平方米，在土地开发费和销售收入不变的前提下，对建安工程费单价进行变动，变化量分别为−20%、−10%、10%和20%，测算建安工程费变动对税后利润率的影响，如表 19.6 所示。

表 19.6 建安工程费变动对税后利润率的影响(单位：万元)

因素变量	成本单价	建安工程费用	总开发成本	总销售收入	销售利润	税后利润	税后利润率	利润率变化量
−20%	1563	17 857	84 225	115 299	31 074	22 373	26.6%	+5.1%
−10%	1759	20 096	86 464	115 299	28 835	20 761	24.0%	+2.5%
0	1954	22 324	88 692	115 299	26 607	19 069	21.5%	0
10%	2149	24 552	90 920	115 299	24 379	17 553	19.3%	−2.2%
20%	2345	26 791	93 159	115 299	22 140	15 941	17.1%	−4.4%

销售均价的单位成本为 13553 元/平米，在项目总成本不变的前提下，对销售单价进行变动，变化量分别为 −20%、−10%、10%和 20%，测算销售单价变动对税后利润率的影响，如表 19.7 所示。三个变量对税后利润率的影响如表 19.8 所示。

表 19.7 销售单价变动对税后利润率的影响(单位：万元)

因素变量	销售单价	总销售收入	总成本费用	销售利润	税后利润	税后利润率	利润率变化量
−20%	10 842	92 234	88 629	3542	2550	2.9%	−18.6%
−10%	12 198	103 770	88 629	15 078	10 856	12.2%	−9.3%
0	13 353	115 299	88 692	26 607	19 069	21.5%	0
10%	14 908	126 824	88 629	38 132	27 455	31.0%	+9.5%
20%	16 261	138 359	88 629	49 667	35 760	40.3%	+18.8%

表 19.8 三个变量对税后利润率的影响

变化量	土地开发单价对税后利润率的影响	建安工程费用单价对税后利润率的影响	销售单价对税后利润率的影响
−20%	+12%	+5.1%	−18.6%
−10%	+5.7%	+2.5%	−9.3%
0	0	0	0
+10%	−4.9%	−2.2%	+9.5%
+20%	−9.4%	−4.4%	+18.8%

由表格数据可清晰地看出，七里坡建安工程费单价的变化量对税后利润率的斜率最小，销售单价的变化量对税后利润率的斜率最大。即销售价格对七里坡项目利润率影响最大，土地开发费次之，建安工程费对项目税后利润率影响最小。这也说明市场销售风险是七里坡项目中的主要风险，而建筑工程队日益专业化，建安成本较为稳定，风险较小。

19.2.3　实施运行阶段风险评价

采用数据矩阵对实施运行阶段的风险进行评价。数据矩阵分析主要使用主成分分析法。主成分分析法是一种将多个变量转化为少数综合变量的一种多元统计方法。在实施运行阶段，任何决策都需要综合考虑和确定多种因素，并针对这些因素权衡其重要性。因此，使用主成分分析法较为合适。

根据上述项目风险识别结果，可将七里坡项目实施运行阶段风险细分为 12 个风险因素，如图 19.3 所示。

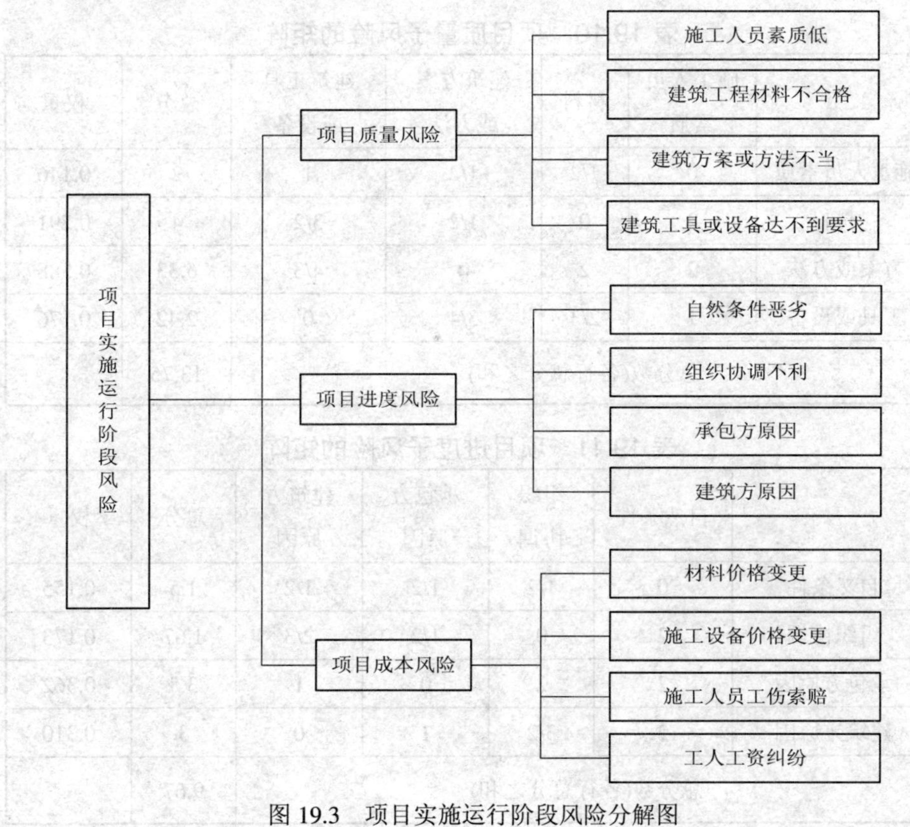

图 19.3　项目实施运行阶段风险分解图

为确定项目实施运行过程中各种风险的风险权重，项目组特别成立了专家小组，从设计部、工程部、开发部等相关部门抽调业务主干，并聘请相关专家，共同对此阶段的风险进行评价、确定分析权重，进而列出七里坡项目质量、项目进度及项目成本之间的矩阵，如表 19.9 所示，以及子风险的矩阵，如表 19.10～19.12 所示。

表 19.9　项目质量、进度、成本矩阵

	项目质量	项目进度	项目成本	总分	权重
项目质量	0	2	3/2	3.5	0.488
项目进度	1/2	0	2	2.5	0.349
项目成本	2/3	1/2	0	1.17	0.163
总分数(各行总分之和)				7.17	

表 19.10　项目质量子风险的矩阵

	施工人员素质	材料	建筑方案或方法	建筑工具或设备	总分	权重
施工人员素质	0	1/2	1/2	1	2	0.146
材料	2	0	1/2	3/2	4	0.291
方案或方法	2	2	0	4/3	5.33	0.388
工具或设备	1	2/3	3/4	0	2.42	0.176
总分数(各行总分之和)					13.75	

表 19.11　项目进度子风险的矩阵

	自然条件	组织协调	承包方原因	建筑方原因	总分	权重
自然条件	0	1/2	1/2	1/2	1.5	0.155
组织协调	2	0	1/2	2/3	1.67	0.173
承包方原因	2	2	0	1	3.5	0.362
建筑方原因	2	3/2	1	0	3	0.310
总分数(各行总分之和)					9.67	

表 19.12　项目成本子风险的矩阵

	材料价格变更	施工设备价格变更	施工人员工伤索赔	工人工资纠纷	总分	权重
材料价格变更	0	1	1/2	2	3.5	0.241
施工设备价格变更	1	0	1/2	2	3.5	0.241
施工人员工伤索赔	2	2	0	2	6	0.414
工人工资纠纷	1/2	1/2	1/2	0	1.5	0.103
总分数(各行总分之和)					14.5	

将以上矩阵汇总，将风险因素的权重与子风险的权重相乘，即可得到每个子风险在本次项目风险评价中的汇总权重，如表 19.13 所示。

表 19.13　子风险汇总权重

风险因素	权重	子风险	权重	汇总权重	风险要素排序
项目质量	0.488	A 施工人员素质低	0.146	0.071	6
		B 建筑材料不合格	0.291	0.142	2
		C 实施方案或方法不合格	0.388	0.189	1
		D 建筑工具或设备不适合	0.176	0.086	5
项目进度	0.349	E 自然灾害	0.155	0.054	9
		F 组织协调差	0.173	0.060	8
		G 承包方原因	0.362	0.126	3
		H 建筑方原因	0.310	0.108	4
项目成本	0.163	I 材料价格变高	0.241	0.039	10
		J 设备价格变高	0.241	0.039	11
		K 人员工伤索赔	0.410	0.067	7
		L 工人工资纠纷	0.103	0.017	12

根据子风险汇总权重，得直方图如图 19.4 所示。由直方图可知，在济南七里坡大型商业地产开发项目的实施运行阶段，作为整个项目的指南针，项目的方案或方法是否得当对项目的影响最大，而工人工资纠纷是此阶段的最小风险。

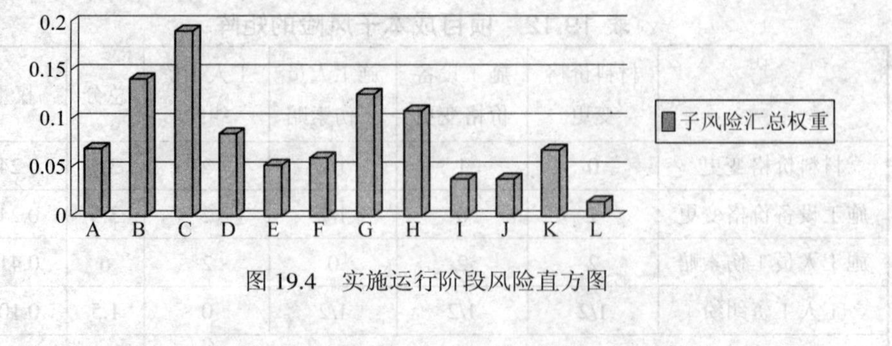

图 19.4　实施运行阶段风险直方图

19.3　重庆天地项目的风险模糊综合评价

19.3.1　重庆天地项目简介

重庆天地位于重庆市主城区几何中心地段——中区化龙桥区域，与主城各商业组团中心连接紧密，是占地约 1900 亩的城市综合体开发的核心项目。该项目是一个集文化、旅游、餐饮、娱乐为一体的商业综合体，其地上总建筑面积约 360 万平方米，规划建筑面积约 84 000 平方米。重庆天地效果图如图 19.5 所示。

图 19.5　重庆天地效果图

重庆天地项目是现代时尚概念和地域生活文化的融合，建成后成为引领时尚，集居住、工作、文化、旅游休闲为一体的综合社区。重庆天地项目总投资 11 亿元人民币，从 2005 年初启动至 2009 年下半年全面竣工，历时近 5 年，为重庆打造出了一个全新的时尚地标。项目启动之初，项目管理方专门委托一家国际知名的商业开发咨询机构，对当地的经济发展和房地产状况，尤其是商业项目的现状和趋势进行资料收集整理，对重庆天地的分析进行了估计和评价。

重庆天地全景如图 19.6 所示。

图 19.6　重庆天地全景

2005 年全国房地产一季度投资人民币 3405 亿元，同比增长 25.9%，高于同期全社会固定投资，供求关系紧张，销售面积高于竣工面积 1195 万平方米。同时，结构矛盾突出，住宅比例相当大，配套商业面积严重不足。就重庆地区看，2005 年地区国民生产总值 3069.10 亿元，比上年增长 11.5%。第三产业增长 12.3%，其增加值占地区生产总值的比重为 43.9%，对经济增长的贡献为 44.0%。按常住人口计算，人均地区生产总值达到 10 978 元，比上年增长 11.6%。当年第一季度，重庆全市房地产开发投资 80.43 亿元，同比增长 26.9 %。其中，住宅同比增长 28.2%，商业营业用房同比增长 23.1%。住宅建设仍是房地产开发的主体，住宅投资占全市房地产开发投资总量的 54.2%，高于商业营业用房，占总量比重的 39.7 个百分点。

综上所述，重庆天地项目开发的时间处于重庆房地产业高速发展的时期，由于城市发展快速，商业配套设施严重不足，市场对于高品质商业地产需求旺盛，对于重庆天地商业地产项目开发是一个良好时机。

19.3.2　重庆新天地项目风险评价指标权重界定

对重庆天地项目投资风险识别采用专家意见法进行，先确定项目开发各阶段的主要风险类别。其中，投资决策阶段的风险主要有可行性研究风险、开发实际风险、开发区位选择风险、投资物业类型风险；项目前期准备阶段的风险主要有融资风险、合同风险、工程招投标风险、土地获取风险、勘察设计风险、前期手续风险；项目建设阶段的风险主要有质量风险、进度风险、成本风险、安全风险；运营租售阶段的风险主要有市场需求风险、营销策划风险、销售时机风险、运营决策机制风险等。

重庆天地商业地产项目指标的权重采用层次分析法计算。此指标体系权重分为两个层次：一是准则层风险因素权重，二是准则层下的指标层各风险因素权重。

根据风险识别与分析分类，构建出重庆天地项目风险综合评价体系，把项目风险因素划分为目标层、二级指标和三级指标三个层次。一级指标(目标层)即重庆天地项目风险程度测评值(A)，这是评价指标体系建立的最终目标，用以衡量重庆天地项目综合风险的程度。二级指标(准则层)即重庆天地项目风险因素(B_i)。为了全面反映重庆天地商业地产项目开发过程的风险，选择项目开发的四个阶段投资决策、前期准备、项目建设、运营租售作为四个准则层。三级指标(指标层)即重庆天地项目二级指标的下级影响指标(C_{ij})，由反映各准则层具体内容的指标构成，即项目开发各阶段的风险，共 18 个指标。

重庆天地项目风险评价指标体系框架如表 19.14 所示。

表 19.14　重庆天地项目风险评价指标体系框架

目标层	准则层	指标层
重庆天地项目开发过程风险 A	投资决策阶段	可行性研究风险
		开发时机风险
		开发区位选择风险
		投资物业类型风险
	前期准备阶段	融资风险
		合同风险
		工程招投标风险
		土地获取风险
		勘察设计风险
		前期手续风险
	项目建设阶段	工期风险
		成本风险
		质量风险
		安全风险
	运营租售阶段	市场需求风险
		营销策划风险
		销售时机风险
		运营决策机制风险

目标 A 的重要性按照风险因素的层次划分，对二、三级指标的判断矩阵可利用软件 Excel 进行权重和一致性指标的计算，得到项目风险评价指标权重结构。计算结果见表 19.15 至表 19.19。

表 19.15　二级指标的判断矩阵及权重值计算(A)

A	B_1	B_2	B_3	B_4	W
B_1	1	3	4	6	0.539
B_2	1/3	1	3	5	0.277
B_3	1/4	1/3	1	2	0.118
B_4	1/6	1/5	1/2	1	0.066
4.102CI = 0.034RI = 0.900CR = 0.038 < 0.1					

表 19.16　三级指标的判断矩阵及权重值计算(B_1)

B_1	C_{21}	C_{22}	C_{23}	C_{24}	W
C_{21}	1	2	4	5	0.506
C_{22}	1/2	1	2	3	0.265
C_{23}	1/4	1/2	1	2	0.142
C_{24}	1/5	1/3	1/2	1	0.086
4.021CI = 0.007RI = 0.900CR = 0.008 < 0.1					

表 19.17　三级指标的判断矩阵及权重值计算(B_2)

B_2	C_{21}	C_{22}	C_{23}	C_{24}	C_{25}	C_{26}	W
C_{21}	1	2	2	3	4	4	0.336
C_{22}	1/2	1	1	2	3	4	0.212
C_{23}	1/2	1	1	2	3	3	0.202
C_{24}	1/3	1/2	1/2	1	2	2	0.116
C_{25}	1/4	1/3	1/3	1/2	1	1	0.069
C_{26}	1/4	1/4	1/3	1/2	1	1	0.065
6.052CI = 0.010RI = 1.240CR = 0.008 < 0.1							

表 19.18 三级指标的判断矩阵及权重值计算(B_3)

B_3	C_{31}	C_{32}	C_{33}	C_{34}	W
C_{31}	1	2	3	5	0.483
C_{32}	1/2	1	2	3	0.272
C_{33}	1/3	1/2	1	2	0.157
C_{34}	1/5	1/3	1/2	1	0.088
4.015CI = 0.005RI = 0.900CR = 0.006 < 0.1					

表 19.19 三级指标的判断矩阵及权重值计算(B_4)

B_4	C_{41}	C_{42}	C_{43}	C_{44}	W
C_{41}	1	2	2	4	0.433
C_{42}	1/2	1	1	3	0.239
C_{43}	1/2	1	1	3	0.239
C_{44}	1/4	1/3	1/2	1	0.088
4.021CI = 0.007RI = 0.900CR = 0.008 < 0.1					

以上矩阵汇总，将风险因素的权重与子风险的权重相乘，即可得到每个子风险在本次项目风险评价中的汇总权重，这一过程与七里坡的评价过程相同，这里不再赘述。

19.3.3 重庆天地项目风险模糊综合评价

通过前面的分析，可以得到的结论是重庆天地项目的风险主要集中于投资决策阶段、项目前期准备阶段以及项目建设阶段。

在项目投资决策阶段，开发区位的选择对房地产开发商控制投资风险具有重要的意义。经过对实践经验的总结，针对开发区位选择风险的防范措施，具体来说就是要全方位考虑选址因素。只有充分意识到各种因素对选址的影响，才能有机会接受更多、更完善的选址元素，对商业地产做出适合现代商场运作规律的最佳规划布局。经营有特色的商业地产，才能够取得更好的回报，实现开发商、投资商、经营者共赢的局面。

重庆天地商业地产项目的开发过程中，在选址时不但应该从宏观着想，而且还要从微观处着手；不仅要考虑到四通八达的交通网络，还要考虑到周边林立的居民住宅区消费群体；不但要配合周边商业经营的因素，而且要考虑商圈辐射范围等条件。在选址过程中要将企业内部的整体战略目标、财务状况、市场增长目标、市场渗透率、项目的市场定位、项目的商业组合、项目的营销策略、招商策略以及企业外部的政策环境、市场供求环境、政治、经济、文化环境等充分予以综合考虑。

在项目前期准备阶段，项目融资风险、项目招投标风险和勘察设计风险这三种风险的应对与防范都对地产开发商控制投资风险具有重要的意义。

重庆天地项目在预防项目融资风险时，将短期负债与长期负债区别对待；在防范项目招标风险时，实行公开招标来增加竞争者数量，同时推行资格后审制度，以加强对投标人名称的保密工作，并设立投标控制价等；在应对勘察设计风险时，对使用设计实行招投标方法，既减少了设计缺陷，又加强了对设计目标的控制。

在项目建设阶段，项目工期风险、项目质量风险、项目成本风险和项目安全风险均会构成房地产开发商控制投资的威胁。因此，要采取相应的措施来防范和控制。

重庆天地在防范项目工期风险时，采用与政府职能部门相关人员建立良好的人际关系和严格制定相关工程工期条款的方法；在预防项目质量风险时，认真审查承包商和分包商的资质和质量保证体系，以保证工程质量；在控制项目成本风险方面，根据专家意见以及以往项目经验编制了投资分解结构图，以便对项目实施过程中的成本管理起到支持作用；在应对项目安全风险时，制定了监督计划、监督交底和现场监督的措施。

19.4　商业地产项目风险管理启示

全面风险管理对于大型商业地产开发项目管理具有重要意义。全面风险管理通过主动的风险控制、重视风险管理过程的持续改进以及对风险管理的全面认识，对商业开发项目过程中的风险防范提供了较好的思路指引。

商业地产项目风险的管理应始于对商业地产项目特征的界定。在认识和理解商业地产项目特征的基础上，商业地产项目风险管理应从环境、人员等组织风险和过程风险两个方面进行分析。在风险识别的基础上，商业地产项目风险评估仅仅是风险管理的基础，随着项目建设工作的展开，特别是后期运营过程的进行，基于项目风险特征的调控措施和动态监控将更为必要和艰巨。

对大型商业地产项目来说，决策咨询系统是对项目现场管理的重要完善和补充。建立由项目领导集体研究班子和专家咨询机构组成的三位一体的决策体制，有利于从根本上保证项目风险始终处于受控状态。

在决策对象的专业性、技术性和知识性越来越强的新形势下，专家咨询机构在三位一体的决策体制中有积极的指导作用。通过设立专家咨询机构，组织专家学者对经济社会的重大问题进行研究并提出决策意见和建议；同时，对项目组的重大决策预案进行研讨，提出并完善改进方案；最后，对重大工程项目、拟出台的政策进行咨询论证，能极大地提高项目管理的有效性和针对性。

投资决策过程风险控制的重点是事前控制。例如，七里坡商业地产项目投资策划过程的风险分析中，最主要的风险是对项目开发时机和项目开发规模的把握，进行事前控制，可达到事半功倍的效果。

七里坡商业地产项目中，由于没有建立完善的培训机制，管理部、财务部、技术部等人员专业性技能未得到相应提高，整个过程中工作量较大，员工较为吃力，项目虽基本如期完成，人员风险却成为该项目较为显著的风险因素。由此可见，人员风险管理培训有利于风险管理机制的建设。在专业培训日益成为朝阳产业的今天，对技术人员和财务人员进行专业培训，可以培养出合格的后备人才，提高员工专业素质，从而降低全员风险。同时，对项目参与人员进行风险管理方面的专业培训，全面提高项目管理人员的素质，能够更好地解决组织与结构风险的相关问题，以保证项目的顺利发展。

在商业地产开发过程中，把握项目开发时机既要在政策中挖掘商业机遇，寻找开发时机，还要合理利用区域竞争，达到降低成本的目的。在项目开发规模上，正确把握行业发展规律，客观地进行经济技术分析和企业投资支持能力分析，同时能正确决定项目的产品定位、品质定位，合理确定投资额度，避免出现开发规模与现实条件相分离的风险。

项目各阶段的风险应对预案是风险防范的有效举措。地产开发项目投资规模大，开发周期长，涉及的环节多，项目干系人不仅多而且关系复杂。一旦某个环节出现状况，都会多少影响项目的顺利进行，造成目标工期的延迟。在项目管理的不同阶段会面临不同的风险，必须在对项目进行正确的策划定位基础上，构建必要的风险应对预案体系。

第 20 章
商业地产融资模式的选择与实践

20.1　萍乡市绿茵广场商业中心项目概况

20.1.1　项目概况

绿茵广场位于江西省萍乡市安源区核心商圈地带，地处最繁华的商业街跃进路与昭萍路交汇处，临近文化路步行街，拥有顶级的繁华商业旺地，地理位置十分优越，一直是萍乡市市民休闲健身、举行公益活动的集散地。萍乡市绿荫广场商业中心项目(以下简称商业中心项目)是由萍乡市地下人防工程项目改建而来，萍乡市政府原本打算建设地下人防工程，但为了节约政府建设资金，决定用招商引资的方式将人防工程打造成商业中心项目。该项目作为一个商业、文化娱乐的休闲活动场所，也是对萍乡市商业网点的拾遗补缺。同时，在丰富萍乡市民的文化娱乐活动、促进精神文明建设、提升城市品位等方面有着积极影响。

萍乡市绿茵商业广场即景如图 20.1 所示。

图 20.1　萍乡市绿茵商业广场即景

商业中心项目是根据中共中央、国务院、中央军委[2001]9 号、南京军区“五省一市”、人民政府[2002]联字 1 号文件精神和国家法律法规有关规定，经萍乡市发改委立项，报国家人防办批准同意，由萍乡市人防办引进萍乡市巨龙房地产开发有限公司投资建设的。萍乡市绿茵广场商业中心项目不仅开发建设地下商场，还进行了广场地面改造。

为了增强绿茵广场的功能性、景观性以及改善市民的购物环境，萍乡市政府聘请北京格郎景观雕塑艺术设计有限公司设计项目方案，以“茁壮成长”为主题，将商业中心定位为“商业购物、都市休闲、生态空间、商贸交往”。广场总面积为13270平方米，改造时不减少现有地面面积和绿地面积，地面无任何建筑物。设计中规划绿地面积为6150平方米，地面铺装为4950平方米、步行街道为2170平方米，以构架主题为中心，分为中心娱乐活动空间、综合景观休闲空间、市民休息空间等区域。经过改造，萍乡市绿茵广场商业中心不仅增强了原有广场的功能性和景观性，也为市民提供了一个安静舒适、和谐友爱的绿茵广场，如图20.2所示。

图20.2 萍乡市绿茵广场商业中心

地下商场总建筑规模近30 000平方米，其中绿茵广场底下人防工程占地面积为13 140平方米；负二层建筑面积为11 390平方米，世界500强美国零售业巨头沃尔玛大型连锁超市已经入驻；负一层建筑面积为11 003平方米，是萍乡市第一家以流行与时尚为主题的一站式女性购物商场。在实际施工建设中，地面一层建有1892平方米的店面。另外，商业中心还设有智能停车库、专门的卸货平台和物资储备库等。商业中心是萍乡市政府近几年的重点人防工程，但是由于绿茵广场的市中心位置，地下管网线路非常复杂，导致项目的施工耗时将近两年。地面工程于2010年1月20日动工，7月完成土石方工程，接着主体工程动工，2011年1月13日封顶，工程最终在10月12月竣工，10月13日开始面向市民开放购物。

20.1.2 商业中心项目运作过程

商业中心项目从确定项目到项目运营都严格按照BOT模式的流程进行，

并且预计特许期结束时能顺利移交给萍乡市政府。

1. 确定项目与项目招标

项目由萍乡市政府牵头进行开发，根据绿茵广场的地理位置、发展规划、商业前景以及人防工程建设的需求，提出采用BOT模式建设商业中心，并完成了可行性研究报告。依照国家国防动员委员会、国家发展计划委员会、建设部、财政部[2003]人防办第18号文件规定的审批项目程序，完成了项目的立项、报批、规划、用地、建设、环保、交通等有关方面的审批手续。项目确定后发出招标公告，公告中说明项目建设所要达到的社会经济目标、对投标者的要求和评标标准等。

项目的招标公告向社会公布以后，有14家有意向的房地产公司申请资格审查，最终萍乡市城北房地产有限公司、萍乡市龙飞房地产开发有限公司、萍乡市金信房地产有限公司、萍乡市华顺房地产开发有限公司和萍乡市万豪房地产开发有限公司5家公司通过资格审查。通过资格审查之后，这5家公司购买招标文件，将自己对项目的规划设计、运营设想、资金技术实力等方面结合起来写成策划书进行投标，最终万豪房地产开发有限公司中标。

万豪房地产开发有限公司(以下简称万豪公司)中标之后，就与项目有关的一系列问题和萍乡市政府进行了协商，达成一致意见后和政府签订特许权协议。特许权协议包括三项内容。

第一项内容是特许权的授予和相关参与方的确定。萍乡市政府特许万豪公司享有绿荫广场商业中心的特许权，特许权包括建设权、经营权和收费权。特许权期限为本协议缔结之后的60年，未经政府同意万豪公司不得转让特许权。该项目的全部设计工作由万豪公司负责，万豪公司应该按照相关法律法规，择优选定中国境内具备市政及以上资质的设计单位进行设计；同时，万豪公司应遵照执行政府及有关管理部门的审核结果，只有当政府认可其设计后，万豪公司才可以进行后续工作，政府有关部门审定的任何意见，万豪公司必须无条件服从执行；其次，万豪公司应按照我国现行的法律法规择优选定本项目建设的承包商，其建设程序应按照规定上报行政主管部门审定或备案；最后，项目的工程建设质量需达到合同规定的设计、施工标准和技术规范的要求。

第二项内容是项目的建设和运营。万豪公司负责项目中心的所有投资、建设、运营、管理和维护。万豪公司应该按国家有关规定和要求组建项目公司，在政府的监管下严格按照基本建设程序，完成包括项目环境评价、项目可行性研究、设计、建设及竣工验收等建设期内的各项工作。项目公司在特许经营期内应依法经营，依法纳税。同时，万豪公司应保证其投资资金按建设进度计划及时到位，按招标文件的建设进度计划要求制定工程建设计划并严格执行，按时完成工程的建设，准时投入正式运营。万豪公司在运营期间应保证按照有关规定对商业中心的建筑物及设备进行及时维修、正常养护及必要的更新，以保证在特许经营期届满后全部设施能继续保持正常运转。项目运营期间，万豪公司有权出租该地产，但是出租期限不得超过本协议规定的特许期。

第三项内容是项目的移交。在项目移交前，万豪公司按照规范要求向政府提交申请验收报告，政府收到报告后组织验收，验收中如项目质量达不到国家相关管理部门所规定的要求，或有需要进行局部修补的项目，万豪公司应当负责返工，费用由万豪公司负责。返工修补完工再提请验收，直至达到要求。特许期届满后权利由政府收回，万豪公司将项目全部固定资产包括后期项目工程中的建设设施，按照正常运行的技术状态无条件地移交给政府。

另外，政府要向万豪公司提供项目所需的投资建设批准文件、工程初步设计文件的批复文件、商业中心施工图设计文件的批复文件，协助万豪公司办理征用土地使用权文件。在特许期内，政府应确保万豪公司享受国家和地方政府有关招商引资的优惠政策。同时，政府应按照国家有关部门制定的质量监督程序履行行业监督管理职能，审定施工设计文件，组织工程竣工验收。

2. 成立项目公司

特许权协议签订之后，由万豪房地产公司成立项目公司，取名为萍乡市巨龙房地产开发有限公司(以下简称巨龙公司)，具有独立的产权和法人，巨龙公司注册资本为2.4亿元，由四个股东出资。而万豪公司作为项目发起人，只负责资金的筹集和项目全过程的监督，并不负责具体建设运营。

项目正式建设之前，项目公司需要接洽其他参与方。由于投资商提供的资金足以支付项目建设所需资金，因此商业中心项目没有向银行贷款。建筑商为萍乡市第五建筑工程公司，负责商业中心的施工建设；供应商为萍乡市博新实业有限公司，负责商业中心建设的原材料和设备；保险公司为华安财产保险股份有限公司；相关咨询机构有萍乡市天盛会计师事务所、江西省博韬律师事务所等。商业中心的负二层出租给沃尔玛，负一层入驻上海老庙黄金、日本高丝、艾莱依等品牌。

萍乡市绿茵广场商业中心项目的相关参与方关系图如图20.3所示。

项目相关参与方确定后，巨龙公司开始进行商业中心的建设。工程的建设由萍乡市第五建筑工程公司负责，巨龙公司对整个建设过程进行监督。项目建成后开始正式运营，由巨龙公司负责商业中心的维护和保养。同时，巨龙公司开始收取租金以回收投资和获取利润，并且巨龙公司在商业中心正式开始运营之前就已经开始销售店面，提前回收了部分成本。

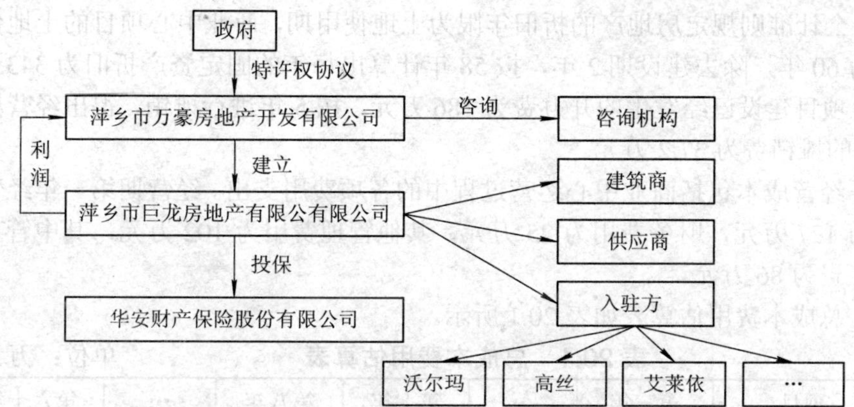

图 20.3　萍乡市绿茵广场商业中心项目的相关参与方关系图

按照万豪公司与萍乡市政府签署的特许权协议，特许期 60 年届满后，商业中心项目要完全无偿地交给萍乡市政府运营。

20.1.3　商业中心项目的经济性分析

商业中心项目是否成功，以及它所采用的项目融资模式是否值得推广，取决于项目经济效益的评价结果，特别是项目的盈利能力和风险评价。

1. 商业中心项目的盈利能力分析

判断项目盈利能力的指标包括项目的内部收益率、净现值等。首先应编制相关财务报表，再通过财务报表中的数据来计算财务指标。由于 BOT 项目融资是资产负债表外融资，商业中心项目的资产不出现在万豪公司的资产负债表中，因此需要单独编制商业中心项目的总成本费用估计表、营业收入、营业税金及附加表、利润与利润分配表和投资资金现金流量表。

商业中心项目的特许经营期为 60 年，项目建设期为 2 年，从 2009 年 9 月开始准备前期工作，到 2011 年 9 月施工结束；项目经营期为 58 年，从 2011 年 10 月开始经营，特许期 60 年结束后项目移交给萍乡市政府。商业中心项目的总投资为 2.4 亿元，全部来自巨龙公司的自有资金，没有银行贷款，到第三年年末实际完成的投资总额为 20 327 万元。商业中心采取售租结合的方式，营业收入包括销售收入和租金收入两部分，已知第一年的销售收入和租金收入，之后的营业收入可以根据第一年的情况大致估计。项目的总成本费用包括折旧费、摊销费和经营成本，其中经营成本包括财务费用、其他管理费用等。商业地产项目应缴纳的税种包括营业税金及附加税、房产税和所得税。

项目的固定资产采用直线折旧法计提折旧，固定资产总投资为 19 926 万元，会计准则规定房地产的折旧年限为土地使用期，商业中心项目的土地使用期为 60 年，除去建设期 2 年，按 58 年计算出每年的固定资产折旧为 343.6 万元；项目建设已经发生的开办费为 186 万元，按 5 年进行摊销，得出经营期前 5 年的摊销费为 37.2 万元。

经营成本包括商业中心运营过程中的各项费用支出。经营期第一年经营成本为 127 万元，财务费用为 25 万元，其他管理费用为 102 万元，其中管理人员工资为 86 万元。

总成本费用估算表如表 20.1 所示。

表 20.1　总成本费用估算表　　单位：万元

项目	第三年	…	第七年	第八年	…	第六十年
折旧费	343.6	343.6	343.6	343.6	343.6	341.1
摊销费	37.2	37.2	37.2			
财务费用	25	25	25	25	25	25
其他管理费用	102	102	102	102	102	102
管理人员工资	86	86	86	86	86	86
总成本费用	507.8	507.8	507.8	470.6	470.6	470.6
经营成本	127	127	127	127	127	127

已知商业中心负二层占地面积为 11 390 平方米，出租给沃尔玛，每年的租金收入为 560 万元。负一层和地面一层的店面总面积为 11 032 平方米，其中 3982 平方米用于出租，经营期第一年平均每个月租金为 410 元/平方米，每月租金收入为 163.3 万元，可得经营期第一年出租店面的租金收入为 1959.1 万元。加上沃尔玛的租金收入 560 万元，第一年总租金收入为 2519.1 万元，假设以后每年运营期的租金收入相同。

负一层和地面一层用于出售的店面面积为 7051 平方米，其中第一年已经售出 6059 平方米，平均售价为 3.36 万元/平方米，得到经营期第一年的销售收入为 20 358.2 万元。假设剩下的 992 平方米第二年全部销售出去，按照第一年的售价可得经营期第二年的销售收入为 3333.1 万元。这样，把每年的销售收入和租金收入相加就得到项目每年的营业收入。

营业税金及附加包括营业税、城市维护建设税(以下简称城建税)及教育费附加。出租或者销售不动产的营业税税率为 5%，计税依据是项目的营业收入。经营期第一年和第二年的营业收入包括租金收入和销售收入，营业税分别为 1143.9 万元和 292.6 万元；从经营期第三年开始只有租金收入，营业税为 126

万元。由于商业中心项目在市区，城建税税率取 7%，计税依据为营业税；教育费附加税率为 3%，同样以营业税为计税依据。

营业收入、营业税金及附加值估算表如表 20.2 所示。

表 20.2　营业收入、营业税金及附加值估算表　　单位：万元

项目	第三年				第四年				…
	沃尔玛租金	单价/租金	销售面积/出租面积	小计	沃尔玛租金	单价/租金	销售面积/出租面积	小计	
营业收入				22 877.4				5852.3	
销售收入		3.36	6059	2358.2		3.36	992	3333.1	
租金收入	560	0.492	3982	2519.1	560	0.492	3982	2519.1	
营业税金及附加				1258.3				321.9	
营业税				1143.9				292.6	
城市维护建设税				80.1				20.5	
教育附加费				34.3				8.8	

项目的总成本费用、营业收入、营业税金及附加在上文已经进行了估算，而房产税的计税依据为项目的租金收入，税率为 12%，得出经营期每年的房产税为 302.3 万元。

土地增值税是针对转让国有土地使用权、地上的建筑物及其附着物并取得收入的单位和个人以转让所取得的收入为计税依据的一种税赋。根据相关房地产税收优惠政策，如果土地增值额占成本的比例即土地增值率小于 20%，则免征土地增值税。在该项目中，属于征税范围的是由于店面的销售所产生的价格增值量，因此要先计算所销售的商铺的土地增值率。经计算，所销售店面成本为 2.87 万元/平方米，售价为 3.36 万元/平方米，因此，每平方米的增值额为 0.79 万元，增值率为 17.1%。由于土地增值率小于 20%，则项目免征土地增值税。

由利润 = 收入−(总成本费用 + 营业税金及附加 + 房产税)，参考商业地产行业的所得税税率为 25%，计税依据为项目的利润。将数据带入公式，计算结果如表 20.3 所示。

评价一个项目盈利能力的指标有很多，在本案例中将项目的内部收益率和净现值作为评价指标，首先需要编制项目的投资资金现金流量表。项目的投资总额为 24 000 万元，实际完成为 20 327 万元，其中建设期第一年固定资产投资为 12 398 万元，第二年固定资产投资为 7528 万元，项目的开办费为 186 万元，计入项目的其他资产投资，项目的第三年即为运营期第一年，其流动资金

为 215 万元，此时还有 3673 万元的投资额没有完成。特许期结束时项目移交给政府，因此没有固定资产余值的回收，回收的流动资金是在项目第三年投入的 215 万元。税前净现金流量等于现金流入减去现金流出，税后净现金流量等于税前净现金流量减去所得税，计算结果如表 20.4 所示。

表 20.3　利润与利润分配表　　单位：万元

项目	第 3 年	第 4 年	第 5 年	第 6 年	第 7 年	第 8 年	…	第 60 年
营业收入	22877.4	5852.3	2519.1	2519.1	2519.1	2519.1	2519.1	2519.1
营业收入及附加	1258.3	321.9	138.6	138.6	138.6	138.6	138.6	138.6
房产税	302.3	302.3	302.3	302.3	138.6	138.6	138.6	138.6
总成本费用	507.8	507.8	507.8	507.8	507.8	470.6	470.6	470.6
利润总额	20 809	4720.3	1570.4	1570.4	1570.4	1607.6	1607.6	1607.6
所得税	5202.3	1180.1	392.6	392.6	392.6	401.9	401.9	401.9
税后利润	15 606.8	3540.2	1177.8	1177.8	1177.8	1205.7	1205.7	1205.7

表 20.4　投资资金现金流量表　　单位：万元

项目	建设期		运营期							
	第 1 年	第 2 年	第 3 年	第 4 年	第 5 年	第 6 年	第 7 年	第 8 年	…	第 60 年
现金流入										
营业收入				22 877.4	5852.3	2519.1	2519.1	2519.1	2519.1	2519.1
回收固定资产余值										0
回收流动资金										215
现金流出										
固定资产投资	12 398	7528								
其他资产投资		186								
流动资金			215							
经营成本			127	127	127	127	127	127	127	127
营业税金及附加			1258.3	321.9	138.6	138.6	138.6	138.6	138.6	138.6
房产税			302.3	302.3	302.3	302.3	302.3	302.3	302.3	302.3
税前净现金流量	-12 398	-7714	20 974.8	5101.1	1971.3	1971.3	1971.3	1971.3	1971.3	1971.3
所得税			5202.3	1180.1	392.6	392.6	392.6	401.9	401.9	401.9
税后净现金流量	-12 398	-7258	15 772.5	3921	1558.7	1558.7	1558.7	1549.4	1549.4	1549.4

通过插值法计算，商业中心项目的内部收益率(IRR)等于 18.05%，项目收益率已经超过了行业基准收益率 12%，因而项目是可行的。

按照房地产行业的基准收益率 12%，计算出净现值 NPV 等于 4074 万元。由于 NPV>0，也表示项目实施后的收益率高于行业的基准收益率，并有超额收益，因此项目是可行的。

2. 商业中心项目的风险评价

商业中心项目的现金流量在项目融资、建设和经营期间都面临着各种敏感性因素的影响，这些因素主要包括投资总额、经营成本、销售收入、租金收入等。因此可以通过敏感性分析找出项目的致险因素，进行风险评价。敏感性分析是投资项目经济评价中常用的一种方法，通常是指从定量分析的角度研究有关因素发生某种变化，而对某一个或一组关键指标影响程度的一种不确定分析技术。在进行分析时，将项目作为一个独立的系统，项目的运行受到上述因素的影响，而这些因素在实际运作中可能与预期不一致，从而造成投资者的回报不确定。敏感性分析通过逐一改变相关因素变量数值的方法来寻找各因素对选定指标的影响情况。现选定净现值为评价指标，采用敏感性分析法来判断各个因素的变动对项目净现值的影响，从而确定商业中心项目的主要致险因素。

各个因素对项目的影响程度可用敏感系数来表示，敏感系数等于指标值变动百分比的绝对值与因素值变动百分比的比值。

影响商业中心项目净现值变动的因素有很多，项目现金流入大部分来源于销售和租金收入，在项目现金流出方面，投资总额、经营成本等因素都会影响净现值。因此，可将投资总额、销售收入、年租金收入、年经营成本作为测度敏感性的因素。

假设各因素都变动 10%，每一种因素都按照净现值公式计算净现金的变动，得出每个因素的敏感系数，并从大到小进行排列便能判断出该项目的致险因素。

当投资总额增加 10%时，NPV 减少至 2966.7 万元；当销售收入增加 10%时，NPV 增加至 6273.6 万元；当年租金收入增加 10%时，NPV 就会增加至 6082.7 万元；而当年经营成本增加 10%时，NPV 则减少至 4619.7 万元。可以看出，投资总额增加 10% 时，净现值变动 36.9%，敏感系数为 3.69，在这四个因素中敏感系数最大，是对净现值最敏感的因素；销售收入增加 10%时，净现值变动 33.4%，敏感系数为 3.34；年租金收入增加 10%时，净现值变动 29.3%，敏感系数为 2.93，因此销售收入和年租金收入也是敏感因素；而经营成本上升

10%时，净现值变动1.8%，敏感系数为0.18，经营成本对净现值来说最不敏感。

由于该项目的投资已经完成，第一年的销售收入也已经实现，经营成本的变动对项目净现值的影响较小，因此这三个因素都不是萍乡市绿茵广场商业中心项目的主要致险因素，该项目的主要致险因素为年租金收入。因此在项目的风险管理中，应该将注意力集中于年租金收入这一个因素，密切关注其实际情况是否与预期一致。

在分析其他商业地产项目的风险时，由于项目的设计等因素会影响项目的投资总额，销售收入也会受到当时商业地产的供求影响，因此，在投资总额和销售收入未定的情况下，还是要把这两个因素作为项目的致险因素进行分析。

20.1.4　商业中心项目的影响评价

除上述经济评价之外，还应该对项目的其他方面进行评价。第三年之后的数据是根据前三年的情况进行估算得出的，因此实际情况可能与评价结果有所偏差。

首先，萍乡市绿茵广场商业中心项目采用BOT项目融资为政府节省了大量建设资金，使得政府资金可以投资其他建设项目。其次，商业中心按照计划的实施进度完成了项目建设，在保证工程质量的情况下按时竣工验收。然后，商业中心的建成刺激了萍乡市市民的消费，为城市居民提供了一个良好的购物环境，从而促进了萍乡市的经济发展。项目现已经运营两年，无论是效益还是影响力都达到了既定目标。但是由于该项目的投资额并没有来源于银行贷款的部分，导致资金利用率很低，并且由于贷款的利息可以冲抵所得税，因此商业地产项目采用BOT融资模式时应该选择向银行或者其他机构贷款。

虽然不同的商业地产项目的规模、所处的城市、地段等情况还存在着差异，但还是可以将此项目作为参考依据，将项目采取的BOT模式推广至同类商业地产项目进行融资和项目运作。

20.2　商业地产融资方式选择及运作流程

20.2.1　项目融资与项目融资模式

项目融资在国外发展比较成熟，有很多成功的案例，鉴于国外的成功经验，我国在各领域的项目建设也开始广泛引入各种项目融资的模式，解决工程建设项目的资金问题。随着项目融资理论与实践的不断丰富和完善，以及社会经济结构的变化，工程项目融资的过程与环境将不断变化，工程建设实践中所采用的融资模式也将不断增加。

项目发起人通过项目公司安排融资的模式是指由项目发起人共同投资组建一个项目公司，项目建设所需资金来源于项目公司股东投入的资本金和项目公司承担的债务资金。采用这种模式，项目融资由项目公司直接安排，主要的信用保证来自于项目公司的现金流量、项目资产以及项目发起人所提供的与融资有关的担保和商业协议。这种模式在实际中运用最广泛。

PPP (Public-Private Partnership)，即公共部门与私人企业合作模式，是指政府和私营机构基于某个项目而形成的相互合作关系并提供公共产品或服务的形式。通过这种合作形式，公私双方可以达到比进行单独行为时更为有利的结果。政府并不是把项目的责任全部转移给私营企业，而是与其共同享受投资收益、分担融资风险和承担社会责任。这种模式鼓励私营机构参与政府项目，与政府一起进行基础设施建设。广义上来说，把任何利用政府和私营机构各自的独特优势，通过合作实现优势互补的模式都可以归结为 PPP。BOT 及其衍生模式都是 PPP 模式下的具体运用形式。

ABS(Asset-Backed Securitization)即资产收益证券化融资。具体来说，就是以项目所拥有的资产为基础，以项目资产带来的预期收益为保证，通过一套提高信用等级的计划在国际资本市场发行债券来筹集资金的一种项目证券融资方式。该模式的实质是将项目资产的收入与原始权益人完全剥离，过户给特别目的公司，特别目的公司通过金融担保等方式取得较高的信用等级，然后以债券的方式在资本市场发行，筹集项目建设所需资金，并以项目的未来现金流入作为投资商收益的保证，不需要以发行者自身的信用作为债券的偿还担保。

20.2.2　BOT 模式及其运作流程

就建设项目而言，特别是基础设施建设或具有较长运营周期的商业地产项目来说，BOT 是较为适宜的工程项目融资模式。从本质上说，BOT 模式是一种项目建设模式，项目融资只是其中的一个阶段。BOT(Build-Operate-Transfer，建设—经营—移交)模式的核心意义是，国家或地方政府通过契约授予项目发起人或者专门为项目成立的项目公司以一定期限的特许经营权许可其融资、建设和经营特定的项目，并准许其通过向用户收取费用或出售产品以清偿贷款、回收投资并获得合理的回报。但特许权期限届满时，该项目需无偿移交给政府。采用 BOT 模式不仅可以为项目吸纳资金，还能分散项目的风险，同时由于项目所有权不转移，政府对项目拥有较大的控制权，因而项目的私有化程度较低。BOT 项目主要应用于投资规模大、结构复杂、回报率较高的大型能源、交通、电力等国有基础设施建设项目。

1. BOT 模式运作形式

BOT 模式包含 BOT、BOOT、BOO 三种基本形式和 BT、BLT、TOT 等十多种衍变形式。其中 BOOT(Build-Own-Operate-Transfer，建设—拥有—经营—移交)与 BOT 不同的地方在于项目投资者在项目建成后的特许经营期内拥有该项目的所有权，特许期满后将项目的所有权和经营权移交给政府；BOO(Build-Own-Operate，建设—拥有—经营)，是指项目投资者在项目建成后拥有其所有权，同时经营权也归投资者所有，但是特许期届满后并不用将此项目的经营权和所有权移交给政府而是归投资商所有，这种模式将项目私有化。

BT (Build-Transfer，建设—移交)适合无法收费运营的项目，或者基于安全和战略的考虑必须由政府运营的关键项目。这种模式下的项目一般由项目管理公司承包垫资建设，建成之后直接移交给政府，政府会按照协议支付项目的总投资以及合理的回报，然后项目由政府进行经营。

BLT(Build-Lease-Transfer，建设—租赁—移交)模式下的项目在投资者获得特许经营权后进行项目建设，项目建设后投资者将其出租给政府，通过所得的租金来回收投资并获得合理收益，特许期满后还是要将项目移交给政府。

TOT(Transfer-Operate-Transfer，移交—经营—移交)是指政府将已经建成的项目有偿转让给投资者，投资者通过一定时期的经营回收投资并获取收益，在经营期满后将项目的经营权再交还给政府部门。

在 BOT 模式中，特许权协议是一个非常重要的概念。特许权协议又称经济开发协议或者“国家契约”，最初是指东道主国家或某一地区政府与外国私人投资者约定在一定期限内建设、经营某项目，允许其在一定条件下享有专属于国家的某种特定的开发经营权，投资基础设施建设、公用事业建设等经济活动，并获得收益，待特许期满后，将项目设施及资产补偿转让或移交给政府的契约性文件。特许经营的最初目的是为了吸引外商投资东道主国家的基础设施建设，弥补国家或者某个地区建设资金的不足。特许权最早是授予外商投资的权利，发展到后来这项权利也可以授予本国投资者。福建省泉州市的特大型公路桥梁——泉州刺桐大桥就是我国的民营企业以 BOT 方式参与投资建成的。但是目前为止，BOT 模式还是更加适应对外性质的项目。

特许权协议的主要内容包括协议各方的法定名称、住所、法人代表，项目特许权内容和期限，项目工程设计、建造施工、经营和维护的标准；项目的进度及项目延期或者中止的后果，项目造价与收费方案，项目转让、抵押、终止条款，签约各方各自的权利、义务与风险的承担，特许期满后，项目移交政府的内容、标准及程序，项目公司权利、义务的转让等。

2. BOT 项目参与方与关系人

项目的运作是一个多方参与的过程，BOT 模式下项目的主要参与方包括政府、项目发起人、项目公司、贷款机构、承包商、运营公司、保险公司、客户、咨询机构等，项目的组织形式将影响融资的进行，其间的经济关系如图 20.4 所示。

政府在整个 BOT 项目中承担着多个角色，它是项目的最终所有者，是特许经营权的授予者，是公共利益的代表者，也是项目的监管者。政府确定项目并组织招标，授予中标者经营特许权，引导项目的建设，全程监管项目的融资、施工、运营和移交。有些项目政府会授权给政府投资公司，让投资公司代表政府对项目的策划、融资、建设和运营等全过程负责。

项目发起人其实就是项目招标的中标者，可以是公司或个人。作为项目的发起人，在取得特许经营权之后组建项目公司。项目发起人是项目的实际投资者，但是并不拥有项目的所有权，特许期满后要将项目移交给政府。由于项目发起人对项目投入了大量的资金，成为项目公司的股东，因此项目发起人要负责项目的融资，并且通过项目的运营来回收投资并获取利润。

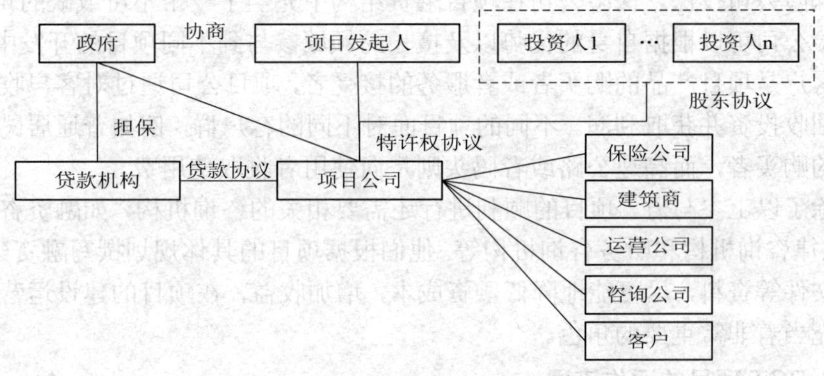

图 20.4　BOT 模式下项目参与方的经济关系

项目公司是项目的直接承办者，是具有法人地位的经济实体。项目公司一般都是自主经营，自负盈亏。项目公司负责接洽保险公司、建筑商等其他项目参与方来参与项目的投资，同时聘请专业管理人员进行项目管理，还要承担项目失败带来的债务风险。项目公司的股本资金来自于项目发起人，其他的资金需要通过融资来筹集。

项目融资除了投资方注入的股本资金外，通常项目公司还需要向贷款机构贷款，以保证项目有充足的资金来顺利进行。根据项目的具体情况，项目公司可以向国内外各家银行或者其他非银行金融机构如信托公司、基金组织贷款。当然，在项目资金充足的状况下，也有项目公司不向任何机构贷款。

承包商包括设计公司、供应商和建筑商等项目参与方。他们与项目公司签订设计、供应和建筑承包等合同，保证相关的工作能够按时按质完成。同时向项目公司提供相应的投标保函和履约保函，此类保函的权益可以转让给贷款银行，使得贷款银行能够规避其在项目开发阶段可能遇到的因工期延误或承包商单方违约造成的风险，减少损失。在选择承包商时，一定要确保其专业技能和技术能够满足项目的需要，因为无论是项目的设计，还是施工建筑，都会影响项目建成后的运营收益。

运营公司在 BOT 项目中负责经营、管理和维护已经建成并竣工验收的项目，对项目的使用者收取费用。如果项目公司本身具有较强的管理和经营能力，也可以选择自己运营。若项目公司没有足够的能力，为了保证项目长期顺利地运营，应该选择管理水平较高并且有丰富管理经验的运营公司负责。

由于在 BOT 项目融资中，银行只能对项目公司的贷款实行有限追索，一旦项目出现问题，银行将面临承担损失的风险。为了保证银行贷款的安全，以及避免项目进行过程中的完工风险、财务风险等，项目公司会选择一家实力雄厚的保险公司投保。保险公司在项目融资结构中充当了一个不可或缺的角色。各保险公司可以根据自身的优势以及擅长的领域参与到不同项目的开发中来。

客户是项目产品的购买者或者服务的接受者，项目公司通过对客户收取费用来回收投资并获取利润。不同的项目面对不同的客户群，例如普通居民都是水电的购买者，而高速公路或者码头则是向使用者收取使用费。

除了以上参与方，项目的顺利进行还需要相关的咨询机构，如融资咨询机构、法律咨询机构和财务咨询机构等。他们根据项目的具体规划撰写融资建议、法律文件等资料，尽可能地降低融资成本，增加收益，在项目的建设运营过程中也充当着非常重要的角色。

3. BOT 项目的运作流程

BOT 项目的基本运作流程包括确定项目与项目招标、投标与评标、合同谈判、成立项目公司、项目建设、项目运营和项目移交。

政府根据当地经济建设和发展需要提出拟采用 BOT 模式进行建设的项

目，并且委托专业咨询公司进行项目的可行性研究。如果研究报告显示项目可行，则可以确定项目，并公开招标。政府通过媒体等方式公示招标公告，简要说明项目的情况、政府期望的项目建设社会和经济目标、建设资金和建设计划的安排和设想、政府对投标者的要求和评标准则等。公开招标的目的是选中一家投资商负责从设计、融资、施工建设到运营的全过程。

项目确定并公示招标公告之后，有意向的投资商首先要申请资格审查，审查通过的投资商可以购买招标文件。他们将其资金实力、技术支持、成功经验等方面的资料，结合公司对该项目的融资、建设、开发和运营的初步设想写成投标书，得到专业咨询机构的认可后方可进行投标。

政府收到各家公司的投标书后，综合考虑其实力和方案设想，最终选定几家投资商作为候选者。对选定的候选者，政府部门会向其发出报送项目正式、详细方案的邀请。候选者接到邀请后再做出详细的方案以供评选，政府根据项目招标文件中规定的评标准则进行评标，最终选定中标公司。在招标过程中有些项目可能程序简单，只进行一轮投标便选定中标者。

如果政府和投资商对与项目有关的一系列问题达成一致意见，政府就会将土地使用权转让给该投资商，投资商在土地管理部门办理使用登记后，再与政府相关部门签订建设协议，获得特许经营权，协议生效方可进行项目的建设。

项目公司也称为 BOT 项目公司或称为特许权公司，负责项目的建设与经营。中标的投资商作为项目发起人组建项目公司，首先应向项目所在地政府主管部门提供组建项目公司的可行性报告，经过股东讨论签订股东协议，设立公司章程，并向当地工商管理和税务部门登记注册。项目公司成立之后，再选定承包商、保险公司、运营公司等参与方。

确定上述相关参与方之后，项目公司开始进行项目的建设。在建设期间，项目公司负责对总承包商的设计、施工进行监督，以保证项目顺利实施。项目的建设过程中，由设计公司完成项目的设计，由建筑商进行施工，供应商提供必要的设备、原材料等，建成之后先进行项目的试运营，试运营成功则可以竣工验收。

项目竣工验收后，一般由运营公司进行项目运营。同时，项目公司要对项目的生产管理做好监管工作，必要时还要做好对项目的维修和保养。而且项目公司开始向产品购买者或者服务接受者收取费用，在回收投资的同时获得合理收益，并按有关协议偿还贷款及利息，给股东分红。有些 BOT 项目也可以在只完成一部分但已经具备条件的情况下就开始运营，提前回收成本，例如高速公路，如果某一路段先修好，该路段就可以投入使用。

根据项目公司与当地政府签署的特许权协议，特许期满后，BOT 项目要完全无偿地移交给当地政府运营。特许期满前，项目公司应做好必要的维修保养工作，并准备必要的移交文件，以便及时顺利地完成移交，项目移交之后由当地政府运营。如有必要，当地政府仍可聘用原有运营公司继续运营，也可另组织公司进行运营管理。BOT 项目移交时，应将与该项目有关的综合性开发项目一并移交，所移交的项目应该是完整的、无障碍的、可继续生产的项目。

20.3 商业地产融资方式的比较

20.3.1 三种融资模式的功能与特点

BOT 模式集融资、建设、运营及转让为一体，是债权与股权相混合的一种产权结合形式，具有融资、建设、经营和移交等功能。BOT 有着如下鲜明的特点：

首先，BOT 融资方式是有限追索的，举债不计入国家外债，债务偿还只能靠项目的现金流量；

其次，承包商在特许期内拥有项目所有权和经营权；

第三，承包商承担了项目全部风险，融资成本较高；

第四，与传统方式相比，BOT 融资项目设计、建设和运营效率一般较高，因此用户可以得到较高质量的服务；

第五，BOT 融资项目的收入一般是当地货币，若承包商来自国外，对宗主国来说，项目建成后将会有大量外汇流出；

最后，BOT 融资项目不计入承包商的资产负债表，承包商不必暴露自身财务情况。

PPP 模式是一种以各参与方的“双赢”或“多赢”为合作理念的现代融资模式，反映了广义的公私合营关系，运用于公共基础设施、公共服务机构和国营企业的私有化改选等领域。其特点是通过引入私营企业，将市场中的竞争机制引入到基础设施项目中，以便更好地为社会服务。

ABS 作为金融领域的一种技术创新，运用广泛，其具有一定的特点：

首先，ABS 最大的优势是能够在国际高档市场发行债券筹资，债券利率较低，从而降低成本；

其次，通过证券市场发行债券筹资，这是 ABS 区别于其他融资模式最显著的特点；

第三，在 ABS 模式下，清偿债务本息的资金仅与项目资产未来现金收入流有关，且债券由众多投资者购买，分散了融资风险；

第四，ABS 通过 SPV(特殊目的公司)发行高档证券，这种负债不反映在原始权益人自身的资产负债表中，因此，能否融资不受原始权益人资产质量的限制，同时 SPV 通过信用增级将未来现金流包装成高档高质量的证券投资品种；

第五，同 BOT 等融资方式比，ABS 涉及程序少，在一定程序上降低了融资成本；

最后，ABS 在国际高档证券市场筹资，其接触的多为国际一流的证券机构，必须按国际规范程序动作，有利于培养东道国在国际项目融资方面的专门人才，也有利于国内证券市场的规范。

20.3.2　三种模式的优缺点比较

三种融资模式各有优点和适用范围。BOT 模式的优点表现在以下方面：

首先，项目融资的所有责任都转嫁给私人企业，减少了政府主权借债和还本付息的责任，同时政府可以避免大量的项目风险；

其次，BOT 模式下的组织机构简单，政府部门和私人企业协调容易；

第三，BOT 模式下项目的回报率明确，严格按照中标价实施，政府和私人企业之间利益纠纷少；

第四，BOT 模式拓宽了资金来源，减少了政府财政负担，有利于提高项目动作效率，可使社会急需的项目提前建成投产，满足社会需要；

最后，国外的承包公司还会给项目所在国带来先进技术和管理经验。

PPP 模式首先可促进政府管理改革，实现政府融资风险的转移；其次，政府与私企权利共享，改变了传统政企关系；再次，使私企在项目前期即可参与，有利于充分利用私企的先进技术和管理经验；最后，私企可尽早与政府接触，减少投标费用和招标时间。

ABS 模式的优势则在于涉及程序少，在一定程度上降低了融资成本；同时，通过证券市场发行债券筹资，代表了项目融资未来发展方向，故发展前景良好；此外，资金来源渠道多样化，特别适合大规模筹集资金的需要；最后，ABS 模式隔断了项目原始权益人自身风险，并且通过在证券市场发行债券分散投资风险，有利于培养东道国在国际项目融资方面的专门人才，也有利于国内证券市场的规范。

但是，BOT 模式公共部门和私人企业往往都需要经过一个长期的调查了解、谈判和磋商过程，以致项目前期过长，投标费用过高；同时，投资方和贷款人都面临着较大风险，没有退路，使融资举步维艰；此外，参与项目各方之间存在着一定的利益冲突，造成融资障碍；再有，BOT 模式的融资机制不灵活，降低私人企业引进先进技术和管理经验积极性；最后，在 BOT 模式的特许期内，政府失去对项目的控制权。

对政府而言，确定 PPP 模式下的合作公司有一定难度，而且在合作中要负有一定责任，增加了政府风险负担；同时，PPP 模式下的组织形式比较复杂，增加了管理上协调的难度，对参与方的管理水平有一定要求；最后，PPP 模式如何设定项目的回报率，可能成为一个颇有争议的问题。

ABS 模式由于在境外证券市场发行债券融资，故无法充分吸收国外先进的技术和管理经验。

20.3.3　三种模式在中国的发展

BOT 方式在我国运用得较为广泛，可以说，BOT 作为一种新的投融资模式，已经开始进入我国产业结构调整的新领域。

在采用 BOT 模式时，需要注意一些问题。首先，要明确 BOT 方式的政府签约部门、BOT 项目的管理部门，同时要建立专门的管理制度，形成一个协调高效率的 BOT 投资管理体系；其次，要充分发挥政府的支持和约束双重作用，政府应为基础设施项目提供一个适宜且稳定的投资政策环境；第三，BOT 项目应采用招标形式，可辅助选择最有实力、最合适的承包商，且招标方式透明度高，竞争公平；第四，要完善 BOT 项目融资的立法工作，使有关的申请、仲裁和操作程序得到规范，使投资者和借贷者的权利得到明确，使政府提供的支持和鼓励措施具有法律效力；最后，要充分利用 BOT 项目的中介服务机构，政府可通过它与海外投资者取得紧密联系。

PPP 模式在国外已有很多成功的案例，但在我国却还未发展起来，因此 PPP 模式在我国的发展空间很大。

当一个项目满足服务对象欢迎民营伙伴的加入、潜在民营伙伴之间存在着竞争、服务的产出可以被简单地度量和定价、可以提供创新机会、有利于促进国家和地区的经济发展等条件时，政府可以考虑采用 PPP 模式。

PPP 模式离不开政府的积极推动，但是政府顺利完成角色转化也是非常重要的。PPP 模式中政府应由过去在公共基础设施建设中的主导角色变为与私人企业合作、提供公共服务中的监督、指导以及合作者的角色。PPP 项目融资是否能够成功，最主要的因素是项目风险分担是否合理。政府部门在设计风险分担结构时要考虑项目方案的吸引力，一个合理的风险分担结构是一个项目方案是否具有吸引力的关键。

在 PPP 模式下的项目融资中，参与的私人企业一般都是国际上大型的企业和财团。政府在与他们的谈判与合作中，所遵循的不仅有国内的法律和法规，同时也要遵循国际惯例。政府应该行动起来，在立法制度上有所突破，迅速完善我国的投资法律法规，使其适应这一形势的发展。

政府监管必须确定一种承诺机制，以保证企业资产的安全性，降低企业融资成本，并给企业提供投资的激励。同时，政府监管必须能够保证企业生产或运营的可持续性，让接受监管的企业得到合理的利润收入。通常一个基础设施的投资需要较长的时间才能收回，所以政府必须建立一个适合项目长期发展的程序，并有一个相应的监管规则。

PPP 模式操作复杂，需要懂经济、法律、财务、合同管理和专业技术等各方面的人才。我国在工程建设领域拥有大量的技术人才，但是缺少按照国际惯例进行工程项目管理的人才。在我国，PPP 模式尚属新生事物，并具有国际融资项目的性质，我们在这方面经验不足。因此，要着重加强人才的培养，培养复合型、开拓型人才，增强民营企业或外商的投资信心，确保项目立项、签约、实施能够高效率地完成。

ABS 与其他融资方式相比的一个显著特点是通过证券市场发行债券筹资，这代表了项目融资未来发展方向，因此 ABS 的发展前景很乐观。自从 1998 年 4 月第一个 ABS 融资方案率先在重庆市实施以来，我国已有好几例 ABS 融资项目进行了有益的探索与尝试，为推广 ABS 融资方式创造了条件。总的来说，ABS 这种新型的融资方式在我国刚刚萌芽，要想大规模地推广应用于我国基础设施项目建设中，还有许多问题需待解决。

成功组建 SPC 是 ABS 能够成功运作的基础条件和关键因素。因此，我国在为基础设施项目进行 ABS 融资时，应该选择一些实力雄厚、资信良好的金融机构、投资咨询机构尽快进入国外专门为开展 ABS 融资而设立的信用担保公司、信托咨询公司等机构中，力争成为 SPV 的股东或发起单位。同时，继续研究 ABS 融资方式的方法和技巧，为 ABS 方式有规模地进入我国融资市场铺平道路。

虽然我国进行 ABS 融资的法律框架已初步形成，但毕竟刚刚起步，缺乏具有丰富经验的 ABS 融资的法律专业人才，这对于主要依赖合同开展融资活动的 ABS 方式而言，无疑是个比较大的障碍。

ABS 融资方式是以项目资产的未来收益偿还发行债券本息的，而我国的增值税、营业税、印花税、所得税等税目、税率都与国际惯例有区别，从而影响到 ABS 融资在我国的发展。因此，政府要按照国际惯例进行税制改革，利用内资 ABS 方式融资能够正确引导和充分利用内资金投向基础设施建设领域和优质项目上，优化投资结构，从而更好地促进国民经济的发展。

目前我国缺少同时具有 ABS 融资经验和基础设施项目管理经验的专门人才，也缺少这方面的法律人才。因此，加快有关 ABS 方面的人才培养，深入研究 ABS 融资方式在基础设施项目建设中的运用很有必要。

20.4　萍乡市绿茵广场商业中心项目融资方式的选择

20.4.1　优化 BOT 项目融资模式在商业地产中的应用

目前，商业地产项目极少选择 BOT 模式进行融资。本章介绍 BOT 项目融资在商业地产中的应用，并不是呼吁所有的商业地产项目都采取这种模式。商业地产开发商根据待融资的项目和所处的内外部环境判断项目应该采取何种融资模式，并且在应用过程中适时创新。

资金少、周期短或者结构简单的项目可以采取既有法人融资模式，如投资商直接向银行等贷款机构贷款。项目融资涉及的通常都是长期巨额资金，而且成本费用较高。自身实力很强的大型企业可以通过公司上市或者信托计划融资，只要企业有良好的口碑以及利润可观的项目，就可以在金融市场上吸引投资者。

虽然 BOT 及其衍生模式最常见的应用是收费公路、铁路、地铁、发电厂等大型基础设施建设项目。但是现在政府投资的项目已经不仅仅局限于基础设施建设和公共事业建设，当政府的投资扩充到其他领域的项目时，同样可以采取 BOT 项目融资的方式。不能因为概念的界定，就否认 BOT 项目融资应用于商业地产中的可行性，在项目建设之初一定要对项目的具体情况和各种融资渠道进行深入研究和对比，结合项目自身特点来选择合适的融资方式。商业地产融资规模大、周期长等特点就决定了商业地产非常适合采用 BOT 模式，萍乡市绿茵广场商业中心项目采用 BOT 融资模式就取得了成功。

商业地产在采取 BOT 模式进行融资时，一定要吸取萍乡市绿茵广场商业中心项目的教训，为了提高资金利用率和减少应缴税款，大部分项目资金应该向银行或者其他金融机构贷款。如果所有项目资金都由投资商来提供，那这些资金就被一个项目占用不能投资其他项目，导致资金利用率很低。项目向银行贷款可以减少投资商的资金负担，同时由于贷款的利息可以冲抵所得税，同等收益的情况下贷款比例越大意味着所缴纳的所得税越少，因此商业地产采取

BOT 模式时，在项目的内部收益率高于银行贷款利率的情况下，应该选择向银行贷款。

20.4.2　BOT 模式在养老地产中的运用

BOT 项目融资应用于商业地产项目能得到更好的应用推广，对其他类似项目的融资有了很好的借鉴意义。

BOT 模式主要应用于基础设施建设，如机场、港口、桥梁、隧道等，有助于各国政府解决基础设施中资金匮乏的难题。随着社会的发展，BOT 模式的运用逐渐从基础设施扩展到市政公用设施等其他领域，福利性事业的养老地产位列其中。

1. BOT 模式在养老地产中运用的特点分析

现有商业养老地产项目中，开发商的运营模式主要有出售、出售与持有并重、持有三种。出售是指住宅产品开发完成后全部售出；出售与持有并重的综合性经营模式是指通过住宅产品的销售和配套物业的持有经营获取利润；持有是开发商持有完整产权，销售使用权。

无论是可快速回笼资金出售型模式，还是回收周期长的出售与持有并重或是全部持有模式，都面临着项目建造成本与运营成本高、对软性配套设施需求多等问题。通过引入 BOT 模式，有利于缓解当下养老地产项目所面临的土地、资金等方面的困境。

由政府对养老地产项目进行立项，并进行 BOT 模式招标，将其融资、建设特许权和经营权转让给企业。政府根据发展规划及社会对养老设施需求情况，发起该项目，中标的开发企业不必从一级土地市场以竞价方式购地，土地来源直接，且项目用地方面会有相应的优惠措施，大大节约土地成本，从而有效减低项目的前期投资。

政府的参与可以有效降低持有物业的开发商经营不善导致消费者利益受损的可能性，可以大大增加养老地产消费主体的信心，一定程度上有利于加快销售速度，有利于提高出租率，有利于加速资金回笼。BOT 模式的政府特许权为项目贷款提供信用保证，为开发企业搭建良好的融资平台，可以有效吸引各类资本，大大缓解资金筹集压力。

企业获取建设特许权和经营权并组建专门的项目公司，有利于促进养老地产的建设运营管理水平的提升，从而促进整个行业水平的提升。BOT 模式中，双方签订协定在一个固定的期限内，企业对其筹资建设的养老地产行使经营权，以便收回对该项目的投资、偿还该项目的债务并赚取利润。协议期满后，企业将养老地产项目无偿转让给政府，由政府有关部门投入适量资金进行修缮，兴办福利性质的养老机构，缓解养老机构“一位难求”的突出问题，有利于解决低收入群体的养老问题。

2. 养老地产中的BOT模式

养老地产项目的参与主体众多，包括民政、建设、规划、国土等政府部门，地产商、保险企业、风险投资等投资主体，银行、基金、信托等贷款机构，养老社区配套的医疗保健、护理、保险、教育培训等机构。在项目实施过程中，要保证众多主体有效参与，必须构建一个合理的运作模式，如图20.5所示。

养老问题是一个社会问题，首先由民政部门牵头完善养老产业发展规划，国土与规划部门将养老项目纳入《土地利用总体规划》和《城市总体规划》中，民政部门作为养老设施监管部门，带头实施规划并协调各有关部门做好工作，根据社会现实需要，发起养老地产项目。对于特许权到期的养老地产项目，及时收回，并接受运营管理。

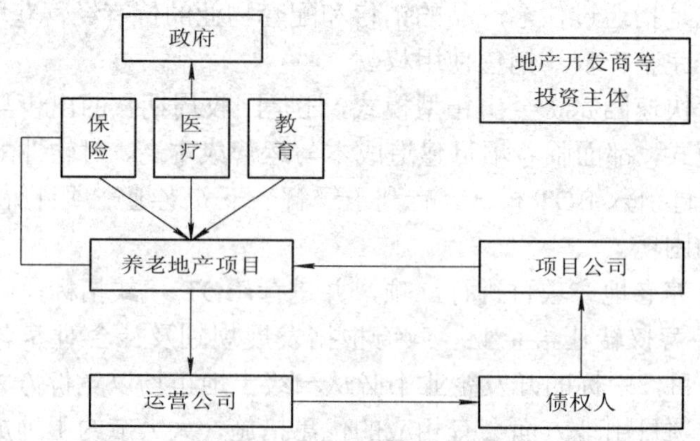

图20.5　养老地产项目BOT运作模式

地产开发商、保险企业、风险投资等机构参与养老地产项目建设，在技术、资金方面具有优势。通过与政府沟通谈判，签订特许协议，获得养老地产BOT项目的特许权，并设立项目公司。由项目公司向银行、信托基金及其他金融机构融资，并全面负责该项目建设工作。项目建成后可由项目公司运营或引入第三方养老服务专业机构，在特许经营期内对项目进行运营，并偿还贷款。养老社区配套设施的完备度是消费者关注的重点，整合大型医疗、教育机构的力量，满足社区老年人健康生活的需要，申请医疗保险定点机构资格，方便老年人看病、报销。特许权到期后，将项目无偿交由政府相关部门。

综上所述，将 BOT 模式引入到养老地产开发经营中，能有效地缓解政府财政投资的压力，同时吸收市场主体高效、先进的管理经验与理念，大大提升了养老设施建设管理的效率。另一方面，养老地产的发展也为房地产开发企业等投资主体拓宽业务范围，实现市场资源的优化配置。当前，中国养老地产的发展仍处于起步阶段，尚未有成熟的模式与成功的经验可供借鉴，BOT 在商业地产开发运营管理中的作用、有效性以及与其他相关模式联合应用等，还有待进一步的研究和探索。

参 考 文 献

[1]　崔胜和. 基于价值链分析的商业地产定位的研究[D]. 哈尔滨：哈尔滨工业大学，2007.

[2]　吴健. 商业地产开发及营运中的全面价值管理[D]. 成都：西南财经大学，2007.

[3]　潘立鹏. 商业地产的建筑策划探析[D]. 大连：大连理工大学，2011.

[4]　靳童. 我国商业地产阶段性融资模式探析[D]. 北京：首都经济贸易大学，2007.

[5]　张军. 中国商业地产融资问题研究[D]. 天津：南开大学，2007.

[6]　马靓. 商业地产项目资金链及其管理研究[D]. 重庆：重庆大学，2011.

[7]　张学彬. 我国商业地产的营销规划与市场推广研究[D]. 天津：南开大学，2007.

[8]　张飙. 商业地产的全面风险管理应用研究[D]. 南京：东南大学，2005.

[9]　陈世杰. 我国商业地产风险分析的研究[D]. 西安：西安建筑科技大学，2006.

[10]　李慧莹. BOT 项目融资在商业地产中的应用研究——以萍乡市绿荫广场商业中心项目为例[D]. 江西：南昌大学，2012.

[11]　袁帅. 望京 SOHO 商业地产项目成本管理研究[D]. 北京：北京工业大学，2013.

[12]　陈瑞. 商业地产项目开发风险管理实践研究[D]. 上海：上海交通大学，2012.